大学赤本シリーズ

350

東京理科大学

工学部－B方式

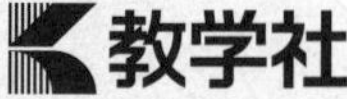

は し が き

おかげさまで，大学入試の「赤本」は，今年で創刊70周年を迎えました。

これまで，入試問題や資料をご提供いただいた大学関係者各位，掲載許可をいただいた著作権者の皆様，各科目の解答や対策の執筆にあたられた先生方，そして，赤本を使用してくださったすべての読者の皆様に，厚く御礼を申し上げます。

以下に，創刊初期の「赤本」のはしがきを引用します。これからも引き続き，受験生の目標の達成や，夢の実現を応援してまいります。

本書を活用して，入試本番では持てる力を存分に発揮されることを心より願っています。

編者しるす

＊　＊　＊

学問の塔にあこがれのまなざしをもって，それぞれの志望する大学の門をたたかんとしている受験生諸君！　人間として生まれてきた私たちは，自己の欲するままに，美しく，強く，そして何よりも人間らしく生きることをねがっている。しかし，一朝一夕にして，この純粋なのぞみが達せられることはない。私たちの行く手には，絶えずさまざまな試練がまちかまえている。この試練を克服していくところに，私たちのねがう真に人間的な世界がはじめて開かれてくるのである。

人生最初の最大の試練として，諸君の眼前に大学入試がある。この大学入試は，精神的にも身体的にも，大きな苦痛を感ぜしめるであろう。あるスポーツに熟達するには，たゆみなき，はげしい練習を積み重ねることが必要であるように，私たちは，計画的・持続的な努力を払うことによって，この試練を克服し，次の一歩を踏みだすことができる。厳しい試練を経たのちに，はじめて満足すべき成果を獲得できるのである。

本書は最近の入学試験の問題に，それぞれ解答を付し，さらに問題をふかく分析することによって，その大学独特の傾向や対策をさぐろうとした。本書を一般の参考書とあわせて使用し，まとはずれのない，効果的な受験勉強をされるよう期待したい。

（昭和35年版「赤本」はしがきより）

挑む人の、いちばんの味方

1954 年に大学入試の過去問題集を刊行してから 70 年。赤本は大学に入りたいと思う受験生を応援しつづけてきました。これからも，苦しいとき落ち込むときにそばで支える存在でいたいと思います。

そして，勉強をすること，自分で道を決めること，努力が実ること，これらの喜びを読者の皆さんが感じることができるよう，伴走をつづけます。

そもそも赤本とは…

受験生のための大学入試の過去問題集！

70年の歴史を誇る赤本は，500点を超える刊行点数で全都道府県の370大学以上を網羅しており，過去問の代名詞として受験生の必須アイテムとなっています。

なぜ受験に過去問が必要なのか？

大学入試は大学によって問題形式や頻出分野が大きく異なるからです。

赤本の掲載内容

傾向と対策

これまでの出題内容から，問題の「**傾向**」を分析し，来年度の入試に向けて具体的な「**対策**」の方法を紹介しています。

問題編・解答編

- 年度ごとに問題とその解答を掲載しています。
- 「**問題編**」ではその年度の試験概要を確認したうえで，実際に出題された過去問に取り組むことができます。
- 「**解答編**」には高校・予備校の先生方による解答が載っています。

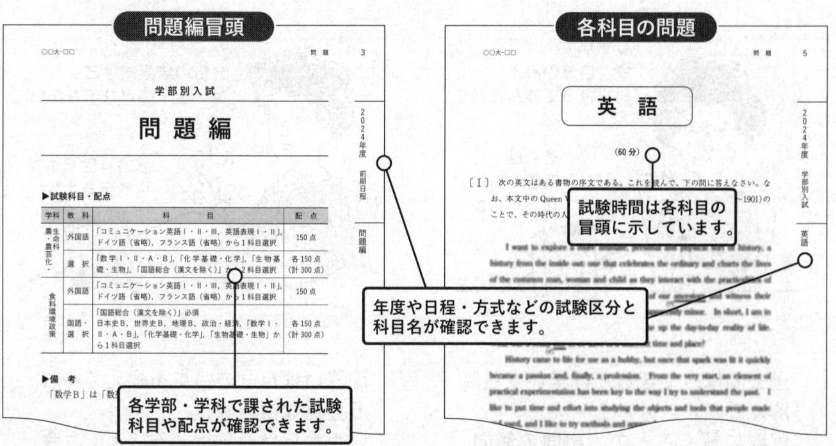

2024年度から
見やすい
デザインに！

他にも，大学の基本情報や，先輩受験生の合格体験記，在学生からのメッセージなどが載っていることがあります。

掲載内容について

著作権上の理由やその他編集上の都合により問題や解答の一部を割愛している場合があります。
なお，指定校推薦入試，社会人入試，編入学試験，帰国生入試などの特別入試，英語以外の外国語科目，商業・工業科目は，原則として掲載しておりません。また試験科目は変更される場合がありますので，あらかじめご了承ください。

受験勉強は

過去問に始まり，

STEP 1

なにはともあれ

まずは解いてみる

しずかに…
今，自分の心と
向き合ってるんだから
ムーン
それは
問題を解いて
からだホン!

過去問は，**できるだけ早いうちに解く**のがオススメ！
実際に解くことで，**出題の傾向，問題のレベル，今の自分の実力**がつかめます。

STEP 2

じっくり具体的に

弱点を分析する

分析の結果だけど
英・数・国が苦手みたい
スリー
必須科目だホン
頑張るホン

間違いは自分の弱点を教えてくれる**貴重な情報源**。
弱点から自己分析することで，**今の自分に足りない力や苦手な分野**が見えてくるはず！

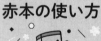

合格者があかす 赤本の使い方

傾向と対策を熟読

（Fさん／国立大合格）

大学の出題傾向を調べるために，赤本に載っている「傾向と対策」を熟読しました。

繰り返し解く

（Tさん／国立大合格）

1周目は問題のレベル確認，2周目は苦手や頻出分野の確認に，3周目は合格点を目指して，と過去問は繰り返し解くことが大切です。

赤本の使い方 解説

過去問に終わる。

STEP 3

志望校にあわせて

苦手分野の重点対策

明日からはみんなで頑張るよ！
参考書も！ 問題集も！
よろしくね！
呼んだ？
なにを!?
どこから!?
グッ
グッ

参考書や問題集を活用して，苦手分野の**重点対策**をしていきます。**過去問を指針**に，合格へ向けた具体的な学習計画を立てましょう！

STEP 1▶2▶3

サイクルが大事！

実践を繰り返す

STEP 1～3を繰り返し，実力アップにつなげましょう！
出題形式に慣れることや，**時間配分を考えること**も大切です。

目標点を決める

（Yさん／私立大合格）

赤本によっては合格者最低点が載っているので，それを見て目標点を決めるのもよいです。

時間配分を確認

（Kさん／私立大学合格）

赤本は時間配分や解く順番を決めるために使いました。

添削してもらう

（Sさん／私立大学合格）

記述式の問題は先生に添削してもらうことで自分の弱点に気づけると思います。

新課程入試 Q&A

2022 年度から新しい学習指導要領（新課程）での授業が始まり，2025 年度の入試は，新課程に基づいて行われる最初の入試となります。ここでは，赤本での新課程入試の対策について，よくある疑問にお答えします。

Q1. 赤本は新課程入試の対策に使えますか？

A. もちろん使えます！

OK

旧課程入試の過去問が新課程入試の対策に役に立つのか疑問に思う人もいるかもしれませんが，心配することはありません。旧課程入試の過去問が役立つのには次のような理由があります。

● 学習する内容はそれほど変わらない

新課程は旧課程と比べて科目名を中心とした変更はありますが，学習する内容そのものはそれほど大きく変わっていません。また，多くの大学で，既卒生が不利にならないよう「経過措置」がとられます（Q３参照）。したがって，出題内容が大きく変更されることは少ないとみられます。

● 大学ごとに出題の特徴がある

これまでに課程が変わったときも，各大学の出題の特徴は大きく変わらないことがほとんどでした。入試問題は各大学のアドミッション・ポリシーに沿って出題されており，過去問にはその特徴がよく表れています。過去問を研究してその大学に特有の傾向をつかめば，最適な対策をとることができます。

出題の特徴の例	・英作文問題の出題の有無 ・論述問題の出題（字数制限の有無や長さ） ・計算過程の記述の有無

新課程入試の対策も，赤本で過去問に取り組むところから始めましょう。

Q2. 赤本を使う上での注意点はありますか？

A. 志望大学の入試科目を確認しましょう。

過去問を解く前に，過去の出題科目（問題編冒頭の表）と 2025 年度の募集要項とを比べて，課される内容に変更がないかを確認しましょう。ポイントは以下のとおりです。科目名が変わっていても，実際は旧課程の内容とほとんど同様のものもあります。

英語・国語	科目名は変更されているが，実質的には変更なし。 **▶▶ ただし，リスニングや古文・漢文の有無は要確認。**
地歴	科目名が変更され，「歴史総合」「地理総合」が新設。 **▶▶ 新設科目の有無に注意。ただし，「経過措置」（Q３参照）により内容は大きく変わらないことも多い。**
公民	「現代社会」が廃止され，「公共」が新設。 **▶▶「公共」は実質的には「現代社会」と大きく変わらない。**
数学	科目が再編され，「数学 C」が新設。 **▶▶「数学」全体としての内容は大きく変わらないが，出題科目と単元の変更に注意。**
理科	科目名も学習内容も大きな変更なし。

数学については，科目名だけでなく，どの単元が含まれているかも確認が必要です。例えば，出題科目が次のように変わったとします。

旧課程	「数学Ⅰ・数学Ⅱ・数学 A・数学 B（数列・ベクトル）」
新課程	「数学Ⅰ・数学Ⅱ・数学 A・**数学 B（数列）・数学 C（ベクトル）**」

この場合，新課程では「数学C」が増えていますが，単元は「ベクトル」のみのため，実質的には旧課程とほぼ同じであり，過去問をそのまま役立てることができます。

Q3. 「経過措置」とは何ですか？

A. 既卒の旧課程履修者への対応です。

多くの大学では，既卒の旧課程履修者が不利にならないように，出題において「経過措置」が実施されます。措置の有無や内容は大学によって異なるので，募集要項や大学のウェブサイトなどで確認しておきましょう。

○旧課程履修者への経過措置の例

- 旧課程履修者にも配慮した出題を行う。
- 新・旧課程の共通の範囲から出題する。
- 新課程と旧課程の共通の内容を出題し，共通範囲のみでの出題が困難な場合は，旧課程の範囲からの問題を用意し，選択解答とする。

例えば，地歴の出題科目が次のように変わったとします。

旧課程	「日本史Ｂ」「世界史Ｂ」から１科目選択
新課程	「**歴史総合**，日本史探究」「**歴史総合**，世界史探究」から１科目選択※ ※旧課程履修者に不利益が生じることのないように配慮する。

「歴史総合」は新課程で新設された科目で，旧課程履修者には見慣れないものですが，上記のような経過措置がとられた場合，新課程入試でも旧課程と同様の学習内容で受験することができます。

新課程の情報は WEB もチェック！
より詳しい解説が赤本ウェブサイトで見られます。
https://akahon.net/shinkatei/

科目名が変更される教科・科目

	旧課程	新課程
国語	国語総合 国語表現 現代文A 現代文B 古典A 古典B	**現代の国語** **言語文化** **論理国語** **文学国語** **国語表現** **古典探究**
地歴	日本史A 日本史B 世界史A 世界史B 地理A 地理B	**歴史総合** **日本史探究** **世界史探究** **地理総合** **地理探究**
公民	現代社会 倫理 政治・経済	**公共** **倫理** **政治・経済**
数学	数学Ⅰ 数学Ⅱ 数学Ⅲ 数学A 数学B 数学活用	**数学Ⅰ** **数学Ⅱ** **数学Ⅲ** **数学A** **数学B** **数学C**
外国語	コミュニケーション英語基礎 コミュニケーション英語Ⅰ コミュニケーション英語Ⅱ コミュニケーション英語Ⅲ 英語表現Ⅰ 英語表現Ⅱ 英語会話	**英語コミュニケーションⅠ** **英語コミュニケーションⅡ** **英語コミュニケーションⅢ** **論理・表現Ⅰ** **論理・表現Ⅱ** **論理・表現Ⅲ**
情報	社会と情報 情報の科学	**情報Ⅰ** **情報Ⅱ**

目　次

大学情報

基本情報

沿革

1881（明治 14）　東京大学出身の若き理学士ら 21 名が標す夢の第一歩「東京物理学講習所」を設立
1883（明治 16）　東京物理学校と改称
1906（明治 39）神楽坂に新校舎が完成。理学研究の「先駆的存在」として受講生が全国より集結。「落第で有名な学校」として世に知られるようになる
1949（昭和 24）　学制改革により東京理科大学となる。理学部のみの単科大学として新たなスタート
1960（昭和 35）　薬学部設置
1962（昭和 37）　工学部設置
1967（昭和 42）　理工学部設置
1981（昭和 56）　創立 100 周年
1987（昭和 62）　基礎工学部設置
1993（平成 5）　経営学部設置
2013（平成 25）　葛飾キャンパス開設
2021（令和 3）　基礎工学部を先進工学部に名称変更
2023（令和 5）　理工学部を創域理工学部に名称変更

ロゴマーク

ロゴマークは，創立 125 周年の際に制定されたもので，東京理科大学徽章をベースにデザインされています。

エメラルドグリーンの色は制定した際，時代に合わせた色であり，なおかつスクールカラーであるえんじ色との対比を考えた色として選ばれました。

なお，徽章はアインシュタインによって確立された一般相対性理論を図案化したものです。太陽の重力によって曲げられる光の軌道を模式的に描いています。

学部・学科の構成

大　学

●理学部第一部　神楽坂キャンパス

数学科
物理学科
化学科
応用数学科
応用化学科

●工学部　葛飾キャンパス

建築学科
工業化学科
電気工学科
情報工学科
機械工学科

●薬学部　野田キャンパス※1

薬学科［6 年制］
生命創薬科学科［4 年制］

※1　薬学部は 2025 年 4 月に野田キャンパスから葛飾キャンパスへ移転。

●創域理工学部　野田キャンパス

数理科学科

先端物理学科
情報計算科学科
生命生物科学科
建築学科
先端化学科
電気電子情報工学科
経営システム工学科
機械航空宇宙工学科
社会基盤工学科

●**先進工学部**　葛飾キャンパス

電子システム工学科
マテリアル創成工学科
生命システム工学科
物理工学科
機能デザイン工学科

●**経営学部**　神楽坂キャンパス
（国際デザイン経営学科の 1 年次は北海道・長万部キャンパス）

経営学科
ビジネスエコノミクス学科
国際デザイン経営学科

●**理学部第二部**　神楽坂キャンパス

数学科
物理学科
化学科

大学院

理学研究科 / 工学研究科 / 薬学研究科※2 / 創域理工学研究科 / 先進工学研究科 / 経営学研究科 / 生命科学研究科

※ 2　薬学研究科は 2025 年 4 月に野田キャンパスから葛飾キャンパスへ移転。

（注）　学部・学科および大学院の情報は 2024 年 4 月時点のものです。

大学所在地

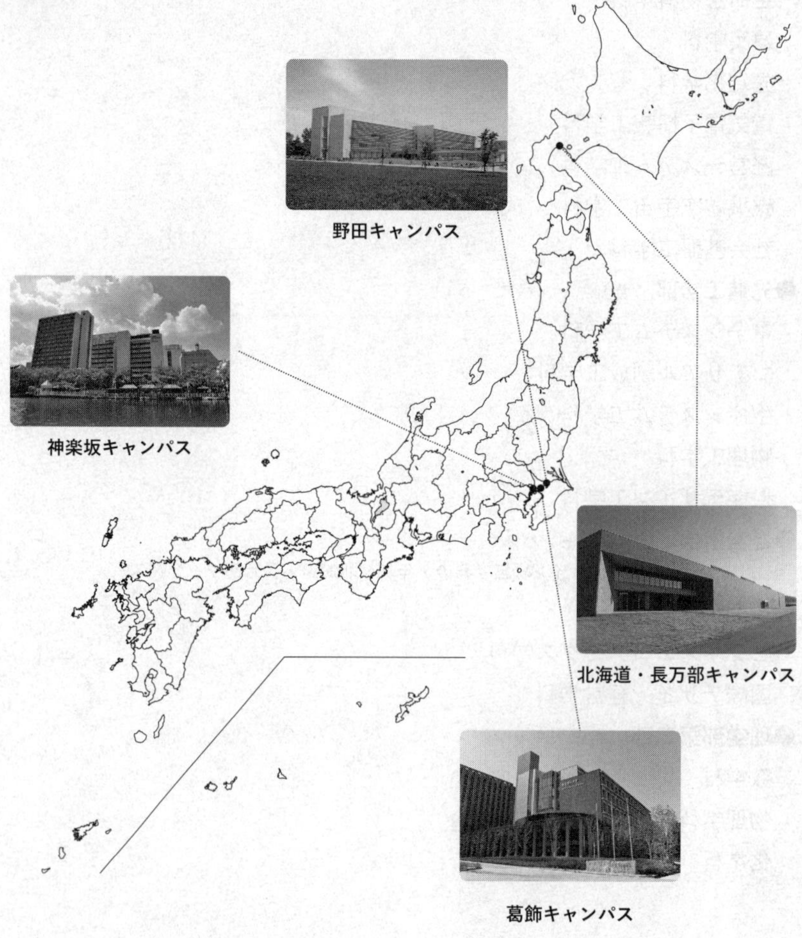

神楽坂キャンパス	〒162-8601	東京都新宿区神楽坂 1-3
葛飾キャンパス	〒125-8585	東京都葛飾区新宿 6-3-1
野田キャンパス	〒278-8510	千葉県野田市山崎 2641
北海道・長万部キャンパス	〒049-3514	北海道山越郡長万部町字富野 102-1

入試データ

一般選抜状況（志願者数・競争率など）

○競争率は受験者数÷合格者数で算出（小数点第２位以下を切り捨て）。

○大学独自試験を課さないＡ方式入試（大学入学共通テスト利用）は１カ年分のみ掲載。

○2021年度より，基礎工学部は先進工学部に，電子応用工学科は電子システム工学科に，材料工学科はマテリアル創成工学科に，生物工学科は生命システム工学科に名称変更。経営学部に国際デザイン経営学科を新設。

○2023年度より，理学部第一部応用物理学科は先進工学部物理工学科として改組。理工学部は創域理工学部に，数学科は数理科学科に，物理学科は先端物理学科に，情報科学科は情報計算科学科に，応用生物科学科は生命生物科学科に，経営工学科は経営システム工学科に，機械工学科は機械航空宇宙工学科に，土木工学科は社会基盤工学科に名称変更。先進工学部に物理工学科と機能デザイン工学科を新設。

2024 年度 入試状況

●A 方式入試（大学入学共通テスト利用）

学部・学科		募集人員	志願者数	受験者数	合格者数	競争率	合格最低点
理第一部	数	19	340	340	152	2.2	646
	物理	19	764	764	301	2.5	667
	化	19	554	554	238	2.3	628
	応用数	20	175	175	90	1.9	607
	応用化	20	646	646	297	2.1	632
工	建築	16	472	472	163	2.8	652
	工業化	16	260	260	141	1.8	604
	電気工	16	249	249	112	2.2	638
	情報工	16	852	852	284	3.0	671
	機械工	16	776	776	188	4.1	669
薬	薬	15	768	768	246	3.1	644
	生命創薬科	15	381	381	140	2.7	644
創域理工	数理科	10	200	200	85	2.3	592
	先端物理	15	299	299	143	2.0	608
	情報計算科	20	274	274	118	2.3	623
	生命生物科	16	478	478	182	2.6	628
	建築	20	520	520	147	3.5	638
	先端化	20	372	372	168	2.2	592
	電気電子情報工	25	374	374	164	2.2	615
	経営システム工	16	226	226	86	2.6	636
	機械航空宇宙工	21	486	486	230	2.1	635
	社会基盤工	16	382	382	139	2.7	624
先進工	電子システム工	19	295	295	114	2.5	635
	マテリアル創成工	19	303	303	142	2.1	616
	生命システム工	19	390	390	146	2.6	640
	物理工	19	189	189	94	2.0	632
	機能デザイン工	19	448	448	153	2.9	613
経営	経営	37	407	407	223	1.8	597
	ビジネスエコノミクス	37	309	309	134	2.3	598
	国際デザイン経営	20	215	215	91	2.3	586
理第二部	数	15	159	159	88	1.8	405
	物理	20	198	198	145	1.3	352
	化	15	211	211	162	1.3	313
合計		625	12,972	12,972	5,306	—	—

（配点） 800 点満点（ただし，理学部第二部は 600 点満点）。

●B方式入試（東京理科大学独自試験）

学部・学科		募集人員	志願者数	受験者数	合格者数	競争率	合格最低点
理第一部	数	46	921	883	297	3.0	180
	物理	46	1,534	1,460	463	3.1	176
	化	46	1,132	1,085	381	2.8	201
	応用数	49	616	588	221	2.6	159
	応用化	49	1,418	1,355	384	3.5	217
工	建築	46	1,138	1,091	256	4.2	193
	工業化	46	582	550	250	2.2	174
	電気工	46	1,134	1,069	437	2.4	175
	情報工	46	2,298	2,159	464	4.6	197
	機械工	46	1,756	1,671	393	4.2	191
薬	薬	40	964	899	310	2.9	209
	生命創薬科	40	689	645	267	2.4	203
創域理工	数理科	20	578	558	169	3.3	287
	先端物理	40	785	757	298	2.5	204
	情報計算科	49	877	851	300	2.8	206
	生命生物科	46	1,120	1,072	429	2.4	197
	建築	49	914	878	197	4.4	210
	先端化	49	725	684	323	2.1	168
	電気電子情報工	40	1,204	1,148	331	3.4	200
	経営システム工	46	786	757	275	2.7	205
	機械航空宇宙工	53	1,093	1,044	392	2.6	200
	社会基盤工	46	938	901	379	2.3	186
先進工	電子システム工	46	1,140	1,100	346	3.1	220
	マテリアル創成工	46	900	873	323	2.7	213
	生命システム工	46	1,080	1,044	370	2.8	214
	物理工	46	928	898	345	2.6	217
	機能デザイン工	46	1,042	1,012	348	2.9	209
経営	経営	72	1,176	1,147	384	2.9	265
	ビジネスエコノミクス	73	1,020	987	323	3.0	200
	国際デザイン経営	32	371	357	113	3.1	253
理第二部	数	70	241	198	116	1.7	131
	物理	64	245	200	124	1.6	130
	化	69	186	159	121	1.3	132
合計		1,594	31,531	30,080	10,129	—	—

（備考）　合格者数・合格最低点には追加合格者を含む。

（配点）　試験各教科 100 点満点，3 教科計 300 点満点。ただし，以下を除く。

- 理学部第一部化学科・応用化学科は 350 点満点（化学 150 点，他教科各 100 点）。
- 創域理工学部数理科学科は 400 点満点（数学 200 点，他教科各 100 点）。
- 経営学部経営学科は 400 点満点（高得点の 2 科目をそれぞれ 1.5 倍に換算，残り 1 科目 100 点）。
- 経営学部国際デザイン経営学科は 400 点満点（英語 200 点，他教科各 100 点）。

●C方式入試（大学入学共通テスト＋東京理科大学独自試験）

学部・学科		募集人員	志願者数	受験者数	合格者数	競争率	合格最低点
理第一部	数	9	143	122	31	3.9	405
	物理	9	213	160	10	16.0	435
	化	9	194	142	21	6.7	411
	応用数	10	81	60	26	2.3	375
	応用化	10	208	144	27	5.3	415
工	建築	10	185	136	34	4.0	409
	工業化	10	93	58	29	2.0	359
	電気工	10	88	61	17	3.5	404
	情報工	10	259	197	40	4.9	418
	機械工	10	218	169	42	4.0	398
薬	薬	10	198	150	34	4.4	388
	生命創薬科	10	168	123	35	3.5	388
創域理工	数理科	4	91	77	10	7.7	409
	先端物理	10	106	88	31	2.8	373
	情報計算科	10	87	68	22	3.0	402
	生命生物科	10	200	147	50	2.9	380
	建築	10	171	132	12	11.0	421
	先端化	10	121	95	27	3.5	369
	電気電子情報工	10	109	80	18	4.4	394
	経営システム工	10	95	64	22	2.9	389
	機械航空宇宙工	10	182	136	45	3.0	371
	社会基盤工	10	130	97	20	4.8	382
先進工	電子システム工	9	117	98	21	4.6	399
	マテリアル創成工	9	94	68	16	4.2	387
	生命システム工	9	215	175	18	9.7	399
	物理工	9	81	54	15	3.6	396
	機能デザイン工	9	107	75	22	3.4	388
経営	経営	12	121	95	22	4.3	366
	ビジネスエコノミクス	15	100	83	45	1.8	337
	国際デザイン経営	5	41	33	11	3.0	329
合計		288	4,216	3,187	773	―	―

（配点） 500 点満点（大学入学共通テスト 200 点＋東京理科大学独自試験 300 点）。

●グローバル方式入試（英語の資格・検定試験＋東京理科大学独自試験）

学部・学科		募集人員	志願者数	受験者数	合格者数	競争率	合格最低点
理第一部	数	5	124	111	13	8.5	310
	物理	5	120	102	6	17.0	302
	化	5	79	75	13	5.7	264
	応用数	5	102	95	25	3.8	270
	応用化	5	107	94	12	7.8	270
工	建築	5	113	104	15	6.9	286
	工業化	5	42	42	20	2.1	217
	電気工	5	63	56	14	4.0	276
	情報工	5	156	139	16	8.6	292
	機械工	5	165	144	16	9.0	283
薬	薬	5	83	72	15	4.8	268
	生命創薬科	5	66	58	13	4.4	238
創域理工	数理科	6	103	100	11	9.0	280
	先端物理	5	73	68	17	4.0	263
	情報計算科	5	74	66	8	8.2	274
	生命生物科	5	94	86	18	4.7	248
	建築	5	109	104	6	17.3	298
	先端化	5	98	90	21	4.2	241
	電気電子情報工	5	108	99	20	4.9	262
	経営システム工	5	77	74	16	4.6	259
	機械航空宇宙工	5	101	93	25	3.7	257
	社会基盤工	5	71	66	9	7.3	262
先進工	電子システム工	5	100	88	15	5.8	267
	マテリアル創成工	5	95	91	21	4.3	262
	生命システム工	5	90	84	10	8.4	260
	物理工	5	86	76	19	4.0	262
	機能デザイン工	5	100	82	17	4.8	243
経営	経営	12	130	120	24	5.0	235
	ビジネスエコノミクス	8	115	104	27	3.8	235
	国際デザイン経営	15	116	107	23	4.6	205
合計		171	2,960	2,690	485	—	—

（配点）　325 点満点（東京理科大学独自試験 300 点＋英語の資格・検定試験 25 点）。

●S 方式入試（東京理科大学独自試験）

学部・学科		募集人員	志願者数	受験者数	合格者数	競争率	合格最低点
創域理工	数理科	20	286	277	85	3.2	267
	電気電子情報工	20	296	284	114	2.4	266
合計		40	582	561	199	—	—

（配点）　400 点満点。

- 創域理工学部数理科学科は数学 300 点，英語 100 点。
- 創域理工学部電気電子情報工学科は物理 200 点，他教科各 100 点。

2023 年度 入試状況

●B 方式入試（東京理科大学独自試験）

学部・学科		募集人員	志願者数	受験者数	合格者数	競争率	合格最低点
理第一部	数	46	953	910	256	3.5	203
	物理	46	1,571	1,507	355	4.2	209
	化	46	1,115	1,077	375	2.8	231
	応用数	49	689	651	220	2.9	187
	応用化	49	1,428	1,367	417	3.2	242
工	建築	46	1,178	1,103	273	4.0	184
	工業化	46	639	599	280	2.1	157
	電気工	46	1,227	1,170	431	2.7	175
	情報工	46	2,294	2,165	496	4.3	197
	機械工	46	1,689	1,606	564	2.8	175
薬	薬	40	950	876	292	3.0	179
	生命創薬科	40	629	592	213	2.7	172
創域理工	数理科	20	545	522	232	2.2	294
	先端物理	40	808	767	327	2.3	204
	情報計算科	49	1,029	986	388	2.5	215
	生命生物科	46	981	928	436	2.1	209
	建築	49	794	768	239	3.2	203
	先端化	49	699	661	329	2.0	172
	電気電子情報工	40	1,214	1,167	503	2.3	198
	経営システム工	46	898	862	308	2.7	214
	機械航空宇宙工	53	1,205	1,155	430	2.6	206
	社会基盤工	46	876	828	376	2.2	183
先進工	電子システム工	46	1,176	1,137	361	3.1	201
	マテリアル創成工	46	874	857	394	2.1	207
	生命システム工	46	1,011	968	416	2.3	209
	物理工	46	835	804	355	2.2	195
	機能デザイン工	46	914	880	393	2.2	201
経営	経営	72	1,062	1,036	370	2.8	261
	ビジネスエコノミクス	73	1,241	1,198	305	3.9	200
	国際デザイン経営	32	267	259	111	2.3	243
理第二部	数	70	263	214	122	1.7	160
	物理	64	241	197	139	1.4	152
	化	69	212	173	151	1.1	100
合計		1,594	31,507	29,990	10,857	—	—

（備考） 合格者数・合格最低点には追加合格者を含む。

（配点） 試験各教科 100 点満点，3 教科計 300 点満点。ただし，以下を除く。

- 理学部第一部化学科・応用化学科は 350 点満点（化学 150 点，他教科各 100 点）。
- 創域理工学部数理科学科は 400 点満点（数学 200 点，他教科各 100 点）。
- 経営学部経営学科は 400 点満点（高得点の 2 科目をそれぞれ 1.5 倍に換算，残り 1 科目 100 点）。
- 経営学部国際デザイン経営学科は 400 点満点（英語 200 点，他教科各 100 点）。

●C方式入試（大学入学共通テスト＋東京理科大学独自試験）

学部・学科		募集人員	志願者数	受験者数	合格者数	競争率	合格最低点
理第一部	数	9	128	85	26	3.2	350
	物理	9	166	109	16	6.8	397
	化	9	142	92	31	2.9	355
	応用数	10	81	58	21	2.7	346
	応用化	10	157	93	20	4.6	376
工	建築	10	143	101	21	4.8	380
	工業化	10	73	54	23	2.3	340
	電気工	10	63	42	16	2.6	353
	情報工	10	201	149	39	3.8	375
	機械工	10	160	98	36	2.7	347
薬	薬	10	131	79	23	3.4	364
	生命創薬科	10	113	80	23	3.4	360
創域理工	数理科	4	35	29	14	2.0	310
	先端物理	10	76	44	22	2.0	316
	情報計算科	10	106	73	17	4.2	373
	生命生物科	10	133	100	36	2.7	358
	建築	10	104	77	38	2.0	335
	先端化	10	80	51	25	2.0	339
	電気電子情報工	10	74	55	19	2.8	351
	経営システム工	10	76	58	21	2.7	335
	機械航空宇宙工	10	130	84	33	2.5	331
	社会基盤工	10	85	58	24	2.4	325
先進工	電子システム工	9	89	61	18	3.3	349
	マテリアル創成工	9	66	45	17	2.6	349
	生命システム工	9	111	74	34	2.1	349
	物理工	9	74	45	14	3.2	350
	機能デザイン工	9	80	56	12	4.6	361
経営	経営	12	78	50	25	2.0	297
	ビジネスエコノミクス	15	88	64	30	2.1	316
	国際デザイン経営	5	26	17	8	2.1	322
合計		288	3,069	2,081	702	—	—

（配点） 500 点満点（大学入学共通テスト 200 点＋東京理科大学独自試験 300 点）。

●グローバル方式入試（英語の資格・検定試験＋東京理科大学独自試験）

学部・学科		募集人員	志願者数	受験者数	合格者数	競争率	合格最低点
理第一部	数	5	73	67	14	4.7	191
	物理	5	101	88	8	11.0	234
	化	5	75	65	14	4.6	238
	応用数	5	86	80	14	5.7	201
	応用化	5	94	81	17	4.7	244
工	建築	5	87	76	11	6.9	214
	工業化	5	50	46	15	3.0	232
	電気工	5	45	41	11	3.7	199
	情報工	5	129	112	16	7.0	236
	機械工	5	110	91	33	2.7	187
薬	薬	5	97	83	18	4.6	247
	生命創薬科	5	80	74	13	5.6	238
創域理工	数理科	6	66	57	25	2.2	163
	先端物理	5	66	59	14	4.2	191
	情報計算科	5	75	66	13	5.0	233
	生命生物科	5	120	96	25	3.8	215
	建築	5	89	79	18	4.3	195
	先端化	5	70	64	29	2.2	210
	電気電子情報工	5	76	67	24	2.7	178
	経営システム工	5	77	74	15	4.9	225
	機械航空宇宙工	5	92	81	23	3.5	184
	社会基盤工	5	75	65	19	3.4	218
先進工	電子システム工	5	90	83	21	3.9	201
	マテリアル創成工	5	80	68	23	2.9	214
	生命システム工	5	92	81	20	4.0	215
	物理工	5	61	54	15	3.6	188
	機能デザイン工	5	97	87	11	7.9	243
経営	経営	12	79	71	26	2.7	164
	ビジネスエコノミクス	8	90	82	23	3.5	170
	国際デザイン経営	15	104	88	43	2.0	139
合計		171	2,526	2,226	571	―	―

（配点） 325点満点（東京理科大学独自試験300点＋英語の資格・検定試験25点）。

●S方式入試（東京理科大学独自試験）

学部・学科		募集人員	志願者数	受験者数	合格者数	競争率	合格最低点
創域理工	数理科	20	256	246	122	2.0	226
	電気電子情報工	20	258	253	111	2.2	259
合計		40	514	499	233	―	―

（配点） 400点満点。

- 創域理工学部数理科学科は数学300点，英語100点。
- 創域理工学部電気電子情報工学科は物理200点，他教科各100点。

2022 年度　入試状況

●B 方式入試（東京理科大学独自試験）

学部・学科		募集人員	志願者数	受験者数	合格者数	競争率	合格最低点
理第一部	数	49	896	848	249	3.4	182
	物理	49	1,347	1,255	401	3.1	200
	化	49	1,092	1,031	322	3.2	212
	応用数	49	688	652	189	3.4	183
	応用物理	49	723	679	268	2.5	165
	応用化	49	1,443	1,365	451	3.0	208
工	建築	46	1,236	1,162	268	4.3	203
	工業化	46	647	608	260	2.3	148
	電気工	46	1,450	1,359	381	3.5	197
	情報工	46	2,401	2,250	451	4.9	212
	機械工	46	1,864	1,756	557	3.1	196
薬	薬	40	1,032	949	259	3.6	197
	生命創薬科	40	604	568	204	2.7	191
理工	数	49	789	754	294	2.5	287
	物理	49	1,068	1,025	457	2.2	203
	情報科	49	1,558	1,500	381	3.9	231
	応用生物科	49	828	792	387	2.0	206
	建築	49	960	925	205	4.5	222
	先端化	49	873	837	357	2.3	184
	電気電子情報工	67	1,758	1,670	526	3.1	210
	経営工	49	902	871	326	2.6	214
	機械工	49	1,522	1,449	449	3.2	217
	土木工	49	1,027	996	305	3.2	204
先進工	電子システム工	49	967	930	279	3.3	203
	マテリアル創成工	49	1,098	1,061	345	3.0	202
	生命システム工	49	1,127	1,073	418	2.5	198
経営	経営	72	1,271	1,233	391	3.1	262
	ビジネスエコノミクス	73	1,149	1,103	324	3.4	183
	国際デザイン経営	32	228	222	108	2.0	240
理第二部	数	70	319	258	121	2.1	144
	物理	64	308	270	133	2.0	168
	化	69	204	166	143	1.1	100
合計		1,639	33,379	31,617	10,209	—	—

（備考）　合格者数・合格最低点には追加合格者を含む。

（配点）　試験各教科 100 点満点，3 教科計 300 点満点。ただし，以下を除く。

- 理学部第一部化学科・応用化学科は 350 点満点（化学 150 点，他教科各 100 点）。
- 理工学部数学科は 400 点満点（数学 200 点，他教科各 100 点）。
- 経営学部経営学科は 400 点満点（高得点の 2 科目をそれぞれ 1.5 倍に換算，残り 1 科目 100 点）。
- 経営学部国際デザイン経営学科は 400 点満点（英語 200 点，他教科各 100 点）。

●C方式入試（大学入学共通テスト＋東京理科大学独自試験）

学部・学科		募集人員	志願者数	受験者数	合格者数	競争率	合格最低点
理第一部	数	10	136	98	24	4.0	420
	物理	10	161	121	19	6.3	418
	化	10	171	104	34	3.0	389
	応用数	10	127	98	25	3.9	386
	応用物理	10	84	64	17	3.7	394
	応用化	10	229	145	36	4.0	397
工	建築	10	217	162	33	4.9	407
	工業化	10	97	69	27	2.5	371
	電気工	10	96	75	24	3.1	392
	情報工	10	292	243	35	6.9	425
	機械工	10	204	153	57	2.6	381
薬	薬	10	206	156	23	6.7	413
	生命創薬科	10	135	100	22	4.5	399
理工	数	10	107	91	24	3.7	404
	物理	10	102	79	20	3.9	386
	情報科	10	140	114	25	4.5	403
	応用生物科	10	208	167	36	4.6	387
	建築	10	169	138	34	4.0	397
	先端化	10	150	110	33	3.3	373
	電気電子情報工	13	171	136	23	5.9	397
	経営工	10	89	66	25	2.6	384
	機械工	10	227	177	42	4.2	381
	土木工	10	129	92	30	3.0	361
先進工	電子システム工	10	119	95	24	3.9	397
	マテリアル創成工	10	135	107	11	9.7	410
	生命システム工	10	184	142	30	4.7	399
経営	経営	12	189	160	43	3.7	390
	ビジネスエコノミクス	15	147	122	39	3.1	392
	国際デザイン経営	5	55	46	16	2.8	378
合計		295	4,476	3,430	831	―	―

（配点） 500点満点（大学入学共通テスト200点＋東京理科大学独自試験300点）。

●グローバル方式入試（英語の資格・検定試験＋東京理科大学独自試験）

学部・学科		募集人員	志願者数	受験者数	合格者数	競争率	合格最低点
理第一部	数	5	72	65	13	5.0	310
	物理	5	62	53	13	4.0	274
	化	5	60	54	17	3.1	251
	応用数	5	105	101	18	5.6	305
	応用物理	5	39	36	11	3.2	261
	応用化	5	46	35	9	3.8	252
工	建築	5	75	72	15	4.8	276
	工業化	5	39	34	11	3.0	255
	電気工	5	62	57	9	6.3	289
	情報工	5	114	100	15	6.6	281
	機械工	5	67	56	11	5.0	274
薬	薬	5	60	52	10	5.2	265
	生命創薬科	5	39	35	11	3.1	250
理工	数	5	106	101	24	4.2	292
	物理	5	58	56	18	3.1	247
	情報科	5	82	76	9	8.4	276
	応用生物科	5	61	53	15	3.5	253
	建築	5	80	75	12	6.2	270
	先端化	5	61	54	17	3.1	241
	電気電子情報工	7	126	114	16	7.1	270
	経営工	5	49	43	12	3.5	255
	機械工	5	73	66	18	3.6	258
	土木工	5	72	68	12	5.6	243
先進工	電子システム工	5	65	59	18	3.2	249
	マテリアル創成工	5	34	29	6	4.8	261
	生命システム工	5	82	76	12	6.3	271
経営	経営	12	112	103	23	4.4	281
	ビジネスエコノミクス	8	106	100	20	5.0	285
	国際デザイン経営	15	63	58	33	1.7	220
合計		167	2,070	1,881	428	―	―

（配点）　325 点満点（東京理科大学独自試験 300 点＋英語の資格・検定試験 25 点）。

2021 年度 入試状況

●B 方式入試（東京理科大学独自試験）

学部・学科		募集人員	志願者数	受験者数	合格者数	競争率	合格最低点
理第一部	数	49	858	827	247	3.3	185
	物理	49	1,247	1,180	423	2.7	187
	化	49	1,020	972	344	2.8	＊234
	応用数	49	570	544	191	2.8	183
	応用物理	49	664	634	311	2.0	144
	応用化	49	1,240	1,187	447	2.6	＊181
工	建築	46	1,199	1,144	290	3.9	197
	工業化	46	643	610	271	2.2	177
	電気工	46	1,190	1,120	380	2.9	188
	情報工	46	2,389	2,264	375	6.0	211
	機械工	46	1,769	1,671	494	3.3	197
薬	薬	40	934	841	252	3.3	175
	生命創薬科	40	603	560	224	2.5	166
理工	数	49	702	683	340	2.0	＊＊279
	物理	49	1,083	1,048	409	2.5	220
	情報科	49	1,410	1,360	433	3.1	228
	応用生物科	49	900	854	355	2.4	212
	建築	49	798	762	250	3.0	213
	先端化	49	636	614	296	2.0	196
	電気電子情報工	67	1,413	1,338	626	2.1	202
	経営工	49	902	871	301	2.8	221
	機械工	49	1,417	1,350	474	2.8	214
	土木工	49	782	755	418	1.8	187
先進工	電子システム工	49	1,233	1,182	198	5.9	212
	マテリアル創成工	49	1,280	1,235	357	3.4	199
	生命システム工	49	1,288	1,239	390	3.1	194
経営	経営	72	1,093	1,063	312	3.4	＃299
	ビジネスエコノミクス	73	1,091	1,059	321	3.2	221
	国際デザイン経営	32	499	485	64	7.5	＃＃307
理第二部	数	64	254	215	123	1.7	123
	物理	64	238	185	122	1.5	110
	化	69	188	152	112	1.3	101
合計		1,633	31,533	30,004	10,150	—	—

（備考） 合格者数・合格最低点には追加合格者を含む。

（配点） 試験各教科 100 点満点，3 教科計 300 点満点。ただし，以下を除く。

- 理学部第一部化学科・応用化学科（＊）は 350 点満点（化学 150 点，他教科各 100 点）。
- 理工学部数学科（＊＊）は 400 点満点（数学 200 点，他教科各 100 点）。
- 経営学部経営学科（＃）は 400 点満点（高得点の 2 科目をそれぞれ 1.5 倍に換算，残り 1 科目 100 点）。
- 経営学部国際デザイン経営学科（＃＃）は 400 点満点（英語 200 点，他教科各 100 点）。

●C方式入試（大学入学共通テスト＋東京理科大学独自試験）

学部・学科		募集人員	志願者数	受験者数	合格者数	競争率	合格最低点
理第一部	数	10	131	91	26	3.5	369
	物理	10	126	81	12	6.7	391
	化	10	129	87	30	2.9	371
	応用数	10	64	42	25	1.6	319
	応用物理	10	76	53	19	2.7	360
	応用化	10	130	87	20	4.3	385
工	建築	10	130	94	25	3.7	390
	工業化	10	91	65	26	2.5	369
	電気工	10	90	64	21	3.0	383
	情報工	10	216	165	30	5.5	405
	機械工	10	142	92	30	3.0	382
薬	薬	10	163	112	16	7.0	391
	生命創薬科	10	114	75	18	4.1	376
理工	数	10	74	57	27	2.1	339
	物理	10	78	60	19	3.1	376
	情報科	10	135	105	17	6.1	401
	応用生物科	10	139	104	36	2.8	361
	建築	10	83	57	24	2.3	358
	先端化	10	72	50	19	2.6	359
	電気電子情報工	13	107	79	19	4.1	373
	経営工	10	96	70	21	3.3	375
	機械工	10	136	87	32	2.7	358
	土木工	10	65	33	13	2.5	352
先進工	電子システム工	10	138	113	14	8.0	387
	マテリアル創成工	10	123	67	14	4.7	366
	生命システム工	10	164	116	33	3.5	374
経営	経営	12	87	63	26	2.4	337
	ビジネスエコノミクス	15	110	78	23	3.3	366
	国際デザイン経営	5	37	26	7	3.7	369
合計		295	3,246	2,273	642	—	—

（配点） 500点満点（大学入学共通テスト200点＋東京理科大学独自試験300点）。

●グローバル方式入試（英語の資格・検定試験＋東京理科大学独自試験）

学部・学科		募集人員	志願者数	受験者数	合格者数	競争率	合格最低点
理第一部	数	5	57	52	11	4.7	243
	物理	5	60	52	8	6.5	252
	化	5	57	49	15	3.2	246
	応用数	5	89	80	16	5.0	208
	応用物理	5	37	34	11	3.0	233
	応用化	5	71	64	10	6.4	261
工	建築	5	85	77	10	7.7	253
	工業化	5	52	44	12	3.6	245
	電気工	5	50	44	13	3.3	229
	情報工	5	119	101	14	7.2	256
	機械工	5	61	51	11	4.6	252
薬	薬	5	46	35	6	5.8	255
	生命創薬科	5	48	41	13	3.1	251
理工	数	5	46	46	23	2.0	185
	物理	5	38	37	8	4.6	232
	情報科	5	59	53	8	6.6	250
	応用生物科	5	51	45	14	3.2	228
	建築	5	56	50	15	3.3	227
	先端化	5	30	29	7	4.1	238
	電気電子情報工	7	57	53	13	4.0	209
	経営工	5	57	51	13	3.9	251
	機械工	5	65	55	15	3.6	218
	土木工	5	59	52	9	5.7	244
先進工	電子システム工	5	105	99	12	8.2	238
	マテリアル創成工	5	68	62	8	7.7	244
	生命システム工	5	99	88	19	4.6	232
経営	経営	12	84	74	13	5.6	206
	ビジネスエコノミクス	8	143	130	30	4.3	215
	国際デザイン経営	15	86	79	20	3.9	203
合計		167	1,935	1,727	377	―	―

（配点） 325 点満点（東京理科大学独自試験 300 点＋英語の資格・検定試験 25 点）。

2020年度 入試状況

●B方式入試（東京理科大学独自試験）

学部・学科		募集人員	志願者数	受験者数	合格者数	競争率	合格最低点
理第一部	数	49	887	852	238	3.5	180
	物理	49	1,418	1,361	376	3.6	207
	化	49	1,073	1,008	291	3.4	＊221
	応用数	49	688	665	186	3.5	176
	応用物理	49	751	717	285	2.5	180
	応用化	49	1,470	1,403	390	3.5	＊250
工	建築	46	1,413	1,317	285	4.6	208
	工業化	46	656	617	264	2.3	181
	電気工	46	1,729	1,638	329	4.9	209
	情報工	46	2,158	2,014	418	4.8	213
	機械工	46	2,213	2,080	444	4.6	213
薬	薬	40	1,028	935	262	3.5	212
	生命創薬科	40	688	646	237	2.7	203
理工	数	49	911	879	311	2.8	＊＊262
	物理	49	1,215	1,170	411	2.8	187
	情報科	49	1,567	1,492	366	4.0	218
	応用生物科	49	1,228	1,174	393	2.9	202
	建築	49	1,044	991	214	4.6	217
	先端化	49	1,059	1,005	292	3.4	206
	電気電子情報工	67	1,623	1,542	493	3.1	208
	経営工	49	1,064	1,026	270	3.8	208
	機械工	49	1,766	1,688	470	3.5	216
	土木工	49	995	946	322	2.9	198
基礎工	電子応用工	49	794	769	211	3.6	204
	材料工	49	1,138	1,097	263	4.1	207
	生物工	49	775	739	295	2.5	196
経営	経営	132	1,755	1,695	328	5.1	＃262
	ビジネスエコノミクス	62	1,054	1,022	139	7.3	217
理第二部	数	64	310	259	113	2.2	167
	物理	64	304	273	138	1.9	162
	化	69	231	200	131	1.5	148
合計		1,650	35,005	33,220	9,165	—	—

（備考）　合格者数・合格最低点には補欠合格者を含む。

（配点）　試験各教科100点満点，3教科計300点満点。ただし，以下を除く。

- 理学部第一部化学科・応用化学科（＊）は350点満点（化学150点，他教科各100点）。
- 理工学部数学科（＊＊）は400点満点（数学200点，他教科各100点）。
- 経営学部経営学科（＃）は350点満点（英語150点，他教科各100点）。

●C方式入試（大学入試センター試験＋東京理科大学独自試験）

学部	学科	募集人員	志願者数	受験者数	合格者数	競争率	合格最低点
理第一部	数	10	90	72	18	4.0	384
	物理	10	132	102	14	7.2	410
	化	10	110	86	27	3.1	381
	応用数	10	88	68	25	2.7	379
	応用物理	10	60	47	18	2.6	376
	応用化	10	161	117	34	3.4	390
工	建築	10	146	112	26	4.3	401
	工業化	10	75	53	20	2.6	371
	電気工	10	184	142	37	3.8	393
	情報工	10	205	152	30	5.0	404
	機械工	10	210	159	40	3.9	390
薬	薬	10	182	133	20	6.6	396
	生命創薬科	10	106	83	24	3.4	379
理工	数	10	79	68	19	3.5	378
	物理	10	84	60	10	6.0	392
	情報科	10	115	81	22	3.6	385
	応用生物科	10	173	125	35	3.5	366
	建築	10	113	91	24	3.7	398
	先端化	10	90	72	20	3.6	371
	電気電子情報工	13	91	65	16	4.0	374
	経営工	10	96	79	20	3.9	369
	機械工	10	145	118	25	4.7	390
	土木工	10	69	54	12	4.5	387
基礎工	電子応用工	10	115	87	24	3.6	377
	材料工	10	165	132	10	13.2	395
	生物工	10	120	97	32	3.0	358
経営	経営	24	208	172	25	6.8	387
	ビジネスエコノミクス	13	181	148	23	6.4	383
合計		300	3,593	2,775	650	—	—

（配点） 500 点満点（大学入試センター試験 200 点＋東京理科大学独自試験 300 点）。

●グローバル方式入試（英語の資格・検定試験＋東京理科大学独自試験）

学部・学科		募集人員	志願者数	受験者数	合格者数	競争率	合格最低点
理第一部	数	5	56	52	7	7.4	270
	物理	5	66	61	7	8.7	269
	化	5	58	50	13	3.8	235
	応用数	5	68	63	17	3.7	236
	応用物理	5	37	34	9	3.7	253
	応用化	5	69	59	12	4.9	238
工	建築	5	79	74	10	7.4	253
	工業化	5	44	40	12	3.3	213
	電気工	5	107	100	15	6.6	250
	情報工	5	91	76	12	6.3	254
	機械工	5	80	75	10	7.5	266
薬	薬	5	59	45	8	5.6	242
	生命創薬科	5	43	37	9	4.1	221
理工	数	5	33	31	8	3.8	234
	物理	5	38	33	7	4.7	246
	情報科	5	50	46	7	6.5	242
	応用生物科	5	78	68	13	5.2	224
	建築	5	68	61	9	6.7	252
	先端化	5	45	40	9	4.4	230
	電気電子情報工	7	62	52	15	3.4	233
	経営工	5	50	43	10	4.3	228
	機械工	5	65	57	11	5.1	251
	土木工	5	76	71	14	5.0	222
基礎工	電子応用工	5	94	88	21	4.1	227
	材料工	5	76	68	5	13.6	239
	生物工	5	60	53	13	4.0	217
経営	経営	12	177	162	12	13.5	236
	ビジネスエコノミクス	7	110	104	20	5.2	228
合計		151	1,939	1,743	315	—	—

（配点）　320 点満点（東京理科大学独自試験 300 点＋英語の資格・検定試験 20 点）。

募集要項（出願書類）の入手方法

◎一般選抜（A方式・B方式・C方式・グローバル方式・S方式）

Web 出願サイトより出願を行います。募集要項は大学ホームページよりダウンロードしてください（11月中旬公開予定）。

◎学校推薦型選抜・総合型選抜

Web 出願サイトより出願を行います。募集要項は7月上旬頃，大学ホームページで公開。

〔Web 出願の手順〕
Web 出願サイトより出願情報を入力
⇨入学検定料等を納入⇨出願書類を郵送⇨完了

◎上記入学試験以外（帰国生入学者選抜や編入学など）

Web 出願には対応していません。願書（紙媒体）に記入し，郵送により出願します。募集要項は大学ホームページから入手してください。

問い合わせ先

東京理科大学　入試課
〒162-8601　東京都新宿区神楽坂 1-3
TEL 03-5228-7437　FAX 03-5228-7444
ホームページ　https://www.tus.ac.jp/

気になること、聞いてみました！

在学生メッセージ

大学ってどんなところ？ 大学生活ってどんな感じ？
ちょっと気になることを，在学生に聞いてみました。

以下の内容は 2020～2022 年度入学生のアンケート回答に基づくものです。ここで触れられている内容は今後変更となる場合もありますのでご注意ください。

Message from current students

メッセージを書いてくれた先輩　［創域理工学部］K.N. さん　［理学部第一部］A.Y. さん　［理学部第二部］M.A. さん

大学生になったと実感！

自由度が高まったと感じています。バイト，部活，勉強など自分のやりたいことが好きなようにできます。高校時代と比べて良い意味でも悪い意味でも周りからの干渉がなくなったので，自分のやりたいことができます。逆に，何もしないと何も始まらないと思います。友達作りや自分のやりたいことを自分で取捨選択して考えて行動することで，充実した大学生活を送ることができるのではないでしょうか。自分自身，こういった環境に身を置くことができるのはとてもありがたいことだと思っており，有意義なものになるよう自分から動くようにしています。（A.Y. さん／理〈一部〉）

大学生になって，高校よりも良くも悪くも自由になったと実感しています。高校生までは，時間割が決まっていて学校の外に出ることはなかったと思いますが，大学生は授業と授業の間にお出かけをしたり，ご飯を食べたりすることもできますし，授業が始まる前に遊んでそのまま大学に行くこともあります。アルバイトを始めたとき，専門書を購入したとき，大学生になったと実感します。また，講義ごとに教室が変わり自分たちが移動

する点も高校とは異なる点だと思います。（M.A. さん／理〈二部〉）

所属する建築学科に関する専門科目が新しく加わって，とても楽しいです。さらに OB の方をはじめとした，現在業界の第一線で働いていらっしゃる専門職の方の講演が授業の一環で週に 1 回あります。そのほかの先生も業界で有名な方です。（K.N. さん／創域理工）

この授業がおもしろい！

1 年生の前期に取っていた教職概論という授業が好きでした。この授業は教職を取りたいと思っている学生向けの授業です。教授の話を聞いたり個人で演習したりする授業が多いですが，この授業は教授の話を聞いた後にグループワークがありました。志の高い人たちとの話し合いは刺激的で毎回楽しみにしていました。後半にはクラス全体での発表もあり，たくさんの意見を聞くことができる充実した授業でした。（A.Y. さん／理〈一部〉）

大学の学びで困ったこと＆対処法

高校と比べて圧倒的に授業の数が多いので，テスト勉強がとても大変です。私の場合，1 年生前期の対面での期末テストは 12 科目もありました。テスト期間は長く大変でしたが，先輩や同期から過去問題をもらい，それを重点的に対策しました。同学科の先輩とのつながりは大切にするべきです。人脈の広さがテストの点数に影響してきます。（A.Y. さん／理〈一部〉）

数学や物理でわからないことがあったときは，SNS でつながっている学科の友人に助けを求めたり，高校時代の頭のよかった友人に質問したりします。他の教科の課題の量もかなり多めなので，早めに対処することが一番大事です。（K.N. さん／創域理工）

部活・サークル活動

部活は弓道部，サークルは「ちびらぼ」という子供たちに向けて科学実験教室を行うボランティアサークルに所属しています。弓道部は週に3回あり忙しいほうだと思いますが，他学部の人たちや先輩と知り合うことができて楽しいです。部活やサークルに入ることは，知り合いの幅を広げることもできるのでおすすめです。どのキャンパスで主に活動しているのか，インカレなのかなど，体験入部などを通してよく調べて選ぶといいと思います。（A.Y. さん／理〈一部〉）

交友関係は？

初めはSNSで同じ学部・学科の人を見つけてつながりをもちました。授業が始まるにつれて対面で出会った友達と一緒にいることが増えました。勉強をしていくうえでも，大学生活を楽しむうえでも友達の存在は大きく感じます。皆さんに気の合う友達ができることを祈っています。（M.A. さん／理〈二部〉）

いま「これ」を頑張っています

勉強，部活，バイトです。正直大変で毎日忙しいですが，充実していて楽しいです。自分の知らなかった世界が広がった気がします。実験レポートや課題が多く，いつ何をするか計画立てて進めています。自分はどうしたいかを日々考えて動いています。（A.Y. さん／理〈一部〉）

おススメ・お気に入りスポット

私は理学部なので神楽坂キャンパスに通っています。キャンパスの周りにはたくさんのカフェやおしゃれなお店があり，空きコマや放課後にふらっと立ち寄れるのがいいと思います。東京理科大学には「知るカフェ」というカフェがあり，ドリンクが無料で飲めるスペースがあります。勉強している学生が多くいて，私もよくそこで友達と課題をしています。(A.Y. さん／理〈一部〉)

入学してよかった！

勤勉な友達や熱心な先生方と出会い，毎日が充実しており，東京理科大学に入学してよかったと心から思っています。理科大というと単位や留年，実力主義という言葉が頭に浮かぶ人，勉強ばかりで大変だと思っている人もいると思います。しかし，勉強に集中できる環境が整っており，先生方のサポートは手厚く，勉強にも大学生活にも本気になることができます。また，教員養成にも力を入れており，この点も入学してよかったと思っている点です。(M.A. さん／理〈二部〉)

合格体験記

みごと合格を手にした先輩に，入試突破のためのカギを伺いました。入試までの限られた時間を有効に活用するために，ぜひ役立ててください。

（注）ここでの内容は，先輩方が受験された当時のものです。2025年度入試では当てはまらないこともありますのでご注意ください。

・アドバイスをお寄せいただいた先輩・

M.Y. さん　先進工学部（生命システム工学科）
B方式・グローバル方式 2024 年度合格，埼玉県出身

自分が今できる最善の勉強をしつづけることです。受験は長期戦です。あのときにこうしておけばよかったと後悔することもあって当然です。でも，そう感じたときにもし最善の選択をしていたら，「あのときの自分は最善だと思って行動したから今があるんだ」と思えます。過去には戻れないので後悔をしても過去は変わりません。失敗をすると，たくさんのことを学べます。失敗を恐れず挑戦しつづけてほしいです。また，常に前向きに勉強をしつづけることは難しく，時には落ち込むこともあって当然です。辛い気持ちになったら周りの人を頼りましょう。私たちには応援をしてくれる家族や先生，友だちがいます。ずっと勉強をしつづければ本番では自信になります。最後まで諦めずに努力していってほしいです。

その他の合格大学　東京理科大（創域理工），明治大（農〈農芸化〉），青

山学院大（理工〈化学・生命科〉），中央大（理工〈生命科〉）

H.S. さん　先進工学部（機能デザイン工学科）
B方式 2023 年度合格，千葉県出身

最後まで諦めないことだと思います。模試で良い成績を残せず，「なんでこんなに勉強しているのに成績が伸びないんだ」と心が折れてしまうことがあるかもしれないけれど，最後まで諦めなければ結果はついてくると思います。

その他の合格大学　東京海洋大（海洋工），中央大（理工），青山学院大（理工），法政大（理工）

A.Y. さん　理学部（化学科）
B方式 2022 年度合格，東京都出身

1問1問に向き合い，自分自身や受験に対して最後まで諦めない気持ちを持つことが合格への最大のポイントだと思います。うまくいかないこともありますが，踏ん張って自分で考え試行錯誤しているうちに何かに気がつけたり，成長できていることに気づかされることもあります。受験には終わりがあります。あと少しだけ，そう思って諦めず少しずつでも進んでいくことが大切だと思います。どんなにうまくいかなかったり周りから何か言われたりしても合格すればすべて報われます。そう思って頑張ってください！

その他の合格大学　東邦大（理），東京電機大（工），立教大（理），法政大（生命科），中央大（理工），富山大（理）

K.O. さん 先進工学部（電子システム工学科）
B方式 2022 年度合格，大阪府出身

時にはモチベーションが上がらなかったり，投げ出したくなることもあるかもしれません。でもやっぱり一番大事なのは，そんなときこそゆっくりでもいいから足を止めず，勉強を続けることだと思います。

その他の合格大学 芝浦工業大（工），法政大（理工），東京都市大（理工）

入試なんでもQ&A

受験生のみなさんからよく寄せられる，
入試に関する疑問・質問に答えていただきました。

Q 「赤本」の効果的な使い方を教えてください。

A 夏くらいから解き始めました。受験する大学は必ず解き，傾向をつかみました。第一志望校（国立）は8年ほど，私立の実力相応校は3年ほど，安全校は1年ほど解きました。安全校であっても自分に合わない形式の大学もあるので，赤本は必ずやるべきです。また，挑戦校は早めに傾向をつかむことで，合格に近づくことができると思います。赤本の最初のページには傾向が書かれているので，しっかりと目を通すとよいと思います。　(M.Y. さん／先進工)

A 夏頃に第1志望校の最新1年分の過去問を時間を計って解いてみて自分の現状を知ることで，これからどのような学習をすればよいのか再度計画を立て直しました。10月下旬からは志望校の過去問を1週間に1～2年分解くようにしました。数学や物理は解けなくても気にしないようにして，解答や解説を読んでどのくらいの過程で結論を導き出せるのかを把握することで過去問演習や受験本番のペース配分に利用していました。間違えた問題には印を付けておき，復習しやすいようにしていました。直前期には間違えた問題を中心に第3志望校くらいまでの過去問5年分を2～3周しました。　(H.S. さん／先進工)

Q 1年間の学習スケジュールはどのようなものでしたか？

A 高3になる前：英語と数学Ⅰ・Ⅱ・A・Bの基礎を固めておく。

高3の夏：理科の基礎を固める（『重要問題集』（数研出版）のレベルAまで，得意な範囲はBも)。ここで苦手分野をあぶりだす。また，夏に一度，第一志望校の過去問を解き，夏以降の勉強の指針を立てる。

9月：意外と時間があり，志望校の対策をする。

10月：模試に追われ，模試のたびに復習をして，苦手範囲をつぶしていく。

11月：各科目の苦手範囲を問題集等でなるべく減らす。

12〜1月：共通テストに専念。

共通テスト明け：私立の過去問を解きつつ，国立の対策もする。

（M.Y. さん／先進工）

A 4〜10月までは基礎の参考書を何周もして身につけました。英単語は「忘れたら覚える」の繰り返しを入試までずっと続けていました。理系科目も何周もしましたが，その単元の内容を短時間で一気に身につけるという意識で，1つの問題に長い時間をかけて取り組んでいました。11月から12月半ばまでは過去問演習と参考書学習を並行して行っていました。そこから入試にかけてはほとんど過去問演習でしたが，過去問演習と参考書学習の比率は自分のレベルに応じて決めるといいと思います。

（K.O. さん／先進工）

Q どのように学習計画を立て，受験勉強を進めていましたか？

A 1，2週間ごとに「やることリスト」を紙に書き出していました。休憩の時間も含めて決めて，それを元に1日単位のやる量も決めました。計画において大切なことは，ガチガチではなく大ざっぱに決め，少なくてもいいから絶対に決めた量はやりきるということだと思います。最初はなかなか計画通りに進めるのは難しいと思いますが，「今日から計画を１回も破らない」という意識で，思っているより少ないタスク量から始めていくと続きやすいのかもしれません。　(K.O. さん／先進工)

東京理科大学を攻略するうえで，特に重要な科目は何ですか？

A　理科があまり得意ではなかったこともあり，東京理科大学の物理は難しいと感じていたため，英語・数学を得点源にしようと考えました。英語に関しては単語帳と熟語帳を１冊しっかりと仕上げれば，単語や熟語で困ることはないと思います。長文も慣れればそこまで難しくはないので慣れるまで過去問を解きました。私は慣れるのに時間がかかったので他学部の英語の問題も解きました。数学に関しては先進工学部はマーク式と記述式があるのですが，過去問を解いてどちらを得点源にできるのか考えておくと，受験当日に緊張していても落ち着いて試験に臨めると思います。物理に関しては大問の中盤くらいまでをしっかり解けるようにしておけば，難しい問題が多い終盤の問題を落としても合格点に届くと思います。　(H.S. さん／先進工)

A　英語です。数学や化学は年によって難易度に差があり，問題を見てみないとわからない部分もあります。だからこそ英語で安定して点を取れていると強いと思います。東京理科大の英語は傾向が読みにくいので，最低３～５年分の過去問をやり，どんな形式にでも対応できるようにしておくべきです。試験が始まったら，まずどんな問題で，どのように時間配分をすべきか作戦を立ててから問題に取り組むことをお勧めします。具体的には文と文の因果関係や，プラスマイナスの関係性に気をつけて記号的に読んでいました。　(A.Y. さん／理)

学校外での学習はどのようにしていましたか？

A　高２の秋から１年間，英語と数学を塾で週に１回ずつ学んでいました。学校の課題が多かったので学校と塾との両立は簡単ではありませんでしたが，自分には合っていたと思います。また，夏休みにオンライン学習をしていました。予備校の種類は多いので自分に合ったものを選ぶことが大切だと思います。そもそも予備校に通ったほうがいいのか，対面かオンラインか，集団か個別かなど，体験授業などにも参加して取捨選択するのがいいと思います。自分に合っていない方法をとって時間もお金も無駄にしてしまうことはよくないと思うからです。　(A.Y. さん／理)

時間をうまく使うためにしていた工夫を教えてください。

A 時間は自分でつくるものです。いままでスマホを見ていた時間を隙間時間だと考えると，隙間時間の多さを感じると思います。ほかにも，電車に乗っている時間は言うまでもないと思いますが，例えば電車が来るまでの時間，食事後の時間などです。スマホを触る代わりに単語帳を開くとよいと思います。移動時間には暗記系，机の上で勉強できる時間はすべてペンを使った勉強と決めておくと，暗記は電車の中で終わらせるという意識がもてて集中できると思います。　(M.Y. さん／先進工)

苦手な科目はどのように克服しましたか？

A わからない問題を，納得のいくまで先生に聞きつづける。入試本番でわからないより，今わからないほうがよいと思って質問をしていました。質問をしたことは頭にも残りやすいと思います。暗記の場合は，語呂合わせを利用するなどするとよいと思います。理系科目は，苦手な範囲を見つけ，なぜその範囲が苦手なのかを追求し，それを苦手でないようにするにはどうすればよいのかを考え，実行するとよいと思います。一見簡単そうに思えますが，実行までもっていくことは難しいです。なぜできないのかが自分でわからない場合は，逃げるのではなく，周りの人に聞いてみるとよいと思います。　(M.Y. さん／先進工)

スランプに陥ったときに，どのように抜け出しましたか？

A　友達や先生など信頼できる人に相談をしました。悩んで前に進まない時間が一番もったいないので，周りの人を頼りました。何でも気軽に相談できる先生がいたので，その先生に不安や悩みを相談していました。相談をする時間が惜しかったときもありますが，相談することでメンタルが回復するのであれば，相談をする時間は惜しむべきではないと思います！　また，一緒に頑張る仲間がいると頑張れます。友だちが頑張っていると自分も頑張ろうと思えますし，一方が落ち込んだらもう一方が励ますことで，お互いに支えあって受験を乗り越えることができました。

（M.Y. さん／先進工）

模試の上手な活用法を教えてください。

A　僕は模試を入試仮想本番として捉えることの大切さを挙げたいと思います。一日中通しで試験を受けるというのは，普段はなかなかできない貴重な体験だと思います。そして，本番として本気でぶつかることで普段の勉強では得られない発見が必ずあります。計算ミスはその筆頭で，これをなくすだけで偏差値は大幅にアップします。本番としてやるというのは，言葉通り模試前の教材の総復習だったり，模試の過去問があるなら見ておいたり，気合いを入れたり，本当の入試として取り組むということです。ぜひやってみてください。

（K.O. さん／先進工）

試験当日の試験場の雰囲気はどのようなものでしたか？緊張のほぐし方，交通事情，注意点等があれば教えてください。

A　1時間前には座席に座れるように余裕を持って行動しました。私は受験のときに着る私服を決め，毎回同じ服装で受験していました。私服で行くのは体温調節がしやすいのでオススメです。私はカイロを毎回持参することで緊張をほぐしていました。試験が始まるまで耳栓をして，黙々と暗記教科を中心に見直しをしていました。教科が終わるごとに歩いたりトイレに行ったりして，気分転換していました。出来があまりよくなかった教科ほど気持ちの切り替えが大切です。 (A.Y. さん／理)

Q 併願をするうえで重視したことは何ですか？ また，注意すべき点があれば教えてください。

キャンパスがどこにあるのかをしっかりと調べるようにして，もし通うことになったときに通学時間が長くても自宅から2時間かからない場所の大学を選びました。また，自分が最後に受けた模試の偏差値を見て，安全校，実力相応校，挑戦校を決めました。安全校はウォーミングアップ校とも言ったりしますが，実力相応校を受験する前に受験できる大学を選びました。私の場合は，理科が得点源になるほどにはできなかったので数学や英語だけで受験できるような大学も選ぶようにしていました。

(H.S. さん／先進工)

Q 受験生のときの失敗談や後悔していることを教えてください。

受験勉強が始まって最初の頃，現実逃避したいせいか受験とは関係ないことに時間を使いすぎてしまい，勉強をストップしてしまったことです。例えば勉強を1週間休んだとしたら，それを取り返すためには数カ月質を上げて努力し続けなければいけません。だからストップだけはせず，気分が上がらないときはかなりスローペースでもいいので勉強を継続することです。そうやって1日1日を一生懸命に生きていれば，自然とペースはつかめてくると思います。 (K.O. さん／先進工)

Q 普段の生活のなかで気をつけていたことを教えてください。

食事の時間だけは勉強を忘れて友達や家族と他愛ない話をして気分転換の時間としました。温かいものを食べると体も心も温まるの

で夕食は家で温かいものを食べるようにしていました。また，睡眠時間を削ると翌日の勉強に悪影響を及ぼすので，毎日決まった時間に寝るようにしていました。起床時間は平日と土日でほとんど差がでないようにすることで，平日でも土日でもしっかりと起きることができました。さらに，寝る前の 30 分は暗記によい時間と聞いたことがあったので，ストレッチをしながらその日にやったことをさらっと復習したり，苦手な範囲を見直したりしていました。　(M.Y. さん／先進工)

Q 受験生へアドバイスをお願いします。

A 受験は長いです。しかも 1 日十何時間も毎日本気で勉強して，こんな大変な思いをする意味はあるのか？と思った人もいると思います。でも，本気であることに打ち込むのは貴重な経験だと思います。受験が始まる前に取り組んだいろんなことも，今では何でも簡単にできるようになっていると思えませんか？　そういった自信をつくるという意味で，この経験は受験ならではですし，大学受験が今までの人生で一番本気で頑張っていることだという人も多いと思います。そんな頑張っている自分を認めてあげてください。そのうえで，受験を最後まで走り切ってください。頑張れ受験生！　(K.O. さん／先進工)

科目別攻略アドバイス

みごと入試を突破された先輩に，独自の攻略法や
おすすめの参考書・問題集を，科目ごとに紹介していただきました。

英　語

速読力，単語力，英文の構造理解がポイント。　(M.Y. さん／先進工)

おすすめ参考書　『速読英単語』(Z会)
『LEAP』(数研出版)

まずは語彙力だと思います。文法問題も出題されているので文法も大事だと思います。　(H.S. さん／先進工)

おすすめ参考書　『英単語ターゲット1900』『英熟語ターゲット1000』(いずれも旺文社)

試験が始まったら，まずどんな問題が出ていてどのように時間を使えばいいか作戦をざっくり立てる。そうすることで焦りが軽減される。文法問題から解くことで英語に慣れてから長文を解くとよい。

(A.Y. さん／理)

まず単語と熟語は反復して覚えて，時間内に間に合うまでスピードを上げることが重要。　(K.O. さん／先進工)

おすすめ参考書　『システム英単語』(駿台文庫)

数　学

典型問題の解法がすぐに出てくるようにしておきましょう。また，何となく解くのではなく，どのような方針で解くのかを考えるとよいです。授業では，解き方を学ぶというよりも，初見問題に出合ったときの頭の使い方を学ぶとよいと思います。　（M.Y. さん／先進工）

おすすめ参考書　『数学III　重要事項完全習得編』（河合出版）
『合格る計算　数学III』（文英堂）

記述式とマーク式のどちらが自分にとってコストパフォーマンスがいいか考えて，時間配分の力と計算力を上げることが大切。
（K.O. さん／先進工）

おすすめ参考書　『Focus Gold』シリーズ（啓林館）

物　理

公式は成り立ちから理解し，演習ではミスをしないギリギリのスピードを探ること。　（K.O. さん／先進工）

おすすめ参考書　『物理のエッセンス』（河合出版）

化　学

典型問題の解法を早めにしっかりと身につけましょう。何を求めたくて，どうすればどれが求まるのか，与えられた条件をどのように使えばいいのかをしっかり考えることが大切です。なぜ自分の答えが間違ったのかを突き止めましょう。　（M.Y. さん／先進工）

おすすめ参考書　『実戦　化学重要問題集　化学基礎・化学』（数研出版）

教科書を大切にする。教科書の隅々までわかっていれば解ける。細かい知識が問われることが多いので，よく出るところの周辺は手厚く対策するべき。　（A.Y. さん／理）

おすすめ参考書　『大学受験 Do シリーズ』（旺文社）
『宇宙一わかりやすい高校化学　無機化学』（Gakken）

生　物

自分で現象の説明をできるようにすることがポイント。

（M.Y. さん／先進工）

おすすめ参考書　『ニューグローバル 生物基礎＋生物』（東京書籍）

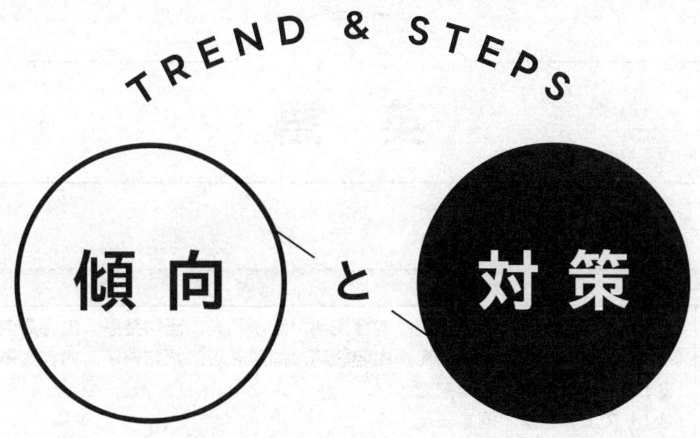

科目ごとに問題の「傾向」を分析し，具体的にどのような「対策」をすればよいか紹介しています。まずは出題内容をまとめた分析表を見て，試験の概要を把握しましょう。

注　意

「傾向と対策」で示している，出題科目・出題範囲・試験時間等については，2024 年度までに実施された入試の内容に基づいています。2025 年度入試の選抜方法については，各大学が発表する学生募集要項を必ずご確認ください。

英　語

年度	番号	項目	内容
2024 ●	〔1〕	読解	同意表現，内容説明，空所補充，語句整序，内容真偽
	〔2〕	読解	空所補充，内容説明，同意表現，語句整序，内容真偽
	〔3〕	文法・語彙	空所補充
	〔4〕	文法・語彙	同意表現
	〔5〕	読解	同意表現
2023 ●	〔1〕	読解	同意表現，語の定義，空所補充，内容説明，語句整序，内容真偽
	〔2〕	読解	同意表現，内容真偽，空所補充，内容説明
	〔3〕	文法・語彙	空所補充
	〔4〕	文法・語彙	空所補充
	〔5〕	読解	同意表現
2022 ●	〔1〕	読解	同意表現，空所補充，語句整序，アクセント，内容真偽
	〔2〕	読解	内容真偽，同意表現，要約，内容説明，主題
	〔3〕	文法・語彙	空所補充
	〔4〕	文法・語彙	同意表現
	〔5〕	読解	同意表現

（注）●印は全問，◐印は一部マークシート式採用であることを表す。

読解英文の主題

年度	番号	主題
2024	〔1〕	ドキュメンタリー番組制作者の義務とは
	〔2〕	人体内の有益な微生物
	〔5〕	⑴メタ認知能力，⑵リズムによるキュー，⑶人力による発電，⑷アルコール飲料と自己評価の向上
2023	〔1〕	インターフェロンへの期待
	〔2〕	古楽の再興
	〔5〕	⑴ベートーヴェンとテンポ，⑵プラセボクリームの効果，⑶他者の視線の心理的影響，⑷多すぎる論文が進歩を阻害する

2022	〔1〕	空想科学小説が伝えるもの
	〔2〕	現実化する自動運転車
	〔5〕	(1)マヌカの木の特質，(2)アメリカの独特の表現法，(3)一般人と著名人の距離の変化，(4)グローバル化におけるビジネススタイル，(5)恐怖に臆せず話すこと，(6)不安定な仕事とは

読解問題中心のオールラウンドな出題 語彙・熟語力の強化を

01 出題形式は？

大問5題の出題となっている。全問マークシート式による選択式で試験時間は60分。

02 出題内容はどうか？

読解総合問題，文法・語彙問題ともに2，3題ずつというのが平均的な出題パターンである。過去には会話文問題が大問として出題されたこともある。2022年度は，独立問題で文章内の下線を引いた語句と関連のない表現を選ばせる問題が，また2023年度以降，下線の語が示す内容を問う問題が出題されている。なお，設問文は英文となっている。

出題の中心は**読解総合問題**であり，設問は，内容説明，空所補充，同意表現，主題，内容真偽，語句整序など，バラエティーに富んでいる。過去には，出来事を年代順に並べ替える配列問題や簡単な計算問題も出題された。また，2022年度は〔1〕でアクセント問題も出題されている。

文法・語彙問題は，空所補充や語句整序などの形式で，基本的な文法知識や語彙・熟語力を問う問題となっている。また，過去には，共通語による空所補充も出題されている。

03 難易度は？

読解問題は英文量も設問の種類も多く，また慣れが必要とされスピーディーに処理しなければならず，全体的にみれば，読解力，文法・語彙・熟語力をバランスよく問う，ややレベルの高い問題となっている。時間配分としては，読解問題を30～40分，残りの問題を20～30分というところだろう。

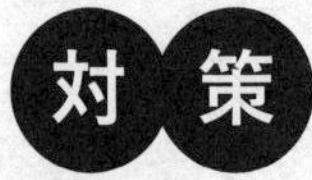

01 読解問題

長文読解問題は配点が大きく，内容説明，同意表現，内容真偽といった，内容を把握し文脈を追う力を問う問題が多いのが特徴である。その意味では，各段落ごとに要旨をまとめる練習はきわめて有効である。ただし，ひと口に読解力養成といっても，その基本となるのは豊富な語彙・熟語・構文・文法力であり，こうした基礎学力の養成を怠って読解問題に当たっても成果は上がらない。『やっておきたい英語長文500』または『やっておきたい英語長文700』（ともに河合出版）などを用いて練習し，読解問題は細かな部分まで注意しながら丁寧に読み進めることが必要である。

02 高度な語彙・熟語力，文法力をつけよう

読解問題の設問の中にも語彙・熟語力を問う問題などがあるほか，文法・語彙問題も2，3題は出題されていることから，対策として語彙・熟語力の増強は最重要課題であるといえよう。熟語の問題が多くみられるので，『英熟語ターゲット1000』（旺文社）などの問題集を1冊仕上げておきたい。また，頻出の同意表現や，慣用表現などへの対策も必要である。実戦的な演習用の文法・語法問題集としては，『Next Stage 英文法・語法問題』『頻出英文法・語法問題1000』（ともに桐原書店）などを利用するとよいだろう。

03 語句整序問題

独立問題でなくとも読解問題内で出題されている。基本的な構文力や熟

語力の充実が最善の対策となる。『Next Stage 英文法・語法問題』（桐原書店），『英文法・語法 Vintage』（いいずな書店），『大学入試 すぐわかる英文法』（教学社）などの総合英文法書を手元に置いて，調べながら学習を進めよう。

04 過去の問題に当たる

過去にいずれかの学部で出題された形式が他の学部で出題されることも多く，本書や本シリーズを利用して，多くの過去問に当たっておくことはきわめて有効である。その際，60 分という試験時間を意識して，時間配分の練習を重ねておくことも不可欠といえるだろう。

また，語彙力の増強策として『英検準１級でる順パス単』『英検２級でる順パス単』（ともに旺文社）などがある。理系の語彙を増やすには，『技術英検３級問題集』（日本能率協会マネジメントセンター）や，岡裏佳幸『理工系学生のための科学技術英語 語彙編』（南雲堂）などに取り組んでみるのもよいだろう。

東京理科大「英語」におすすめの参考書

- ✓『やっておきたい英語長文 500』（河合出版）
- ✓『やっておきたい英語長文 700』（河合出版）
- ✓『英熟語ターゲット 1000』（旺文社）
- ✓『Next Stage 英文法・語法問題』（桐原書店）
- ✓『頻出英文法・語法問題 1000』（桐原書店）
- ✓『英文法・語法 Vintage』（いいずな書店）
- ✓『大学入試 すぐわかる英文法』（教学社）
- ✓『英検準 1 級でる順パス単』（旺文社）
- ✓『英検 2 級でる順パス単』（旺文社）
- ✓『技術英検 3 級問題集』（日本能率協会マネジメントセンター）
- ✓『理工系学生のための科学技術英語　語彙編』（南雲堂）

数　学

年度	番号	項　目	内　容
2024 ◑	〔1〕	小問3問	(1)反復試行の確率，確率の漸化式　(2)曲線のパラメーター表示，接線の方程式，曲線の長さ，面積，回転体の体積　(3)整数，等式を満たす整数の組
	〔2〕	式と曲線，積分法	2次曲線，直線との位置関係，線分の長さ，立体の体積
	〔3〕	ベクトル	空間ベクトル，位置ベクトル，立体の断面積，最大値
2023 ◑	〔1〕	小問3問	(1)分数関数の極限，導関数，グラフ，$y=f(x)$ を満たす自然数 (x, y) の組　(2)平面ベクトル，内積，交点の位置ベクトル，三角形の面積比　(3)円と直線，接線，極線
	〔2〕	複素数平面	複素数平面，1の n 乗根，絶対値，偏角
	〔3〕	微・積分法	関数の極限，極値，変曲点，回転体の体積
2022 ◑	〔1〕	小問3問	(1)2次関数の最大値・最小値，場合分け　(2)確率，平面上の点の移動，反復試行　(3)軌跡，不等式の表す領域，面積
	〔2〕	2次曲線，微分法	楕円の面積，楕円外の点から引いた接線，三角形の面積の最小値
	〔3〕	三角関数，積分法	三角方程式，絶対値を含む関数の定積分，最大値・最小値，方程式の実数解の個数

（注）●印は全問，◑印は一部マークシート式採用であることを表す。

出題範囲の変更

2025年度入試より，数学は新教育課程での実施となります。詳細については，大学から発表される募集要項等で必ずご確認ください（以下は本書編集時点の情報）。

2024年度（旧教育課程）	2025年度（新教育課程）
数学Ⅰ・Ⅱ・Ⅲ・A・B（数列，ベクトル）	数学Ⅰ・Ⅱ・Ⅲ・A（図形の性質，場合の数と確率）・B（数列，統計的な推測）・C（ベクトル，平面上の曲線と複素数平面）

旧教育課程履修者への経過措置

2025年度入試に限り，新教育課程と旧教育課程の共通範囲から出題する。

小問に難問あり
複雑な計算も多く，緻密な計算力を要する

01 出題形式は？

例年，マークシート式による空所補充形式と記述式が併用されていて，マークシート式1題と記述式2題の計3題が出題されている。記述式は，答えのみを書くものと，途中の過程も書くものとがある。ただし，3題とはいっても，〔1〕が小問3問に分かれていて，これらには決して小問とはいえないレベルのものも含まれている。〔2〕が小問2問に分かれていることもある。試験時間は100分。

02 出題内容はどうか？

微・積分法は必出といってよい。小問集合では幅広い分野から出題されている。その他の特徴としては，図やグラフに関連した出題が多いという点が挙げられる。

03 難易度は？

出題の中心は標準的な頻出問題である。しかし，なかにはかなり煩雑な計算を伴う問題や，相当の思考力を要する問題も含まれている。しかもそれが小問の場合もあるので，問題を解くにあたってよく見通す必要がある。時間配分としては，まずは1題（〔1〕は小問1問）あたり10～15分で解き，残りの時間で，解ききれなかった問題に戻るとよいだろう。手こずりそうな問題は後回しにして，自分がスムーズに解ける問題から着実に解答していくことが肝要である。

01 基本事項の徹底理解

見慣れない問題や高度な内容の問題であっても，基本的な事柄の組み合わせで解いていけるものである。そこでは当然，定理や公式は単に覚えて使えるだけでなく，証明まで含めて理解しておくことが求められる。また，出題範囲の各分野から幅広く出題されているので，苦手分野をなくしておくことが必要である。『チャート式 基礎からの数学（青チャート）』シリーズ（数研出版）などを活用するとよい。

02 計算力をつけよう

かなりの計算力が要求される問題も出題されている。日頃から計算を行うときは集中して，より速く正確に答えに達することができるように努めよう。なかでも微・積分法の計算は特に重要であるから，演習問題で習熟しておくこと。『システム数学』シリーズ（啓林館／河合塾）がおすすめである。

03 マークシート式への対応

マークシート式による出題がある。マークシート式では途中経過を丁寧に書く必要はないので，答えを正確に速く求めて，マークミスをしないことが肝要である。過去問を利用して，十分に慣れておこう。

04 記述式答案の作成練習

解答過程の求められる記述問題では筋道の通った簡潔な答案が要求される。また，図やグラフに関連した問題が多いので，答案にも必要に応じて図やグラフを描き加える必要がある。日頃から，答案をまとめる練習をしておくこと。

東京理科大「数学」におすすめの参考書

- ✓『大学入試 最短でマスターする数学Ⅰ・Ⅱ・Ⅲ・A・B・C』（教学社）
- ✓『チャート式 基礎からの数学（青チャート）』シリーズ（数研出版）
- ✓『システム数学』シリーズ（啓林館／河合塾）

物理

年度	番号	項目	内容
2024 ●	〔1〕	力学	積み重ねた2物体の運動にともなう力とモーメントの考察
	〔2〕	電磁気	交流による相互誘導
	〔3〕	熱力学	ピストンにばねが付いたシリンダー内の気体の状態変化
2023 ●	〔1〕	力学	台車内での物体の衝突と単振動
	〔2〕	電磁気	1次関数的に変化する磁場による電磁誘導，交流の発生
	〔3〕	熱力学，波動	円筒形容器内の気体の状態変化と複スリットによる光の干渉
2022 ●	〔1〕	力学	単振動を伴う棒のつり合い
	〔2〕	電磁気	未知の部品を含んだ電気回路の考察
	〔3〕	熱力学	P–T 図を用いた気体の循環過程の考察

（注）●印は全問，◑印は一部マークシート式採用であることを表す。

試験時間の割に小問数が多い 標準的な問題が多いが，計算は高度

01 出題形式は？

例年，大問3題の出題で，全問マークシート式である。1題が2ないし3の小問に分かれていることが多く，設問数は多めになっている。解答群から適切なものを選ぶ形式が多いが，計算結果の数値をマークするものやグラフを選ぶものなども出題されている。試験時間は80分。

02 出題内容はどうか？

出題範囲は「物理基礎・物理」である。

例年，〔1〕が力学，〔2〕が電磁気，〔3〕が波動か熱力学となることが多い。各分野から満遍なく出題されているので，苦手分野を作らないことが大切である。

03 難易度は？

全体としては標準レベルより少し難しい程度であるが，解答時間を考えるとレベルが1つ上がるだろう。空所補充形式なので，流れをしっかり捉えて解答をしていかないと，1つの間違いが後に響いてくる。数値計算では，指示に従い要領よく計算しないと，計算による誤差が生じてしまうので注意が必要である。大問1題あたり25分程度を目安に取り組む必要がある。

対策

01 空所補充形式の出題に慣れておこう

まず，受験の標準レベルの問題が確実に解けるよう繰り返し練習をしておこう。それに加え，過去問を活用して空所補充形式の問題に慣れることが大切である。その際，時間配分を意識して解いてみること。また，選択肢は問題を解く上でのヒントと捉えて取り組むことも大切である。

02 確実な計算力を

空所補充形式の問題では，前問の考え方や結果を用いて解答することが多いので，計算ミスは大きな失点につながる。計算過程や思考の流れをしっかり残しながら計算する習慣をつけ，すぐに見直すことができるようにしておくことが大切である。また，選択肢の形式を意識した式変形を心がけたい。特に，数値計算では除法による計算誤差が出ないように工夫する必要がある。過去問でしっかりと演習を重ねておこう。

03 物理の本質の理解を

標準以上のレベルの問題には物理の現象の正確な把握と物理法則等の本質を十分に理解しておくことが大切となる。そのためには『体系物理』（教学社）に取り組んだり，他の学部の過去問などを数多くこなしたりしておきたい。

化　学

年度	番号	項　目	内　容
2024 ●	〔1〕	構造・状態	氷・ダイヤモンドの結晶，窒素の溶解，燃焼の量的関係 ✓計算
	〔2〕	状　　態	気液平衡，沸点，不均一混合物の飽和蒸気圧 ✓計算
	〔3〕	変　　化	反応速度式，アレニウスの式，触媒 ✓計算
	〔4〕	無機・変化	硫黄・窒素化合物の生成・性質，量的関係，平衡定数，密度 ✓計算
	〔5〕	有機・無機	C1 化合物の性質や反応
2023 ●	〔1〕	理論･高分子	最外殻電子数，二次電池，凝固点降下，糖類，ゴム，高分子 ✓計算
	〔2〕	状　　態	気体の法則，蒸気圧 ✓計算
	〔3〕	変　　化	酸化還元滴定 ✓計算
	〔4〕	無　　機	塩の推定，量的関係 ✓計算
	〔5〕	構造・状態	分子間力と沸点・融点の関係
	〔6〕	有機・状態	有機化合物の性質・反応，気体の状態方程式 ✓計算
2022 ●	〔1〕	状態・無機	塩化水素の発生と性質，浸透圧，コロイド溶液の性質 ✓計算
	〔2〕	変　　化	電池，電気分解 ✓計算
	〔3〕	状　　態	沸点上昇度，気体の溶解度 ✓計算
	〔4〕	変　　化	アンモニアの電離平衡，塩の加水分解，滴定曲線 ✓計算
	〔5〕	変　　化	熱化学方程式，反応速度 ✓計算
	〔6〕	有　　機	有機化合物の構造と性質，元素分析 ✓計算
	〔7〕	有　　機	サリチル酸の合成，サリチル酸誘導体，分離実験 ✓計算

（注）　●印は全問，◑印は一部マークシート式採用であることを表す。

計算力・思考力・総合判断力を重視
有機は構造と反応に注目

01　出題形式は？

大問数は５～７題。全問マークシート式であるが，形式は選択・計算・正誤法など多様である。特に計算法では，結果を指定した形でマークさせる東京理科大学独自の形式があるので，過去問を解いて慣れておきたい。数値計算の代わりに文字で解答する形式や，適切な選択肢の番号の和を答える形式の問題もある。試験時間は 80 分。

02 出題内容はどうか？

出題範囲は「化学基礎・化学」である。

理論・無機・有機すべてにわたって広い範囲から出題されている。例年の傾向として目立つのは，理論（計算）が多いことである。計算は毎年独特の趣向を凝らした問題が出され，しかも難問も含まれているので注意したい。無機は理論と絡めて出題されている。有機は構造式・異性体の決定や，有機合成反応，検出・確認法および天然・合成高分子化合物に関する出題が多い。また，有機にも計算が含まれるので注意しておきたい。

03 難易度は？

全般的には基本的・標準的な問題が多い。しかし，問題量がかなり多く，1 題を 10〜15 分程度で解くことになる。時間配分に注意し，特に理論問題の読み取りや計算のための時間を確保したい。比較的解答しやすい有機から解き始めてもよい。

対策

01 題意の把握と思考力を養うこと

まず問題の題意の把握に細心の注意を払うこと。特に，計算問題の解答の仕方，有効数字のとり方など，独特の答え方に注意する必要がある。本書の過去問を使ってしっかり練習した上で，判断力・思考力を要する問題の対策として，定番になるが，『実戦化学重要問題集　化学基礎・化学』（数研出版）を推薦したい。

02 理 論

広範囲から総合的な問題として出題されることが多いので，基礎理論をきちんと理解した上で，特に計算に重点をおいて演習を徹底的に行うこと。理論では，難易度の高い気液平衡，電離平衡，溶解度積が重要である。水和水を含む溶解度，反応速度も頻出ではあるが，この分野では弱点箇所のないように心がけたい。また，計算問題には難問が多いので，注意を要する。

03 無 機

無機だけの出題もあるが，実験や理論と絡めて出題される場合が多い。気体の製法や性質，陽・陰イオンの沈殿・溶解反応などは化学反応式を含めて確実に理解すること。学習は教科書中心でよいが，検出法など実験については図を含めてよく調べておくこと。

04 有 機

分子式や構造式・異性体の推定，元素の確認法などがよく出題される。これらの対策としては，合成法や性質を官能基や反応の種類と関連づけてよく調べておくことが大切である。また，元素分析や高分子の計算もよく出題されるので，十分練習しておくこと。さらに，糖類，タンパク質とアミノ酸の構造と性質をまとめておく必要がある。

2024年度

問題と解答

B方式

問題編

▶試験科目・配点

教科	科目	配点
外国語	コミュニケーション英語Ⅰ・Ⅱ・Ⅲ，英語表現Ⅰ・Ⅱ	100点
数学	数学Ⅰ・Ⅱ・Ⅲ・A・B	100点
理科	**建築・電気工・情報工・機械工学科**：物理基礎・物理 **工業化学科**：化学基礎・化学	100点

▶備考

- 英語はリスニングおよびスピーキングを課さない。
- 「数学B」は「数列」「ベクトル」から出題。

英 語

（60分）

1 Read the following passage, which has been taken from the introduction of a book. Answer the questions below. (25 points)

David Attenborough is no doubt too modest to mention his own name, but in Britain at any rate it is largely due to his own work for the BBC that the general public has been guided gently from simple programs about animals to complex and sometimes quite profound essays on primitive societies and the nature of human co-operation.

At its peak, the audience for the 2017 BBC wildlife series *Blue Planet 2* reached 14.1 million viewers, making it the year's most watched television program in Britain. And, commentators claimed, 'many of the program's marvels are new not just to television but to science itself.' Given the large number of viewers wildlife television programs command① today, and the claims associated with them, these documentaries are a key part of the apparatus through which our increasingly urbanized societies obtain their knowledge of the natural world.

Wildlife documentaries fulfil a very fundamental need: to know about the world we live in and the other life forms sharing it with us. Some of the earliest pictorial representations humans produced some 15,000 years ago were paintings on the walls of such caves as Lascaux in south-western France and Altamira in Cantabria. They mainly show animals moving, hunting, feeding, and reproducing. What were these paintings for? Nobody knows for sure. And although we cannot be certain about what they meant to those who produced them, one thing is beyond doubt: they were part of early humans' attempts at making sense of the world they inhabited②, recording their knowledge of other life forms which, to them, signified life or death. Likewise③, wildlife documentaries are meant to help us understand the world we inhabit and find our place in it. But, as such, they deserve to be scrutinized, for, often crossing boundaries — between nature and culture, or (4) — they unsettle these boundaries only to re-draw them in ways which regard specific orders of things as natural. For example, they use the spectacle of human-like animals, or of humans in the wild, to depict some social concepts (e.g. gender concepts, the nuclear family as the basic unit of social structure, etc.) as norms universally found both in animal and human lives. This book explores the history of wildlife television in Britain and provides readers with some elements to make sense of how television programs and documentaries about wildlife have contributed to fashioning⑤ how we see ourselves and where we stand in the world over the past five decades. These are essential conversations to have in light of our current environmental crises.

Wildlife documentaries are about knowledge. They are premised on a theory of knowledge which itself is grounded in the recording of the particular, physical reality by camera and microphone. But although, as any kind of documentary work, they have — or claim to have — value as evidence, they also are essentially artificial. As David Attenborough noted in an interview in 1984, just after the release of *The Living Planet*:

> In fact, there is precious little that is natural … in any film⑥. You distort speed if you want to show things like plants growing, or look in detail at the way an animal moves. You distort light levels. You distort distribution, in the sense that you see dozens of different species in a jungle within a few minutes, so that the places seem to be full of life. You distort size by using close-up lenses. And you can equally well distort sound. What the filmmaker is trying to do is to [1 a 2 as 3 convey 4 experience 5 in 6 particular 7 vivid] a way as he can⑦.

Wildlife documentaries contain and generate knowledge of nature for their audiences. At the same time, they obey one imperative: (8). The artificial features of filmmaking Attenborough describes in this quote are necessary in creating a spectacular experience for viewers, one from which they will derive not only knowledge but also a sense of wonder, and ultimately pleasure. For, still in Attenborough's words: 'It seems to me that science, fundamentally, is concerned with defining man's relationship with the natural world — making sense of it. And <u>when it does that</u>⑨, it brings great pleasure.' The consumption of such visual spectacle and entertainment as wildlife films is a subjective experience involving emotions. For this reason, wildlife documentaries are traditionally conceived of as ill-suited to convey objective knowledge and educate their audiences. If wildlife documentary makers are to be able to achieve their aim, which is to be recognized as trustworthy sources of knowledge about nature, they therefore need to deploy strategies that enable them to resolve this tension between (10)— evidence and artifice — which lies at the heart of the wildlife documentary.

(1) From the choices below, choose the word which is the closest in meaning to the underlined part ① in the passage and mark the number on the **Answer Sheet**.

1 anticipate　　2 attract
3 cease　　4 modify

(2) From the choices below, choose the words which are the closest in meaning to the underlined part ② in the passage and mark the number on the **Answer Sheet**.

1 brought about　　2 cast down
3 dwelled in　　4 figured out

出典追記：BBC Wildlife Documentaries in the Age of Attenborough by Jean-Baptiste Gouyon, Palgrave Macmillan

(3) From the choices below, choose the one which best expresses the meaning of the underlined part ③ in the passage and mark the number on the **Answer Sheet**.

1 Because these animals in the paintings were to the taste of early humans

2 Combining the cleverness of early humans with our favorable attitudes

3 Just as early humans attempted to understand the world through their paintings

4 Since early humans were much wiser than most of us usually imagine

(4) From the choices below, choose the phrase that best fits into the space (4) in the passage. Mark the number on the **Answer Sheet**.

1 animals and humans
2 Lascaux and Altamira
3 moving and hunting
4 viewers and documentaries

(5) From the choices below, choose the word which is the closest in meaning to the underlined part ⑤ in the passage and mark the number on the **Answer Sheet**.

1 appealing
2 compelling
3 purchasing
4 shaping

(6) What can we infer from the underlined part ⑥ in the passage? Mark the number on the **Answer Sheet**.

1 Wildlife documentaries show that our natural world is full of invaluable wonders.

2 Small things in nature tend to be viewed as significant in wildlife documentaries.

3 It is not difficult to point out artificial features involved in wildlife documentaries.

4 Wildlife documentaries, though often very short, are still very expensive to make.

(7) Arrange the words in the brackets in the underlined part ⑦ so that the whole underlined part ⑦ matches the following meaning: **「ある特定の経験を，できる限り生き生きとした形で伝える」**. Mark the numbers of the 2nd and 6th words on the **Answer Sheet**.

(8) From the choices below, choose the phrase that best fits into the space (**8**) in the passage. Mark the number on the **Answer Sheet**.

1 going back to basics
2 cutting costs when possible
3 the fidelity to the reality
4 the necessity of spectacle

(9) From the choices below, choose the one which best expresses the meaning of the underlined part ⑨ in the passage and mark the number on the **Answer Sheet**.

1 when a science program focuses its attention solely on entertainment
2 when filmmaking seems natural to both filmmakers and viewers
3 when science successfully defines human relationships with the natural world
4 when the natural world brings pleasure to viewers

(10) From the choices below, choose the phrase that best fits into the space (**10**) in the passage. Mark the number on the **Answer Sheet**.

1 audiences and filmmakers
2 emotions and pleasure
3 knowledge and entertainment
4 sources and nature

(11) From the choices below, choose the two statements that match the passage. Mark the numbers on the **Answer Sheet**.

1 Because the biggest part of wildlife documentaries lies in their value as evidence, we can safely identify them with the physical reality of our world.

2 David Attenborough is widely known as a person who often boasts of being the most authoritative man in the world of British television.

3 Paintings produced about 15,000 years ago on the walls of Lascaux and Altamira can be seen as having something in common with wildlife documentaries.

4 The BBC wildlife series *Blue Planet 2* was a very short-lived program, and the length of each episode was less than 15 minutes.

5 Wildlife documentaries are not necessarily a neutral type of TV program, sometimes regarding specific social norms in human life as natural.

2 Read the passage below and answer the following questions. As for the words marked with an asterisk (*), see the Notes at the end of the passage.

(29 points)

In daily life, many people are unaware of the thousands of species that inhabit the body. In fact, being unaware of them is the first good sign of a healthy microbiome*. This is because many of the microbes in the body are symbiotic, meaning that when working correctly, their presence allows both the human body and community of microorganisms* to benefit.

Because microorganisms are invisible to the (a) eye, we have limited control over the types of microbes that enter our bodies. A small number of those in the microbiome, known as pathogens*, will be disease-causing. The body can remain healthy, even in the presence of pathogens, but there is a fine balance to be struck. If too many pathogens are introduced to the body, or an increased use of antibiotics lowers the number of helpful bacteria too much, the healthy microbiome is disturbed. This puts the body at a higher risk of (b) disease.

The microbiome has so many essential roles that it is often referred to as a 'supporting organ.' Two of its main functions are helping to keep the digestive system under control and assisting the immune system.(c)

The mechanical digestion that human cells are responsible for can only do so much when it comes to completely breaking down our food. For many foods, we rely on gut bacteria. One example is polysaccharides — complex sugars that are found in plants. In the gut, bacteria produce the enzymes* needed to digest polysaccharides. By breaking down these foods, the microbiome is responsible for turning food into its easily absorbed nutrients. These enzymes provide us with B vitamins, Vitamin K and short chain fatty acids*. (d) the microbiome to carry out this function, the nutritional value of food would be lowered.

When new organisms are introduced into the gut, and other regions of the body, the microbiome plays a key part in establishing which are safe and which (e) attack. This aspect of the immune system is essential as, without it, the aforementioned beneficial gut bacteria would be perceived as a threat and attacked by the body.

Microbes don't just fight dangerous cells after they enter the body. A layer of them, called biofilm*, serves as a protective shield on our skin against harmful bacteria and fungi. Similarly, in the gut, specific bacteria called Bifidobacteria* prevent toxins* from entering the bloodstream. Keeping toxins in the gut means they can soon be passed out of the body. However, if they were to travel through the intestinal* wall and into the blood, toxins can wreak havoc(f) as they spread fast in the bloodstream.

Microbiome activity in the gut also has the power to impact the mind, thanks to a nerve called the vagus nerve* and the gut-brain axis. As microorganisms in the gut interact with the central nervous system, studies have shown that the brain's chemistry can be altered, impacting a person's memory. Additionally, gut bacteria can even make you happier, as it is responsible for producing 95 per cent of the body's serotonin. This hormone is key in determining people's mental well-being (g) it stabilizes mood.

A person's microbiome is unique to them. At the beginning of life, its

original makeup is determined by that of their mother. As a baby is born, its
(h)
body is exposed to the microorganisms that exist in the mother's birth canal. Further significant additions to the microbiome are provided in milk during breastfeeding. These environmental impacts continue to occur throughout life. Microbiomes change based on events including (but not limited to) the food being eaten, medication taken, disease, exercise and age.

The more your microbiome changes, the (　i　), according to research published in February 2021. Scientists discovered that people whose microbiome remained the same for long periods of their lives tend to die earlier [1 whose　2 than　3 colonies　4 varied　5 over　6 those　7 microbial] time. Generally, in the healthiest individual studied, the microorganisms that were most prevalent during early adulthood became a smaller percentage of the gut microbiome over the following years. This enabled new species to grow in numbers in the body.
(j)

It isn't yet known whether people aged better as a result of the changed microbiome, or if it was the microbiome that adapted to the ageing body. However, the guts with the more transformed microbiome appeared to be better (　k　) to fighting chronic illness.

Transforming your gut microbiome is relatively easy to do. By drastically altering your diet, the levels of your body's bacteria species can change significantly in just four days. This trait is thought to have been beneficial to hunter gatherers, who could have had contrasting meals from day to day depending on available resources. With different gut bacteria being able to dominate the microbiome, more nutrients could (　l　) from each varied food source.

(Notes)

microbiome：微生物の集合体　　**microorganism**：微生物

pathogen：病原体　　**enzyme**：酵素　　**fatty acid**：脂肪酸　　**biofilm**：菌膜

Bifidobacteria：ビフィズス菌　　**toxin**：毒素　　**intestinal**：腸の

出典追記：Meet your microbiome, The Gut Health Plan, Future plc.

vagus nerve：迷走神経

(1) From the choices below, choose the best word that fits in the blank (**a**). Mark the number on the **Answer Sheet**.

1 enlarged　**2** transparent
3 naked　**4** covered

(2) From the choices below, choose the best word that fits in the blank (**b**). Mark the number on the **Answer Sheet**.

1 developer　**2** development
3 develops　**4** developing

(3) From the choices below, choose the sentence that best matches the description of the underlined part (c) "the immune system" in the passage. Mark the number on the **Answer Sheet**.

1 The immune system is exclusively in charge of the transportation of microbiome.
2 Antibiotics are essential to help keep alive the digestive system and the immune system.
3 High blood pressure is closely linked to the condition of the immune system.
4 The microbiome in the intestines is nothing less than what supports the immune system.

(4) From the choices below, choose the best word that fits in the blank (**d**). Mark the number on the **Answer Sheet**.

1 Regardless　**2** By
3 Without　**4** Since

(5) From the choices below, choose the best word that fits in the blank

(**e**). Mark the number on the **Answer Sheet**.

1 at　　2 in

3 by　　4 to

(6) From the choices below, choose the answer whose meaning is closest to the underlined part (f). Mark the number on the **Answer Sheet**.

1 spell out　　2 create chaos

3 expel　　4 be steadfast

(7) From the choices below, choose the best answer that fits in the blank (**g**). Mark the number on the **Answer Sheet**.

1 as　　2 who

3 even if　　4 without

(8) From the choices below, choose the answer that best explains the meaning of the underlined part (h). Mark the number on the **Answer Sheet**.

1 minority　　2 majority

3 constitution　　4 compensation

(9) From the choices below, choose the best word that fits in the blank (**i**). Mark the number on the **Answer Sheet**.

1 good　　2 worst

3 better　　4 worse

(10) Arrange the words in the brackets in the underlined part (j) so that the whole underlined part matches the following meaning: **「微生物のコロニーが時間とともに変化する人よりも早く」**. Mark the numbers of the 2nd and 5th words on the **Answer Sheet**.

(11) From the choices below, choose the best word that fits in the blank

(k). Mark the number on the **Answer Sheet**.

1 suited 2 suiting

3 suits 4 suit

(12) From the choices below, choose the best answer that fits in the blank (l). Mark the number on the **Answer Sheet**.

1 extractive 2 be extracting

3 extract 4 be extracted

(13) From the choices below, choose the two sentences that best explain the above passage. Mark the numbers on the **Answer Sheet**.

1 If your microbiome changes throughout the years, you are likely to have a shorter life.

2 Environmental impacts do not affect the condition of your microbe at all, but only what you inherit from your mother does.

3 In your gut, there is a specific type of bacteria that can keep you from being harmed by toxic substances.

4 It takes a thousand days to change the environment of the microbiome unless you keep eating expensive organic food every day.

5 Nurturing gut bacteria can be a positive stimulation to the nervous system.

6 The microbiome in your gut sympathizes with you despite your unhappiness so effectively that you'd better refrain from taking sugar as long as possible.

3 From the choices below, choose the word that best fits into the space (　　). Mark the number on the **Answer Sheet**. (18 points)

(1) (　　) she had her own passport, she would not have missed the flight.

1 Has　　2 Shall　　3 Had　　4 Shouldn't

(2) My sister built her own bookshelf without using (　　).

1 zips　　2 eggs　　3 pegs　　4 flips

(3) Nobody needs special (　　) to begin playing punk music.

1 unique　　2 sleek　　3 creek　　4 technique

(4) In emails, you can request a quick reply or action by using phrases such as (　　).

1 TPP　　2 BTW　　3 PPAP　　4 ASAP

(5) Beyoncé changes the way she sings and sometimes does (　　) her voice.

1 soften　　2 often　　3 broken　　4 mitten

(6) Carrot cakes easily (　　) even when you use your knife and fork.

1 grumble　　2 struggle　　3 crumble　　4 fumble

(7) Do not forget to watch the soup (　　) in the pot.

1 weeping　　2 warning　　3 warming　　4 keeping

(8) Every morning the little birds (　　) at my window.

1 meow　　2 bowwow　　3 chirp　　4 howl

(9) I'm ( ) to YouTube videos and end up watching them ten hours a day.

1 appalled 2 addicted 3 alternated 4 achieved

(10) Kendrick Lamar raps like nobody else in the world, but he ( ) sings on his records.

1 random 2 freedom 3 wisdom 4 seldom

(11) When you pronounce it, the word "( )" includes a long vowel.

1 thumb 2 numb 3 tomb 4 limb

(12) ( ) the wall, or you'll be in danger.

1 Of 2 With 3 From 4 Off

(13) An executive at a company has to be able to balance the reality of what the company needs to be now with what it needs to be in ten years from now, for these are often at ( ) with one another.

1 chances 2 odds 3 probabilities 4 states

(14) The old saying, "A friend in need is a friend ( )," goes a long way. True friends will always be there for you, and you can always count on them.

1 beneath 2 disguised 3 entailed 4 indeed

(15) The government must act within the ( ) of the law, and all administrative conduct must be based on solid legal grounds.

1 compensates 2 compresses

3 confines 4 confirms

(16) The small islands in Denmark often show the whole country in (　　　): great nature, beautiful beaches and pure relaxation.

1 melancholy　2 miniature　3 misery　4 mortar

(17) The stepsisters demanded that Cinderella curl their hair nicely, bring their gloves and fans, and polish their slippers, till at last when they were ready to go, Cinderella was completely (　　　) out.

1 born　2 timed　3 voiced　4 worn

(18) We offer a range of courses that could be (　　　) to suit the needs of organizations and individuals.

1 barbered　2 feathered　3 shattered　4 tailored

4 From the choices below, choose the one that best expresses the meaning of the underlined part. Mark the number on the **Answer Sheet**. (12 points)

(1) After contacting the original songwriter, the record company <u>authorized</u> the release of the new version of the song.

1 rejected　2 approved　3 liked　4 completed

(2) Perhaps you should <u>coordinate</u> with Mr Johnson so that you can find a meeting time that is convenient for both of you.

1 make arrangements　2 congratulate

3 greet　4 make do

(3) When teachers scold their students too severely, it can be very <u>discouraging</u>.

1 worrying　2 demotivating

3 scary　4 deceptive

(4) Wearing a hat outside during lunchtime is <u>mandatory</u> in some schools in summer.

1 optional 2 compulsory

3 recommended 4 digested

(5) Her account has been <u>suspended</u> for non-payment of her outstanding bill.

1 extended 2 temporarily stopped

3 permanently stopped 4 changed

(6) As our current apartment block is going to be knocked down, we received a note from our landlord to <u>vacate</u> the premises within the next three months.

1 stay at 2 move out of

3 move to 4 take a holiday at

(7) Due to complaints from the community, the mayor was pressured to <u>step down</u> from his position.

1 resign 2 rest 3 continue 4 recover

(8) She had troubles when she arrived in the UK because the immigration officer told her that her visa was no longer <u>valid</u>.

1 vulnerable 2 usable 3 necessary 4 unreadable

(9) Overall, we enjoyed our stay at the Palm Beach Hotel but were not satisfied with the <u>amenities</u>.

1 costs 2 attractive features

3 location 4 misbehaviors

(10) The patient was <u>administered</u> a new drug to treat his joint pain.

1 experimented 2 withdrawn

3 given 4 withheld

(11) <u>In light of</u> the frequent number of earthquakes recently, more people are stocking up on emergency goods at home.

1 Despite　　2 In place of
3 Regardless of　　4 Considering

(12) Although the company did not state it clearly, the statement from the CEO <u>implied</u> that they would be hiring more female workers in the near future.

1 implemented　　2 suggested
3 declared　　4 declined

5 Read the following passages, which are all short summaries of academic papers. From the choices below, choose the one that best expresses the meaning of each underlined word. Mark the number on the **Answer Sheet**.

(16 points)

Passage 1

People tend to hold overly favorable views of their abilities in many social and intellectual domains. The authors suggest that this overestimation occurs, in part, because people who are unskilled in these domains are doubly handicapped: Not only do these people reach erroneous conclusions and make unfortunate choices, but their incompetence robs them of the metacognitive ability to realize <u>it</u>(1). Across 4 studies, the authors found that participants scoring low on tests of humor, grammar, and logic grossly overestimated their test performance and ability. Although their test scores put them in the bottom 12%, they estimated themselves to be in the top 38%. Several analyses linked this to deficits in metacognitive skill, or the capacity to distinguish accuracy from error. Paradoxically, improving the skills of the participants, and thus increasing their metacognitive competence, helped <u>them</u>(2) recognize the limitations of their abilities.

(1) 1 an erroneous conclusion　　2 their incompetence
　3 the metacognitive ability　　4 humor

(2) 1 the authors　　2 accuracy and error
　3 the participants　　4 the limitations

Passage 2

Human infants use rhythmic cues present in speech to extract language regularities, and it has been suggested that this capacity is anchored in more general mechanisms that are shared across mammals. This study explores the extent to which rats can generalize rhythmic cues that have been extracted from training samples to new sentences and how this discrimination process is affected by the cognitive burden when multiple speakers are introduced. Conditions 1 and 2 show rats' abilities to use rhythmic cues present in speech, allowing <u>them</u>(3) to discriminate between sentences not previously heard. But this discrimination is not possible when sentences are played backward. Conditions 3 and 4 show that language discrimination by rats is also <u>taxed</u>(4) by the process of detecting regularities among different speakers. Implications for speech perception by humans are discussed.

(3) 1 multiple speakers　　2 rats
　3 cues　　4 sentences

(4) 1 abolished　　2 favored
　3 played backward　　4 burdened

Passage 3

Conventional human-powered generators are usually based on pedaling or rotary crank motion, which requires intensive work of lower or upper limb muscles. Although they are sometimes very useful, it is hard to keep these motions for a long time in order to obtain a <u>substantial</u>(5) amount of electric energy. In this study, we developed a large-sized human-powered electric generator motivated by the hula-hoop motion for higher output enabled by bearable handling. The effectiveness of the developed human-powered generator was estimated by measuring output electric energy and metabolic energy expenditure of operating human subjects. The calculated conversion efficiency of metabolic to electric power was no less than other human-powered generators. More importantly, the results also showed that the developed generator could be driven more than 5 minutes consistently without any muscular fatigue and was able to produce 700mW average output electricity, which <u>verified</u>(6) the practicality of the technology.

(5) 1 bearable 2 considerable
3 metabolic 4 pessimistic

(6) 1 dismissed 2 bridged
3 demonstrated 4 invested

Passage 4

The researchers examine the role of alcohol consumption on self-perceived attractiveness. Study 1, carried out in a barroom, showed that the more alcoholic drinks customers consumed, the more attractive they thought <u>they</u>(7) were. In Study 2, 94 non-student participants in a fake taste-test study were given either an alcoholic beverage or a non-alcoholic beverage, with half of each group believing they had consumed alcohol and half believing they had not (balanced placebo design). After consuming beverages, they delivered a speech and rated how attractive, bright, original, and funny they thought they were. The speeches were videotaped and rated by 22 independent judges. Results showed that participants who thought they had consumed alcohol gave themselves more positive self-evaluations. However, ratings from independent judges showed that this boost (8) in self-evaluation was unrelated to actual performance.

(7) 1 the researchers 2 alcoholic drinks
3 customers 4 94 non-student participants

(8) 1 crawl 2 draft 3 hover 4 rise

出典追記：
Passage 1 : Unskilled and unaware of it : How difficulties in recognizing one's own incompetence lead to inflated self-assessments, Journal of Personality and Social Psychology 77(6) 1999 December by Justin Kruger and David Dunning
Passage 2 : Effects of Backward Speech and Speaker Variability in Language Discrimination by Rats, Journal of Experimental Psychology : Animal Behavior Processes 2005 Vol. 31, No. 1 by Juan M. Toro, Josep B. Trobalon, and Núria Sebastián-Gallés
Passage 4 : 'Beauty is in the eye of the beer holder' : People who think they are drunk also think they are attractive, British Journal of Psychology Volume 104, Issue 2, 2013 May by Laurent Bègue, Brad J. Bushman, Oulmann Zerhouni, Baptiste Subra, and Medhi Ourabah

数　学

（100 分）

問題 1 の解答は解答用マークシートにマークしなさい。

1　次の **(1)**, **(2)**, **(3)** においては，□ 内の 1 つのカタカナに 0 から 9 までの数字が 1 つあてはまる。その数字を**解答用マークシート**にマークしなさい。与えられた枠数より少ない桁の数があてはまる場合は，上位の桁を 0 として，右に詰めた数値としなさい。分数は既約分数とし，値が整数の場合は分母を 1 としなさい。根号を含む形で解答する場合は，根号の中に現れる自然数が最小となる形で答えなさい。（50 点）

(1)　表と裏が等しい確率で出る硬貨がある。以下の問いに答えなさい。

(a)　この硬貨を 10 回投げたとする。

表がちょうど 5 回出る確率は $\dfrac{\boxed{アイ}}{\boxed{ウエオ}}$ であり，

表が 5 回以上出る確率は $\dfrac{\boxed{カキク}}{\boxed{ケコサ}}$ である。

(b)　この硬貨を n 回投げたとする。表が 5 回以上出る確率が 0.7 以上となる最小の自然数 n は，$n=\boxed{シス}$ である。

(c)　この硬貨を $2m$ 回投げたとき，表がちょうど m 回出る確率を P_m とし，表が m 回以上出る確率を Q_m とすると

$$Q_{2023}-Q_{2024}=\frac{\boxed{セ}}{\boxed{ソタチツ}}P_{2023}$$

である。

(2) 座標平面において，媒介変数 θ $(-\pi \leqq \theta \leqq \pi)$ によって表された曲線

$$\begin{cases} x = \theta - \sin\theta \\ y = 1 - \cos\theta \end{cases}$$

を C として，$\theta = \dfrac{\pi}{3}$ のときの C の接線を l，接点を A，l と y 軸との交点を B とする。以下の問いに答えなさい。

(a) A の座標は

$$\left(\frac{\pi}{\boxed{ア}} - \frac{\sqrt{\boxed{イ}}}{\boxed{ウ}}, \frac{\boxed{エ}}{\boxed{オ}} \right)$$

であり，l の方程式は

$$y = \sqrt{\boxed{カ}}\,x + \boxed{キ} - \frac{\sqrt{\boxed{ク}}}{\boxed{ケ}}\pi$$

である。

(b) 原点から A までの曲線 C の長さは $\boxed{コ} - \boxed{サ}\sqrt{\boxed{シ}}$ である。

(c) 線分 AB，y 軸，C によって囲まれた部分の面積は

$$\frac{\sqrt{\boxed{ス}}}{\boxed{セ}} + \frac{\pi}{\boxed{ソ}} - \frac{\sqrt{\boxed{タ}}}{\boxed{チ}\boxed{ツ}}\pi^2$$

である。

(d) C と直線 $y = 2$ によって囲まれた部分を y 軸の周りに 1 回転させてできる立体の体積は

$$\frac{\pi^3}{\boxed{テ}} - \frac{\boxed{ト}}{\boxed{ナ}}\pi$$

である。

(3) a, b, c, d はいずれも自然数で $a \leqq b \leqq c \leqq d$ とする。以下の問いに答えなさい。

(a) 等式

$$\frac{1}{a}+\frac{1}{b}=\frac{1}{4}$$

をみたす a, b の組は

$$(a,\ b)=\left(\boxed{ア},\ \boxed{イ\,ウ}\right),\ \left(\boxed{エ},\ \boxed{オ\,カ}\right),\ \left(\boxed{キ},\ \boxed{ク}\right)$$

である。ただし $\boxed{ア} < \boxed{エ}$ とする。

(b) 等式

$$\frac{1}{a}+\frac{1}{b}+\frac{1}{c}=\frac{2}{3}$$

をみたす a, b, c の組の総数は $\boxed{ケ}$ である。そのうち a が最大となる組は

$$(a,\ b,\ c)=\left(\boxed{コ},\ \boxed{サ},\ \boxed{シ}\right)$$

であり，c が最大となる組は

$$(a,\ b,\ c)=\left(\boxed{ス},\ \boxed{セ},\ \boxed{ソ\,タ}\right)$$

である。

(c) 等式

$$\frac{1}{a}+\frac{1}{b}+\frac{1}{c}+\frac{1}{d}=1$$

をみたす a, b, c, d の組の総数は $\boxed{チ\,ツ}$ である。

問題 2 の解答は解答用紙 2 に記入しなさい。

2 以下の問いに答えなさい。ただし，空欄 (あ) ～ (く) については適切な数または式を解答用紙の所定の欄に記入しなさい。

(25点)

座標平面上の楕円 $\dfrac{x^2}{5}+\dfrac{y^2}{3}=1$ を C として，直線 $y=x+k$ を l とする。ただし k は定数とする。

(1) C と l が共有点をもつとき，k がとり得る値の範囲は

(あ) $\leqq k \leqq$ (い)

である。

C と l が接するような k の値は2つある。そのとき，小さい方の k の値に対応する接点をPとして，大きい方に対応する接点をQとする。

(2) PとQの座標は

P((う) , (え)), Q((お) , (か))

である。

C と l が2つの共有点をもつとき，それらを点Aおよび点Bとする。

(3) 直線PQと直線ABの交点をRとするとき，線分PRの長さを k を用いて表すと (き) である。

(4) 座標空間内の xy 平面に上述の図形がすべてのっているものとする。z 座標が正の点Hを，Hを通り z 軸と平行な直線が l と交わり，かつ，三角形ABHが正三角形になるようにとる。**(1)** で求めた範囲で k を動かすとき，三角形ABHが通過してできる立体の体積は (く) である。なお， (く) の値を導く過程も所定の場所に書きなさい。

問題 3 の解答は解答用紙 3 に記入しなさい。

3 以下の問いに答えなさい。ただし，空欄 （あ） ～ （こ） については適切な数または式を解答用紙の所定の欄に記入しなさい。

四面体 OABC において

- $OA = OB = OC = 1$
- $OA \perp OB$, $OB \perp OC$, $OC \perp OA$

が成り立つとする。辺 AC と辺 BC を，それぞれ $k : (1-k)$ に内分する点を M および N とし，線分 MN の中点を L とする。ただし，$0 < k < 1$ とする。また，三角形 OAB の重心を G とし，L から直線 CG に下ろした垂線と CG の交点を P とする。

(25 点)

(1) $\overrightarrow{OL}$ と $\overrightarrow{OP}$ を，それぞれ k を用いて表すと

$$\overrightarrow{OL} = \boxed{（あ）}\overrightarrow{OA} + \boxed{（い）}\overrightarrow{OB} + \boxed{（う）}\overrightarrow{OC},$$
$$\overrightarrow{OP} = \boxed{（え）}\overrightarrow{OA} + \boxed{（お）}\overrightarrow{OB} + \boxed{（か）}\overrightarrow{OC}$$

である。

四面体 OABC を 3 点 M，N，P を通る平面で切ったときの断面積を $S(k)$ とする。

(2) 3 点 M，N，P を通る平面に O が含まれるときの $S(k)$ の値は （き） ，この $S(k)$ を与える k の値は （く） である。

(3) k が $0 < k < 1$ の範囲を動くときの $S(k)$ の最大値は （け） ，$S(k)$ の最大値を与える k の値は （こ） である。なお， （け） ， （こ） の値を導く過程も所定の場所に書きなさい。

物理

(80分)

1 次の問題の [(ア)] ～ [(キ)] にあてはまる適切な答を**解答群**の中から選び，その番号を**解答用マークシート**の指定された欄にマークしなさい。

(33点)

(1) 図1－1に示すように，水平な床面上に物体1（質量 m_1〔kg〕）があり，その上に物体1よりも幅が狭い物体2（質量 m_2〔kg〕）をのせる。ただし，$m_1 > m_2$ とする。また，物体1には，質量が無視できる伸びない糸が取り付けられている。床面と物体1との間の静止摩擦係数を μ_1，動摩擦係数を μ'_1 とする。物体1と物体2の間の静止摩擦係数を μ_2 とする。ただし，重力加速度の大きさを g〔m/s^2〕とし，空気抵抗は無視できるものとする。

糸の先端に大きさ f〔N〕の力を右向きに加え，その力の大きさを0からしだいに大きくしていくと，物体1と物体2が一体となって床に対して同じ速さで動き始めた。動き始める直前の力の大きさ f_1 は [(ア)]〔N〕となる。

さらに，f を f_1 からしだいに大きくし f_2 にしたところ，物体2が物体1の上をすべり始めた。すべり始める直前では，物体1と物体2の間にはたらく摩擦力の大きさは，f_2 を用いると [(イ)]〔N〕である。また，すべり始める直前の力の大きさ f_2 は [(ウ)]〔N〕となる。

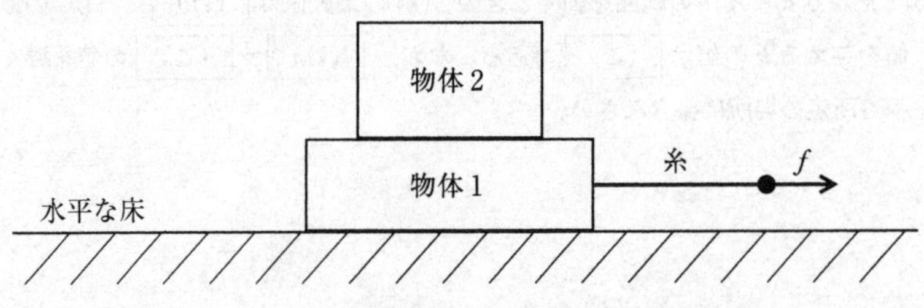

図1－1

(ア)の解答群

0　$\mu_1 m_1 g$　　1　$\mu_1 m_2 g$　　2　$\mu'_1 m_1 g$

3　$\mu'_1 m_2 g$　　4　$\mu_1(m_1 - m_2)g$　　5　$\mu_1(m_1 + m_2)g$

6　$\mu'_1(m_1 - m_2)g$　　7　$\mu'_1(m_1 + m_2)g$

(イ)の解答群

0　$m_2\left(\dfrac{f_2}{m_1 - m_2} + \mu'_1 g\right)$　　1　$m_2\left(\dfrac{f_2}{m_1 + m_2} + \mu'_1 g\right)$

2　$m_2\left(\dfrac{f_2}{m_1 - m_2} - \mu'_1 g\right)$　　3　$m_2\left(\dfrac{f_2}{m_1 + m_2} - \mu'_1 g\right)$

4　$m_2\left(\dfrac{f_2}{m_1 - m_2} - \dfrac{\mu'_1}{g}\right)$　　5　$m_2\left(\dfrac{f_2}{m_1 + m_2} - \dfrac{\mu'_1}{g}\right)$

(ウ)の解答群

0　$\mu'_1 m_1 g$　　1　$\mu_2 m_2 g$

2　$(\mu'_1 + \mu_2)m_1 g$　　3　$(\mu'_1 + \mu_2)m_2 g$

4　$\mu'_1(m_1 + m_2)g$　　5　$\mu_2(m_1 + m_2)g$

6　$(\mu'_1 + \mu_2)(m_1 - m_2)g$　　7　$(\mu'_1 + \mu_2)(m_1 + m_2)g$

(2)　**図1－2**に示すように，なめらかで水平な床面上に質量が無視できる物体3があり，その上に物体3よりも幅が狭い物体4（質量m_4〔kg〕）をのせる。この物体4は密度が一様であり，幅$2d$〔m〕，高さ$3d$〔m〕の直方体である。物体3と物体4との間の静止摩擦係数をμ_3とし，物体3と床面との間の摩擦は無視できるものとする。また，重力加速度の大きさをg〔m/s^2〕とし，空気抵抗は無視できるものとする。

物体3には質量が無視できる伸びない糸が取り付けられており，糸の先端に大きさf〔N〕の力を右向きに加えたところ，物体3は床に対して加速度の大きさα〔m/s^2〕で右向きに動き始めた。その力の大きさを0からしだいに大きくしていくと，物体4は物体3の上をすべり始める前に，**図1－2**に示した点Oを回転軸として物体3に対して傾き始めた。傾き始めた物体4の点Oを回転軸とした力のモーメントについて考える。鉛直方向にはたらく力のモーメント

の大きさは　(エ)　〔N·m〕であり，水平方向にはたらく力のモーメントの大きさは　(オ)　〔N·m〕である。また，傾き始めたときの加速度αの大きさは　(カ)　〔m/s^2〕であり，静止摩擦係数μ_3は，αを用いると，$\mu_3 \geqq$　(キ)　という条件を満たす。

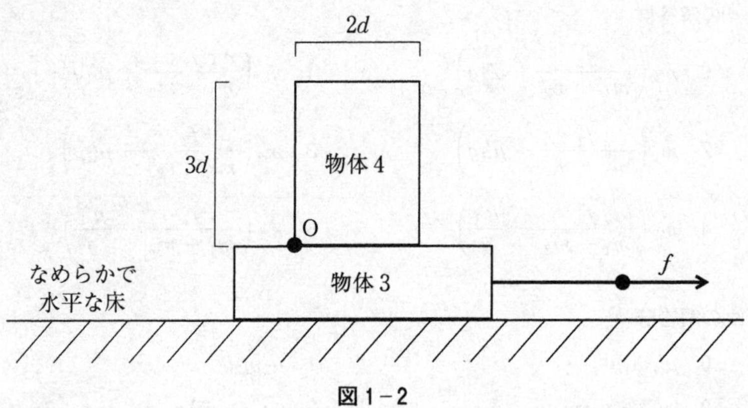

図1－2

(エ)の解答群

0　m_4gd	1　$m_4g\left(\dfrac{3d}{2}\right)$	2　$m_4g\left(\dfrac{2d}{3}\right)$
3　$m_4g(2d)$	4　$m_4g(3d)$	5　$m_4g(4d)$
6　$m_4g\left(\dfrac{1}{d}\right)$	7　$m_4g\left(\dfrac{2}{d}\right)$	8　$m_4g\left(\dfrac{3}{d}\right)$

(オ)の解答群

0　$m_4\alpha(2d)$	1　$m_4\alpha(3d)$	2　$m_4\alpha(4d)$
3　$m_4\alpha\left(\dfrac{d}{2}\right)$	4　$m_4\alpha d$	5　$m_4\alpha\left(\dfrac{3d}{2}\right)$
6　$m_4\alpha\left(\dfrac{1}{d}\right)$	7　$m_4\alpha\left(\dfrac{2}{d}\right)$	8　$m_4\alpha\left(\dfrac{3}{d}\right)$

(カ)の解答群

0 g　　1 $\frac{3}{2}g$　　2 $\frac{2}{3}g$

3 $\frac{1}{g}$　　4 $\frac{3}{2g}$　　5 $\frac{2}{3g}$

6 $2g$　　7 $\frac{1}{2}g$　　8 $\frac{1}{3}g$

(キ)の解答群

0 αg　　1 $\frac{\alpha}{g}$　　2 $\frac{2}{3}\alpha g$

3 $\frac{2\alpha}{3g}$　　4 $\frac{3}{2}\alpha g$　　5 $\frac{3\alpha}{2g}$

6 α　　7 $\frac{2}{3}\alpha$　　8 $\frac{3}{2}\alpha$

2 次の問題の (ク) ～ (タ) にあてはまる適切な答を**解答群**の中から選び，その番号を**解答用マークシート**の指定された欄にマークしなさい。(34点)

図2－1に示すように，空気中にソレノイド1とソレノイド2が，おのおのの中心軸が一致するように置かれている。1次側の回路には，自己インダクタンスが L_1〔H〕である半径 r〔m〕，長さ l〔m〕，巻数 N_1 のソレノイド1，電気容量 C_1〔F〕のコンデンサー，抵抗値 R_1〔Ω〕の抵抗からなる直列回路に交流電源が接続されている。この交流電源により，1次側の回路に角周波数 ω〔rad/s〕の交流電圧 $V_1 = V_0 \sin \omega t$〔V〕が加えられている。ここで，V_0〔V〕は電圧の最大値(振幅)，t〔s〕は時間である。2次側には，半径 r〔m〕，長さ l〔m〕，巻数 N_2 の開放状態のソレノイド2がある。

図のように，ソレノイド1は端子aから端子bに向けて中心軸に対して時計回り，ソレノイド2は端子cから端子dに向けて中心軸に対して反時計回りに巻かれている。l は r に比べてじゅうぶんに大きいものとする。ソレノイド1内部の磁束はすべてソレノイド2内部を貫くものとする。ただし，ソレノイド1内部で生ずる磁束のみ考えるものとし，配線のインピーダンスや交流電源の内部インピーダンスは無視する。ソレノイドが置かれている空間内の空気の透磁率を μ〔N/A^2〕とする。

このとき，1次側の回路のインピーダンスは　(ク)　〔Ω〕である。また，ソレノイド1の自己インダクタンス L_1 は，　(ケ)　〔H〕で表される。

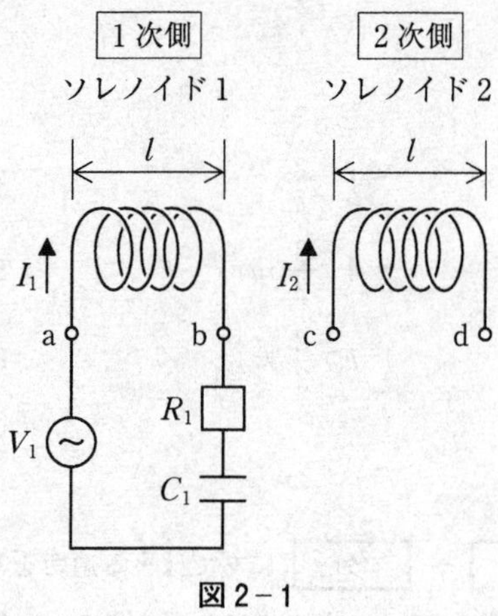

図2－1

(ク)の解答群

0　$R_1 + \omega(L_1 + C_1)$　　1　$R_1 + \omega(L_1 - C_1)$

2　$R_1 + \omega L_1 + \dfrac{1}{\omega C_1}$　　3　$R_1 + \omega L_1 - \dfrac{1}{\omega C_1}$

4　$\sqrt{R_1^2 + (\omega L_1 + \omega C_1)^2}$　　5　$\sqrt{R_1^2 + (\omega L_1 - \omega C_1)^2}$

6　$\sqrt{R_1^2 + \left(\omega L_1 + \dfrac{1}{\omega C_1}\right)^2}$　　7　$\sqrt{R_1^2 + \left(\omega L_1 - \dfrac{1}{\omega C_1}\right)^2}$

8　R_1

(ケ)の解答群

0　$\dfrac{\pi\mu {N_1}^2 r^2}{l}$　　1　$\dfrac{\pi\mu N_1 r^2}{l}$　　2　$\dfrac{2\pi\mu {N_1}^2 r}{l}$

3　$\dfrac{2\pi\mu N_1 r}{l}$　　4　$\pi\mu N_1 r^2$　　5　$\pi\mu r^2$

6　$2\pi\mu N_1 r$　　7　$2\pi\mu r$　　8　0

ソレノイド1の端子aから端子bに向かう方向を電流I_1〔A〕の正の向き，ソレノイド2の端子cから端子dに向かう方向を電流I_2〔A〕の正の向きとする。

時間tにおける交流電圧V_1の位相に対する電流I_1の位相差をϕ〔rad〕（ただし，電流の位相が電圧の位相よりも遅れている場合に$\phi>0$とする），1次側の回路のインピーダンスをZ_0〔Ω〕とすると，ソレノイド1を流れる電流は，［(コ)］〔A〕であり，この位相差ϕの正接は，$\tan\phi=$［(サ)］となる。また，時間tにおける電流I_1の位相をθ〔rad〕とすると，ソレノイド1内部の磁束の大きさは［(シ)］〔Wb〕である。

このとき，ソレノイド2の端子cd間に誘導される誘導起電力V_2(端子dを基準とした端子cの電位)は［(ス)］〔V〕であり，交流電圧V_1の位相に対する誘導起電力V_2の位相差(V_2の位相からV_1の位相を引いたもの)は［(セ)］〔rad〕である。

(コ)の解答群

0　$\dfrac{V_0}{Z_0}$　　1　$\dfrac{V_0}{Z_0}\sin\omega t$　　2　$\dfrac{V_0}{Z_0}\cos\omega t$

3　$\dfrac{V_0}{Z_0}\sin(\omega t-\phi)$　　4　$\dfrac{V_0}{Z_0}\cos(\omega t-\phi)$　　5　$\dfrac{V_0}{Z_0}\sin\phi$

6　$\dfrac{V_0}{Z_0}\cos\phi$　　7　$\dfrac{V_0}{Z_0}(\sin\omega t-\phi)$　　8　$\dfrac{V_0}{Z_0}(\cos\omega t-\phi)$

(サ)の解答群

0　$\dfrac{\omega L_1+\dfrac{1}{\omega C_1}}{R_1}$　　1　$\dfrac{\omega L_1-\dfrac{1}{\omega C_1}}{R_1}$

2　$\dfrac{\omega(L_1+C_1)}{R_1}$　　3　$\dfrac{\omega(L_1-C_1)}{R_1}$

4　$\sqrt{R_1+\omega L_1+\dfrac{1}{\omega C_1}}$　　5　$\sqrt{R_1+\omega L_1-\dfrac{1}{\omega C_1}}$

6　$\sqrt{R_1+\omega(L_1+C_1)}$　　7　$\sqrt{R_1+\omega(L_1-C_1)}$

8　$\sqrt{R_1}$

(シ)の解答群

0 $\left|\dfrac{L_1V_0}{Z_0}\cos\theta\right|$　1 $\left|\dfrac{L_1V_0}{Z_0}\sin\theta\right|$　2 $\left|\dfrac{L_1V_0}{N_1Z_0}\sin\theta\right|$

3 $\left|\dfrac{lL_1V_0}{N_1Z_0}\cos\theta\right|$　4 $\left|\dfrac{lL_1V_0}{N_1Z_0}\sin\theta\right|$

(ス)の解答群

0 $\dfrac{L_1N_2V_0}{N_1Z_0}\cos\theta$　1 $-\dfrac{L_1N_2V_0}{Z_0}\cos\theta$　2 $-\dfrac{lL_1N_2V_0}{N_1Z_0}\sin\theta$

3 $-\dfrac{L_1N_2V_0\omega}{N_1Z_0}\sin\theta$　4 $\dfrac{L_1N_2V_0\omega}{Z_0}\cos\theta$　5 $-\dfrac{L_1N_2V_0\omega}{Z_0}\sin\theta$

6 $\dfrac{lL_1N_2V_0\omega}{N_1Z_0}\sin\theta$　7 $\dfrac{lL_1N_2V_0\omega}{N_1Z_0}\cos\theta$　8 $-\dfrac{L_1N_2V_0\omega}{N_1Z_0}\cos\theta$

(セ)の解答群

0 ϕ　1 $-\phi$　2 $\phi+\dfrac{\pi}{2}$

3 $\phi-\dfrac{\pi}{2}$　4 $-\phi+\dfrac{\pi}{2}$　5 $-\phi-\dfrac{\pi}{2}$

6 $\dfrac{\pi}{2}$　7 $-\dfrac{\pi}{2}$　8 0

続いて，図2-1の回路に交流電圧が加えられているときに，図2-2に示すように，ソレノイド2に負荷抵抗 R_2〔Ω〕を接続した。ソレノイド2に流れる電流変化によるソレノイド1の相互誘導起電力，およびソレノイド2の自己誘導起電力は無視することとする。

ソレノイド1に流れる電流 I_1 が最大となる交流電源の周波数は (ソ) 〔Hz〕である。このときの角周波数を ω_1〔rad/s〕とすると，1周期にわたり平均した負荷抵抗 R_2 での消費電力は (タ) 〔W〕である。

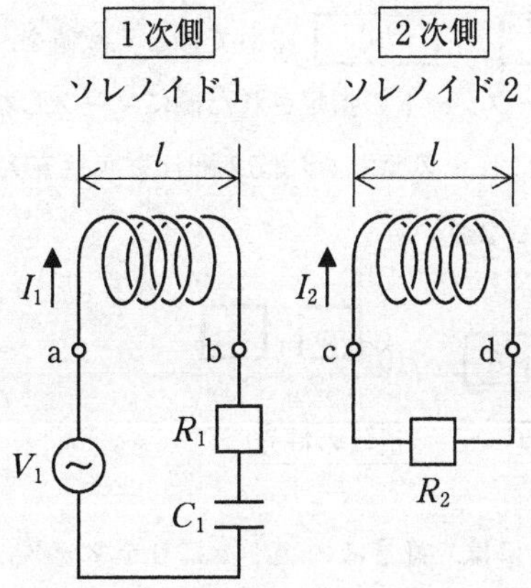

図2−2

(ソ)の解答群

0 πR_1　**1** $\pi\sqrt{L_1C_1}$　**2** $2\pi\sqrt{L_1C_1}$

3 $\pi\sqrt{\dfrac{L_1C_1}{R_1}}$　**4** $2\pi\sqrt{\dfrac{L_1C_1}{R_1}}$　**5** $\dfrac{1}{\pi\sqrt{L_1C_1}}$

6 $\dfrac{1}{2\pi\sqrt{L_1C_1}}$　**7** $\dfrac{1}{\pi\sqrt{\dfrac{L_1C_1}{R_1}}}$　**8** $\dfrac{1}{2\pi\sqrt{\dfrac{L_1C_1}{R_1}}}$

(タ)の解答群

0 $\dfrac{1}{\sqrt{2}R_2}\left(\dfrac{L_1N_2V_0\omega_1}{Z_0}\right)^2$　**1** $\dfrac{1}{\sqrt{2}R_2}\left(\dfrac{L_1lN_2V_0\omega_1}{Z_0}\right)^2$

2 $\dfrac{1}{2R_2}\left(\dfrac{L_1N_2V_0\omega_1}{Z_0}\right)^2$　**3** $\dfrac{1}{\sqrt{2}R_2}\left(\dfrac{L_1N_2V_0\omega_1}{N_1Z_0}\right)^2$

4 $\dfrac{1}{\sqrt{2}R_2}\left(\dfrac{L_1lN_2V_0\omega_1}{N_1Z_0}\right)^2$　**5** $\dfrac{1}{2R_2}\left(\dfrac{L_1lN_2V_0\omega_1}{Z_0}\right)^2$

6 $\dfrac{1}{2R_2}\left(\dfrac{L_1N_2V_0\omega_1}{N_1Z_0}\right)^2$　**7** $\dfrac{1}{2R_2}\left(\dfrac{L_1lN_2V_0\omega_1}{N_1Z_0}\right)^2$

8 0

3 次の文中の (チ) 〜 (ヌ) にあてはまる数値を，以下に述べる注意にしたがって**解答用マークシート**の指定された欄にマークしなさい。解答は有効数字が2桁となるようにし，必要であれば3桁目を四捨五入し，下に示す形式で a, b, p, c をマークしなさい。

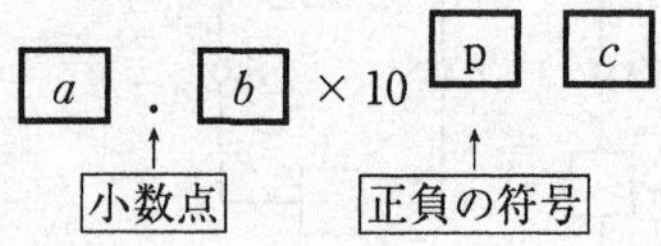

ただし，$c=0$ のときには，符号に + を，c に0をマークしなさい。なお，途中計算は分数で行い，最後に小数に直しなさい。 (33点)

図3-1に示すように，断熱材でつくられたシリンダーが水平面上に横たえて固定されている。その内側には厚みが無視できる断熱材でできたピストン(断面積 $S=5.00\times10^{-2}\,\mathrm{m^2}$)がはめこまれており，垂直かつ密閉された状態を保ちながら水平方向になめらかに動くことができる。このシリンダー内には物質量 0.100 mol の単原子分子理想気体が封入されており，その気体に熱を与えたり気体から熱を奪ったりできるように，底面に垂直なシリンダー内側(A 面)には熱交換器が取り付けられている。また，ピストンの外側には，ばねが自然長の状態で水平に置かれており，その一端が A 面から $1.10h$〔m〕離れた位置にある。ばねの他端は壁に接続されており，その壁とシリンダーとは固定板によって固定されている。

最初，ピストンは A 面から h の位置にあり，シリンダー内の気体の温度と圧力は大気の温度と圧力にそれぞれ等しかった(状態0)。このとき，大気の温度 $T_0=300\,\mathrm{K}$，圧力 $P_0=1.00\times10^5\,\mathrm{Pa}$ とする。また，気体定数 $R=8.31\,\mathrm{J/(mol\cdot K)}$，重力加速度の大きさ $g=9.80\,\mathrm{m/s^2}$ とする。なお，以下の設問において，熱交換器とばねの大きさと質量は無視できるものとする。

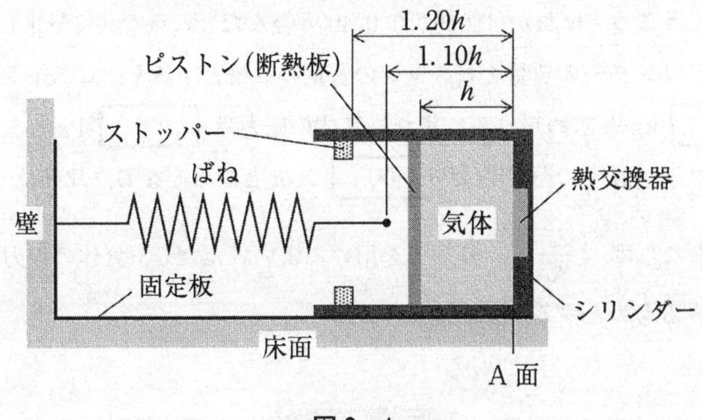

図 3－1

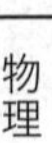

(1)　熱交換器のスイッチを入れ，シリンダー内の気体を温めたところ，ピストンがばねの先端に触れる直前の $1.10h$ の位置までゆっくりと移動した(状態 1)。このとき，最初の状態 0 から状態 1 に至るまでの間に気体が吸収した熱量 Q に対する内部エネルギーの変化量 ΔU の比 $\dfrac{\Delta U}{Q}$ は　(チ)　となる。

(2)　さらに気体を加熱すると，ピストンがばねを押しはじめ，ストッパーに触れる直前の A 面から $1.20h$ の位置までゆっくりと移動した(状態 2)。このとき，シリンダー内の気体の圧力は $1.20P_0$ となり，状態 1 から状態 2 に至るまでの間に気体が吸収した熱量 Q に対する内部エネルギーの変化量 ΔU の比 $\dfrac{\Delta U}{Q}$ は　(ツ)　となる。なお，ピストンにはたらく力のつり合いから，ばね定数は　(テ)　N/m と求められる。

(3)　さらに，ピストンがストッパーに接している状態で気体の圧力が $1.40P_0$ になるまで加熱した(状態 3)。状態 2 から状態 3 に至るまでの間に気体が吸収した熱量 Q と内部エネルギーの変化量 ΔU の比 $\dfrac{\Delta U}{Q}$ は　(ト)　となる。

(4)　その後，熱交換器のスイッチを切り，**図 3－2** に示すように，シリンダーとばねをゆっくりと鉛直上向きにし，ばねを床に固定した。そして，シリンダーとばねの間の固定板を外し，外力を加えながらゆっくりとつり合いの位置までシリンダーを水平に保ちながら鉛直方向に移動させて，ゆっくりとシリンダーを離したところ，ばねが自然長から $0.400h$ 縮んだところで共に静止した。このとき，シリンダーの質量をピストンの質量の5倍とすると，ピストンの質量は ［(ナ)］ kg と求められる。また，気体の圧力は ［(ニ)］ Pa となり，A面からピストンまでの距離 H は ［(ヌ)］ $\times h$ となる。なお，比熱比 $\gamma = \frac{5}{3}$ とし，必要ならば，$\left(\frac{21}{25}\right)^{\frac{3}{5}} = 0.901$ を用いてよい。ただし，気体の浮力や質量は無視できるものとする。

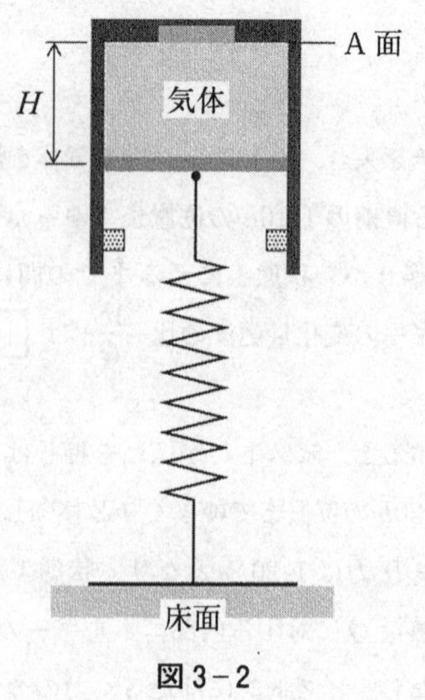

図 3－2

化 学

（80分）

〔注 意〕

(1) 計算に必要な場合は，次の値を用いなさい。

元素記号	H	C	N	O	P	S	Cl	Fe	Cu
原 子 量	1.00	12.0	14.0	16.0	31.0	32.0	35.5	56.0	63.5

気 体 定 数 8.31×10^3 Pa·L/(K·mol)

アボガドロ定数 6.02×10^{23}/mol

ファラデー定数 9.65×10^4 C/mol

T〔K〕$= t$〔℃〕$+ 273$
絶対温度 セルシウス温度

(2) 問題によって答え方が違います。問題を十分に注意して読みなさい。

(3) 計算にはこの問題冊子の余白部分を利用しなさい。

1 次の問(1)〜(3)に答えなさい。　(21点)

(1) 次の文章を読み，問①〜③に答えなさい。

水 H_2O の分子は水素原子と酸素原子からなる［ア］である。水の融点は 1.01×10^5 Pa の圧力のもとで 0℃ であり，ほかの 16 族元素の水素化合物に比べて，著しく高い。これは，水分子どうしを引き離すために，［イ］よりも強い［ウ］である［エ］を断ち切る必要があるためである。氷の結晶のように，多数の分子が［ウ］によって引き合い，規則正しく配列してできた結晶を［オ］という。氷の結晶は，水分子間の［エ］により，正四面体が頂点で連結した形の［カ］結晶構造をとる。氷が融解して水になると体積は［キ］し，密度は［ク］するため，水の密度は［ケ］の時に［コ］なり，1 g/cm³ となる。

ダイヤモンドの結晶は，すべての炭素原子が［サ］で結合された構造をとる。図1はダイヤモンドの単位格子である。図1のように，炭素原子(○)が面心立方格子に配列し，これによってできた正四面体の隙間に一つおきに炭素原子(●)が配列した構造をとる。ダイヤモンドの単位格子には，［シ］個の炭素原子が含まれる。

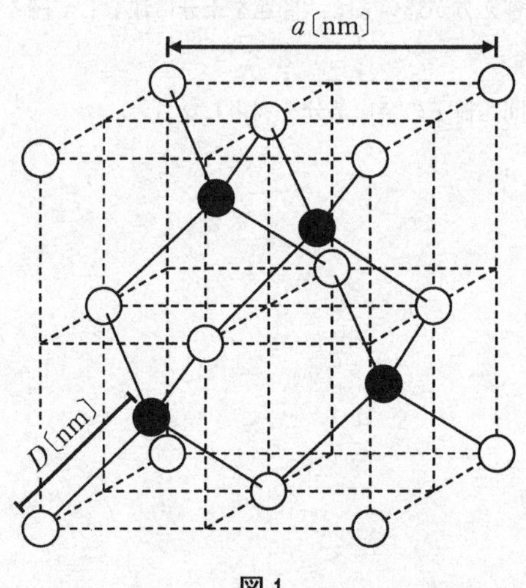

図1

① **ア** ～ **シ** にあてはまる最も適切な語句または数値を**I欄**から選び，その番号を**解答用マークシート**にマークしなさい。ただし，同じものを複数回選んではいけません。

〔**I欄**〕

01	イオン結合	02	イオン結晶
03	共有結合	04	共有結合の結晶
05	金属結合	06	金属結晶
07	減少	08	水素結合
09	隙間の多い	10	隙間の少ない
11	増加	12	多原子分子
13	単原子分子	14	単体
15	ファンデルワールス力	16	分子間力
17	分子結晶	18	最も大きく
19	最も小さく	20	約0℃
21	約4℃	22	約 −4℃
23	4	24	6
25	8	26	10

② **図1**に示したように，ダイヤモンドの単位格子の一辺の長さを a〔nm〕とする。a とアボガドロ定数 N_A〔/mol〕を使ってダイヤモンドの結晶の密度〔g/cm^3〕を表す場合に，最も適切なものを**II欄**から選び，その番号を**解答用マークシート**にマークしなさい。

〔**II欄**〕

1　$4.8 \times 10^1 \times \dfrac{1}{N_A \cdot a^3}$　　2　$7.2 \times 10^1 \times \dfrac{1}{N_A \cdot a^3}$

3　$9.6 \times 10^1 \times \dfrac{1}{N_A \cdot a^3}$　　4　$1.2 \times 10^2 \times \dfrac{1}{N_A \cdot a^3}$

5　$4.8 \times 10^{22} \times \dfrac{1}{N_A \cdot a^3}$　　6　$7.2 \times 10^{22} \times \dfrac{1}{N_A \cdot a^3}$

7 $9.6 \times 10^{22} \times \dfrac{1}{N_A \cdot a^3}$ 　　8 $1.2 \times 10^{23} \times \dfrac{1}{N_A \cdot a^3}$

③ **図1**に示したように，ダイヤモンドの単位格子の一辺の長さを a〔nm〕，ダイヤモンドの最も近接した炭素原子間の距離を D〔nm〕とする。a を使って D を表す場合に，最も適切なものを**Ⅲ欄**から選び，その番号を**解答用マークシート**にマークしなさい。

〔**Ⅲ欄**〕

1 $\dfrac{1}{2}a$ 　　2 $\dfrac{\sqrt{2}}{2}a$

3 $\dfrac{\sqrt{3}}{2}a$ 　　4 $\dfrac{1}{4}a$

5 $\dfrac{\sqrt{2}}{4}a$ 　　6 $\dfrac{\sqrt{3}}{4}a$

7 $\dfrac{1}{6}a$ 　　8 $\dfrac{\sqrt{2}}{6}a$

9 $\dfrac{\sqrt{3}}{6}a$

(2) 1.01×10^5 Pa，25 ℃ の窒素は，水 1.00 L に 6.90×10^{-4} mol 溶解する。2.02×10^5 Pa の窒素が 25 ℃ で 4.00 L の水に接しているとき，この水に溶けている窒素の標準状態での体積〔m^3〕を求めなさい。

解答は，有効数字が2ケタとなるように3ケタ目を四捨五入し，次の形式で**解答用マークシート**にマークしなさい。指数 c がゼロの場合は，符号 p は＋をマークしなさい。

$\boxed{a}\,.\,\boxed{b} \times 10^{\boxed{\mathrm{p}}\,\boxed{c}}$

小数点（↑ a と b の間）　正負の符号（↑ p）

(3) 分子式が C_xH_{2x+2} の炭化水素 12.9 mg と空気を密閉できる容器に入れ，外気を絶って，燃焼させた。しかし，酸素が不足しており，不完全燃焼に終わった。このとき，元の炭化水素は残っておらず，また，燃焼により，一酸化炭素，二酸化炭素，および水のみが生じた。生じた二酸化炭素と水が，それぞれ33.0 mg と 18.9 mg であったとき，生じた一酸化炭素の質量〔mg〕を求めなさい。

解答は，有効数字が2ケタとなるように3ケタ目を四捨五入し，次の形式で**解答用マークシート**にマークしなさい。指数 c がゼロの場合は，符号 p は＋をマークしなさい。

$$\boxed{a}\,.\,\boxed{b}\times 10^{\boxed{\mathrm{p}}\,\boxed{c}}$$

↑小数点　　↑正負の符号

2　気体と液体の状態に関する次の文章を読み，**問**(1)〜(4)に答えなさい。なお，気体はすべて理想気体として扱えるものとする。（14点）

密閉容器内に，ある物質の液体とその蒸気が共存している状態を考える。液体中の分子が周囲の分子との間にはたらく引力に打ち勝って液体表面から飛び出して蒸気となる現象を［ア］という。逆に，蒸気中の分子が液体中に飛び込んで液体となることを［イ］という。

この密閉容器の温度を一定に保って放置すると，単位時間あたりに［ア］する分子の数と［イ］する分子の数が釣り合うようになる。この状態を［ウ］という。ある温度で液体と蒸気が共存して［ウ］にあるとき，その蒸気の圧力をその温度における［エ］という。［エ］は温度が高いほど高くなる。温度と［エ］の関係を示した曲線を［オ］という。$\underset{\mathrm{A}}{}$<u>ある温度における［エ］は物質ごとに決まっており，液体の量や気体の体積によらず一定である。ここでは，［エ］はほかの気体が共存しても変わらないものとする。</u>

ある一定の圧力のもとで液体を加熱していって［エ］がその圧力と等しくなると，液体の表面だけでなく内部からも［ア］が起きるようになる。この現象が［カ］である。また，［カ］の起きる温度が［キ］である。一般に，［カ］は液体の［エ］が液体にかかる外圧と等しくなったときに起きる。

(1) ［ア］～［キ］にあてはまる最も適切な語句を**I欄**より選び，その番号を**解答用マークシート**にマークしなさい。

〔**I欄**〕

01　圧平衡定数　02　気液平衡　03　凝固　04　凝固点降下
05　凝縮　06　固液平衡　07　固体　08　昇華圧
09　昇華圧曲線　10　焼結　11　蒸気圧曲線　12　蒸気圧降下
13　蒸発　14　凍結　15　沸点　16　沸点上昇
17　沸騰　18　飽和蒸気圧　19　冷却曲線

(2) 水を密閉容器に入れ，［ウ］とした。その後，この容器に減圧ポンプを接続し，内部の圧力を 70.0×10^3 Paとした。次の表は，水の［エ］と温度の関係を示したものである。この条件における［キ］に最も近い温度を**II欄**から選び，その番号を**解答用マークシート**にマークしなさい。

温度〔℃〕	20	30	40	50	60	70	80	90	100
水の［エ］〔Pa〕	2.30×10^3	4.23×10^3	7.36×10^3	12.3×10^3	19.9×10^3	31.1×10^3	47.3×10^3	70.0×10^3	101×10^3

〔**II欄**〕

1　20℃　2　30℃　3　40℃　4　50℃　5　60℃
6　70℃　7　80℃　8　90℃　9　100℃

(3) 水とオクタン(C_8H_{18})の混合物を大気圧のもとでよくかきまぜながら加熱した。次の表は，オクタンの［エ］と温度の関係を示したものである。この条件におけるオクタンの **キ** に最も近い温度を**下線部A**に留意して**Ⅲ欄**から選び，その番号を**解答用マークシート**にマークしなさい。

温度〔℃〕	20	30	40	50	60	70	80	90	100
オクタンの **エ** 〔Pa〕	1.38×10^3	2.46×10^3	4.15×10^3	6.72×10^3	10.5×10^3	15.9×10^3	23.3×10^3	33.5×10^3	46.8×10^3

〔**Ⅲ欄**〕

1　20℃　**2**　30℃　**3**　40℃　**4**　50℃　**5**　60℃

6　70℃　**7**　80℃　**8**　90℃　**9**　100℃

(4)　水とオクタンを物質量比1：1で混合したものを，よくかきまぜながら20℃で **カ** が起きるように条件を調整して蒸気を採取して調べたところ，水が1.00 kg含まれていることがわかった。このとき，同時に得られたオクタンの質量〔kg〕を求めなさい。蒸気を採取しているあいだ，液相の組成は変化しないものとする。

解答は，有効数字が2ケタとなるように3ケタ目を四捨五入し，次の形式で**解答用マークシート**にマークしなさい。指数 c がゼロの場合は，符号pは**＋**をマークしなさい。

$\boxed{a}\,.\,\boxed{b} \times 10^{\boxed{\mathrm{p}}\;\boxed{c}}$

（. ：小数点，p：正負の符号）

3 次の文章を読み，**問**(1)〜(6)に答えなさい。　(14点)

XとYからZを生成する化学反応において，XとYの初濃度を変えて反応初期のZの生成速度 v を求める実験を同じ反応温度で行った。結果を以下の表に示す。

実験番号	[X]〔mol/L〕	[Y]〔mol/L〕	v〔mol/(L·s)〕
①	0.10	0.20	4.0×10^{-4}
②	0.40	0.20	1.6×10^{-3}
③	0.10	0.40	1.6×10^{-3}
④	0.20	0.30	ウ

Zの生成速度 v は，Xのモル濃度を[X]，Yのモル濃度を[Y]，反応速度定数を k とすると，$v =$ ア とあらわされる。反応速度定数 k は，イ となる。[X] = 0.20 mol/L，[Y] = 0.30 mol/L である**実験番号**④におけるZの生成速度 v は，ウ mol/(L·s)となる。

活性化エネルギーと温度の関係は，アレニウスの式と呼ばれる次式で与えられる。

$$k = Ae^{-\frac{E_a}{RT}}$$

ここで，A は頻度因子と呼ばれる定数，T〔K〕は温度，R〔J/(K·mol)〕は気体定数，E_a〔J/mol〕は活性化エネルギーである。k の自然対数($\log_e k$)を縦軸，絶対温度の逆数($1/T$)を横軸としてグラフを作成すると直線の関係となり，その直線の傾きから活性化エネルギー E_a を算出することができる。直線の傾きが -1.2×10^4 K のとき，活性化エネルギー E_a は，エ J/mol となる。活性化エネルギーだけでなく，反応速度定数と温度の関係もアレニウスの式からわかる。

(1) 文章中の ア にあてはまる最も適切な式をⅠ欄から選び，その番号を**解答用マークシート**にマークしなさい。あてはまる式がない場合は0をマークしなさい。

〔Ⅰ欄〕

1 $k[X]$　　2 $k[X]^2$　　3 $k[X]^3$　　4 $k[Y]$
5 $k[Y]^2$　　6 $k[Y]^3$　　7 $k[X][Y]^2$　　8 $k[X]^2[Y]$

(2) 文章中の イ の値を単位とともに求めなさい。その組み合わせとして適切なものをⅡ欄から選び，その番号を**解答用マークシート**にマークしなさい。あてはまる組み合わせがない場合は0をマークしなさい。

〔Ⅱ欄〕

	イ の値	イ の単位
1	2.0×10^{-2}	L/(mol·s)
2	4.0×10^{-2}	L/(mol·s)
3	1.0×10^{-1}	L/(mol·s)
4	2.0×10^{-2}	$L^2/(mol^2 \cdot s)$
5	4.0×10^{-2}	$L^2/(mol^2 \cdot s)$
6	1.0×10^{-1}	$L^2/(mol^2 \cdot s)$
7	2.0×10^{-2}	$L^3/(mol^3 \cdot s)$
8	4.0×10^{-2}	$L^3/(mol^3 \cdot s)$
9	1.0×10^{-1}	$L^3/(mol^3 \cdot s)$

(3) 文章中の ウ の値を求めなさい。

解答は，有効数字が2ケタになるように3ケタ目を四捨五入し，次の形式で**解答用マークシート**にマークしなさい。指数 c がゼロの場合は，符号 p は＋をマークしなさい。

$\boxed{a}\,.\,\boxed{b} \times 10^{\boxed{\mathrm{p}}\boxed{c}}$

小数点　正負の符号

(4) 文章中の $\boxed{\text{エ}}$ の値を求めなさい。この問題に限り気体定数 R を 8.3 J/(K·mol) として計算しなさい。

解答は，有効数字が2ケタになるように3ケタ目を四捨五入し，次の形式で**解答用マークシート**にマークしなさい。指数 c がゼロの場合は，符号pは＋をマークしなさい。

$\boxed{a}\,.\,\boxed{b} \times 10^{\boxed{\mathrm{p}}\boxed{c}}$

小数点　正負の符号

(5) 下線部のとおり，アレニウスの式より反応速度定数の温度依存性がわかる。反応温度が 310 K の反応速度定数を k_{310}，300 K の反応速度定数を k_{300} とする。k の自然対数を縦軸，絶対温度の逆数を横軸として作成したグラフの直線の傾きが -1.2×10^4 K のとき，$\log_e\left(\frac{k_{310}}{k_{300}}\right)$ の値として最も近いものを**Ⅲ欄**から選び，その番号を**解答用マークシート**にマークしなさい。

〔**Ⅲ欄**〕

1　0.8	**2**　1.0	**3**　1.3	**4**　1.5
5　1.8	**6**　2.0	**7**　2.3	**8**　2.5

(6) 反応速度は触媒の添加や反応物の濃度により変化する。次の記述のうち，正しいものを**Ⅳ欄**からすべて選び，それらの番号をすべて足した合計の数を**解答用マークシート**にマークしなさい。合計の数が1ケタの場合は，十の位は**0**をマークしなさい。正しい記述がない場合は，十の位，一の位のどちらも**0**をマークしなさい。

〔Ⅳ欄〕

1　触媒を添加すると活性化エネルギーが変化する。

2　触媒を添加すると反応熱が変化する。

4　触媒が固体の場合，触媒の質量が同じならば，その表面積を大きくすると反応速度が小さくなる。

8　触媒は反応の前後で自身が変化し，反応速度を大きくする。

16　反応物の濃度を高くすると，反応速度が大きくなる。これは，反応する物質同士が単位時間に衝突する回数が増加するためである。

4　次の文章を読み，問(1)～(6)に答えなさい。　(18点)

［ア］は［A］であり，実験室では，銅と熱濃硫酸を反応①させると生成する。［ア］が水に溶けると水中で［イ］を生じ，［ウ］性の水溶液となる。硫酸の工業的な製造法である［エ］法は，硫黄または黄鉱石(主成分 FeS_2)を燃焼して生成させた［ア］を［オ］を触媒として［カ］にしたのち，これを［キ］に吸収させ，［キ］の中の水と反応させて［ク］とし，さらに［ケ］でうすめることで［キ］とする方法である。［キ］を水で希釈して［ケ］とする際には，かならず，［X］。

［コ］は水に［サ］気体である。実験室では，②銅と濃度1％の硝酸水溶液を反応させると生成し，［シ］で捕集する。［コ］は空気中ですみやかに酸化されて［ス］になる。［ス］は［B］であり，実験室では，③銅と濃度60％の硝酸水溶液を反応させると生成する。常温において，［ス］は一部，［セ］色の気体である［ソ］に変化し，平衡状態となる。［ス］が水に溶けると［タ］を生じるとともに［コ］を発生する。［タ］の工業的な製造法である［チ］法は，［ツ］を触媒として［テ］を［コ］に酸化し，さらに空気中で酸化して［ス］としたのち，これを水と反応させて［タ］とする方法である。

(1) ア ～ テ にあてはまる最も適切な語句や物質名を**I欄**からそれぞれ選び，その番号を**解答用マークシート**にマークしなさい。ただし，同じものを複数回選んではいけません。

〔I欄〕

01	亜塩素酸	02	亜硫酸
03	アンモニア	04	一酸化窒素
05	エタノール	06	塩基
07	塩酸	08	黄褐
09	オストワルト	10	下方置換
11	強酸	12	希硫酸
13	銀	14	酸化バナジウム(V)
15	三酸化硫黄	16	四酸化二窒素
17	十酸化四リン(五酸化二リン)	18	弱酸
19	硝酸	20	上方置換
21	水酸化ナトリウム	22	水上置換
23	赤褐	24	接触
25	ソルベー	26	中
27	溶けやすい	28	溶けにくい
29	二酸化硫黄	30	二酸化窒素
31	二酸化マンガン(酸化マンガン(IV))		
32	濃硫酸	33	ハーバー・ボッシュ
34	発煙硫酸	35	白金
36	無	37	硫化水素

(2) A ， B にあてはまる最も適切な記述を**II欄**からそれぞれ選び，その番号を**解答用マークシート**にマークしなさい。ただし，同じ番号を複数回選んではいけません。

〔Ⅱ欄〕

01 水に溶けやすい青色の固体　02 水に溶けにくい青色の固体

03 水に溶けやすい黄色の固体　04 水に溶けにくい黄色の固体

05 水に溶けやすい白色の固体　06 水に溶けにくい白色の固体

07 水に溶けやすい赤褐色の気体　08 水に溶けにくい赤褐色の気体

09 無臭で淡黄色の気体　10 刺激臭のある淡黄色の気体

11 無臭で無色の気体　12 刺激臭のある無色の気体

(3) [X] にあてはまる最も適切な記述を**Ⅲ欄**から選び，その番号を**解答用マークシート**にマークしなさい。

〔Ⅲ欄〕

1 冷却しながら [キ] に水を少しずつ加える

2 冷却しながら [キ] に水を一気に加える

3 加熱しながら [キ] に水を少しずつ加える

4 加熱しながら [キ] に水を一気に加える

5 冷却しながら水に [キ] を少しずつ加える

6 冷却しながら水に [キ] を一気に加える

7 加熱しながら水に [キ] を少しずつ加える

8 加熱しながら水に [キ] を一気に加える

(4) **下線部①**の反応において，1.00 mol の銅を完全に反応させた場合に生成する [ア] の物質量〔mol〕を求めなさい。

解答は，有効数字が2ケタとなるように3ケタ目を四捨五入し，次の形式で**解答用マークシート**にマークしなさい。指数 c がゼロの場合は，符号 p は＋をマークしなさい。

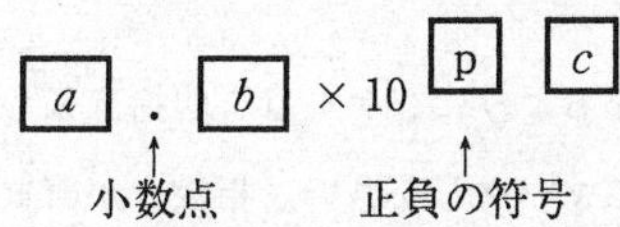

(5)　**下線部**②，③の反応において，それぞれ 0.750 mol の銅を完全に反応させた。この際，**下線部**②の反応で生成した［コ］は，すべて［ス］に酸化され，**下線部**③の反応で生成した［ス］と合わせて，すべて 10.0 L の容器に入れて密閉したものとする。この容器をある温度で一定に保ったところ，［ソ］が生じて平衡状態に達した。このとき，容器内の［ス］と［ソ］の物質量の総和が 1.25 mol であったものとして，この温度における平衡定数〔$(mol/L)^{-1}$〕を求めなさい。ただし，**下線部**②，③の反応で生成した［コ］および［ス］と水との反応は無視できるものとする。

解答は，有効数字が2ケタとなるように3ケタ目を四捨五入し，次の形式で**解答用マークシート**にマークしなさい。指数 c がゼロの場合は，符号 p は＋をマークしなさい。

$$\boxed{a}\,.\,\boxed{b}\times 10^{\boxed{p}\,\boxed{c}}$$

小数点（．）　正負の符号（p）

(6)　次の文章を読み，**問**①，②に答えなさい。

3.57×10^3 kg の［テ］を原料とし，［チ］法によって，［タ］の水溶液を製造した。この際，1.28×10^4 kg の酸素が 3.57×10^3 kg の［テ］と完全に反応することで［タ］の水溶液がえられた。また，この水溶液を適切な方法で濃縮または水で希釈することで 14.0 mol/L の［タ］の水溶液が 2.00×10^4 kg えられた。なお，［テ］と酸素の反応において，酸素はすべて［コ］の生成につかわれたものとする。また，［テ］から［タ］の水溶液を製造する工程で生じた［コ］および［ス］はすべて［タ］に変化したものとする。

①　原料として用いた［テ］のうち，最終的に［タ］に変化した［テ］の割合〔%〕を求めなさい。

解答は，有効数字が2ケタとなるように3ケタ目を四捨五入し，次の形式でそれぞれ**解答用マークシート**にマークしなさい。指数 c がゼロの場合は，符号 p は＋をマークしなさい。

[a] . [b] × 10 [p] [c]
↑小数点　　↑正負の符号

② 最終的にえられた [タ] の水溶液(濃度 14.0 mol/L)の密度〔g/cm^3〕を求めなさい。

解答は，有効数字が2ケタとなるように3ケタ目を四捨五入し，次の形式でそれぞれ**解答用マークシート**にマークしなさい。指数 c がゼロの場合は，符号 p は**＋**をマークしなさい。

[a] . [b] × 10 [p] [c]
↑小数点　　↑正負の符号

5 分子内に炭素を1個もつ炭素化合物の性質，製造法，および化学反応とそれらと密接に関連する無機化合物，高分子化合物についての**記述1～記述6**を読み，**問**(1)～(4)に答えなさい。　(33点)

(1) 記述の空欄にあてはまる物質として最も適切なものを，[ア] ～ [キ] はⅠ欄から，[あ] ～ [こ] はⅡ欄から，[a] ～ [h] はⅢ欄から，[A] ～ [E] はⅣ欄から，それぞれ選び，その番号を**解答用マークシート**にマークしなさい。同じ物質を複数回選んでもよい。あてはまる物質がない場合，または複数の物質があてはまる場合は，00 をマークしなさい。

(2) 記述の [①] ～ [⑪] にあてはまる語句として最も適切なものをⅤ欄からそれぞれ選び，その番号を**解答用マークシート**にマークしなさい。同じ語句を複数回選んでもよい。あてはまる語句がない場合，または複数の語句があてはまる場合は，00 をマークしなさい。

〔記述1〕

一酸化炭素は，炭素または炭素化合物の不完全燃焼によって生じる。高温の炭素に［ ア ］が接触したときにも生成する。

実験室では，［ イ ］を濃硫酸とともに加熱し，［ ① ］すると，一酸化炭素が得られる。ただし，一酸化炭素は，極めて毒性が強いので，このような合成実験を行う際には，綿密な準備と細心の注意が必要である。

一酸化炭素と水素を体積比1対2で含む混合気体を，触媒(酸化亜鉛)とともに加熱・加圧(250℃・1×10^7 Pa)すると，［ ウ ］が生成する。また，高温の一酸化炭素は，［ ② ］作用が強く，金属の［ ③ ］を［ ② ］するため，金属の精錬などに利用される。

〔記述2〕

二酸化炭素は，常温・常圧では気体で，水に少し溶け，水溶液は［ ④ ］を示し，炭素または炭素化合物の完全燃焼や生物の呼吸により生じる。また，酵母のはたらきによってグルコースなどの単糖が分解されると，［ a ］とともに二酸化炭素が生成する。

工業的には，［ A ］を強熱し，二酸化炭素を製造する。これは，［ A ］の主成分である［ あ ］が，加熱されることによって，二酸化炭素と［ い ］に分解する反応を基にしている。

実験室で二酸化炭素を発生させるには，［ A ］に［ エ ］を加える。このとき，［ エ ］の代わりに［ オ ］を用いると，［ A ］と［ オ ］の反応により，水に難溶な［ う ］が生じて［ A ］の表面を覆い，反応が止まる。

二酸化炭素は，［ ⑤ ］ので，［ ⑥ ］で集めることができるが，捕集中に空気と混ざるため，より高い純度の二酸化炭素を得るには，［ ⑦ ］

で集める方がよい。

〔記述3〕

［い］は，［B］ともよばれる白色の固体で，水を加えると，発熱しながら激しく反応し，［え］を生じる。このような反応や性質から，［い］は，乾燥剤・脱水剤，発熱剤，［え］の原料として利用される。

［え］は，白色の粉末で，［C］ともよばれる。［お］と水との反応からも，［え］が生じる。このとき，常温・常圧で気体の炭化水素である**有機化合物1**が発生する。**有機化合物1**は，燃焼熱が大きいため，溶接用バーナーなどの燃料に利用される。

〔記述4〕

［え］は，水に少し溶け，その飽和水溶液を石灰水という。石灰水に二酸化炭素を吹き込むと，［か］の沈殿を生じて濁る。そこへさらに二酸化炭素を過剰に吹き込むと，生じた［か］が［き］となり，電離して溶解する。この溶液を加熱すると，再び［か］の沈殿が生じる。これらと同様の反応が，自然界にある［A］や大理石に対し，長い年月をかけて大規模に起こると，鍾乳洞(しょうにゅうどう)や鍾乳石(しょうにゅうせき)，石筍(せきじゅん)が形成される。

［く］を熱分解すると，［か］とともに［b］が生じる。［b］は分子内にもつ炭素の数が最も少ないケトンで，水と自由に混ざり合う無色の液体である。

［け］の飽和水溶液に［カ］を十分に吸収させ，次いで二酸化炭素を吹き込むと，比較的溶解度の小さい炭酸水素ナトリウムが沈殿する。この反応はソルベー法の初期工程の一つに利用されている。

［c］の水溶液に二酸化炭素を十分に吹き込むと，［d］が遊離

する。

一方，高温・高圧下(125 ℃・4×10^5～7×10^5 Pa)で，［ c ］を二酸化炭素と反応させて［ e ］とし，それに希硫酸を作用させると，水にわずかに溶ける［ f ］が生じる。

〔記述 5〕

［ キ ］は，常温・常圧では無色・無臭の気体である。工業的には天然ガスから得ている。

実験室では，［ コ ］(無水塩)を水酸化ナトリウムとともに加熱して，［ キ ］を発生させる。［ キ ］は［ ⑧ ］ので，［ ⑨ ］で集めることができるが，捕集中に空気と混ざるため，より高い純度の［ キ ］を得るには，［ ⑩ ］で集める方がよい。

〔記述 6〕

世界最初の合成樹脂である［ D ］は，分子内に炭素を 1 個もつ**有機化合物 2** と［ d ］を［ ⑪ ］させて製造され，電気絶縁性に優れる特徴などから，電気部品やプリント基板などに広く利用されている。

有機化合物 2 と［ d ］との反応の触媒に塩基を用いると，［ g ］とよばれる低重合度の生成物が得られる。一方，触媒に酸を用いると，［ h ］とよばれる，これも低重合度の生成物が得られる。［ g ］や［ h ］に加熱などを施すと，立体的な網目構造の形成が促され，どちらからも［ D ］が得られる。

ポリビニルアルコールの濃い水溶液を，細孔から硫酸ナトリウム水溶液に押し出すと，繊維状に固まる。さらに，これを**有機化合物 2** の水溶液で処理すると，水に不溶な繊維である［ E ］が得られる。

〔Ⅰ欄〕 ア ～ キ の選択肢

01　一酸化炭素　　02　ギ酸
03　炭酸　　04　二酸化炭素
05　ホルムアルデヒド　　06　メタノール
07　メタン　　08　ヨードホルム

09　アンモニア　　10　塩素
11　オゾン　　12　酸素
13　窒素

14　過酸化水素水　　15　希塩酸
16　希硫酸　　17　水
18　ヨウ化カリウム水溶液

〔Ⅱ欄〕 あ ～ こ の選択肢

01　塩化カルシウム　　02　塩化ナトリウム
03　酢酸カルシウム　　04　酢酸ナトリウム
05　水酸化カルシウム　　06　水酸化ナトリウム
07　炭酸カルシウム　　08　炭酸ナトリウム
09　炭酸水素カルシウム　　10　炭酸水素ナトリウム
11　酸化カルシウム　　12　炭化カルシウム(カーバイド)
13　硫酸カルシウム　　14　リン酸カルシウム

〔Ⅲ欄〕 a ～ h の選択肢

01　アセチルサリチル酸　　02　アセトン
03　アニリン　　04　アニリンブラック
05　イソフタル酸　　06　エタノール
07　エチレングリコール　　08　ギ酸ナトリウム

09 *o*-クレゾール
10 *m*-クレゾール
11 *p*-クレゾール
12 酢酸
13 サリチル酸
14 サリチル酸ナトリウム
15 サリチル酸メチル
16 テレフタル酸
17 ナトリウムフェノキシド
18 ノボラック
19 フェノール
20 フタル酸
21 1-プロパノール
22 2-プロパノール
23 プロピオン酸
24 プロピオン酸ナトリウム
25 メラミン
26 レゾール

〔Ⅳ欄〕 A ～ E の選択肢

01 グラファイト(黒鉛)
02 さらし粉
03 消石灰
04 生石灰
05 石炭
06 石灰石
07 石膏(セッコウ)
08 ソーダ石灰

09 アクリル繊維
10 アラミド繊維
11 アルキド樹脂
12 炭素繊維
13 ナイロン6
14 ナイロン66
15 尿素樹脂(ユリア樹脂)
16 ビニロン
17 フェノール樹脂
18 メラミン樹脂

〔Ⅴ欄〕 ① ～ ⑪ の選択肢

01 加水分解
02 加硫
03 感光
04 還元
05 酸化
06 水素付加
07 脱水
08 熱分解

09 単体
10 塩化物

11 酸化物　　12 水酸化物
13 水素化物　　14 窒化物
15 無水物　　16 硫化物

17 強塩基性　　18 強酸性
19 弱塩基性　　20 弱酸性
21 中性

22 水に溶けやすい　　23 水に溶けにくい
24 空気よりも密度が大きい　　25 空気と密度がほぼ等しい
26 空気よりも密度が小さい
27 上方置換　　28 下方置換
29 水上置換

30 開環重合　　31 縮合重合
32 付加重合　　33 付加縮合

(3) **記述3**の**有機化合物1**を分子式で答えなさい。分子式はC_pH_qと表すものとし，p，qにあてはまる数値を，それぞれ**解答用マークシート**にマークしなさい。ただし，**有機化合物1**が分子内にもつ炭素，水素が1個の場合は，p，qの解答欄に1をマークしなさい。p，qが10以上の場合は，その数値がいくつであっても，10をマークしなさい。

(4) **記述6**の**有機化合物2**を分子式で答えなさい。分子式はCH_rO_sと表すものとし，r，sにあてはまる数値を，それぞれ**解答用マークシート**にマークしなさい。ただし，**有機化合物2**が分子内にもつ水素，酸素が1個の場合は，r，sの解答欄に1をマークしなさい。r，sが10以上の場合は，その数値がいくつであっても，10をマークしなさい。

解答編

英語

（注）解答は，東京理科大学から提供のあった情報を掲載しています。

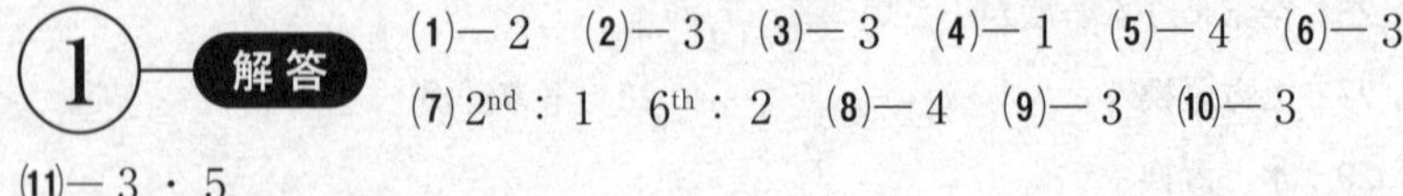

(1)—2　(2)—3　(3)—3　(4)—1　(5)—4　(6)—3
(7) 2nd：1　6th：2　(8)—4　(9)—3　(10)—3
(11)—3・5

全訳

《ドキュメンタリー番組制作者の義務とは》

[1] デイビッド=アッテンボローが度を過ぎて謙虚なのは確かであり，自身の名前についてさえ言及できない程なのだが，いずれにしても英国では，動物を扱うやさしい内容のテレビ番組から徐々に始まり，古代の社会や人間同士の協調の本質に関する，複雑で時に深遠なエッセイに至るまで，一般大衆が授かってきた知識は，総じてBBCにおける彼自身の仕事のおかげなのである。

[2] 番組最盛期においては，2017年のBBC野生動物シリーズ『青い惑星2』の視聴者は1410万人に至り，英国でその年に最も多く視聴されたテレビ番組となった。そして「番組内の驚愕の内容の多くはテレビだけではなく，科学それ自体にとっても斬新なものである」と，コメンテーターたちは主張した。野生動物のテレビ番組が今日も引き寄せる視聴者及びそれらに関連する主張の数の多さを考慮すると，これらのドキュメンタリーは，ますます都市化が進んだ現代社会が，自然界の知識を得る手段としての映像受信装置の重要な一部なのである。

[3] 野生動物のドキュメンタリーは非常に根本的な要求を満たしている。すなわち我々が暮らす世界について，また我々と世界を共有する，我々以外

の生命体について知ることである。約1万5千年前に人類が生み出した初期の視覚に訴える表現は，南西フランスのラスコーやカンタブリア州のアルタミラのような洞窟の壁に描かれた壁画だった。それらは主に動物の動作，狩り，餌やり，そして繁殖などを示している。これらの絵画は何が目的なのだろうか。確実に知る者はいない。だが，それらが絵を生み出した人々にとって何を意味するのかを確信することはできないが，ある点は疑いようがない。それらは，彼らが暮らす世界を理解しようとするという，つまり彼らにとって生や死を表す，人類以外の生命体についての知識を記録しようという，初期の人類の試みの一部なのだ。それと同様に，野生動物のドキュメンタリーは，我々が自分たちの住む世界を理解し，かつその中での居場所を発見することを助けるように意図されているのである。しかしそのようなものだからこそ，それらは精査されるに値するのだ。というのは，それらはしばしば（自然と文化の間，動物と人間の間の）境界線を超えて，境界線を乱し，結局はものの特定の順序を当然のものとみなすやり方で，描き直すことになるからである。例えば，彼らは人間に似た動物の，もしくは野外で暮らす人間の光景を利用し，幾つかの社会的概念（例えば，ジェンダーの概念，社会構造の基本単位としての核家族等）を，動物の暮らしと人類の暮らし双方の間で普遍的にみられる基準として描写しているのだ。この書は英国の野生動物のテレビの歴史を探究し，我々の目に我々自身がどのように映るのか，また世界における我々の立ち位置はどこなのかを形成することに対し，野生動物に関するテレビ番組とドキュメンタリーが過去50年間にわたりどのように貢献してきたかを理解するための幾つかの要素を読者に提供する。これらは現在の環境危機の観点から見ると，実行すべき不可欠な会話なのである。

4 野生動物のドキュメンタリーは知に関するものである。ドキュメンタリーは，カメラやマイクロフォンによる，特有の性質をもった実際に存在するものの記録を根拠とする知の理論に基づいているのだ。しかし，あらゆるドキュメンタリー作品と同様，それは信用を立証するものとして価値がある――もしくはそのように主張する――のだが，必然的に人為的なものでもある。デイビッド=アッテンボローは『生きている地球』のリリース直後の1984年のインタビューで以下のように述べた。

5 実際のところ，いかなる映像であれ手が加えられていない貴重な内容などはほとんど存在しない。植物の成長のようなものを見せたいとか，動物の行動の様子を詳細に見たい場合，映像の速度が歪められる。照明のレベルも歪められる。数分という時間内にジャングルの多くの様々な生物が出てくるという点では，時間配分も歪められる。結果としてそういう場所は生命で溢れているように見えるのである。クローズアップレンズを用いれば大きさも手を加えられる。そして視聴者も同様に，音量を実際とは違うものに変えられる。映像制作者が試みようとしているものとはまさに，ある特定の経験を，できる限り生き生きとした形で伝えることなのである。

6 野生動物のドキュメンタリーは視聴者のために自然の知を含み，かつ産み出している。また同時に，それはある義務に従っている。すなわち見世物としての必要性，である。アッテンボローがこの引用の中で述べている映像制作の人為的な特色は，視聴者のための壮大な経験，つまりは知だけではなく，驚異や最終的には喜びをも引き出せるものを創り出す際に必要なのである。というのも，これもアッテンボローの言葉の中に，「科学とは根本的に，人類の自然界との関係を明確にすること，すなわちそれを理解することと関連があるように私には思える。そして科学がそれをなしえたときに，大いなる喜びをもたらすのだ」とあるからだ。野生動物の映像のような視覚に訴える見世物と娯楽の消費は，感情的なものを含む主観的な経験である。このような理由のため，野生動物のドキュメンタリーは伝統的に，客観的な知を伝えたり視聴者を教育したりするには不向きであるとみなされている。もしも野生動物のドキュメンタリー制作者が目標を達成するつもりならば，その目標とは自然に関する知について信頼に値する資源として認識してもらうことなので，彼らはそれ故に，野生動物のドキュメンタリーの根底にある，知と娯楽の間に存在する——すなわち事実と人為の間だが——この葛藤の解決が可能な戦略を展開する必要があるのだ。

解説

(1) 下線部は目的格関係詞節内の動詞であり，この目的語は viewers であることをまず確認。野生動物のテレビ番組が視聴者を「どう」したかを，文脈から外れないように考える。第2段第1文（At its peak, …）の内容からもこの番組には「多くの視聴者」がいたことがわかる。2を選ぶことで「野生動物のテレビ番組が“引き寄せる”視聴者」という意味が成立し，文脈と矛盾しない意味になる。command には「〜(敬意，同情，関心)を集める」という意味がある。1.「〜を予期する」 3.「〜しなくなる」 4.「〜を修正する」

(2) 下線部の直前の the world と they の間には，目的格関係代名詞の省略がある。先行詞である the world は下線部 inhabited の目的語でもある。人類と世界との関係は何であるかと考えれば，「暮らす場所」「生活する場所」辺りの意味は類推できよう。この意味をもつ3が最適。1.「〜を引き起こした」 2.「〜を下に向ける」 4.「〜を理解した」

(3) likewise は「同様に」という意味の副詞だが，比較や対比を表す語が問われたら，「比較しあう二者」を明確にすることが重要。「何」が「何」と同様なのかを考えた場合，下線部を含む文では「ドキュメンタリー」は「我々が住む世界を理解するための」ものだと述べられている。比較相手を求めて下線部の直前の文（And although …）を見ると，「壁画」は「住む世界を理解し，他の生命体についての知識を記録するための」ものだと述べられている。世界を理解するうえで，「ドキュメンタリー」の対比相手が「壁画」とわかれば，「初期の人類は絵画を通じて世界を理解しようと試みていた」と述べている3が最適とわかる。

(4) 英語長文は原則「同じ内容を繰り返す」働きをもつ。前後の文を見て空所に入るヒントがないか丹念にチェックすること。空所には対比される二者が入るとわかる。空所の時点で対比がなされているのは壁画とドキュメンタリーだが，それに相当する選択肢がないため，空所以降に対比される二者がないか探す。すると空所を含む文の直後の文（For example, …）で，animals と humans が同一のものとみなされがちな風潮が述べられている。これは，本来ならば異なる二者を同一のものとみなす考え方，すなわち空所の直後（they unsettle …）で述べられている，境界線を乱すという内容のことだとわかる。動物と人間がセットになっている1が正解となる。

(5) 下線部の直前の contribute to は主語が「因」，to 以降が「果」の因果関係を含んでいる。野生動物に関するテレビ番組やドキュメンタリーが原因で，人間の自分自身に対するものの見方が「どう」なったかと言えば，「生じる」「形成される」などの意味が想起できよう。4.「〜を形成する」が最適。1.「訴える，引きつける」 2.「〜を強制する」 3.「〜を購入する」

(6) 下線部には little という否定語が含まれており,「natural（無修正な映像）で precious（貴重な）ものはほぼない」が大意である。このような否定文に出会ったら，では何が肯定されているのかと考え,「対比される二者は何か」を考えるのがコツ。裏返せば「加工作品で安っぽい映像は多々ある」という意味が想定される。このように考えることで 3.「野生動物のドキュメンタリーに含まれる人工的な特徴を指摘することは難しくない（≒映像作品には人工的な特徴が多い)」を選べるだろう。

(7) 整序問題のコツは，選択肢に動詞がある場合，その動詞が自動詞か他動詞かに応じて目的語や補語などを後続に加え小さなカタマリを作ることである。日本語を参考に，他動詞 convey に a particular experience という目的語（O）を後続させる。この時先入観で in particular という熟語にしないこと。他動詞に目的語が加われば，あとは副詞要素である。副詞要素はほぼ前置詞句である。in a ～ way は「～な方法で」という意味。なお，ポイントは同等比較 as ～ as で,「～」に「a＋形容詞＋名詞」を入れる場合,「形容詞＋a＋名詞」の語順になる。全体は (What the filmmaker is trying to do is to) convey a particular experience in as vivid (a way as he can.) となる。

(8) 空所の直後の文（The artificial features…）の後半（but also a sense…）参照。通常 not only *A* but also *B* の力点は，$A<B$ とされる。すなわち「知」よりも，視聴者を驚愕させたり喜ばせたりすることに力点があるというのが人為的なドキュメンタリー番組の内容と述べている。これと矛盾しない 4.「見世物の必要性」が最適。

(9) まず下線部内の品詞に注目する。it や that は代名詞，does は代動詞なので，それぞれが既出の要素を指しているはず。通常，代名詞は前文の内容を指すため，下線部を含む文の前文（For, still in…）内に対応語句を探してみる。なお it seems that S V「SがVであるように見える」の構文は it seems that は that 以降の内容に対する「筆者の主観」であり，that 以降の内容は「客観的事実」を表す。下線部の it が that 節内の主語である science，does が defining を現在形の一般動詞に直したもの，that が man's relationship を指すと考えれば，3 が最適だろう。

(10) 空所の直後にダッシュがあるが，これはイコール関係を表し，あとの

evidence and artifice と言い換えられたものが入るはず。この語句は「証拠と人為」が基本的な意味だが，これまでの文脈から何が「証拠」であり，何が「人為」に相当するのかと考える。前者は「証拠≒事実≒人為のないもの」，すなわちリアルに忠実な，本来望ましいドキュメンタリー番組で，後者は「人為≒実際に流れているドキュメンタリー番組≒視聴者が好むもの」と考えると，3.「knowledge and entertainment」が言い換えに相当しよう。

(11)　1．本文中に記述なし。

2．第1段第1文（David Attenborough is no …）と矛盾する。

3．第3段第1～7文（Wildlife documentaries fulfil … place in it.）の内容と一致する。

4．本文中に記述なし。

5．第3段第8・9文（But, as such … and human lives.）の内容と一致する。

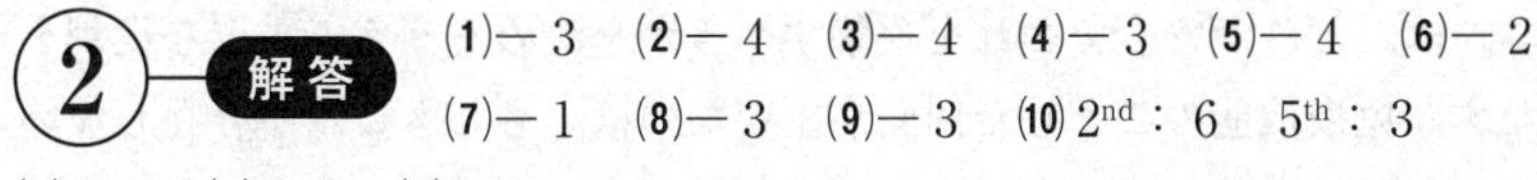

2　解答　(1)―3　(2)―4　(3)―4　(4)―3　(5)―4　(6)―2　(7)―1　(8)―3　(9)―3　(10) 2nd：6　5th：3

(11)―1　(12)―4　(13)―3・5

全訳

《人体内の有益な微生物》

1　日常生活において，人体の内部に生息する幾千もの生物のことを意識していない人は多い。事実，それらへの無意識は健康な微生物が集合しているという，第一の良い兆候なのである。この理由は，体内の微生物の多くは共生的なものであり，正しく機能している場合は，それらが存在しているおかげで人間の体も微生物の群も利益が得られているということを意味するからである。

2　微生物は裸眼では認識が不可能なので，体内に侵入する微生物の種類への制御が限定的になる。病原体として知られる，微生物の中でも少数のものが，病気を引き起こす。病原体が存在する時でさえも，肉体は健康を維持できるのだが，そこには感銘するほどの絶妙なバランスが存在するのだ。もしも過剰な病原体が体内にもたらされたり，抗生物質の使用量が増えて，有益なバクテリアの数が減りすぎたりすると，健康な微生物の集合体が行動を邪魔されてしまうのである。このため，体の病気が悪化するリスクが高くなってしまうのである。

3　微生物のコロニーには非常に多くの重要な役割があるので，しばしば「支持器官」と呼ばれる。その主な機能の中の２つは，消化器官を良好な状態に保つのを助けることと，免疫機能をサポートすることである。

4　食物を完全に分解することに関して，ヒト細胞がつかさどる機械的消化にできることは限られている。多くの食物に関して，私たちは腸内バクテリアに依存している。一例として多糖類——植物内に見いだされる複合糖類——がある。腸内では，バクテリアは多糖類を消化するのに必要な酵素を生み出す。これらの食物を分解することにより，微生物のコロニーは，食物を吸収されやすい養分へ変化させることに貢献するのだ。これらの酵素は私たちにビタミンＢ，ビタミンＫや短鎖脂肪酸を供給する。もしもこの機能を果たす微生物のコロニーが存在しなければ，食物の栄養価は低下してしまうだろう。

5　新たな有機体が腸内，または体内の腸以外の領域に入ると，微生物のコロニーは，どれが安全でどれを攻撃すべきかを決めるうえで重要な役割を果たす。免疫機能のこうした側面が重要なのは，もしもこれが存在しない場合，上記の有益な働きをする腸内バクテリアが脅威なものとして知覚され，人体によって攻撃されるためである。

6　微生物は体内に入った後，危険な細胞と戦うだけではない。その層は菌膜と呼ばれ，有害なバクテリアや菌類から皮膚を守るための盾として機能するのである。同様に腸内においても，ビフィズス菌と呼ばれる特定のバクテリアは，毒素が血流に入ることを防ぐのである。毒素を腸内に留めておくことは，それらをただちに体外に排出できるようにすることを意味する。しかし，もし毒素が腸壁を潜り抜けて血液に入ってしまったら，それらは血流内で急速に広がるため，大損害を与えることがあり得るのだ。

7　腸内の微生物のコロニーの活動は，精神に影響を及ぼす力も備えているが，それは迷走神経と呼ばれる神経と腸脳相関のおかげである。腸内の微生物は中枢神経系と情報を交換するので，研究によると，脳内の化学物質が変換される可能性があり，ヒトの記憶にも影響を及ぼすということである。さらに，腸内バクテリアはヒトにより快感を与えることさえも可能だが，それは腸内バクテリアが人体のセロトニンのうち95パーセントを生み出す原因となるためである。このホルモンこそが，ヒトの精神を安定させるので，ヒトの精神の満足度を決めるうえで鍵となるのである。

8　ヒトの微生物のコロニーは独特なものである。生命の始まりの際，その本来の構成は母親のものにより決定される。新生児の誕生の際，その肉体は母親の産道内に存在する微生物にさらされる。微生物のコロニーにとってはるかに重要な付加要素が，授乳の際に母乳のかたちで供給される。これによる周囲の環境への影響は，生涯を通じて持続する。微生物のコロニーは，食される食物，服用される薬，病気，運動そして年齢などを含む（これらに限定されるものではないが）事象に基づいて変化する。

9　2021年2月に出版された研究によると，体内にある微生物のコロニーが変化を重ねれば重ねるほど，それだけ一層好ましいということだ。微生物のコロニーが長期に渡り変化のないままである人は，微生物のコロニーが時間とともに変化する人よりも早く死亡する傾向があるという事実を，科学者は発見している。一般的に，これまでに研究された中で最も健康な人物においては，成人初期の間に最も体内に広がった微生物は，その後数年間を経て，より少ない比率の腸内微生物となった。このおかげで新たな微生物が体内で数を増やせたのである。

10　微生物のコロニーが変化した結果，ヒトが健康に年を重ねていくのかどうか，また年を重ねた肉体と適応するのが，実は微生物のコロニーなのかどうかは定かではない。しかしながら，より変化を遂げた微生物のコロニーが寄生した腸は，慢性疾患を撃退するのにより適合しているように思われたのだ。

11　自身の腸の微生物のコロニーを一変させることは比較的容易である。急進的に食生活を改善することによって，体内のバクテリアの水準はほんの4日間で著しく変化することが可能である。この特色は狩猟採集民には有益であったと考えられている。彼らは利用できる食料資源に応じて，その日によって対照的な食事をしていた可能性があるのだ。様々な腸内バクテリアが微生物のコロニーを支配できるので，一つ一つの多様な食糧供給源からさらなる栄養素を採取することも可能であろう。

解説

(1)　空所はbecause節の内部であり，主文との間には「因果」が成立している。「制御がしにくい」のは「裸眼では認識できない」から，と考えるのが自然だろう。naked eye は「裸眼」を表すので3が正解。

(2)　空所の直後は名詞，かつ直前は前置詞なので，disease という名詞を修飾する形容詞，または disease を目的語とし，かつ前置詞の次に設置可能な「動名詞」が候補になろう。1，2は名詞，3は動詞で，4は動名詞。よって4が最適。

(3)　下線部を含む文（Two of its …）では，微生物のコロニーが果たす主な役割が2つ述べられており，消化器官に関することは次の第4段（The mechanical digestion …）で，免疫機能に関することは第5段（When new organisms …）で詳しく述べられている。後者では，腸内の微生物のコロニーがどのように免疫機能をサポートしているかが述べられているので，これに合う4．「腸内の微生物のコロニーは免疫機能を支えるものに他ならない」が正解。

(4)　空所の直後はS Vではなく名詞のみなので，接続詞ではなく前置詞が入る。主節に過去の助動詞 would があることから，without ～, S would V「もしも～がなければSはVするのに」という仮定法の熟語表現を想起できるだろう。もしくは，プラスイメージで語られている微生物のコロニーが「どう」であれば，主節で表されるようなマイナスの結果が起こり得るかと考えれば，3が最適だろう。

(5)　空所の前方に which are safe という名詞節があるが，and は同じ品詞を結ぶため，and のあとも名詞節にする必要がある。which to *do* の which は疑問詞で，全体で「どれを～するか」という意味を表す名詞節になる。4以外は前置詞としての用法のみで，空所には不適。

(6)　下線部を含む文の先頭に However があるが，これは逆接のため前後の文で「ある事柄」への「プラスマイナス評価」が逆転する。この文の前文（Keeping toxins in …）は「毒素を腸内に留めることで，体外へ毒素を押し出せる」という毒素に対するプラスイメージの内容である。他方，However 以降は血液内に毒素が漏れた場合どうなるかという前提があるので，当然「マイナスイメージ」の結果が予想できよう。2．「大混乱を引き起こす」が最適。1．「～を一字ずつ綴る」　3．「～を除名する」　4．「ぐらつかない」

(7)　空所の直後が完全文なので，その直前に置かれる「接続詞」を候補とする。2は不完全文が後続，4は前置詞のため名詞のみが後続なので候補から外れる。1，3が接続詞だが，3は「たとえ～だとしても」の意味で「達成の可能性が少ない内容」が続く。1のasは多様な意味をもつが，「主文の内容とイコール」か「主文に至る理由」と考えておくと便利。空所の直後のitはThis hormone（＝serotonin）を指すが，「セロトニンが精神を安定させること」が，「精神の満足度を決める上での鍵」であることの理由と考えるのが自然だろう。

(8)　下線部を含む段落には「時の変化」が見られる。この場合，時の変化ごとに「何」が「どう」変化しているか確認しておく。下線部を含む文は「生命の始まり」の際に発生する内容である。直後の文（As a baby is …）では，「誕生時」に「産道の微生物に新生児の肉体が触れる」という「変化」が起きている。さらに次の文（Further significant additions …）では，「授乳時」に「別の付加要素」が加わるという「変化」が述べられている。これらは何が発生し，何の変化への記述かと言えば，この文の主題である「微生物のコロニー」なので，makeupは「微生物のコロニー」の言い換えだと考え，それに近い選択肢を選ぶ。3は「構成」の意味だが，生命の発生以降，様々な機会ごとに「微生物のコロニー」の「構成」に変化が加わると考えれば最適であろう。1．「少数」　2．「多数」　4．「補償」

(9)　空所は「the＋比較級～, the＋比較級…」の構文の内部であり，空所は主節である「the＋比較級…」に相当する。段落の1文目への問いは2文目以降に言い換えを探し，解答の根拠とすることが原則。直後の文（Scientists discovered that …）によれば，寿命の長さは「(体内の）微生物のコロニーが長期間同じ状態の方が，微生物のコロニーの変化が速い人よりも早く死ぬ」という内容。これは，変化が多い程，「(長寿という）良い結果」が期待できると言い換えられる。goodの比較級である3が最適。

(10)　下線部の箇所は比較文であり，thanの前後で同じ構造になる点が重要。下線部の前方に，people whose microbiome … their livesという関係代名詞whoseのカタマリが見えるが，これがヒントになる。whoseの先行詞と直後の名詞は「左の名詞が右の名詞を意味的に所有」している。「人々」の意のthoseが微生物のコロニーを「体内に所有」していると考える。このカタマリを比較対象を後続させるthanの直後に置く。than those whose microbial colonies varied overが全体の並びである。

⑾ 選択肢は，動詞 suit の変化形。be suited to～「～に適している」という形になる1の過去分詞が正解。よって，直前の better は副詞とわかる。2の現在分詞は be とともに現在進行形をつくることができるが，あとに目的語がないため，不適。3は名詞の複数形と考えた場合，better suits という「形容詞＋名詞」のカタマリをつくることができそうだが，内容から不適とわかる。

⑿ 空所の直前が could という助動詞のため原形動詞がくる。また直後が前置詞句のため，目的語をとらない自動詞がくると考える。また主語が more nutrients という「無意志」なモノであり，この場合，動詞は意志が関係しない「受動態」になりやすい。4が最適。1は形容詞。2と3は能動態で直後に目的語が必要なため，不可。

⒀ 1．第9段第2文（Scientists discovered that …）の内容と矛盾する。
2．第8段最終文（Microbiomes change based …）の内容と矛盾する。
3．第6段第3文（Similarly, in the …）の内容と一致する。
4．最終段第2文（By drastically altering …）の内容と矛盾する。
5．第7段（Microbiome activity in …）全体の内容と一致する。
6．本文中に記述なし。

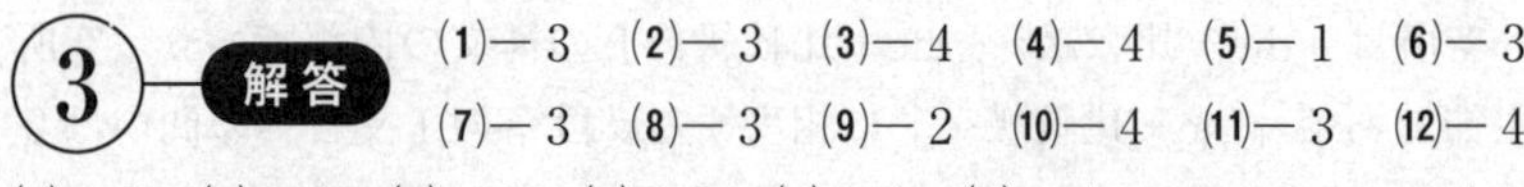

3 解答 ⑴－3 ⑵－3 ⑶－4 ⑷－4 ⑸－1 ⑹－3 ⑺－3 ⑻－3 ⑼－2 ⑽－4 ⑾－3 ⑿－4 ⒀－2 ⒁－4 ⒂－3 ⒃－2 ⒄－4 ⒅－4

解説

⑴ 主節の構造が would not have *done* という仮定法過去完了を示している。この場合，従属節の構造は if S had *done* が原則であるが，倒置形は had S *done* であり，3が正解である。「もしも彼女が自身のパスポートを所有していたならば，飛行機に乗り損ねることはなかっただろうに」

⑵ 空所には using の目的語となる名詞が入る。解答に際して，品詞を確認したら次は「意味」を選択の参考にするのが原則。状況から「釘」の意味がある3が最適。「私の姉（妹）は釘を使わずに自分の本箱を組み立てた」

⑶ 空所には needs の目的語となる名詞が入るはず。1は形容詞。2と3は難単語だが，全体の意味から「技術」を表す4が最適だと判断するこ

とは可能だろう。「パンクミュージックを演奏し始めるための特別な技術は，誰にも必要ない」

(4) この問いは「知識」よりも「思考力」が試されている。前後からどのような意味になるかを考えることが大切。by *doing* は「手段」「条件」の意味を表す。「どのような」フレーズを使うならば早急な返答や行動を要求できるかと考える。「迅速に」「すぐに」を表す語句をいくつか想起すれば，as soon as possible を表す4を選ぶことは可能だろう。1．「環太平洋パートナーシップ協定」 2．「ところで」 3．「メールでパスワード付きの ZIP ファイルを送り，その後で別メールでパスワードを送る」全体の意味は「Eメールでは，“できるだけ早く”のようなフレーズを使用することで早急な返信や行動を要求できる」となる。

(5) 空所の直前の does が助動詞で，空所には「原形動詞」が入ると気が付くことが鍵。唯一の原形動詞である1を入れることで「歌声を和らげる」となる。「ビヨンセは歌唱法を変えており，時に声を和らげることがある」

(6) 選択肢はすべて動詞。各選択肢の意味は1．「不満を言う」，2．「奮闘する」，3．「崩れる」，4．「手探りする」であるが，主語は「無意志」であるキャロットケーキなので，3が最適。他は「有意志」が主語になるはず。「ナイフやフォークを使う時でさえ，キャロットケーキは簡単に崩れるものだ」

(7) watch は知覚動詞の一つで，目的語に続き *doing* が後続すると，「Oが～しているのを見る」という意味を表す。スープが鍋の中で「どうなって」いるのが自然かと考えた場合，「温まっている」を表す3が自然であろう。「スープが鍋の中で温まっているかを忘れずに見ておきなさい」

(8) 選択肢はすべて動詞。1は「(猫が) 鳴く」，2は「(犬が) わんわん吠える」，3は「(鳥が) さえずる」，4は「(犬が) 遠吠えする」という意味。「毎朝小鳥が窓のところでチーチーさえずっている」

(9) 一日10時間もユーチューブを観るのだから，「好き」を超えた「中毒」状態というように意味を類推する。2を入れることで，「～が大好き，～に中毒状態」という意味になる。「私はユーチューブにのめり込んでいて，一日に10時間も観てしまうほどだ」

(10) 空所には「副詞」が入るとわかれば，空所に入り得るものは4．「めったに～ない」しかない。「ケンドリック=ラマーは世界でも比類ないラップ歌唱をする。しかしレコードではめったに歌うことはない」

⑾ long vowel は「長母音」（長い時間発音する必要のある母音）の意味だとわかったうえで，各選択肢の発音がわかれば［tu:m］という発音の3が最適とわかる。「発音する際，“tomb”という語には長母音が含まれている」

⑿ 空所は名詞の直前であり，全体で副詞句になる。意味的には主節との関係から「離れる」という意味になると判断できる。4を入れると，危険を回避できる条件として壁から「離れる」という意味が成立する。他では意味が通らない。「壁から離れなさい。さもないと危険ですよ」

⒀ 空所を含む節の先頭の for は接続詞の働きで，「というのは～だから」を表し，for の手前の節が「結果」，直後の節が「理由」となり，この論理関係に矛盾しない内容にする。「バランスを取らなければならない」のは，どのような「理由」からかと考えれば，2を入れて be at odds with ～「～と対立する」とすればよい。「ある企業の重役は，自社が今あるべき姿という現実と，今から10年後にあらねばならない姿との間にバランスを保つことができる必要がある。というのは，これらは互いにしばしば対立するからだ」

⒁ 空所の直前で文が完成しているため，副詞が入ると想定する。2.「変装した」や3.「必然的に伴われる」だと形容詞用法の過去分詞が直前の a friend を修飾することになるが，後続する内容と合わないため不適。1は前置詞で，直後に名詞が必要。副詞は4のみ。ここでは「確かに」「実に」などの強調の働きをする。True friends … 以降の内容も参考になろう。「“危急の際の友こそが誠の友である”という諺は大いに役立つ。真の友人とは常に近くにいるものであり，常に頼れるものなのである」

⒂ 空所に入る品詞は名詞であること，また and 以降の内容から「～の範囲内」などの意味は割り出せよう。3は「限定」「制限」などの意味をもつため，これが最適。「政府は法の範囲内で行動しなければならず，すべての行政行為は確固たる法的根拠に基づかなければならない」

⒃ 選択肢はすべて名詞。空所の直後の：（コロン）は言い換えを表すので，great nature … 以降をひと言で言うと何かを考えてみる。自然，ビーチ，リラックスはどこかの国の景観のように思われる。2を入れること

で，これらがデンマークの「縮小図」となる。他の選択肢では筋が通らない。「デンマークの小さな島々は大自然，美しいビーチ，純粋な安らぎなど，国全体の縮小版をしばしば示している」

(17)　選択肢はすべて過去分詞。～ till … は「…するまで～した」の意味だが，ここでは「～した後，（その結果）…した」と考えるとわかりやすい。「姉たちがシンデレラに数々の世話をさせた結果，シンデレラは本人にはどういう結果・影響が及ぶか」と論理的に考えること。4は「ボロボロになる」「疲れ果てる」などの意味があり，これが最適。他の選択肢では意味をなさない。「義姉たちはシンデレラが自分たちの髪の毛を綺麗にカールし，自分たちの手袋や扇子を持って来るように，また自分たちの靴を磨いておくように言いつけをした。そしてついに義姉たちが出かけようという頃にはシンデレラはすっかり疲れ果てていた」

(18)　選択肢はすべて過去分詞。空所の手前にある that は関係代名詞で，先行詞の詳しい説明となる。4を入れれば「組織と個人双方のニーズを満たすよう“調整できる”広範囲なコース」という自然な意味になる。「組織と個人の要望を満たすように調整できそうな広範囲のコースを，私どもは提供します」

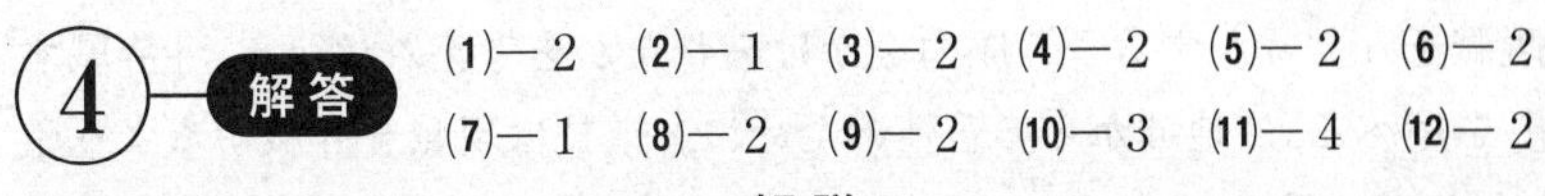

4　解答

(1)―2　(2)―1　(3)―2　(4)―2　(5)―2　(6)―2
(7)―1　(8)―2　(9)―2　(10)―3　(11)―4　(12)―2

解説

(1)　文中の接続詞などから「論理性」に注目し，最適な意味を考えてみる。レコード会社が原作のソングライターに接触した後で，新しいバージョンの曲の発売を「どう」したかを考えると，2.「～を承認する」が最適である。authorize は「～を（法的に）認可する，許可する」。「原作のソングライターに接触した後，レコード会社はその歌の新しいバージョンの発売を承認した」

(2)　副詞節 so that … は「目的」の内容を伴う。会議の時間をすり合わせるためにジョンソン氏と「何をするか」と考えれば，「～を調整する」を表す1が最適だろう。「双方にとって都合の合う会議の時間を捻出できるように，ジョンソン氏と調整をするほうがよいだろう」

(3)　教師が度を超えて厳しく生徒を叱れば，2.「（人の）やる気をなくさせる」と考えられる。「教師が生徒を過剰に叱りすぎると，それはひどく生徒のやる気をなくさせる可能性がある」

(4) 夏季に，野外で帽子を着用することは学校によっては「(指導上の)義務」と考えられるだろう。「必須の，強制的な」の意味をもつ2が最適。「昼食時，野外での帽子着用は，夏季にはいくつかの学校で義務付けられている」

(5) 前置詞 for の意味は「理由」が基本。支払いが滞ったことで口座は「どう」なるかを考える。3だと「永続的に停止」だが，常識的に2.「一時的な停止」と考えるべきだろう。「彼女の口座は未払いの勘定が払われていないため，一時的に停止されたままである」

(6) 接続詞 as の後続は「理由」が大半である。住んでいるアパートが壊される場合，3カ月以内に住民は「どう」するのが自然かと考える。3だと引っ越し先が後続するはず。2の out of は「出ていく，なくなる」のニュアンスをもち，「明け渡す」の意味になるので最適。vacate the premises は「家を明け渡す」の意味。「今住んでいるアパート全体が取り壊される予定なので，大家から向こう3カ月以内に住居を明け渡すよう告げる文書を受け取った」

(7) due to は「理由」を表す前置詞表現。地域からの苦情のせいで市長は現職を「どう」するよう圧力をかけられたかを考えれば，1.「辞職する」を選べる。「地域からの苦情のために，市長は現職を辞職するよう圧力をかけられた」

(8) これも文中の because や when などの接続詞の意味を手掛かりに，前後で矛盾しない意味を考える。ビザがもはや「どう」でない場合にトラブルになるのか。「有効ではない」辺りの意味が想起できれば2.「利用できる」を選ぶことは難しくはなかろう。「ビザが有効ではないと入国審査官に伝えられたので，彼女はイギリスに到着した際に困ってしまった」

(9) ホテルでの滞在は楽しかったが，不満になり得るものは「何」であるかと考える。カタカナ英語の「アメニティ」からは，1.「費用」 3.「位置」は連想できないだろう。amenity は「娯楽，特典」の意味だが，これに近いのは2である。「全体的に，パームビーチ・ホテルでの滞在は楽しかったが，特典には満足できなかった」

(10) 痛みを治療するために患者は薬を「どう」されたかと考えた場合，

「投与される」「処方される」の意味は想起できよう。administer には「～(薬・治療) を施す，投与する」という意味があり，3が言い換えとしては最適だろう。なお受動態でありながら直後に名詞を残し，主語とその名詞が同一でなければそれは第四文型の文。この場合動詞は「与える」など「授与」の意味が基本である。「その患者は関節痛を治療するために新薬が投与された」

⑾　いきなり選択肢を一つ一つ吟味するのではなく，まず大まかな意味を全体の内容から推量し，その次に，想起した意味に最も近い選択肢を選ぶようにするとよい。地震が頻繁に起きている「ので」，防災グッズを家に保管している，という「因果関係」が主節との間に存在していることは判断できよう。4は「～を考慮すると」という意味だが，これは主節との間に「因果関係」を産む独立分詞構文と覚えておこう。

⑿　that 節を目的語にとる動詞は「思う」「言う」タイプが大半。また逆接の接続詞 although S V があるが，この場合，主節の内容は，S V が表す内容からすると「意外な」意味になる。企業は明確に述べていないが，「意外にも」that 以下を「認めている」「正しいと言う」などの意味が想起できよう。2が「～をほのめかす，示唆する」などの意味をもつので，これが正解。

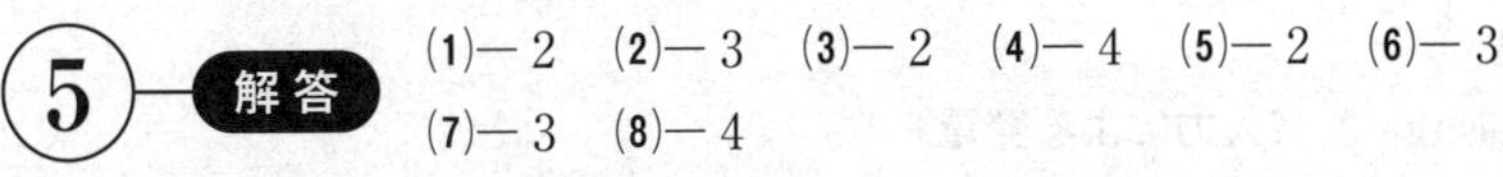

5 ― 解答　**⑴**―2　**⑵**―3　**⑶**―2　**⑷**―4　**⑸**―2　**⑹**―3　**⑺**―3　**⑻**―4

全訳

Passage 1 《メタ認知能力》

人々は多くの社会性の領域や知の領域で，自身の能力について過度に好意的な見方をしがちである。論文執筆者たちが示唆しているところでは，このような過度な好評価が生じるのは，一部にはこれらの領域で未熟な人々が，二重に不利な状況にいることが理由だということだ。すなわち，これらの人々は間違った結論を下して不幸な選択をするだけではなく，自身の無能さゆえに，それを認識しうるメタ認知能力も奪われてしまっているからである。4つの研究を通して，ユーモア，文法そして論理に関して低い点数しか取れない被験者は，自身のテストの成績や能力を醜い程に過度に見積もることを，論文執筆者は発見した。彼らのテストの点数は最下層の12パーセントを占めていたが，自身ではトップの38パーセントにいると見積もっていた。このことをメタ認知能力，すなわち正誤を区別する能力の欠如と結びつける分析家も数名いた。逆説的だが，被験者のスキルを向上させることは，それによりメタ認知能力を増やすことになり，被験者たちが自己の能力の限界に気付くことの助けとなったのだ。

Passage 2 《リズムによるキュー》

人間の幼児は言語の規則性を抽出するために，会話の中に存在するリズムによるキューを利用する。そしてこの能力は，哺乳類間で共有されている，より一般的なメカニズムの中にはっきりと存在するという事実が示唆されている。この研究が探究しているのは，ネズミはいったいどの程度まで，訓練用サンプル文から初めての文に至るまで，そこから抽出してきたリズムによるキューを統合しているのか，そして，この識別プロセスが，複数の話者が加わった際の認知負荷にどのように影響を受けるのかということである。状況1と2は，ネズミが会話の中に存在するリズムによるキューを利用する能力を示している。それにより彼らは，それまでに聞いたことのない文を識別できるのである。しかしこの識別能力は，文が逆に再生されると可能ではなくなる。状況3と4は，ネズミによる言語の識別は，様々な話し手の中の規則性を探知するプロセスによっても負担を背負わされることを示している。ヒトによる音声知覚の背後にあるものが議論されている。

Passage 3 《人力による発電》

従来の人力による発電機は通常，ペダリングや回転クランクの動きに基づいているが，それは下肢や上肢の筋肉による激しい作業を必要とする。それは時に非常に有益なのだが，相当な量の電力を得るために長時間動きを維持することは困難である。この研究において，忍耐可能な操作により可能とされる，これまで以上の出力を目標とした，フラフープによる動きによって可動する大型の人力発電機が開発された。開発された人力発電機の効果は，出力電力エネルギーと，被験者を活用する，代謝エネルギー消費を測定することで見積もられた。代謝から電力への試算された変換効率は，他の人力発電機に劣らないものであった。さらに重要なことに，その結果は，開発された発電機が，筋肉の疲労もなく一定して5分以上動かすことができそうであり，700ミリワットの平均出力電力を生産することができたということもまた示していて，これにより，この技術の実用性を実証した)。

Passage 4 《アルコール飲料と自己評価の向上》

研究者は，アルコール消費が自己認識に基づく魅力に対して果たす役割について調査をしている。研究その1は，酒場で実行されたのだが，客がアルコール飲料を多く飲めば飲むほど，それだけ一層，自身は魅力的であると考えたという事実を示した。研究その2では，偽の試飲調査で94人の学生ではない被験者がアルコール飲料かノンアルコール飲料のどちらかを与えられたが，いずれのグループも，半数はアルコール飲料を飲んだと信じており，また半数は飲んでいないと信じていた（バランスのとれたプラセボ設定)。飲料を飲んだ後，彼らはスピーチをし，自身がどれほど魅力的で聡明で，独創的で面白いと思っているかについて見積もりを示した。そのスピーチはビデオで録画され，22人の中立的な審査員により評価された。その結果によれば，アルコール飲料を飲んだと思い込んでいた被験者は，自身により肯定的な自己評価を下していた。しかしながら，中立的な審査員による評価では，この自己評価の急激な増大は，実際の能力とは無関係であると示されていた。

解説

(1) 下線部を含む文の後半は,「彼ら（＝能力が低いのに自己評価が高い人）の無能さが，彼ら自身からitを認識するメタ認識能力を奪った」という意味。能力が低いのに自己評価が高いというのは，自分の無能さを認識できないということだと判断できるので，2が正解。

(2) 本問のように，help＋目的語の次に原形動詞が来る場合，目的語が「人」であるのは覚えておくべきだろう。また意味の点からも，メタ認知能力を増やすことで「誰が」自己の能力の限界に気付けるのかと言えば3が最適だろう。

(3) 下線部の直前のallowingは，S allow *A* to *do* の形で「Sのおかげで *A*（人）は～できる」という意味を表す。この *A* と to *do* の間には能動態のＳＶ関係があり，*A* は「有意志」が入ることが原則。また第2文（This study explores …）に rats can generalize … とあり，generalize「～を統合する，一般化する」が discriminate「～を識別する」と意味的に近いと考えれば，discriminate の実行者は2しかないだろう。

(4)　下線部の直前に列挙の副詞 also があることから，前文（But this discrimination …）の「～場合，認識は不可能である」と同様，マイナスの意味になると考えられる。1．「～を廃止される」か4．「～に負担をかけられる」に絞られるが，「ネズミによる言語認識は…」に自然に続くのは，4である。tax は名詞で「税金」の意味で，「負担をかける」という動詞に派生するのでは，という発想からも，4を選べるだろう。

(5)　下線部の前方にある in order to *do* は副詞用法の不定詞で，「目的」を表す。「どのくらいの量のエネルギー」を得ることが目的として長時間動きを続けるのかと考えれば，「大量のエネルギー」が自然であろう。2．「かなりの」が最適。

(6)　下線部の直前に関係代名詞の非制限用法 which があるが，この which は，「開発された発動機が，筋肉の疲労を要さずに，絶えず5分以上も動かすことができ，700ミリワットもの電力を生み出せること」を指している。このことが「テクノロジーの実用性」を「どう」したのかといえば「実証した」を表す3が最も自然な意味であろう。

(7)　they は原則として前文の主語を指す。下線部より前に登場している「人」は1か3である。また下線を含む文の that 節は the＋比較級～の構文だが，この場合，比較級が形容詞であれば，それは後続文中の補語が前方に移動したものである。本来の位置に戻して，they thought they were the more attractive のイメージで読むと理解が楽。「誰が」アルコールを飲むことで自分自身のことをより魅力的だと考えるのかと想定すると，1では不自然。3が最適。

(8)　this boost in self-evaluation は，前文（Results showed that …）の gave themselves more positive self-evaluations を言い換えたものと考えられる。よって，4．「上昇」が最適である。

講評

読解問題に比重を置いた構成は例年通りであった。

1 の長文読解問題はドキュメンタリー番組が題材で，「理想」と「現実」が対比されていることを読み取れば容易だが，そのためには日頃から「訳して終わり」ではなく，長文全体を要約したり，意識して何と何が対比されているのか，筆者の主張は何かを把握したりする訓練をしている必要がある。

2の長文問題は，微生物について述べる科学的な内容であった。設問パターンは1も2も共にほぼ例年通りであり，難解と思われる語句の意味を問う設問が多かった。各文を論理的に考え，先の展開を予測し，未知の単語も果敢に推測する特訓を積んできたかどうかが試される内容である。また標準レベルとはいえ試験場という緊張する場所での読解なので，普段からリラックスして長文を読めるレベルまで長文読解に慣れておくこと。そこで培われた精神力の強さが合否の鍵となろう。

3と**4**の文法・語彙問題も例年通りの出題であった。3は語彙力を試すもので，英検やTOEICなど，早いうちに受験英語以外にも幅広く挑み，語彙を増やしてきた者には有利な内容であったろう。4は文中に使用されている語句などを手掛かりに，未知の語句を推測させる論理的思考力を問うている。3と4のいずれも基本事項中心とはいえ，短時間で大量に対処する必要があるため，日々地道に練習に励んでいなければ時間切れになる恐れがある。無論ケアレスミスは許されないだろう。

5の読解問題も2023年度同様の出題形式で，代名詞や文中の語句が何を意味するかが問われた。レベルは標準的だが，やはり相当量英文を読み慣れていることが必要であろう。

全体的に東京理科大学を志す受験生は，可能な限り早いうちに，英文法の頻出事項は穴のないようにしておき，かつ意識して語彙力もつけること。読解では日頃から要約をまとめておき，さらには多様なジャンルに対応できるよう多読にも励むことが求められている。

数　学

（注）解答は，東京理科大学から提供のあった情報を掲載しています。

1 **解答**　(1)(a)**アイ**．63　**ウエオ**．256　**カキク**．319
ケコサ．512
(b)**シス**．11　(c)**セ**．1　**ソタチツ**．8096
(2)(a)**ア**．3　**イ**．3　**ウ**．2　**エ**．1　**オ**．2　**カ**．3　**キ**．2
ク．3　**ケ**．3
(b)**コ**．4　**サ**．2　**シ**．3
(c)**ス**．3　**セ**．4　**ソ**．6　**タ**．3　**チツ**．18
(d)**テ**．2　**ト**．8　**ナ**．3
(3)(a)**ア**．5　**イウ**．20　**エ**．6　**オカ**．12　**キ**．8　**ク**．8
(b)**ケ**．8　**コ**．4　**サ**．4　**シ**．6　**ス**．2　**セ**．7　**ソタ**．42
(c)**チツ**．14

解説

《小問3問》

(1)(a)　硬貨を10回投げたとき
表がちょうど5回出る確率は

$${}_{10}C_5\left(\frac{1}{2}\right)^5\left(\frac{1}{2}\right)^5=\frac{10\cdot9\cdot8\cdot7\cdot6}{5\cdot4\cdot3\cdot2\cdot1}\cdot\left(\frac{1}{2}\right)^{10}=63\cdot\left(\frac{1}{2}\right)^8=\frac{63}{256}\quad\rightarrow ア\sim オ$$

表が5回以上出る確率は

$$({}_{10}C_5+{}_{10}C_6+{}_{10}C_7+{}_{10}C_8+{}_{10}C_9+{}_{10}C_{10})\left(\frac{1}{2}\right)^{10}$$

$$=({}_{10}C_5+{}_{10}C_4+{}_{10}C_3+{}_{10}C_2+{}_{10}C_1+1)\left(\frac{1}{2}\right)^{10}$$

$$=(252+210+120+45+10+1)\left(\frac{1}{2}\right)^{10}$$

$$=638\cdot\left(\frac{1}{2}\right)^{10}=\frac{319}{512}\quad\rightarrow カ\sim サ$$

別解 $_{10}C_0\left(\frac{1}{2}\right)^{10}={}_{10}C_{10}\left(\frac{1}{2}\right)^{10}$，$_{10}C_1\left(\frac{1}{2}\right)^{10}={}_{10}C_9\left(\frac{1}{2}\right)^{10}$，…

より，表が出る回数が 4 以下となる確率と，6 以上となる確率は等しい。

よって，表がちょうど 5 回出る確率を p とすると，求める確率は

$$p+\frac{1}{2}(1-p)=\frac{1}{2}(1+p)$$

$p=\frac{63}{256}$ を代入して

$$\frac{1}{2}\left(1+\frac{63}{256}\right)=\frac{319}{512}$$

(b) 硬貨を n 回投げたとき表が 5 回以上出る確率は，n が増加するとき単調に増加する。(a)より硬貨を 10 回投げたとき表が 5 回以上出る確率は $\frac{319}{512}<0.7$ である。

硬貨を 11 回投げたとき表が 5 回以上出るのは

(i) 10 回投げて表が 5 回以上出て，11 回目は表でも裏でもよい

(ii) 10 回投げて表が 4 回出て，11 回目は表が出る

のいずれかであるから，確率は

$$\frac{319}{512}\times 1+{}_{10}C_4\left(\frac{1}{2}\right)^{10}\times\frac{1}{2}=\frac{319}{512}+\frac{105}{1024}=\frac{638+105}{1024}=\frac{743}{1024}>0.7$$

よって，表が 5 回以上出る確率が 0.7 以上となる最小の自然数 n は

$n=11$　→シス

(c) 硬貨を $(2m+2)$ 回投げて表が $(m+1)$ 回以上出るのは

(i) $2m$ 回投げて表が $(m+1)$ 回以上出て，$(2m+1)$ 回目と $(2m+2)$ 回目は表でも裏でもよい

(ii) $2m$ 回投げて表が m 回出て，$(2m+1)$ 回目と $(2m+2)$ 回目に少なくとも 1 回表が出る

(iii) $2m$ 回投げて表が $(m-1)$ 回出て，$(2m+1)$ 回目と $(2m+2)$ 回目はともに表が出る

のいずれかである。

硬貨を $2m$ 回投げて表が $(m-1)$ 回出る確率は

$${}_{2m}C_{m-1}\left(\frac{1}{2}\right)^{2m}=\frac{(2m)!}{(m-1)!(m+1)!}\left(\frac{1}{2}\right)^{2m}=\frac{m}{m+1}\times\frac{(2m)!}{m!m!}\left(\frac{1}{2}\right)^{2m}$$

$$=\frac{m}{m+1}P_m$$

であるから

$$Q_{m+1}=(Q_m-P_m)\times 1+P_m\times\left(1-\frac{1}{4}\right)+\frac{m}{m+1}P_m\times\frac{1}{4}$$

これより

$$Q_m-Q_{m+1}=\left\{1-\frac{3}{4}-\frac{m}{4(m+1)}\right\}P_m=\frac{1}{4(m+1)}P_m$$

$m=2023$ とおくと

$$Q_{2023}-Q_{2024}=\frac{1}{4\times 2024}P_{2023}=\frac{1}{8096}P_{2023}\quad \rightarrow セ〜ツ$$

(2)(a)　$\theta=\frac{\pi}{3}$ のとき

$$x=\frac{\pi}{3}-\sin\frac{\pi}{3}=\frac{\pi}{3}-\frac{\sqrt{3}}{2}$$

$$y=1-\cos\frac{\pi}{3}=1-\frac{1}{2}=\frac{1}{2}$$

$$\mathrm{A}\left(\frac{\pi}{3}-\frac{\sqrt{3}}{2},\ \frac{1}{2}\right)\quad \rightarrow ア〜オ$$

$\frac{dx}{d\theta}=1-\cos\theta,\ \frac{dy}{d\theta}=\sin\theta$ より

$$\frac{dy}{dx}=\frac{\frac{dy}{d\theta}}{\frac{dx}{d\theta}}=\frac{\sin\theta}{1-\cos\theta}$$

$\theta=\frac{\pi}{3}$ のとき $\frac{dy}{dx}=\frac{\sin\frac{\pi}{3}}{1-\cos\frac{\pi}{3}}=\frac{\sqrt{3}}{2}\times 2=\sqrt{3}$ であるから，l の方程式は

$$y-\frac{1}{2}=\sqrt{3}\left(x-\frac{\pi}{3}+\frac{\sqrt{3}}{2}\right)$$

$$y=\sqrt{3}x+2-\frac{\sqrt{3}}{3}\pi\quad \rightarrow カ〜ケ$$

(b)　$\left(\frac{dx}{d\theta}\right)^2+\left(\frac{dy}{d\theta}\right)^2=(1-\cos\theta)^2+\sin^2\theta=1-2\cos\theta+\cos^2\theta+\sin^2\theta$

$$=2-2\cos\theta=2(1-\cos\theta)=4\sin^2\frac{\theta}{2}$$

原点からAまでの曲線 C の長さは

$$\int_0^{\frac{\pi}{3}}\sqrt{\left(\frac{dx}{d\theta}\right)^2+\left(\frac{dy}{d\theta}\right)^2}\,d\theta=\int_0^{\frac{\pi}{3}}2\sin\frac{\theta}{2}\,d\theta=\left[-4\cos\frac{\theta}{2}\right]_0^{\frac{\pi}{3}}$$

$$=-2\sqrt{3}+4=4-2\sqrt{3}\quad\text{→コ〜シ}$$

(c) $\dfrac{dx}{d\theta}=0$ となる θ の値は $\cos\theta=1$ より　　$\theta=0$

$\dfrac{dy}{d\theta}=0$ となる θ の値は $\sin\theta=0$ より　　$\theta=-\pi,\ 0,\ \pi$

θ	$-\pi$	$\cdots$	0	$\cdots$	π
$\dfrac{dx}{d\theta}$		$+$	0	$+$	
$\dfrac{dy}{d\theta}$	0	$-$	0	$+$	0
$(x,\ y)$	$(-\pi,\ 2)$	↘	$(0,\ 0)$	↗	$(\pi,\ 2)$

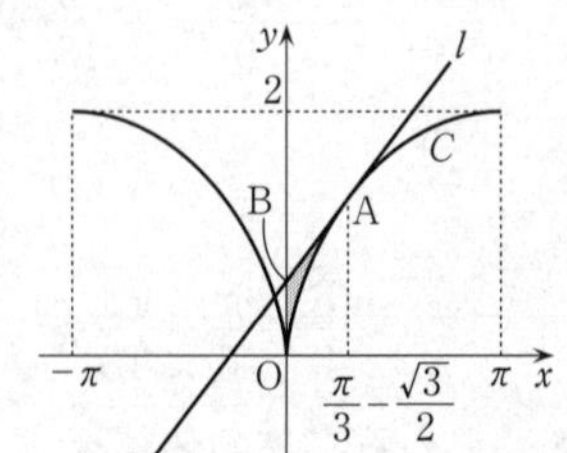

求める面積を S とすると

$$S=\int_0^{\frac{\pi}{3}-\frac{\sqrt{3}}{2}}\left(\sqrt{3}x+2-\frac{\sqrt{3}}{3}\pi-y\right)dx$$

$$=\int_0^{\frac{\pi}{3}}\left\{\sqrt{3}(\theta-\sin\theta)+2-\frac{\sqrt{3}}{3}\pi-(1-\cos\theta)\right\}(1-\cos\theta)\,d\theta$$

$$=\int_0^{\frac{\pi}{3}}\left\{\left(\sqrt{3}\theta-\sqrt{3}\sin\theta+2-\frac{\sqrt{3}}{3}\pi\right)(1-\cos\theta)-(1-\cos\theta)^2\right\}d\theta$$

$$=\int_0^{\frac{\pi}{3}}\left\{\sqrt{3}\theta-\sqrt{3}\sin\theta+2-\frac{\sqrt{3}}{3}\pi-\sqrt{3}\theta\cos\theta+\sqrt{3}\sin\theta\cos\theta\right.$$
$$\left.-\left(2-\frac{\sqrt{3}}{3}\pi\right)\cos\theta-1+2\cos\theta-\cos^2\theta\right\}d\theta$$

$$=\int_0^{\frac{\pi}{3}}\left(1-\frac{\sqrt{3}}{3}\pi+\sqrt{3}\theta-\sqrt{3}\sin\theta+\frac{\sqrt{3}}{3}\pi\cos\theta+\frac{\sqrt{3}}{2}\sin2\theta\right.$$
$$\left.-\frac{1+\cos2\theta}{2}-\sqrt{3}\theta\cos\theta\right)d\theta$$

ここで

$$\int_0^{\frac{\pi}{3}}\theta\cos\theta d\theta=\Big[\theta\sin\theta\Big]_0^{\frac{\pi}{3}}-\int_0^{\frac{\pi}{3}}\sin\theta d\theta=\frac{\sqrt{3}}{6}\pi-\Big[-\cos\theta\Big]_0^{\frac{\pi}{3}}$$

$$=\frac{\sqrt{3}}{6}\pi+\frac{1}{2}-1=\frac{\sqrt{3}}{6}\pi-\frac{1}{2}$$

であるから

$$S=\left[\left(\frac{1}{2}-\frac{\sqrt{3}}{3}\pi\right)\theta+\frac{\sqrt{3}}{2}\theta^2+\sqrt{3}\cos\theta+\frac{\sqrt{3}}{3}\pi\sin\theta-\frac{\sqrt{3}}{4}\cos2\theta\right.$$

$$\left.-\frac{1}{4}\sin2\theta\right]_0^{\frac{\pi}{3}}-\sqrt{3}\left(\frac{\sqrt{3}}{6}\pi-\frac{1}{2}\right)$$

$$=\frac{\pi}{6}-\frac{\sqrt{3}}{9}\pi^2+\frac{\sqrt{3}}{18}\pi^2+\frac{\sqrt{3}}{2}+\frac{\pi}{2}+\frac{\sqrt{3}}{8}-\frac{\sqrt{3}}{8}-\left(\sqrt{3}-\frac{\sqrt{3}}{4}\right)$$

$$-\sqrt{3}\left(\frac{\sqrt{3}}{6}\pi-\frac{1}{2}\right)$$

$$=\frac{\sqrt{3}}{4}+\frac{\pi}{6}-\frac{\sqrt{3}}{18}\pi^2 \quad \to ス〜ツ$$

(d) 求める立体の体積を V とすると

$$V=\pi\int_0^2 x^2dy=\pi\int_0^{\pi}(\theta-\sin\theta)^2\sin\theta d\theta$$

$$=\pi\int_0^{\pi}(\theta^2\sin\theta-2\theta\sin^2\theta+\sin^3\theta)\,d\theta$$

ここで

$$\int_0^{\pi}\theta^2\sin\theta d\theta=\Big[\theta^2(-\cos\theta)\Big]_0^{\pi}+\int_0^{\pi}2\theta\cos\theta d\theta$$

$$=\pi^2+\Big[2\theta\sin\theta\Big]_0^{\pi}-\int_0^{\pi}2\sin\theta d\theta$$

$$=\pi^2+\Big[2\cos\theta\Big]_0^{\pi}=\pi^2-2-2=\pi^2-4$$

$$\int_0^{\pi}2\theta\sin^2\theta d\theta=\int_0^{\pi}\theta(1-\cos2\theta)\,d\theta$$

$$=\left[\theta\left(\theta-\frac{1}{2}\sin2\theta\right)\right]_0^{\pi}-\int_0^{\pi}\left(\theta-\frac{1}{2}\sin2\theta\right)d\theta$$

$$=\pi^2-\left[\frac{1}{2}\theta^2+\frac{1}{4}\cos2\theta\right]_0^{\pi}=\pi^2-\left(\frac{\pi^2}{2}+\frac{1}{4}-\frac{1}{4}\right)=\frac{\pi^2}{2}$$

$$\int_0^{\pi}\sin^3\theta d\theta=\int_0^{\pi}(1-\cos^2\theta)\sin\theta d\theta$$

$\cos\theta=t$ とおくと

$-\sin\theta d\theta = dt \qquad \sin\theta d\theta = -dt$

θ	$0\to\pi$
t	$1\to-1$

$$\int_0^{\pi}\sin^3\theta d\theta = \int_1^{-1}(1-t^2)(-1)\,dt = \left[\frac{1}{3}t^3 - t\right]_1^{-1}$$

$$= -\frac{1}{3}+1-\left(\frac{1}{3}-1\right) = \frac{4}{3}$$

よって

$$V = \pi\left(\pi^2 - 4 - \frac{\pi^2}{2} + \frac{4}{3}\right) = \frac{\pi^3}{2} - \frac{8}{3}\pi \quad \to テ〜ナ$$

(3)(a) $1 \leqq a \leqq b$ より $\dfrac{1}{b} \leqq \dfrac{1}{a}$ であるから

$$\frac{1}{4} = \frac{1}{a} + \frac{1}{b} \leqq \frac{1}{a} + \frac{1}{a} = \frac{2}{a}$$

$$a \leqq 8$$

また $\dfrac{1}{4} - \dfrac{1}{a} = \dfrac{1}{b} > 0$ より

$$a > 4$$

a は自然数であるから　　$a = 5,\ 6,\ 7,\ 8$

$a=5$ のとき

$$\frac{1}{b} = \frac{1}{4} - \frac{1}{5} = \frac{1}{20} \qquad b = 20$$

$a=6$ のとき

$$\frac{1}{b} = \frac{1}{4} - \frac{1}{6} = \frac{1}{12} \qquad b = 12$$

$a=7$ のとき

$$\frac{1}{b} = \frac{1}{4} - \frac{1}{7} = \frac{3}{28} \qquad b = \frac{28}{3} \quad (b \text{ は自然数ではない})$$

$a=8$ のとき

$$\frac{1}{b} = \frac{1}{4} - \frac{1}{8} = \frac{1}{8} \qquad b = 8$$

以上より

$(a,\ b) = (5,\ 20),\ (6,\ 12),\ (8,\ 8)$　→ア〜ク

別解　両辺に $4ab$ をかけて

$$4b+4a=ab \qquad ab-4a-4b=0$$

$$a(b-4)-4(b-4)=16 \qquad (a-4)(b-4)=16$$

$-3\leqq a-4\leqq b-4$ より

$$(a-4,\ b-4)=(1,\ 16),\ (2,\ 8),\ (4,\ 4)$$

よって

$$(a,\ b)=(5,\ 20),\ (6,\ 12),\ (8,\ 8)$$

(b)　$1\leqq a\leqq b\leqq c$ より $\dfrac{1}{c}\leqq\dfrac{1}{b}\leqq\dfrac{1}{a}$ であるから

$$\frac{2}{3}=\frac{1}{a}+\frac{1}{b}+\frac{1}{c}\leqq\frac{1}{a}+\frac{1}{a}+\frac{1}{a}=\frac{3}{a}$$

$$a\leqq\frac{9}{2}$$

また $\dfrac{2}{3}-\dfrac{1}{a}=\dfrac{1}{b}+\dfrac{1}{c}>0$ より

$$a>\frac{3}{2}$$

a は自然数であるから　　$a=2,\ 3,\ 4$

(i) $a=2$ のとき

$$\frac{1}{b}+\frac{1}{c}=\frac{1}{6} \qquad \frac{1}{6}\leqq\frac{1}{b}+\frac{1}{b}=\frac{2}{b}$$

$$b\leqq12$$

また $\dfrac{1}{6}-\dfrac{1}{b}=\dfrac{1}{c}>0$ より

$$b>6$$

b は自然数であるから　　$b=7,\ 8,\ 9,\ 10,\ 11,\ 12$

$b=7$ のとき

$$\frac{1}{c}=\frac{1}{6}-\frac{1}{7}=\frac{1}{42} \qquad c=42$$

$b=8$ のとき

$$\frac{1}{c}=\frac{1}{6}-\frac{1}{8}=\frac{1}{24} \qquad c=24$$

$b=9$ のとき

$$\frac{1}{c}=\frac{1}{6}-\frac{1}{9}=\frac{1}{18} \qquad c=18$$

$b=10$ のとき

$$\frac{1}{c}=\frac{1}{6}-\frac{1}{10}=\frac{1}{15} \qquad c=15$$

$b=11$ のとき

$$\frac{1}{c}=\frac{1}{6}-\frac{1}{11}=\frac{5}{66} \qquad c=\frac{66}{5} \quad (c\text{ は自然数ではない})$$

$b=12$ のとき

$$\frac{1}{c}=\frac{1}{6}-\frac{1}{12}=\frac{1}{12} \qquad c=12$$

(ii) $a=3$ のとき

$$\frac{1}{b}+\frac{1}{c}=\frac{1}{3} \qquad \frac{1}{3}\leqq\frac{1}{b}+\frac{1}{b}=\frac{2}{b}$$

$$b\leqq 6$$

また $\frac{1}{3}-\frac{1}{b}=\frac{1}{c}>0$ より

$$b>3$$

b は自然数であるから　　$b=4,\ 5,\ 6$

$b=4$ のとき

$$\frac{1}{c}=\frac{1}{3}-\frac{1}{4}=\frac{1}{12} \qquad c=12$$

$b=5$ のとき

$$\frac{1}{c}=\frac{1}{3}-\frac{1}{5}=\frac{2}{15} \qquad c=\frac{15}{2} \quad (c\text{ は自然数ではない})$$

$b=6$ のとき

$$\frac{1}{c}=\frac{1}{3}-\frac{1}{6}=\frac{1}{6} \qquad c=6$$

(iii) $a=4$ のとき

$$\frac{1}{b}+\frac{1}{c}=\frac{5}{12} \qquad \frac{5}{12}\leqq\frac{1}{b}+\frac{1}{b}=\frac{2}{b}$$

$$b\leqq\frac{24}{5}$$

また

$4=a\leqq b$

b は自然数であるから　$b=4$

$b=4$ のとき

$\frac{1}{c}=\frac{5}{12}-\frac{1}{4}=\frac{1}{6}$　$c=6$

(i)～(iii)より

$(a,\ b,\ c)=$

$(2,\ 7,\ 42),\ (2,\ 8,\ 24),\ (2,\ 9,\ 18),\ (2,\ 10,\ 15),$

$(2,\ 12,\ 12),\ (3,\ 4,\ 12),\ (3,\ 6,\ 6),\ (4,\ 4,\ 6)$

よって $a,\ b,\ c$ の組の総数は　8　→ケ

a が最大となる組は　$(4,\ 4,\ 6)$　→コ～シ

c が最大となる組は　$(2,\ 7,\ 42)$　→ス～タ

(c)　$1\leqq a\leqq b\leqq c\leqq d$ より $\frac{1}{d}\leqq\frac{1}{c}\leqq\frac{1}{b}\leqq\frac{1}{a}$ であるから

$$1=\frac{1}{a}+\frac{1}{b}+\frac{1}{c}+\frac{1}{d}\leqq\frac{1}{a}+\frac{1}{a}+\frac{1}{a}+\frac{1}{a}=\frac{4}{a}$$

$a\leqq 4$

また $1-\frac{1}{a}=\frac{1}{b}+\frac{1}{c}+\frac{1}{d}>0$ より

$a>1$

a は自然数であるから　$a=2,\ 3,\ 4$

(i) $a=2$ のとき

$\frac{1}{b}+\frac{1}{c}+\frac{1}{d}=\frac{1}{2}$　$\frac{1}{2}\leqq\frac{1}{b}+\frac{1}{b}+\frac{1}{b}=\frac{3}{b}$

$b\leqq 6$

また $\frac{1}{2}-\frac{1}{b}=\frac{1}{c}+\frac{1}{d}>0$ より

$b>2$

b は自然数であるから　$b=3,\ 4,\ 5,\ 6$

$b=3$ のとき

$\frac{1}{c}+\frac{1}{d}=\frac{1}{6}$

(b)(i)より　$(c,\ d)$ は5組

$b=4$ のとき

$$\frac{1}{c}+\frac{1}{d}=\frac{1}{4}$$

(a)より　$(c,\ d)$ は3組

$b=5$ のとき

$$\frac{1}{c}+\frac{1}{d}=\frac{3}{10} \qquad \frac{3}{10}\leqq\frac{1}{c}+\frac{1}{c}=\frac{2}{c}$$

$$c\leqq\frac{20}{3}$$

また

$$5=b\leqq c$$

c は自然数であるから　$c=5,\ 6$

$c=5$ のとき

$$\frac{1}{d}=\frac{3}{10}-\frac{1}{5}=\frac{1}{10} \qquad d=10$$

$c=6$ のとき

$$\frac{1}{d}=\frac{3}{10}-\frac{1}{6}=\frac{2}{15} \qquad d=\frac{15}{2}\quad (d\text{ は自然数ではない})$$

$(c,\ d)$ は1組

$b=6$ のとき

$$\frac{1}{c}+\frac{1}{d}=\frac{1}{3}$$

(b)(ii)で $c\geqq6$ より　$(c,\ d)$ は1組

(ii) $a=3$ のとき

$$\frac{1}{b}+\frac{1}{c}+\frac{1}{d}=\frac{2}{3}$$

(b)で $b\geqq3$ より　$(c,\ d)$ は3組

(iii) $a=4$ のとき

$$\frac{1}{b}+\frac{1}{c}+\frac{1}{d}=\frac{3}{4} \qquad \frac{3}{4}\leqq\frac{1}{b}+\frac{1}{b}+\frac{1}{b}=\frac{3}{b}$$

$$b\leqq4$$

また　$4\leqq a\leqq b$

b は自然数であるから　$b=4$

$b=4$ のとき

$\dfrac{1}{c}+\dfrac{1}{d}=\dfrac{1}{2}$　　$\dfrac{1}{2}\leqq\dfrac{1}{c}+\dfrac{1}{c}=\dfrac{2}{c}$

$c\leqq 4$

また

$4\leqq b\leqq c$

c は自然数であるから　　$c=4$

$\dfrac{1}{d}=\dfrac{1}{2}-\dfrac{1}{4}=\dfrac{1}{4}$　　$d=4$

$(c,\ d)$ は1組

(i)～(iii)より，$a,\ b,\ c,\ d$ の組の総数は

$5+3+1+1+3+1=14$　→チツ

2 ― 解答

(1)(あ) $-2\sqrt{2}$　(い) $2\sqrt{2}$

(2)(う) $\dfrac{5}{2\sqrt{2}}$　(え) $-\dfrac{3}{2\sqrt{2}}$　(お) $-\dfrac{5}{2\sqrt{2}}$　(か) $\dfrac{3}{2\sqrt{2}}$

(3)(き) $\dfrac{\sqrt{34}}{8}(k+2\sqrt{2})$

(4)(く) $10\sqrt{3}$

(注)　(く)については，途中の過程の記述は省略。

解説

《2次曲線，直線との位置関係，線分の長さ，立体の体積》

(1)　$\begin{cases}3x^2+5y^2=15\\ y=x+k\end{cases}$ より

$3x^2+5(x+k)^2=15$

$8x^2+10kx+5k^2-15=0$　……①

C と l が共有点をもつので，①の判別式を D とすると

$\dfrac{D}{4}=25k^2-8(5k^2-15)=-15k^2+120\geqq 0$

$k^2-8\leqq 0$　　$(k+2\sqrt{2})(k-2\sqrt{2})\leqq 0$

$-2\sqrt{2}\leqq k\leqq 2\sqrt{2}$　→(あ)，(い)

(2)　C と l が接するとき $\frac{D}{4}=0$ より

$k=\pm 2\sqrt{2}$

①の重解は $x=-\frac{5}{8}k$ であるから

$k=-2\sqrt{2}$ のとき

$x=\frac{5}{2\sqrt{2}},\ y=\frac{5}{2\sqrt{2}}-2\sqrt{2}=-\frac{3}{2\sqrt{2}}$

$k=2\sqrt{2}$ のとき

$x=-\frac{5}{2\sqrt{2}},\ y=-\frac{5}{2\sqrt{2}}+2\sqrt{2}=\frac{3}{2\sqrt{2}}$

よって　　$\mathrm{P}\left(\frac{5}{2\sqrt{2}},\ -\frac{3}{2\sqrt{2}}\right),\ \mathrm{Q}\left(-\frac{5}{2\sqrt{2}},\ \frac{3}{2\sqrt{2}}\right)$　→(う)～(か)

(3)　直線PQの方程式は2点P，Qが原点に関して対称だから

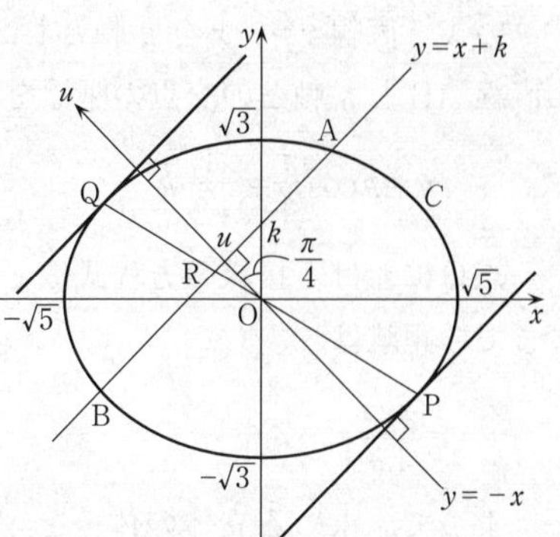

$y=-\frac{3}{5}x$

$\begin{cases} y=x+k \\ y=-\frac{3}{5}x \end{cases}$ より

$x+k=-\frac{3}{5}x \qquad \frac{8}{5}x=-k$

$x=-\frac{5}{8}k,\ y=-\frac{3}{5}\left(-\frac{5}{8}k\right)=\frac{3}{8}k$

$\mathrm{R}\left(-\frac{5}{8}k,\ \frac{3}{8}k\right)$

よって

$$\mathrm{PR}=\sqrt{\left(-\frac{5}{8}k-\frac{5}{2\sqrt{2}}\right)^2+\left(\frac{3}{8}k+\frac{3}{2\sqrt{2}}\right)^2}$$

$$=\sqrt{\frac{25}{64}(k+2\sqrt{2})^2+\frac{9}{64}(k+2\sqrt{2})^2}=\sqrt{\frac{34}{64}(k+2\sqrt{2})^2}$$

$$=\frac{\sqrt{34}}{8}(k+2\sqrt{2})\quad(\because\quad k+2\sqrt{2}\geqq 0)$$　→(き)

(4)　①の2解を α，β とすると，解と係数の関係より

$$\alpha+\beta=-\frac{5}{4}k,\ \ \alpha\beta=\frac{5}{8}(k^2-3)$$

$A(\alpha,\ \alpha+k)$，$B(\beta,\ \beta+k)$ とすると

$$\begin{aligned}AB^2&=(\beta-\alpha)^2+(\beta+k-\alpha-k)^2=2(\beta-\alpha)^2\\&=2\{(\alpha+\beta)^2-4\alpha\beta\}=2\left\{\frac{25}{16}k^2-\frac{5}{2}(k^2-3)\right\}\\&=2\left(-\frac{15}{16}k^2+\frac{15}{2}\right)=\frac{15}{8}(8-k^2)\end{aligned}$$

正三角形 ABH の面積を $S(k)$ とすると

$$\begin{aligned}S(k)&=\frac{1}{2}\cdot AB\cdot AH\cdot\sin\frac{\pi}{3}=\frac{1}{2}AB^2\times\frac{\sqrt{3}}{2}=\frac{\sqrt{3}}{4}AB^2\\&=\frac{15\sqrt{3}}{32}(8-k^2)\end{aligned}$$

いま，直線 $y=-x$ を u 軸とし，O を原点，左上方向を正の向きとする。直線 AB と u 軸との交点の座標を u とすると

$$u=k\cos\frac{\pi}{4}=\frac{1}{\sqrt{2}}k$$

点Qにおける接線の方程式は $x-y+2\sqrt{2}=0$ であり，原点からこの直線までの距離は

$$\frac{|2\sqrt{2}|}{\sqrt{1+1}}=2$$

よって，求める立体の体積を V とすると，楕円 C が原点に関して対称だから

$$V=2\int_0^2 S(k)\,du$$

ここで $u=\frac{1}{\sqrt{2}}k$ より　　$du=\frac{1}{\sqrt{2}}dk$

u	$0\to2$
k	$0\to2\sqrt{2}$

$$\begin{aligned}V&=2\int_0^{2\sqrt{2}}\frac{15\sqrt{3}}{32}(8-k^2)\cdot\frac{1}{\sqrt{2}}dk=\frac{15\sqrt{3}}{16\sqrt{2}}\left[8k-\frac{1}{3}k^3\right]_0^{2\sqrt{2}}\\&=\frac{15\sqrt{3}}{16\sqrt{2}}\left(16\sqrt{2}-\frac{16\sqrt{2}}{3}\right)=15\sqrt{3}\left(1-\frac{1}{3}\right)=15\sqrt{3}\times\frac{2}{3}\\&=10\sqrt{3}\quad\to(く)\end{aligned}$$

3 **解答** **(1)(あ)** $\dfrac{1-k}{2}$　**(い)** $\dfrac{1-k}{2}$　**(う)** k　**(え)** $\dfrac{4(1-k)}{11}$

(お) $\dfrac{4(1-k)}{11}$　**(か)** $\dfrac{12k-1}{11}$

(2)(き) $\dfrac{3}{32}\sqrt{11}$　**(く)** $\dfrac{1}{4}$

(3)(け) $\dfrac{\sqrt{11}}{10}$　**(こ)** $\dfrac{1}{5}$

（注）(け)・(こ)については，途中の過程の記述は省略。

解説

《空間ベクトル，位置ベクトル，立体の断面積，最大値》

(1)　辺 AC と辺 BC を $k:(1-k)$ に内分する点がM，Nであるから

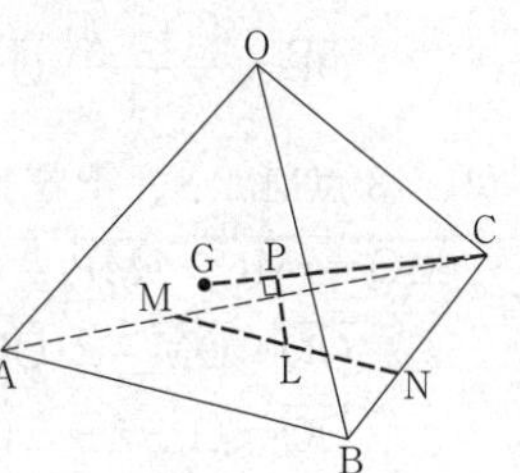

$$\overrightarrow{OM}=(1-k)\overrightarrow{OA}+k\overrightarrow{OC},$$
$$\overrightarrow{ON}=(1-k)\overrightarrow{OB}+k\overrightarrow{OC}$$

さらに線分 MN の中点がLだから

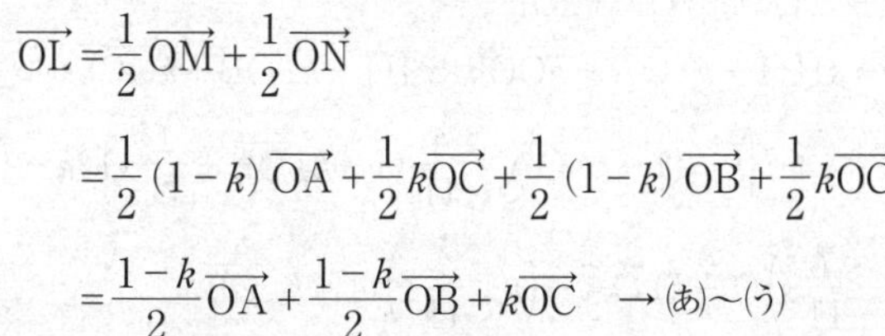

$$\overrightarrow{OL}=\frac{1}{2}\overrightarrow{OM}+\frac{1}{2}\overrightarrow{ON}$$
$$=\frac{1}{2}(1-k)\overrightarrow{OA}+\frac{1}{2}k\overrightarrow{OC}+\frac{1}{2}(1-k)\overrightarrow{OB}+\frac{1}{2}k\overrightarrow{OC}$$
$$=\frac{1-k}{2}\overrightarrow{OA}+\frac{1-k}{2}\overrightarrow{OB}+k\overrightarrow{OC}\quad\to(あ)\sim(う)$$

Gは△OAB の重心だから

$$\overrightarrow{OG}=\frac{1}{3}\overrightarrow{OA}+\frac{1}{3}\overrightarrow{OB}$$

3点C，P，Gは一直線上にあるから，実数 t を用いて $\overrightarrow{CP}=t\overrightarrow{CG}$ と表すことができる。

これより

$$\overrightarrow{OP}-\overrightarrow{OC}=t(\overrightarrow{OG}-\overrightarrow{OC})$$
$$\overrightarrow{OP}=t\overrightarrow{OG}+(1-t)\overrightarrow{OC}=\frac{1}{3}t\overrightarrow{OA}+\frac{1}{3}t\overrightarrow{OB}+(1-t)\overrightarrow{OC}$$
$$\overrightarrow{LP}=\overrightarrow{OP}-\overrightarrow{OL}$$
$$=\left\{\frac{1}{3}t-\frac{1}{2}(1-k)\right\}\overrightarrow{OA}+\left\{\frac{1}{3}t-\frac{1}{2}(1-k)\right\}\overrightarrow{OB}+(1-t-k)\overrightarrow{OC}$$

$$\overrightarrow{CG}=\frac{1}{3}\overrightarrow{OA}+\frac{1}{3}\overrightarrow{OB}-\overrightarrow{OC}$$

$|\overrightarrow{OA}|=|\overrightarrow{OB}|=|\overrightarrow{OC}|=1$，$\overrightarrow{OA}\cdot\overrightarrow{OB}=\overrightarrow{OB}\cdot\overrightarrow{OC}=\overrightarrow{OC}\cdot\overrightarrow{OA}=0$ であるから $\overrightarrow{LP}\perp\overrightarrow{CG}$ より

$$\overrightarrow{LP}\cdot\overrightarrow{CG}=\frac{1}{3}\left\{\frac{1}{3}t-\frac{1}{2}(1-k)\right\}+\frac{1}{3}\left\{\frac{1}{3}t-\frac{1}{2}(1-k)\right\}-(1-t-k)$$

$$=\frac{11}{9}t-\frac{4}{3}(1-k)=0$$

$$t=\frac{12}{11}(1-k)$$

よって

$$\overrightarrow{OP}=\frac{4(1-k)}{11}\overrightarrow{OA}+\frac{4(1-k)}{11}\overrightarrow{OB}+\frac{12k-1}{11}\overrightarrow{OC}\quad\rightarrow(え)\sim(か)$$

(2)　3点M，N，Pを通る平面上の点Qを考えると

$\overrightarrow{MQ}=r\overrightarrow{MN}+s\overrightarrow{MP}$ となる実数 r，s が存在する。

$$\overrightarrow{OQ}-\overrightarrow{OM}=r(\overrightarrow{ON}-\overrightarrow{OM})+s(\overrightarrow{OP}-\overrightarrow{OM})$$

$$\overrightarrow{OQ}=(1-r-s)\overrightarrow{OM}+r\overrightarrow{ON}+s\overrightarrow{OP}$$

$$=(1-r-s)\{(1-k)\overrightarrow{OA}+k\overrightarrow{OC}\}+r\{(1-k)\overrightarrow{OB}+k\overrightarrow{OC}\}$$

$$+s\left\{\frac{4}{11}(1-k)\overrightarrow{OA}+\frac{4}{11}(1-k)\overrightarrow{OB}+\frac{1}{11}(12k-1)\overrightarrow{OC}\right\}$$

$$=\left(1-r-\frac{7}{11}s\right)(1-k)\overrightarrow{OA}+\left(r+\frac{4}{11}s\right)(1-k)\overrightarrow{OB}$$

$$+\left(k+\frac{1}{11}sk-\frac{1}{11}s\right)\overrightarrow{OC}$$

いま点Qが点Oにくるときを考えると $\overrightarrow{OQ}=\overrightarrow{OO}=\vec{0}$，$\overrightarrow{OA}$，$\overrightarrow{OB}$，$\overrightarrow{OC}$ は同一平面上にないから，$1-k\neq0$ に注意して

$$\begin{cases}1-r-\dfrac{7}{11}s=0 & \cdots\cdots① \\ r+\dfrac{4}{11}s=0 & \cdots\cdots② \\ k+\dfrac{1}{11}sk-\dfrac{1}{11}s=0 & \cdots\cdots③\end{cases}$$

①＋② より

$$1-\frac{3}{11}s=0 \qquad s=\frac{11}{3}$$

②へ代入して

$$r+\frac{4}{3}=0 \qquad r=-\frac{4}{3}$$

$s=\dfrac{11}{3}$ を③へ代入して

$$k+\frac{1}{3}k-\frac{1}{3}=0 \qquad \frac{4}{3}k=\frac{1}{3} \qquad k=\frac{1}{4}$$

このとき $\overrightarrow{OM}=\dfrac{3}{4}\overrightarrow{OA}+\dfrac{1}{4}\overrightarrow{OC}$，$\overrightarrow{ON}=\dfrac{3}{4}\overrightarrow{OB}+\dfrac{1}{4}\overrightarrow{OC}$ より

$$\overrightarrow{OM}\cdot\overrightarrow{ON}=\frac{1}{16},\ |\overrightarrow{OM}|^2=\frac{9}{16}+\frac{1}{16}=\frac{5}{8},\ |\overrightarrow{ON}|^2=\frac{9}{16}+\frac{1}{16}=\frac{5}{8}$$

$S(k)$ は△OMN の面積だから

$$S(k)=\frac{1}{2}\sqrt{|\overrightarrow{OM}|^2|\overrightarrow{ON}|^2-(\overrightarrow{OM}\cdot\overrightarrow{ON})^2}=\frac{1}{2}\sqrt{\frac{5}{8}\times\frac{5}{8}-\left(\frac{1}{16}\right)^2}$$

$$=\frac{1}{2}\sqrt{\frac{25}{64}-\frac{1}{256}}=\frac{1}{2}\sqrt{\frac{100-1}{256}}=\frac{1}{2}\times\frac{3\sqrt{11}}{16}$$

$$=\frac{3}{32}\sqrt{11} \quad \to (き)$$

この $S(k)$ を与える k の値は　　$k=\dfrac{1}{4}$　$\to$(く)

(3)　(i)点 Q が線分 OC 上にくるとき

①，②が成り立つので　　$s=\dfrac{11}{3}$，$r=-\dfrac{4}{3}$

このとき

$$\overrightarrow{OQ}=\left(k+\frac{1}{3}k-\frac{1}{3}\right)\overrightarrow{OC}=\frac{1}{3}(4k-1)\overrightarrow{OC}$$

$0\leqq\dfrac{1}{3}(4k-1)\leqq 1$ より　　$\dfrac{1}{4}\leqq k\leqq 1$

$0<k<1$ であるから　　$\dfrac{1}{4}\leqq k<1$

$\overrightarrow{OQ_1}=\dfrac{1}{3}(4k-1)\overrightarrow{OC}$ とおくと，$S(k)$ は△Q_1MN の面積である。

$$\overrightarrow{\mathrm{MQ_1}}=\overrightarrow{\mathrm{OQ_1}}-\overrightarrow{\mathrm{OM}}=\frac{1}{3}(4k-1)\overrightarrow{\mathrm{OC}}-(1-k)\overrightarrow{\mathrm{OA}}-k\overrightarrow{\mathrm{OC}}$$
$$=(k-1)\overrightarrow{\mathrm{OA}}+\frac{1}{3}(k-1)\overrightarrow{\mathrm{OC}}$$
$$\overrightarrow{\mathrm{MN}}=\overrightarrow{\mathrm{ON}}-\overrightarrow{\mathrm{OM}}=(1-k)\overrightarrow{\mathrm{OB}}+k\overrightarrow{\mathrm{OC}}-(1-k)\overrightarrow{\mathrm{OA}}-k\overrightarrow{\mathrm{OC}}$$
$$=(k-1)\overrightarrow{\mathrm{OA}}-(k-1)\overrightarrow{\mathrm{OB}}$$

より

$$\overrightarrow{\mathrm{MQ_1}}\cdot\overrightarrow{\mathrm{MN}}=(k-1)^2$$
$$|\overrightarrow{\mathrm{MQ_1}}|^2=(k-1)^2+\frac{1}{9}(k-1)^2=\frac{10}{9}(k-1)^2$$
$$|\overrightarrow{\mathrm{MN}}|^2=(k-1)^2+(k-1)^2=2(k-1)^2$$

であるから

$$S(k)=\frac{1}{2}\sqrt{|\overrightarrow{\mathrm{MQ_1}}|^2|\overrightarrow{\mathrm{MN}}|^2-(\overrightarrow{\mathrm{MQ_1}}\cdot\overrightarrow{\mathrm{MN}})^2}$$
$$=\frac{1}{2}\sqrt{\frac{20}{9}(k-1)^4-(k-1)^4}=\frac{1}{2}\sqrt{\frac{11}{9}(k-1)^4}=\frac{\sqrt{11}}{6}(k-1)^2$$

よって $S(k)$ は $\frac{1}{4}\leqq k<1$ の範囲で単調減少である。

(ii)点Qが線分 OA 上にくるとき

②，③が成り立つ。③より

$$\frac{1}{11}(k-1)s=-k \qquad s=\frac{11k}{1-k}$$

②へ代入して

$$r=-\frac{4}{11}\times\frac{11k}{1-k}=-\frac{4k}{1-k}$$
$$\overrightarrow{\mathrm{OQ}}=\left(1+\frac{4k}{1-k}-\frac{7}{11}\times\frac{11k}{1-k}\right)(1-k)\overrightarrow{\mathrm{OA}}$$
$$=\left(1-\frac{3k}{1-k}\right)(1-k)\overrightarrow{\mathrm{OA}}=(1-4k)\overrightarrow{\mathrm{OA}}$$

$0\leqq 1-4k\leqq 1$ より　$0\leqq k\leqq\frac{1}{4}$

$0<k<1$ だから　$0<k\leqq\frac{1}{4}$

このとき $\overrightarrow{\mathrm{OQ_2}}=(1-4k)\overrightarrow{\mathrm{OA}}$ とおく。

(iii)点Qが線分OB上にくるとき

①，③が成り立つ。③より

$$s=\frac{11k}{1-k}$$

①へ代入して

$$r=1-\frac{7}{11}\times\frac{11k}{1-k}=1-\frac{7k}{1-k}=\frac{1-8k}{1-k}$$

$$\overrightarrow{\mathrm{OQ}}=\left(\frac{1-8k}{1-k}+\frac{4}{11}\times\frac{11k}{1-k}\right)(1-k)\overrightarrow{\mathrm{OB}}=(1-4k)\overrightarrow{\mathrm{OB}}$$

$0\leqq1-4k\leqq1$，$0<k<1$ より　　$0<k\leqq\frac{1}{4}$

このとき $\overrightarrow{\mathrm{OQ_3}}=(1-4k)\overrightarrow{\mathrm{OB}}$ とおく。

(ii)，(iii)より $0<k\leqq\frac{1}{4}$ のときは

$$\overrightarrow{\mathrm{Q_2Q_3}}=(1-4k)(\overrightarrow{\mathrm{OB}}-\overrightarrow{\mathrm{OA}})=(1-4k)\overrightarrow{\mathrm{AB}}$$

$$\overrightarrow{\mathrm{MN}}=(1-k)(\overrightarrow{\mathrm{OB}}-\overrightarrow{\mathrm{OA}})=(1-k)\overrightarrow{\mathrm{AB}}$$

より $\overrightarrow{\mathrm{Q_2Q_3}}/\!/\overrightarrow{\mathrm{MN}}$ なので $S(k)$ は台形 $\mathrm{Q_2Q_3NM}$ の面積である。

$$\begin{aligned}\overrightarrow{\mathrm{MQ_2}}&=\overrightarrow{\mathrm{OQ_2}}-\overrightarrow{\mathrm{OM}}\\&=(1-4k)\overrightarrow{\mathrm{OA}}-(1-k)\overrightarrow{\mathrm{OA}}-k\overrightarrow{\mathrm{OC}}\\&=-3k\overrightarrow{\mathrm{OA}}-k\overrightarrow{\mathrm{OC}}\end{aligned}$$

$$\overrightarrow{\mathrm{MN}}=-(1-k)\overrightarrow{\mathrm{OA}}+(1-k)\overrightarrow{\mathrm{OB}}$$

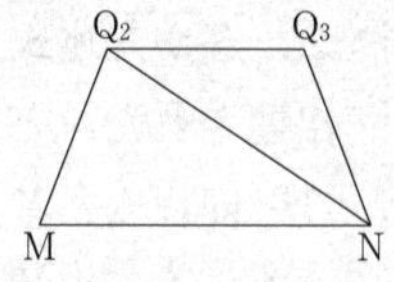

より

$$\overrightarrow{\mathrm{MQ_2}}\cdot\overrightarrow{\mathrm{MN}}=3k(1-k)$$

$$|\overrightarrow{\mathrm{MQ_2}}|^2=9k^2+k^2=10k^2$$

$$|\overrightarrow{\mathrm{MN}}|^2=(1-k)^2+(1-k)^2=2(1-k)^2$$

だから

$$\triangle\mathrm{Q_2MN}=\frac{1}{2}\sqrt{20k^2(1-k)^2-9k^2(1-k)^2}=\frac{\sqrt{11}}{2}k(1-k)$$

$$\begin{aligned}\triangle\mathrm{Q_2Q_3N}&=\frac{|\overrightarrow{\mathrm{Q_2Q_3}}|}{|\overrightarrow{\mathrm{MN}}|}\triangle\mathrm{Q_2MN}=\frac{1-4k}{1-k}\times\frac{\sqrt{11}}{2}k(1-k)\\&=\frac{\sqrt{11}}{2}k(1-4k)\end{aligned}$$

$$S(k)=\frac{\sqrt{11}}{2}k(1-k)+\frac{\sqrt{11}}{2}k(1-4k)$$
$$=\frac{\sqrt{11}}{2}k(2-5k)=-\frac{5\sqrt{11}}{2}\left(k^2-\frac{2}{5}k\right)$$
$$=-\frac{5\sqrt{11}}{2}\left(k-\frac{1}{5}\right)^2+\frac{\sqrt{11}}{10}$$

$0<k\leqq\dfrac{1}{4}$ より $k=\dfrac{1}{5}$ のとき最大値 $\dfrac{\sqrt{11}}{10}$ をとる。

以上より k が $0<k<1$ の範囲を動くときの $S(k)$ の最大値は

$\dfrac{\sqrt{11}}{10}$ →(け)

そのときの k の値は　$k=\dfrac{1}{5}$ →(こ)

講評

2024年度も例年同様，1が小問3問からなるマークシート式の問題，2，3が記述式で答えを記入する（一部解答を導く過程も書く）問題が出題された。どの問題も最後の設問が難しかったが，難易度は2023年度と同程度と考えられる。

1 (1)反復試行の確率の問題。(a)は容易に解ける。(b)は(a)で求めた確率が0.7より小であるから，まずは $n=11$ のときを調べてみる。直接計算するのは大変であるから，10回投げた時点の状態で2つに場合分けして考えるとよい。(c)硬貨を $(2m+2)$ 回投げて表が $(m+1)$ 回以上出る確率 Q_{m+1} を $2m$ 回投げた時点の状態で3つに場合分けして考え，Q_{m+1}，Q_m，P_m の関係式を求める。

(2)パラメーター表示で与えられた曲線の接線，曲線の長さ，面積，体積の問題。(a)，(b)は問題なく解ける。(c)は曲線 C のグラフを描いて立式する際，$x=0$ のとき微分係数は存在しないので $-\pi\leqq x\leqq\pi$ でグラフが上に凸であることに気をつけたい。置換積分法で計算するが，部分積分法も必要となる。(d)(c)と同様，置換積分法によるが，部分積分法も必要となる。(3)等式を満たす整数の組についての問題。(a)は分母を払って考える方法もあるが，$1 \leqq a \leqq b$ を用いて不等式の評価により a の範囲を求め調べていく。(b)，(c)も不等式の評価により a の範囲，b の範囲，c の範囲と調べていく。特に(c)では(a)，(b)の結果が利用できるので簡潔に処理したい。

2　2次曲線と直線，立体の体積の問題。(1)〜(3)は基本的な内容である。(4)は三角形 ABH に垂直になるように軸を考えなければならないので，直線 $y=-x$ を u 軸にとる。直線 AB と u 軸が u で交わるとき，$u=k\cos\frac{\pi}{4}$ の関係があることにも注意したい。解と係数の関係を用いて AB^2 を求めると△ABH の面積 $S(k)$ が計算できるので，対称性を用いて体積を積分で表し，置換積分法により計算する。

3　空間ベクトルの問題。四面体を平面で切った断面積がテーマである。(1)は内分点の位置ベクトルの公式を用いる。(2)は4点O，M，N，Pが同一平面上にあるので $\overrightarrow{\mathrm{OP}}=\alpha\overrightarrow{\mathrm{OM}}+\beta\overrightarrow{\mathrm{ON}}$ とおいて考えるのが普通であるが，(3)での活用も考えて，平面 MNP 上の点Qの位置ベクトルを考え，Oがこの平面上にあるときはQをOと置き換えることにした。三角形の面積は $\triangle\mathrm{OMN}=\frac{1}{2}\sqrt{|\overrightarrow{\mathrm{OM}}|^2|\overrightarrow{\mathrm{ON}}|^2-(\overrightarrow{\mathrm{OM}}\cdot\overrightarrow{\mathrm{ON}})^2}$ を用いる。(3) (2)で考えた点Qが線分 OA，OB，OC 上にあるときの k の値の範囲を調べると断面は $0<k\leqq\frac{1}{4}$ のとき台形，$\frac{1}{4}\leqq k<1$ のとき三角形であることがわかる。

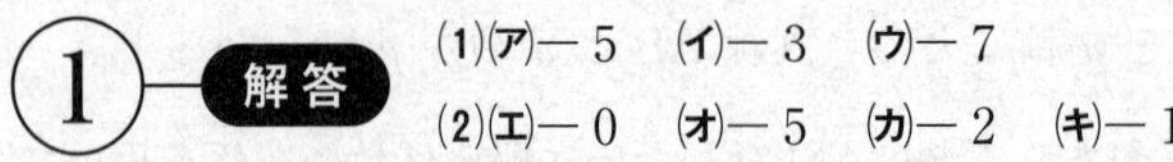

物理

(注) 解答は，東京理科大学から提供のあった情報を掲載しています。

1 解答

(1)(ア)―5 (イ)―3 (ウ)―7

(2)(エ)―0 (オ)―5 (カ)―2 (キ)―1

解説

《積み重ねた2物体の運動にともなう力とモーメントの考察》

(1)(ア) 物体1と物体2を一体と考え，動き始める直前にはたらく力の水平方向のつり合いの式より

$$f_1 = \mu_1(m_1 + m_2)g \text{〔N〕}$$

(イ) すべり始める直前に物体1と物体2の間にはたらく静止摩擦力を F〔N〕とし，それぞれについて水平方向の運動方程式を立てると

物体1：$m_1 a = f_2 - \mu_1'(m_1 + m_2)g - F$ ……①

物体2：$m_2 a = F$ ……②

①÷②より

$$\frac{m_1}{m_2} = \frac{f_2 - \mu_1'(m_1 + m_2)g - F}{F} \qquad \left(\frac{m_1}{m_2} + 1\right)F = f_2 - \mu_1'(m_1 + m_2)g$$

これより

$$F = \left(\frac{m_2}{m_1 + m_2}\right)[f_2 - \mu_1'(m_1 + m_2)g] = m_2\left(\frac{f_2}{m_1 + m_2} - \mu_1' g\right)\text{〔N〕}$$

(ウ) すべり始めるとき，静止摩擦力 F は最大摩擦力 $F = \mu_2 m_2 g$ となるので，(イ)の結果に当てはめて

$$\mu_2 m_2 g = m_2\left(\frac{f_2}{m_1 + m_2} - \mu_1' g\right) \qquad \mu_2(m_1 + m_2)g = f_2 - \mu_1'(m_1 + m_2)g$$

$$f_2 = \mu_2(m_1 + m_2)g + \mu_1'(m_1 + m_2)g = (\mu_1' + \mu_2)(m_1 + m_2)g \text{〔N〕}$$

(2)(エ) 物体4にはたらく重力は，その重心に作用すると考えて，重力によるモーメントの大きさ M_y〔N·m〕は

$$M_y = m_4 g d \text{〔N·m〕}$$

(オ) 物体3から見ると物体4の重心に慣性力 $m_4\alpha$〔N〕が図1－2で水平

方向左向きにはたらく。慣性力によるモーメントの大きさ M_x〔N·m〕は

$$M_x = m_4\alpha\left(\frac{3d}{2}\right)〔\mathrm{N\cdot m}〕$$

(カ)　傾き始めるとき，$M_x = M_y$ となるので

$$m_4\alpha\left(\frac{3d}{2}\right) = m_4gd \qquad \alpha = \frac{2}{3}g〔\mathrm{m/s^2}〕$$

(キ)　物体4は物体3からの静止摩擦力 F'〔N〕を受けて運動する。その大きさは運動方程式より

$$F' = m_4\alpha$$

物体4は物体3の上をすべり始める前に傾き始めたので，静止摩擦力は最大摩擦力を越えない。すなわち

$$\mu_3m_4g \geqq F' = m_4\alpha \qquad \mu_3 \geqq \frac{\alpha}{g}$$

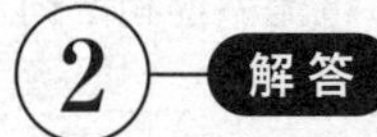

(ク)—7　(ケ)—0　(コ)—3　(サ)—1　(シ)—2　(ス)—8
(セ)—5　(ソ)—6　(タ)—6

解説

《交流による相互誘導》

(ク)　抵抗，ソレノイド，コンデンサーが直列に接続されているので，求めるインピーダンス Z_0〔Ω〕は

$$Z_0 = \sqrt{R_1{}^2 + \left(\omega L_1 - \frac{1}{\omega C_1}\right)^2}〔\Omega〕$$

(ケ)　ソレノイド1を流れる電流 I_1 がつくる磁場の強さ H_1〔A/m〕は $H_1 = \frac{N_1}{l}I_1$〔A/m〕となる。ソレノイド1内の磁束の磁束密度 B_1〔T〕は $B_1 = \mu H_1 = \frac{\mu N_1 I_1}{l}$〔T〕，ソレノイド1に生じる磁束 Φ_1〔Wb〕は

$$\Phi_1 = \pi r^2 B_1 = \frac{\pi r^2 \mu N_1 I_1}{l}〔\mathrm{Wb}〕$$

Δt〔s〕間に電流が $I_1 + \Delta I_1$〔A〕に変化したときのソレノイド1内の磁束の変化 $\Delta\Phi_1$〔Wb〕は

$$\Delta\Phi_1 = \frac{\pi r^2\mu N_1(I_1 + \Delta I_1)}{l} - \frac{\pi r^2\mu N_1 I_1}{l} = \frac{\pi r^2 \mu N_1 \Delta I_1}{l}〔\mathrm{Wb}〕$$

生じる自己誘導起電力 V_{L1}〔V〕は，ファラデーの電磁誘導の法則を用いて

$$V_{L1} = -N_1\frac{\Delta\Phi_1}{\Delta t} = -\frac{\pi r^2\mu N_1{}^2}{l}\frac{\Delta I_1}{\Delta t}$$

また，自己誘導起電力 V_{L1} は自己インダクタンス L_1 を用いて

$V_{L1} = -L_1\dfrac{\Delta I_1}{\Delta t}$ と表されるので

$$L_1 = \frac{\pi\mu N_1{}^2 r^2}{l}\text{〔H〕}$$

(コ) 電流 I_1 の最大値は $\dfrac{V_0}{Z_0}$〔A〕である。電流の位相が電圧の位相よりも遅れている場合が $\phi>0$ であることに注意して

$$I_1 = \frac{V_0}{Z_0}\sin(\omega t - \phi)\text{〔A〕}$$

(サ) 抵抗の両端の電圧 V_R〔V〕の位相は，回路を流れる電流の位相と同じであるので

$$V_R = R_1 I_1 = \frac{R_1 V_0}{Z_0}\sin(\omega t - \phi)\text{〔V〕}$$

ソレノイドに加わる電圧 V_L〔V〕は，電流 I_1 の位相より $\dfrac{\pi}{2}$〔rad〕だけ進んでいるので

$$V_L = \omega L_1\frac{V_0}{Z_0}\sin\left(\omega t - \phi + \frac{\pi}{2}\right) = \frac{\omega L_1 V_0}{Z_0}\cos(\omega t - \phi)\text{〔V〕}$$

コンデンサーに加わる電圧 V_C〔V〕は，電流 I_1 の位相より $\dfrac{\pi}{2}$〔rad〕だけ遅れているので

$$V_C = \frac{1}{\omega C_1}\frac{V_0}{Z_0}\sin\left(\omega t - \phi - \frac{\pi}{2}\right) = -\frac{V_0}{\omega C_1 Z_0}\cos(\omega t - \phi)\text{〔V〕}$$

これらを用いて，電源電圧 V_1〔V〕は

$$\begin{aligned} V_1 &= V_R + V_L + V_C = \frac{R_1 V_0}{Z_0}\sin(\omega t - \phi) + \left(\omega L_1 - \frac{1}{\omega C_1}\right)\frac{V_0}{Z_0}\cos(\omega t - \phi) \\ &= \frac{V_0}{Z_0}\sqrt{R_1{}^2 + \left(\omega L_1 - \frac{1}{\omega C_1}\right)^2}\sin(\omega t - \phi + \phi_0) \\ &= V_0\sin(\omega t - \phi + \phi_0)\text{〔V〕} \end{aligned}$$

ただし，$\tan\phi_0=\dfrac{\omega L_1-\dfrac{1}{\omega C_1}}{R_1}$ である。

ここで，$V_1=V_0\sin\omega t$ であったので

$$-\phi+\phi_0=0$$

これより

$$\tan\phi=\tan\phi_0=\frac{\omega L_1-\dfrac{1}{\omega C_1}}{R_1}$$

(シ)　(サ)の考察より，ソレノイド1内の磁束 Φ_1〔Wb〕は

$$\Phi_1=\frac{\pi r^2\mu N_1 I_1}{l}=\frac{\pi r^2\mu N_1}{l}\frac{V_0}{Z_0}\sin(\omega t-\phi)\text{〔Wb〕}$$

$\omega t-\phi=\theta$ のときの磁束 Φ_1 の大きさは，(ケ)の結果 $L_1=\dfrac{\pi\mu r^2{N_1}^2}{l}$ を用いて変形すると

$$|\Phi_1|=\left|\frac{\pi r^2\mu N_1}{l}\frac{V_0\sin\theta}{Z_0}\right|=\left|\frac{\pi r^2\mu {N_1}^2}{l}\frac{V_0\sin\theta}{N_1 Z_0}\right|=\left|\frac{L_1 V_0}{N_1 Z_0}\sin\theta\right|\text{〔Wb〕}$$

(ス)　ソレノイド1の磁束 Φ_1〔Wb〕の変化とソレノイド2の変化は等しい。ソレノイド2に生じる誘導起電力 V_2〔V〕は，ソレノイドを巻く方向が逆であることと，V_2 は端子dを基準とした端子cの電位を表すことに注意して

$$V_2=-N_2\frac{\Delta\Phi_1}{\Delta t}=-\frac{L_1 N_2 V_0}{N_1 Z_0}\frac{\Delta\sin(\omega t-\phi)}{\Delta t}\text{〔V〕}$$

ここで加法定理と，Δt が極めて小さいときに成立する $\cos\omega\Delta t\fallingdotseq 1$，$\sin\omega\Delta t\fallingdotseq\omega\Delta t$ を用いて $\Delta\sin(\omega t-\phi)$ を変形すると

$$\begin{aligned}\Delta\sin(\omega t-\phi)&=\sin\{\omega(t+\Delta t)-\phi\}-\sin(\omega t-\phi)\\&=\sin\{\omega t+\omega\Delta t-\phi\}-\sin(\omega t-\phi)\\&=\sin(\omega t-\phi)\cos(\omega\Delta t)+\cos(\omega t-\phi)\sin(\omega\Delta t)\\&\qquad-\sin(\omega t-\phi)\\&\fallingdotseq\sin(\omega t-\phi)+\cos(\omega t-\phi)\cdot\omega\Delta t-\sin(\omega t-\phi)\\&=\omega\cos(\omega t-\phi)\cdot\Delta t\end{aligned}$$

となる。これより

$$V_2=-\frac{L_1N_2V_0}{N_1Z_0}\frac{\omega\cos(\omega t-\phi)\cdot\Delta t}{\Delta t}=-\frac{L_1N_2V_0}{N_1Z_0}\omega\cos(\omega t-\phi)\,〔\mathrm{V}〕$$

$\omega t-\phi=\theta$ とおいて

$$V_2=-\frac{L_1N_2V_0\omega}{N_1Z_0}\cos\theta\,〔\mathrm{V}〕$$

(セ) (ス)の結果から

$$V_2=-\frac{L_1N_2V_0\omega}{N_1Z_0}\cos(\omega t-\phi)=\frac{L_1N_2V_0\omega}{N_1Z_0}\sin\left(\omega t-\phi-\frac{\pi}{2}\right)〔\mathrm{V}〕$$

V_2 の位相から V_1 の位相を引くと

$$\left(\omega t-\phi-\frac{\pi}{2}\right)-\omega t=-\phi-\frac{\pi}{2}$$

(ソ) ソレノイド1を流れる電流 I_1 は $I_1=\frac{V_0}{Z_0}\sin(\omega t-\phi)$ であったので，インピーダンス Z_0 が最小となるときに最大の電流が流れる。

$Z_0=\sqrt{R_1{}^2+\left(\omega L_1-\frac{1}{\omega C_1}\right)^2}$ であるので，Z_0 が最小値を取るときの角周波数 ω_1〔rad/s〕は $\omega_1L_1-\frac{1}{\omega_1C_1}=0$ を満たす。これより

$$\omega_1=\frac{1}{\sqrt{L_1C_1}}〔\mathrm{rad/s}〕$$

求める周波数 f〔Hz〕は

$$f=\frac{\omega_1}{2\pi}=\frac{1}{2\pi\sqrt{L_1C_1}}〔\mathrm{Hz}〕$$

(タ) このとき流れる電流 I_2〔A〕は $I_2=\frac{L_1N_2V_0\omega_1}{R_2N_1Z_0}\sin\left(\omega_1t-\phi+\frac{\pi}{2}\right)$ であるので，負荷抵抗での消費電力 P〔W〕は

$$P=I_2{}^2R_2=\left(\frac{L_1N_2V_0\omega_1}{R_2N_1Z_0}\right)^2R_2\sin^2\left(\omega_1t-\phi+\frac{\pi}{2}\right)$$

$$=\left(\frac{L_1N_2V_0\omega_1}{N_1Z_0}\right)^2\frac{1}{R_2}\left(\frac{1-\cos2\left(\omega_1t-\phi+\frac{\pi}{2}\right)}{2}\right)〔\mathrm{W}〕$$

$\cos2\left(\omega_1t-\phi+\frac{\pi}{2}\right)$ の時間平均は0なので，求める平均の消費電力 $\overline{P}$〔W〕は

$$\overline{P}=\frac{1}{2R_2}\left(\frac{L_1N_2V_0\omega_1}{N_1Z_0}\right)^2〔\mathrm{W}〕$$

3 **解答** (1)(チ) 6.0×10^{-1}

(2)(ツ) 8.2×10^{-1} (テ) $2.0\times10^{+5}$

(3)(ト) $1.0\times10^{+0}$

(4)(ナ) $6.8\times10^{+1}$ (ニ) $1.7\times10^{+5}$ (ヌ) $1.1\times10^{+0}$

解説

《ピストンにばねが付いたシリンダー内の気体の状態変化》

(1)(チ) 状態0から状態1の温度変化を ΔT〔K〕とする。単原子分子理想気体の定圧変化であるので

$$\Delta U=\frac{3}{2}\times0.100\times R\Delta T〔\mathrm{J}〕$$

$$Q=\frac{5}{2}\times0.100\times R\Delta T〔\mathrm{J}〕$$

これより

$$\frac{\Delta U}{Q}=\frac{\frac{3}{2}\times0.100\times R\Delta T}{\frac{5}{2}\times0.100\times R\Delta T}=\frac{3}{5}=6.0\times10^{-1}$$

(2)(ツ) 状態0の状態方程式は

$$P_0Sh=0.100RT_0 \quad \cdots\cdots①$$

状態1の温度を T_1〔K〕として状態方程式を立てる。

$$P_0\times1.10Sh=0.100RT_1 \quad \cdots\cdots②$$

②÷① より

$$\frac{T_1}{T_0}=1.10 \qquad T_1=1.10T_0〔\mathrm{K}〕$$

同様に，状態2の温度を T_2〔K〕として状態方程式を立てる。

$$1.20P_0\times1.20Sh=0.100RT_2 \quad \cdots\cdots③$$

③÷① より

$$T_2=1.44T_0〔\mathrm{K}〕$$

これより

$$\Delta U=\frac{3}{2}\times 0.100\times R\,(T_2-T_1)=\frac{3}{2}\times 0.100\times R\times(1.44-1.10)\,T_0$$
$$=0.051RT_0\,〔\mathrm{J}〕$$

さて，状態1から状態2への変化で，気体の圧力はばねの弾性力を受けて1次関数的に変化する。状態変化の様子を P-V 図で表すと右図のようになる。この P-V 図の網かけ部分の面積を用いて，この間に気体が外部にした仕事 W〔J〕は

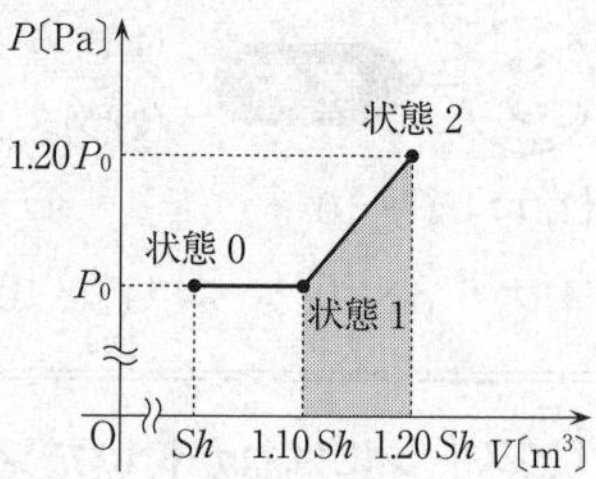

$$W=\frac{(P_0+1.20P_0)(1.20Sh-1.10Sh)}{2}=0.11P_0Sh=0.011RT_0\,〔\mathrm{J}〕$$

熱力学第一法則より

$$Q=\Delta U+W=0.051RT_0+0.011RT_0=0.062RT_0\,〔\mathrm{J}〕$$

これより

$$\frac{\Delta U}{Q}=\frac{0.051RT_0}{0.062RT_0}=0.822\fallingdotseq 8.2\times 10^{-1}$$

(テ)　まず，状態0でのピストンのA面からの距離 h〔m〕を求める。

状態0の状態方程式①より

$$h=\frac{0.100RT_0}{P_0S}=\frac{0.100\times 8.31\times 300}{1.00\times 10^5\times 5.00\times 10^{-2}}=0.04986\,〔\mathrm{m}〕$$

状態2でピストンに加わる力のつり合いの式は，求めるばね定数を k〔N/m〕として

$$1.20P_0S=P_0S+k\times(1.20h-1.10h)$$
$$k=\frac{2.0P_0S}{h}=\frac{2.0\times 1.00\times 10^5\times 5.00\times 10^{-2}}{0.04986}$$
$$=2.00\times 10^5\fallingdotseq 2.0\times 10^{+5}\,〔\mathrm{N/m}〕$$

(3)(ト)　定積変化では気体は外部に仕事をせず，熱力学第一法則により，気体が吸収した熱量 Q はすべて内部エネルギーの変化 ΔU に等しいので

$$\frac{\Delta U}{Q}=1.0\times 10^{+0}$$

(4)(ナ)　ピストンの質量を m〔kg〕とする。気体の質量を無視すると，ピストンとシリンダーにはたらく重力の和 $6mg$〔N〕とばねの弾性力がつり合うので

$$6mg=k\times 0.400h$$

(テ)の考察より，$hk=2.0P_0S$ であったので

$$6mg=0.400\times 2.0P_0S=0.800P_0S=0.800\times 1.00\times 10^5\times 5.00\times 10^{-2}$$
$$=4.00\times 10^3〔\mathrm{N}〕$$

ゆえに

$$m=\frac{4.00\times 10^3}{6g}=\frac{4.00\times 10^3}{6\times 9.80}=0.0680\times 10^3\fallingdotseq 6.8\times 10^{+1}〔\mathrm{kg}〕$$

(ニ)　求める気体の圧力を P_4〔Pa〕とすると，ピストンにはたらく力のつり合いの式は

$$P_4S+mg=P_0S+k\times 0.400h$$

(ナ)の考察より　$6mg=k\times 0.400h$

$$P_4S+mg=P_0S+6mg \qquad P_4=P_0+\frac{5mg}{S}$$

また，(ナ)の考察より

$$6mg=0.800P_0S \qquad mg=\frac{0.800P_0S}{6}$$

これを用いて

$$P_4=P_0+\frac{5mg}{S}=P_0+\frac{5\times 0.800P_0S}{6S}=\frac{10.0}{6}P_0$$
$$=1.66\times 10^5\fallingdotseq 1.7\times 10^{+5}〔\mathrm{Pa}〕$$

(ヌ)　状態3から最終状態の変化は断熱変化であるから，ポアソンの式を用いると

$$P_4(SH)^{\frac{5}{3}}=1.40P_0(S\times 1.20h)^{\frac{5}{3}}$$

(ニ)の考察より，$P_4=\dfrac{10.0}{6}P_0$ を用いて

$$\frac{10.0}{6}P_0H^{\frac{5}{3}}=\frac{14.0}{10.0}P_0(1.20h)^{\frac{5}{3}}$$

$$H^{\frac{5}{3}}=\frac{14.0\times 6}{10.0\times 10.0}\times(1.20h)^{\frac{5}{3}}=\frac{21.0}{25.0}\times(1.20h)^{\frac{5}{3}}$$

$$H=\left(\frac{21.0}{25.0}\right)^{\frac{3}{5}}\times 1.20h=0.901\times 1.20h$$
$$=1.08\times 10^{+0}\times h\fallingdotseq 1.1\times 10^{+0}\times h〔\mathrm{m}〕$$

講評

例年と問題量には変化がなかった。難易度的には少し難化したのではないか。大問の中で設定が変更されてゆくので注意が必要である。大問2の交流での相互誘導に関する問題は題材として目新しい。また，大問3では2023年度同様に数値計算を求められた。例年通り問題数に比べて解答時間が短いので時間の使い方がポイントとなる。

1　重ねられた2つの物体の運動が題材になっており，大学入試ではよく見かけるものである。上の物体に関するモーメントを考えるときには，非慣性系から見た慣性力を考慮する必要がある。全体として2物体間に作用する摩擦力を正しく把握していけば容易に解答に至る。大問3題の中では一番取り組みやすいので確実に解答しておきたい。

2　前半の自己インダクタンスの導出や，電圧と電流の位相差などに関する問題は，これまでに類似問題に取り組んだことがあれば容易に解答できる。中盤の相互誘導起電力についての考察は，できれば微分を用いて解答するのが望ましく，V_2についての正負の取り扱いに注意が必要であり，難度は高いといえる。終盤の消費電力については教科書レベルの問題であり，演習量の差がでる。

3　気体の状態変化に伴うエネルギーの出入りに関する問題で，題材としては目新しいものではない。状態1から状態2への変化はP-V図を描いて考察することが必要である。また，断熱変化に関してポアソンの式が与えられておらず，関連する知識や演習量の確保は必須である。数値計算を求められているが出来るだけ文字で考察し，最後に数値を代入するようにしたい。また，式変形の際にそれまでの計算過程を用いることが多い。与えられた式$\left(\frac{21}{25}\right)^{\frac{3}{5}}$はやみくもに計算していたのでは現れない。これらを意識して過去問に取り組みトレーニングをしておく必要があるであろう。

化　学

（注）解答は，東京理科大学から提供のあった情報を掲載しています。

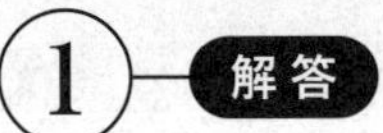

(1)①**ア**—12　**イ**—15　**ウ**—16　**エ**—08　**オ**—17
カ—09　**キ**—07　**ク**—11　**ケ**—21　**コ**—18　**サ**—03
シ—25
②—7　③—6
(2) 1.2×10^{-4}
(3) $4.2\times10^{+0}$

解説

《氷・ダイヤモンドの結晶，窒素の溶解，燃焼の量的関係》

(1)①**イ～エ.** 分子間力にはファンデルワールス力や水素結合がある。水素結合は，ファンデルワールス力より強いが，化学結合より弱い。

キ・ク. 氷が融解すると，水素結合が切れて，水分子が結晶中の隙間に入り，体積が減少するので，密度は増加する。

シ. 頂点の粒子は $\frac{1}{8}$ 個。面の中心の粒子は $\frac{1}{2}$ 個。内部の粒子は1個。よって

$$\frac{1}{8}\times8+\frac{1}{2}\times6+1\times4=8\text{ 個}$$

②　$$\text{密度}=\frac{\text{質量}}{\text{体積}}=\frac{\frac{12.0}{N_A}\times8}{(a\times10^{-7})^3}=9.6\times10^{22}\times\frac{1}{N_A\cdot a^3}\text{〔g/cm}^3\text{〕}$$

③　ダイヤモンドの炭素原子間距離 D〔nm〕は，単位格子の体対角線の長さの $\frac{1}{4}$ である。

$$D=\frac{1}{4}\times\sqrt{3}a=\frac{\sqrt{3}}{4}a\text{〔nm〕}$$

(2)　水に溶ける窒素の物質量は，窒素の圧力と溶媒量に比例する。また，標準状態における1molの窒素の体積は22.4Lである。

よって，求める体積は

$$6.90\times10^{-4}\times\frac{2.02\times10^{5}}{1.01\times10^{5}}\times\frac{4.00}{1.00}\times22.4\times10^{-3}=1.23\times10^{-4}$$

$$\fallingdotseq1.2\times10^{-4}\,〔\mathrm{m^3}〕$$

(3)　完全燃焼と不完全燃焼の化学反応式は，次の通りである。

$$C_xH_{2x+2}+\frac{3x+1}{2}O_2\longrightarrow xCO_2+(x+1)H_2O$$

$$C_xH_{2x+2}+\frac{2x+1}{2}O_2\longrightarrow xCO+(x+1)H_2O$$

化学反応式の係数より，1 mol の炭化水素から，完全燃焼，不完全燃焼に関係なく，$x+1$〔mol〕の水が生じるので

$$\frac{12.9}{14x+2}\times(x+1)=\frac{18.9}{18.0}$$

$\therefore\quad x=6$

炭化水素の分子式は C_6H_{14}（分子量 86.0）である。

炭化水素の全物質量は

$$\frac{12.9\times10^{-3}}{86.0}=0.15\times10^{-3}\,〔\mathrm{mol}〕$$

生じた二酸化炭素は

$$\frac{33.0\times10^{-3}}{44.0}=0.75\times10^{-3}\,〔\mathrm{mol}〕$$

二酸化炭素を発生した炭化水素は，$\frac{1}{6}\times0.75\times10^{-3}$〔mol〕である。残りの炭化水素から一酸化炭素が発生するので

$$0.15\times10^{-3}-\frac{1}{6}\times0.75\times10^{-3}=0.025\times10^{-3}\,〔\mathrm{mol}〕$$

生じた一酸化炭素の質量は

$$6\times0.025\times10^{-3}\times28.0\times10^{3}=4.2\times10^{+0}\,〔\mathrm{mg}〕$$

2　解答

(1)**ア**―13　**イ**―05　**ウ**―02　**エ**―18　**オ**―11　**カ**―17　**キ**―15

(2)―8　(3)―8

(4) $3.8\times10^{+0}$

解説

《気液平衡，沸点，不均一混合物の飽和蒸気圧》

(1)　ほかの気体が共存しても，蒸発した空間は，動き回れる隙間が十分あり，蒸発や凝縮が妨害されないので，飽和蒸気圧は変わらない。

(2)　内部の圧力と飽和蒸気圧が等しくなると，沸騰が起こる。飽和蒸気圧が 70.0×10^3 Pa の時の温度が沸点である。

(3)　水に不溶なオクタンと水を混ぜ合わせた不均一な混合物が示す飽和蒸気圧は，互いに共存する物質の影響を受けないので，オクタンと水の飽和蒸気圧の和になる。

混合物の飽和蒸気圧の和が，大気圧 101×10^3 Pa 以上になった時，沸騰が起こる。90℃で

$$70.0\times10^3+33.5\times10^3=103.5\times10^3\,[\mathrm{Pa}]$$

となるので，90℃に近い温度が沸点である。

(4)　飽和蒸気圧は，ほかの気体が共存していても変わらない。体積を V〔L〕，絶対温度を T〔K〕，オクタンの質量を x〔kg〕として，水とオクタンについて気体の状態方程式を適用する。

$$2.30\times10^3\times V=\frac{1.00\times10^3}{18.0}\times RT \quad \cdots\cdots ①$$

$$1.38\times10^3\times V=\frac{x\times10^3}{114.0}\times RT \quad \cdots\cdots ②$$

①，②より

$$x=3.8\times10^{+0}\,[\mathrm{kg}]$$

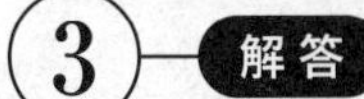

(1)―7　**(2)**―6

(3) 1.8×10^{-3}　**(4)** $1.0\times10^{+5}$

(5)―3　**(6)**―17

解説

《反応速度式，アレニウスの式，触媒》

(1)　①，②より，[X] が一定で [Y] を4倍にすると，v も4倍。v は [X] に比例する。

①，③より，[X] が一定で [Y] を2倍にすると，v は4倍。v は $[\mathrm{Y}]^2$ に比例する。

よって，v は，[X] と，$[Y]^2$ に比例するので

$$v=k[X][Y]^2$$

(2)　$v=k[X][Y]^2$ の式に，①の数値を代入すると

$$4.0\times10^{-4}〔\mathrm{mol/(L\cdot s)}〕=k\times0.10〔\mathrm{mol/L}〕\times0.20^2〔\mathrm{mol^2/L^2}〕$$

$$\therefore\quad k=1.0\times10^{-1}〔\mathrm{L^2/(mol^2\cdot s)}〕$$

(3)　$v=k[X][Y]^2$ より

$$v=1.0\times10^{-1}\times0.20\times0.30^2=1.8\times10^{-3}〔\mathrm{mol/(L\cdot s)}〕$$

(4)　アレニウスの式　　$k=Ae^{-\frac{E_a}{RT}}$

両辺の自然対数をとると

$$\log_e k=-\frac{E_a}{RT}+\log_e A$$

直線の傾きは　　$-\dfrac{E_a}{R}=-1.2\times10^4$

$$E_a=8.3\times1.2\times10^4=9.96\times10^4\fallingdotseq1.0\times10^5〔\mathrm{J/mol}〕$$

(5)　アレニウスの式より

$$\log_e k_{310}=-\frac{E_a}{310R}+\log_e A\quad\cdots\cdots(\mathrm{i})$$

$$\log_e k_{300}=-\frac{E_a}{300R}+\log_e A\quad\cdots\cdots(\mathrm{ii})$$

(i)−(ii) より

$$\log_e\left(\frac{k_{310}}{k_{300}}\right)=-\frac{E_a}{310R}+\frac{E_a}{300R}=-\frac{E_a}{R}\times\left(\frac{1}{310}-\frac{1}{300}\right)$$

$$=-1.2\times10^4\times\left(\frac{1}{310}-\frac{1}{300}\right)=1.2\times10^4\times\frac{10}{300\times310}$$

$$=1.29\fallingdotseq1.3$$

(6) 1．正文。

2．誤文。反応物と生成物のもつエネルギーは変化しないので，反応熱は変わらない。

4．誤文。触媒の表面積を大きくすると衝突回数が増えるので，反応速度は大きくなる。

8．誤文。触媒は，反応速度を大きくするが，反応の前後で自身は変化しない。

16．正文。

4 **解答**　(1)**ア**—29　**イ**—02　**ウ**—18　**エ**—24　**オ**—14　**カ**—15　**キ**—32　**ク**—34　**ケ**—12　**コ**—04　**サ**—28　**シ**—22　**ス**—30　**セ**—36　**ソ**—16　**タ**—19　**チ**—09　**ツ**—35　**テ**—03

(2)**A**—12　**B**—07

(3)—5

(4) $1.0\times10^{+0}$

(5) $3.0\times10^{+1}$

(6)① $9.5\times10^{+1}$　② $1.4\times10^{+0}$

解説

《硫黄・窒素化合物の生成・性質，量的関係，平衡定数，密度》

(1)～(3)　二酸化硫黄は，刺激臭のある無色の気体。次の反応で発生する。

$$Cu+2H_2SO_4 \longrightarrow CuSO_4+2H_2O+SO_2 \quad \cdots\cdots①$$

水に溶けると，亜硫酸を生じ，弱酸性を示す。

$$H_2O+SO_2 \rightleftarrows H_2SO_3 \rightleftarrows H^++HSO_3^-$$

硫黄または黄鉱石を燃焼させ，二酸化硫黄を得る。

$$S+O_2 \longrightarrow SO_2$$

$$4FeS_2+11O_2 \longrightarrow 2Fe_2O_3+8SO_2$$

接触法では，二酸化硫黄を V_2O_5 の触媒下で空気酸化して三酸化硫黄にする。

$$2SO_2+O_2 \longrightarrow 2SO_3$$

三酸化硫黄を濃硫酸に吸収させ発煙硫酸とし，さらに希硫酸でうすめることで濃硫酸とする。この場合，最初から三酸化硫黄に水を加えると，激しい発熱のため霧状になって空気中に発煙してしまい，硫酸の濃度が濃くならない。

濃硫酸を希釈し，希硫酸にするには，硫酸の溶解熱が大きいため，冷却しながら水に濃硫酸を少しずつ加える。逆に，濃硫酸に水を加えると，加えた水が沸騰し，硫酸が飛散するので，危険である。

一酸化窒素は，銅に希硝酸を反応させると生成する。

$$3Cu+8HNO_3 \longrightarrow 3Cu(NO_3)_2+4H_2O+2NO \quad \cdots\cdots②$$

水に溶けにくいので，水上置換で捕集する。

一酸化窒素は，空気中で酸化され二酸化窒素になる。

$$2NO+O_2 \longrightarrow 2NO_2$$

二酸化窒素は，水に溶けやすい赤褐色の気体である。銅と濃硝酸を反応させると生成する。

$Cu + 4HNO_3 \longrightarrow Cu(NO_3)_2 + 2H_2O + 2NO_2$　……③

常温において，一部は，無色の四酸化二窒素に変化し，平衡状態になる。

$2NO_2 \rightleftharpoons N_2O_4$

水に溶けると硝酸を生じるとともに一酸化窒素を発生する。

$3NO_2 + H_2O \longrightarrow 2HNO_3 + NO$

オストワルト法は次の3つの反応からなる。白金を触媒にアンモニアを一酸化窒素に酸化させる。

$4NH_3 + 5O_2 \longrightarrow 4NO + 6H_2O$　……ⅰ

$2NO + O_2 \longrightarrow 2NO_2$　……ⅱ

$3NO_2 + H_2O \longrightarrow 2HNO_3 + NO$　……ⅲ

$\frac{1}{4} \times (\mathrm{i} + 3 \times \mathrm{ii} + 2 \times \mathrm{iii})$ より，反応中間体の NO と NO_2 を消去すると

$NH_3 + 2O_2 \longrightarrow HNO_3 + H_2O$　……ⅳ

(4)　化学反応式①の係数より，反応する銅と生成する二酸化硫黄の物質量は等しい。$1.0 \times 10^{+0}$ mol である。

(5)　化学反応式②の係数より，0.750 mol の銅から生成する一酸化窒素は

$0.750 \times \frac{2}{3} = 0.500$〔mol〕

$2NO + O_2 \longrightarrow 2NO_2$

より，二酸化窒素も 0.500 mol 生成する。

化学反応式③の係数より，0.750 mol の銅から生成する二酸化窒素は

$0.750 \times \frac{2}{1} = 1.50$〔mol〕

よって，二酸化窒素の総和は

$0.500 + 1.50 = 2.00$〔mol〕

容器に密閉して，二酸化窒素が x〔mol〕変化したとすると，平衡前後の物質量の関係は，次の通りである。

$$2NO_2 \rightleftarrows N_2O_4$$

	$2NO_2$	N_2O_4	
平衡前	2.00	0	〔mol〕
変化量	$-x$	$+\frac{1}{2}x$	〔mol〕
平衡時	$2.00-x$	$\frac{1}{2}x$	〔mol〕

平衡時の混合気体の物質量の総和の関係から

$$2.00-x+\frac{1}{2}x=1.25 \quad \therefore \quad x=1.50$$

二酸化窒素は

$2.00-1.50=0.50$〔mol〕

四酸化二窒素は

$\frac{1}{2}\times 1.50=0.75$〔mol〕

よって，求める平衡定数は

$$\frac{[N_2O_4]}{[NO_2]^2}=\frac{\frac{0.75}{10.0}}{\left(\frac{0.50}{10.0}\right)^2}=3.0\times 10^{+1}\text{〔L/mol〕}$$

(6) 酸素はアンモニアの酸化と一酸化窒素の酸化にすべて使われたので，中間体の一酸化窒素を消去したiv式で量的関係を考える。

	NH_3	+ $2O_2$	⟶ HNO_3	$+H_2O$	
反応前	$\frac{3.57\times 10^3\times 10^3}{17.0}$ (210×10^3)	$\frac{1.28\times 10^4\times 10^3}{32.0}$ (400×10^3)			〔mol〕
変化量	$-\frac{1}{2}\times 400\times 10^3$ (-200×10^3)	-400×10^3	$+\frac{1}{2}\times 400\times 10^3$		〔mol〕
反応後	10×10^3	0	200×10^3		〔mol〕

① アンモニアは，210×10^3 mol のうち，200×10^3 mol 変化したので

$$\frac{200\times 10^3}{210\times 10^3}\times 100=95.2\fallingdotseq 9.5\times 10^{+1}\text{〔\%〕}$$

② 硝酸は，200×10^3 mol 生成するので，水溶液の密度は

$$\frac{\text{質量}}{\text{体積}}=\frac{2.00\times 10^4\times 10^3}{\frac{200\times 10^3}{14.0}\times 10^3}=1.4\times 10^{+0}\text{〔g/cm}^3\text{〕}$$

5 解答 (1)**ア**―04　**イ**―02　**ウ**―06　**エ**―15　**オ**―16　**カ**―09　**キ**―07

あ―07　**い**―11　**う**―13　**え**―05　**お**―12　**か**―07　**き**―09　**く**―03　**け**―02　**こ**―04

a―06　**b**―02　**c**―17　**d**―19　**e**―14　**f**―13　**g**―26　**h**―18

A―06　**B**―04　**C**―03　**D**―17　**E**―16

(2)① 07　② 04　③ 11　④ 20　⑤ 24　⑥ 28　⑦ 29　⑧ 26　⑨ 27　⑩ 29　⑪ 33

(3)***p.***　2　***q.***　2

(4)***r.***　2　***s.***　1

解説

《C1 化合物の性質や反応》

〔記述 1〕　一酸化炭素は，二酸化炭素を高温の炭素に接触させて得る。

$$CO_2 + C \longrightarrow 2CO$$

また，ギ酸を濃硫酸で脱水しても生じる。

$$HCOOH \longrightarrow CO + H_2O$$

体積 2 倍の水素と反応させると，メタノールが生成する。

$$CO + 2H_2 \longrightarrow CH_3OH$$

鉄の酸化物は，一酸化炭素で還元される。

$$Fe_2O_3 + 3CO \longrightarrow 2Fe + 3CO_2$$

〔記述 2〕　二酸化炭素の水溶液は，弱酸性を示す。

$$CO_2 + H_2O \rightleftharpoons H^+ + HCO_3^-$$

グルコースをアルコール発酵すると，二酸化炭素とともにエタノールが生成する。

$$C_6H_{12}O_6 \longrightarrow 2C_2H_5OH + 2CO_2$$

二酸化炭素の工業的製法は，石灰石（主成分は炭酸カルシウム）を加熱する。

$$CaCO_3 \longrightarrow CO_2 + CaO$$

また，実験室的製法として，石灰石に希塩酸を加えると，発生する。

$$CaCO_3 + 2HCl \longrightarrow CaCl_2 + H_2O + CO_2$$

希硫酸では，水に難溶の硫酸カルシウムを生じるので，反応が止まる。

$$CaCO_3 + H_2SO_4 \longrightarrow CaSO_4 + H_2O + CO_2$$

二酸化炭素の分子量44.0は，空気の平均分子量29より大きいので，空気より密度が大きい。下方置換で捕集するが，空気が混ざるのを防ぐには，水上置換がよい。ただし，水に一部溶けてしまう。

〔記述 3〕 酸化カルシウムは生石灰ともよばれ，水を加えると，水酸化カルシウムを生じる。

$$CaO + H_2O \longrightarrow Ca(OH)_2$$

水酸化カルシウムは，消石灰ともよばれ，炭化カルシウムと水との反応から**有機化合物 1** アセチレン C_2H_2 とともに生じる。

$$CaC_2 + 2H_2O \longrightarrow Ca(OH)_2 + C_2H_2$$

〔記述 4〕 石灰水に二酸化炭素を吹き込むと，炭酸カルシウムの沈殿を生じる。

$$Ca(OH)_2 + CO_2 \longrightarrow CaCO_3 + H_2O$$

さらに過剰に吹き込むと，炭酸水素カルシウムを生じて，溶ける。

$$CaCO_3 + H_2O + CO_2 \rightleftarrows Ca^{2+} + 2HCO_3^-$$

石灰石の主成分は炭酸カルシウムであり，同様の反応が起こる。

酢酸カルシウムを熱分解すると，炭酸カルシウムとともにアセトンを生じる。

$$(CH_3COO)_2Ca \longrightarrow CaCO_3 + CH_3COCH_3$$

ソルベー法は，アンモニアソーダ法ともいう。塩化ナトリウムの飽和水溶液にアンモニアと二酸化炭素を吹き込む反応は

$$NaCl + H_2O + NH_3 + CO_2 \longrightarrow NaHCO_3 + NH_4Cl$$

ナトリウムフェノキシドの水溶液に二酸化炭素を吹き込むと，フェノールが遊離する。これは，弱酸の塩により強い酸を加えると弱酸が遊離する反応である。

$$C_6H_5ONa \xrightarrow{CO_2} C_6H_5OH$$

ナトリウムフェノキシドを高温・高圧下で，二酸化炭素と反応させると，サリチル酸ナトリウムとなり，希硫酸を加えると，サリチル酸が生じる。希硫酸は，サリチル酸より強い酸である。

$$\text{C}_6\text{H}_5\text{ONa} \xrightarrow[\text{高温・高圧}]{CO_2} \text{C}_6\text{H}_4(\text{OH})\text{COONa} \xrightarrow{\text{希硫酸}} \text{C}_6\text{H}_4(\text{OH})\text{COOH}$$

〔記述 5〕 酢酸ナトリウムと水酸化ナトリウムを加熱すると，メタンが発生する。

$$CH_3COONa + NaOH \longrightarrow CH_4 + Na_2CO_3$$

メタンの分子量 16.0 は，空気の平均分子量 29 より小さいので，空気より密度が小さい。上方置換で捕集するが，空気が混ざるのを防ぐには，水上置換がよい。

〔記述 6〕 フェノール樹脂（ベークライト）は，ベークランドが発明した世界初の合成樹脂である。**有機化合物 2** ホルムアルデヒド CH_2O とフェノールが付加反応と縮合反応を繰り返して進む重合を付加縮合という。塩基触媒下では，液体のレゾールが得られ，酸触媒下では，柔らかい固体のノボラックを生じる。

ポリビニルアルコール水溶液を硫酸ナトリウム水溶液に押し出すと，塩析により繊維状に固まる。この繊維は，水に溶けやすいが，**有機化合物 2** ホルムアルデヒド CH_2O の水溶液でアセタール化すれば，水に不溶になる。この繊維はビニロンである。

講評

1 ⑴氷とダイヤモンドの結晶は頻出。③単位格子の体対角線で考える。⑶不完全燃焼の量的な計算は少し面倒である。生じる水の量は，不完全燃焼であっても変わらないことに気づいてほしい。

2 不均一混合物の飽和蒸気圧に戸惑ったかもしれない。この場合，各物質の飽和蒸気圧は，温度と物質で決まり，液体の量や気体の体積によらない。混合物の飽和蒸気圧は，各気体の飽和蒸気圧の和である。

3 反応速度式や触媒は教科書レベル。アレニウスの式は，両辺自然対数をとり，直線の傾きを求める。この辺りまでは，対策しておく必要があるだろう。

4 前半は無機の基本問題である。完答を目指してほしい。⑹酸素は，アンモニアだけでなく一酸化窒素の酸化にも使われたことに注目したい。

単位が kg で，計算ミスにも気を付けてほしい。色々と落とし穴があるので，やや難といえる。

5　空欄が多く，その選択肢も多い。問題はどれも基本レベルであるが，解答の作業に手間取る。読み取りの誤りや見間違いに注意したい。

難問はないが，手早く解答していかないと時間が足りない。読解力とともに集中力も必要であろう。日頃の学習でも意識して取り組んでほしい。

////////////////////// · memo · //////////////////////

//////////////////// · **memo** · ////////////////////

//////////////////// · memo · ////////////////////

////////////////////// · memo · //////////////////////

//////////////////// ·memo· ////////////////////

2023年度

問題と解答

■B方式

▶試験科目・配点

教　科	科　　目	配　点
外国語	コミュニケーション英語Ⅰ・Ⅱ・Ⅲ，英語表現Ⅰ・Ⅱ	100点
数　学	数学Ⅰ・Ⅱ・Ⅲ・A・B	100点
理　科	建築・電気工・情報工・機械工学科：物理基礎・物理 工業化学科：化学基礎・化学	100点

▶備　考

- 英語はリスニングおよびスピーキングを課さない。
- 「数学B」は「数列」「ベクトル」から出題。

英語

(60分)

1 Read the following passage which is concerned with the background of the development of interferon from the onset to the 1980s. Answer the questions below. As for the words marked with an asterisk (*), see the **Notes** at the end of the passage. (27 points)

Praised as a potential cure for diseases ranging from the common cold to cancer, the natural drug interferon has been the subject of extensive and costly research which in 1980 created a wave of optimism in the medical community. Although only a few hundred patients have actually received a dose, the development of new techniques for making the rare material, as well as increased funding for research efforts, made large clinical trials seem imminent.

Discovered in 1957 by researchers Alick Isaacs and Jean Lindenmann, interferon is a chemical produced by animal cells infected with a virus. It stimulates neighboring cells to produce compounds to protect against viral infection. It is the reason a person suffering from one viral infection rarely succumbs to① another.

The possibility that interferon might be a panacea② for viral infections appealed to scientists immediately, but practical difficulties severely limited their research. Cells make only tiny amounts of the substance, and that meager production must be stimulated by either a virus or, as scientists later learned, certain chemicals. An additional problem is that to be effective in clinical treatment, the interferon must come from human cells. The material is exceedingly difficult and enormously expensive to obtain. Most interferon used in recent experiments has come from a laboratory of the Finnish Red Cross in Helsinki, but the American Cancer Society (ACS) has been able to buy only enough to treat half the patients it intended. And although <u>the drug</u>③ appears to be effective against certain viral diseases, its scarcity and high cost have made routine treatment (**4**).

Nevertheless, the promise of interferon in the treatment of cancer has been steadily heightened by important breakthroughs in fundamental research. In the early 1970s, after 10 years of full-time study, a Finnish researcher Kari Cantell devised a reliable method to obtain (**5**) interferon from white blood cells. Although the process produces a material that is only 1% interferon, <u>it</u>⑥ remains the most successful and widely used method. In 1972, Hans Strander at the Karolinska Institute in Stockholm found that interferon improved the survival rate among 44 patients having a rare and deadly form of bone cancer. Smaller studies have indicated that interferon is effective against some cases of breast cancer, cancer of the lymph glands*, and multiple myeloma*.

In July 1978, the ACS announced the largest series of clinical trials of interferon ever conducted. It <u>earmarked</u>⑦ $2 million for the purchase of enough interferon to treat 150 patients. Ten U.S. hospitals and universities were chosen to test four kinds of cancer. The first reports on those tests were released on May 28, 1980. The results indicated that interferon had an anticancer effect but that <u>its success did not equal that reported in earlier studies.</u>⑧ The ACS suggested that impaired effectiveness of one or two shipments of interferon that had been freeze-dried instead of liquid frozen may have contributed to the somewhat disappointing results.

The findings of the ACS study emphasized how much work still needs to be done. Exactly how interferon fights cancer is still unclear. It seems to slow the growth of cells by inhibiting their division* and to boost the activity of the body's natural defense system. Preliminary indications are that interferon causes fewer and less distressing side effects than many cancer drugs, but physicians still need to determine the best dosages and treatment schedules, whether one type of interferon works better than the others, and whether some groups of patients are more responsive than others.

⑨ Several recent developments [1 expected 2 in 3 result 4 supplies 5 to 6 were 7 more abundant] of interferon for research. At least ten U.S. firms (and others in Europe and Japan) have invested an estimated total of $150 million in production. The ACS, the Interferon Foundation of Houston, and the National Institutes of Health (NIH) have together budgeted more than $20 million for experiments with the treatment.

In 1980, British scientists announced the first technique for substantially purifying interferon without destroying its activity. They found an antibody which will bind only interferon from white blood cells. With that antibody, they can concentrate it 5,000-fold in a single step.

The exact chemical makeup of two of the three known types of human interferon was reported in 1980. Each interferon molecule has sugar groups attached to a (A) of about 150 amino acids, which are the basic (B) of all proteins. Scientists determined the (C) of those amino acids. The (D) of the molecule makes its laboratory synthesis impractical, but chemical synthesis of a segment may be feasible.

Gene splicing* continued to be the most promising source of interferon. Several groups of researchers in 1980 reported the transfer of the appropriate genetic material into bacteria. The bacterial cells, which can be grown in large quantities, have made a protein that seems to be identical to the amino acid chain of human interferon. One company predicted the bacterial production for clinical use during 1981.

(Notes)

lymph glands：リンパ腺

multiple myeloma：多発性骨髄腫

inhibit one's division：分裂を抑制する

出典追記：Encyclopedia Yearbook 1981, Grolier, Inc

gene splicing：遺伝子組み替え

(1) From the choices below, choose the words which are the closest in meaning to the underlined part ① in the passage and mark the number on the **Answer Sheet**.

1 commits to　　2 confirms to
3 dedicates to　　4 yields to

(2) From the choices below, choose the phrase which is the closest in meaning to the underlined part ② in the passage and mark the number on the **Answer Sheet**.

1 solution or remedy for all difficulties or diseases
2 condition of being unable to sleep, over a period of time
3 act or process of destroying something or of being destroyed
4 thing you own or you can carry with you

(3) From the choices below, choose the one which best expresses the meaning of the underlined part ③ in the passage and mark the number on the **Answer Sheet**.

1 infection　　2 disease
3 interferon　　4 virus

(4) From the choices below, choose the phrase that best fits into the space (4) in the passage. Mark the number on the **Answer Sheet**.

1 at home　　2 beyond doubt
3 out of the question　　4 to the point

(5) From the choices below, choose the phrase that best fits into the space (5) in the passage. Mark the number on the **Answer Sheet**.

1 an insignificant type of
2 a small amount of
3 a substantial shape of
4 the large number of

(6) From the choices below, choose the one which best expresses the meaning of the underlined part ⑥ in the passage and mark the number on the **Answer Sheet**.

1 cancer
2 interferon
3 the material
4 the process

(7) From the choices below, choose the word which is the closest in meaning to the underlined part ⑦ in the passage and mark the number on the **Answer Sheet**.

1 allocated
2 deducted
3 excluded
4 proceeded

(8) From the choices below, choose the most possible reason of the inconsistency described in the underlined part ⑧ in the passage and mark the number on the **Answer Sheet**.

1 The interferon had an anticancer effect.
2 The interferon was preserved in a problematic way.
3 Impaired effectiveness did harm to 150 patients to be treated.
4 The transportation system relied on ships or boats instead of faster systems.

(9) Arrange the words in the brackets in the underlined part ⑨ so that the whole underlined part ⑨ matches the following meaning: **「ここ最近の開発には，研究用インターフェロンの供給を増やすことになると期待されるものもいくつかあった」**. Mark the numbers of the 2nd and 6th words on the **Answer Sheet**.

(10) From the choices below, choose the combination of words that best fits into the spaces (**A**), (**B**), (**C**) and (**D**) in the passage. Mark the number on the **Answer Sheet**.

1 **A** length **B** their **C** different **D** sequence

2 **A** sequence **B** different **C** units **D** length

3 **A** string **B** units **C** sequence **D** length

4 **A** units **B** string **C** length **D** sequence

(11) From the choices below, choose the two statements that do NOT match the passage. Mark the numbers on the **Answer Sheet**.

1 Around 1980, quite a few patients made the most of interferon to cure the common cold, not to mention cancer.

2 Around the middle of 1978 the American Cancer Society announced the largest series ever of clinical trials of interferon, the reports on which were released about two years later.

3 In the long run, it is safe to say that initial interferon produced by animal cells took the place of that produced by bacterial cells using gene splicing.

4 It is desirable that doctors should pay attention to the appropriate way to prescribe interferon for patients and to plan to cure them.

5 It was predicted by a company that interferon produced from bacterial cells could become available for clinical use during 1981.

6 There was a large investment for interferon research and a technique for successfully purifying interferon on a large scale was developed.

2 Read the following passages and answer the questions below. (27 points)

〈Ⅰ〉 This is a book about the music of the past. Medieval, Renaissance, and Baroque music have been repeatedly discarded and rediscovered ever since they were new. For me and for many readers, the music is beautiful and intriguing; it expands our horizons and nourishes① our souls.

〈Ⅱ〉 An interest in music of the past has been characteristic of a part of the musical world since the early nineteenth century — from about the time of the rise of museums. The revival of Gregorian chant in the early nineteenth century or Felix Mendelssohn's revival of J.S. Bach are some of the efforts made in the past to restore still② earlier music.

〈Ⅲ〉 In recent years this interest has taken on particular meaning, representing two specific trends: first, a rediscovery of little-known and under-appreciated repertories, and second, an effort to recover lost performing styles, in the conviction that such music will come to life in a new way using those performance practices. Medieval, Renaissance, and Baroque music have been central to these ideas, and their repertories have taken on new attractiveness as a result.

Why revive old music?

〈Ⅳ〉 There is already so much music in the world, so much being created every day, so much readily available in broadcast and recording media, [A] we can never listen to all of it. Why then do we make such an effort to revive music of the past? A variety of reasons include exoticism; history; novelty; politics; and, finally, pleasure.

〈Ⅴ〉 Early music is like "world music" in the sense that it provides listeners with something outside their own culture, their own tradition, or their own experience③. This is in essence the appeal of forgotten repertories; those not yet forgotten may be authoritative and elitist, but they are not exotic. Because these earlier repertories provide a means of connecting with worlds very different from our own, they give us reason to question our assumptions about how music works, what it does, and what it should sound like.

〈Ⅵ〉 There is also the desire to know what it was that people in the past listened to. What are those angels singing and playing in medieval paintings? What did Queen Elizabeth I dance to in the late 16th century? What entertained Louis XIV, also known as the Sun King, at dinner? These are questions [B] historical [C] musical, in that we're not at first seeking musical pleasure but historical knowledge, in an attempt to make a well-rounded historical picture of a time and place distant from us but of considerable interest. If it turns out that we like the music, so much the better; no one would question admiring a Gothic cathedral or a painting by Jan van Eyck or Leonardo da Vinci. ④<u>Lovers of the visual arts are almost never forced to justify their love of those things, but the music of the past often does not get the same timeless respect</u>. The impulse for this aspect of early music is essentially historical, like the interest in medieval cooking, or in Baroque clothing.

〈Ⅶ〉 Sheer [D] can also be at the core of an interest in early music. It is not like any music today; and it is not like any music in other cultures; and it is not even like itself, in that it consists of a long and broad series of repertories whose only common features are their oldness and unknownness. There is a certain satisfaction, perhaps, in being the first person in a long time to hear a newly revived piece; and satisfaction in showing off — that is, introducing other listeners to it.

〈Ⅷ〉 In the US 1960s and 1970s, there were ⑤<u>massive social movements</u> protesting discrimination against black people, the Vietnam War, and male-centered hierarchical society. These civil rights, anti-war, and feminist movements produced what many called a "counterculture," a way of life or set of attitudes which opposed the dominant social norm and resisted all that was passed down as traditional and elitist, and so demanded democracy in every domain. As far as early music was seen as nontraditional and participatory (there were, and are, a great many summer workshops where early music is played), it could be seen as part of a cultural trend toward music of the people, music without pretense, music that expresses a union of popular and academic. It cannot be sheer coincidence that the early-music "movement," as it is sometimes called, arose at the same time as a number of other popular movements: the folk-music revival, for example.

〈Ⅸ〉 In this way, what began as a creative "movement" to restore the music and spirit of the old times took on political tones in the 1960s, fueled by a sense of return to the natural, a rebellion against received wisdom and enforced submission, and a notion that early music was a [**E**] music as much as it was a listener's. Though the enormous success of a few performers and groups has more recently tended to professionalize early music and the amateur, participatory aspect has faded somewhat, much was gained in the twentieth century from the study and revival of instruments, playing techniques, and repertories.

(1) From the choices below, choose the word which is the closest in meaning to the underlined part ① in the passage and mark the number on the **Answer Sheet.**

1 calculates **2** circulates
3 classifies **4** cultivates

(2) From the choices below, choose the word which is the closest in meaning to the underlined part ② in the passage and mark the number on the **Answer Sheet.**

1 even **2** prior
3 twice **4** utter

出典追記：Early Music : A Very Short Introduction by Thomas Forrest Kelly, Oxford University Press

(3) According to the paragraph 〈Ⅲ〉, which of the following statements about early music is NOT correct? Mark the number on the **Answer Sheet**.

1 Consequently, medieval, Renaissance, and Baroque repertories have become more appealing.

2 It is important to rediscover music pieces most listeners do not know.

3 Medieval, Renaissance, and Baroque pieces have not played an essential role.

4 Restoring lost performance styles is significant.

(4) From the choices below, choose the word that best fits into the space [**A**] in the passage. Mark the number on the **Answer Sheet**.

1 how 2 that

3 what 4 which

(5) According to the paragraph 〈V〉, how can early music provide "listeners with something outside their own culture," as in the underlined part ③ in the passage? Mark the number on the **Answer Sheet**.

1 By challenging listeners' ideas about what music should sound like.

2 By making not-yet-forgotten pieces authoritative.

3 By suggesting how some repertories are being forgotten.

4 By distancing listeners from non-elitist repertories.

(6) From the choices below, choose the combination of words that best fits into the spaces [**B**] and [**C**] in the passage. Mark the number on the **Answer Sheet**.

1 **B** for **C** to 2 **B** more **C** than

3 **B** neither **C** nor 4 **B** not **C** but

(7) What can we infer from the underlined part ④ in the passage? Mark the number on the **Answer Sheet**.

1 The author implies that visual arts are more interesting than music.

2 The author thinks that people must not pay as much attention to early music as they do to a painting by Leonardo da Vinci.

3 It is true that nobody finds an artwork by Jan van Eyck attractive.

4 Sometimes lovers of early music have to explain the reason why they like the music.

(8) From the choices below, choose the word that best fits into the space [D] in the passage. Mark the number on the **Answer Sheet**.

1 desire　　2 novelty

3 politics　　4 repertories

(9) In the paragraph 〈Ⅷ〉, why does the author mention the "massive social movements" of the 1960s and 1970s, as in the underlined part ⑤? Mark the number on the **Answer Sheet**.

1 To draw the reader's attention to how "counterculture" was traditional and elitist.

2 To examine the process in which the folk-music revival came to an end.

3 To make clear that the early-music "movement" was mainly an academic phenomenon.

4 To show how the early-music "movement" was part of a social and cultural trend of the time.

(10) From the choices below, choose the word that best fits into the space [E] in the passage. Mark the number on the **Answer Sheet**.

1 coincidence's　　2 participant's

3 submission's　　4 wisdom's

(11) From the choices below, choose the two statements that do NOT match the passage. Mark the numbers on the **Answer Sheet**.

1 An interest in the music of the past is old, as it can be found from the time when libraries began to be built.

2 It is satisfying to be the first person that introduces other listeners to a newly restored repertory.

3 In the twentieth century, the study and revival of instruments, playing techniques, and repertories produced much knowledge of early music.

4 Reviving early music is very interesting in terms of exoticism, politics, and pleasure.

5 There has been a tremendous success of many early music performers and groups in more recent times, and this has had a positive effect in increasing the number of amateur early music players.

3 From the choices below, choose the word or words that best fit into the space ( ). Mark the number on the **Answer Sheet**. (20 points)

(1) I ( ) there for over a year when I got my first pay raise.

1 had been working 2 should be working
3 will be working 4 would be working

(2) ( ) I finish my physics homework, I'll start studying English.

1 Altogether 2 Ever 3 Once 4 Thus

(3) You ( ) to the party. We all had a great time. Where were you then?

1 should be coming 2 should have come
3 would be coming 4 might come

(4) Brazil won the World Cup, ( ) we all expected.

1 as 2 by 3 nor 4 than

(5) I ( ) to New Zealand, but the flight was suddenly cancelled.

1 have been 2 have been going

3 were 4 was going to go

(6) I slept in and missed my usual bus, so I ( ) got to school in time.

1 ally 2 barely 3 chilly 4 likely

(7) I love police shows on TV because I enjoy watching ( ) detectives solve the crimes.

1 either 2 how 3 who 4 whoever

(8) The school festival was postponed at the last minute ( ) the typhoon.

1 due to 2 in charge of

3 on the part of 4 up to

(9) I discussed the ( ) of going to school in another city.

1 disadvantages 2 dissolves

3 distributes 4 disposes

(10) My friends prefer to study in groups, ( ) I prefer to study alone.

1 during 2 scarcely 3 that 4 while

(11) I have volleyball practice in the morning and my part-time job at night, so my ( ) routine is quite tough.

1 daily 2 dairy 3 days 4 diary

(12) When I flew from Japan to Australia, I crossed the ( ) for the first time in my life.

1 equates 2 equation 3 equator 4 equivalent

(13) The loud noise coming from the house next door was slowly getting on my ( ).

1 nerves 2 sights 3 soles 4 veins

(14) Since it's going to rain tomorrow, I ( ) stay home and study.

1 only too 2 take pains
3 might as well 4 stand up for

(15) A: So what's wrong with you? If you tell us what your real ( ) is, we might be able to give you a better answer.

B: Well, actually I'm not sure. I'm just feeling a little bit uneasy.

1 compete 2 complement 3 conceive 4 concern

(16) A: It's getting warmer and warmer.

B: You can say that again. Spring is ( ).

1 far off in the distance 2 in the meantime
3 just around the corner 4 the other way round

(17) A: I haven't seen you for a while. How's your work?

B: ( ). Our boss is great, my colleagues are nice, and the business is going very well.

1 Couldn't be better 2 Good for nothing
3 It's bored 4 Just let me pass

(18) A: I didn't really understand what he wanted to say. Did you?

B: I think I did. You sometimes have to ( ) when you talk with him.

1 attribute to 2 hold the line

3 put them forth 4 read between the lines

(19) A: I can assure you this invention of mine is perfect. It will give you health and bring me wealth. I'll soon be a millionaire and with that money I can even build a palace.

B: Ah, I think I know what that palace is called. A ( ) in the air, right?

1 bank 2 castle 3 penguin 4 sand

(20) A: What brought you to Japan despite the fact that there have been a lot of earthquakes again recently in Japan?

B: I am a geologist and my wife is crazy about Japan.

A: That ( ) it.

1 admires 2 appreciates 3 embeds 4 explains

4 From the choices 1 ~ 4, choose the one that best fits into the space in each sentence so that it serves as the definition of the word or words on the left. Mark the number on the **Answer Sheet**. (10 points)

(1) periodic table: A table showing the chemical elements arranged according to their (　　　) numbers.

1 abolish　2 atomic　3 hectic　4 logistic

(2) radar: A system that uses (　　　) radio waves to find out the presence, position, and speed of distant objects.

1 exhibited　2 prohibited　3 reflected　4 rejected

(3) atmosphere: The mixture of gases that (　　　) some planets, such as the Earth.

1 bends　2 forbids　3 pretends　4 surrounds

(4) momentum: The mass of a moving object (　　　) by its speed in a particular direction.

1 counted　2 focused　3 multiplied　4 presided

(5) conservation: The (　　　) of plants, animals, and natural areas, especially from the damaging effects of human activities.

1 caution　2 confusion　3 protection　4 temptation

(6) hacking: The act of getting into another person's computer without permission in order to find out or change the information (　　　) there.

1 adored　2 exhaled　3 implored　4 stored

(7) nutrient: A substance or ( ) that promotes growth, provides energy, and maintains life.

1 adjacent 2 impatient 3 ingredient 4 sufficient

(8) ecology: A branch of science concerned with ( ) between living organisms and their environments.

1 collisions 2 debts
3 excuses 4 interrelationships

(9) turbine: A type of machine through which liquid or gas flows and turns a special wheel with ( ) in order to produce power.

1 blades 2 jails 3 votes 4 weeds

(10) astronomy: The study of the universe and objects in it, including stars, planets, comets, and ( ).

1 dormitories 2 galaxies 3 lorries 4 utilities

5 Read the following passages, which are all short summaries of academic papers. From the choices below, choose the one that best expresses the meaning of each underlined word. Mark the number on the **Answer Sheet**.

(16 points)

Passage 1

In the history of Western classical music, tempo, the speed of music, was not often specified, for it (1) was considered obvious from musical context. Only in 1815, Maelzel patented the metronome. Beethoven immediately embraced it and added tempo marks to his already published eight symphonies. However, these marks are still under dispute, as many musicians consider them too quick to be played and even unmusical, whereas others claim them as Beethoven's supposedly written will. In this paper, we develop a method to extract and analyze the performed tempo from 36 complete symphonic recordings by different conductors. Our results show that conductor tempo choices reveal a systematic difference from Beethoven's marks, one (2) which highlights the prominence of "correct tempo" as a phenomenon shaped by cultural context.

(1) 1 history　2 musical context
3 tempo　4 Western classical music

(2) 1 a conductor　2 a cultural context
3 a prominence　4 a systematic difference

Passage 2

An experiment was conducted to examine whether the mere possession of a placebo cream would affect perceived pain intensity in a laboratory pain-perception test. Healthy participants read a medical explanation of pain aimed at inducing (3) a desire to seek pain relief and then were informed that a placebo cream was an effective drug. Half of the participants were randomly assigned to receive the cream as an unexpected gift, whereas the other half did not receive the cream. Subsequently, all participants performed a pain tolerance task. We found that participants who received the cream but did not use it reported lower levels of pain intensity during the task than those who did not receive it(4). Our findings constitute initial evidence that simply possessing a placebo cream can reduce pain intensity.

(3) 1 arousing 2 imposing 3 predicting 4 stressing

(4) 1 the cream 2 the intensity
3 the pain 4 the task

Passage 3

When processing information in social situations, people automatically construct rich models of other people's vision. Here we show that when people judge the mechanical forces acting on an object, their judgments are biased by another person gazing at the object. The bias is consistent with an implicit perception that gaze adds a gentle force, pushing on the object. The bias was present even though the participants were not explicitly aware of it(5) and claimed that they did not believe in an extramission view of vision (a common folk view of vision in which the eyes emit an invisible energy). A similar result was not obtained on control trials(6) when participants saw a face with open eyes turned away from the object. The findings suggest that people automatically and implicitly generate a model of other people's vision that uses the simplifying construct of beams coming out of the eyes.

(5) 1 the bias 2 the gaze 3 the object 4 the vision

(6) 1 appeals 2 burdens 3 errors 4 experiments

Passage 4

In many academic fields, the number of papers published each year has increased significantly over time. Government policies aim to increase the quantity of scientific output, which is measured by the number of papers produced. Whether and how this increase translates into advances in knowledge is unclear, however. Here, we first lay out a theoretical argument for why too many papers do not necessarily lead to advance. The deluge of new papers may deprive reviewers of time and energy needed to fully recognize novel ideas. Competition among many new ideas may prevent the gradual accumulation of focused attention on a promising one(7). Then, we show data supporting the predictions of this theory. When the number of papers published per year in a scientific field grows large, citations flow excessively to already well-cited papers; new papers are unlikely to ever become highly cited, and when they do(8), it is not through a gradual, cumulative process of attention gathering; and newly published papers become unlikely to disrupt existing work.

(7)　1　accumulation　　2　competition
　　3　focused attention　　4　new idea

(8)　1　are unlikely　　2　become highly cited
　　3　disrupt existing work　　4　flow excessively

出典追記：
Passage 1 : Conductors' tempo choices shed light over Beethoven's metronome, Plos One on December 16, 2020 by Almudena Martin-Castro and Iñaki Ucar
Passage 2 : Merely Possessing a Placebo Analgesic Reduced Pain Intensity : Preliminary Findings from a Randomized Design, Current Psychology volume 38 by Victoria Wai-lanYeung, Andrew Geers and Simon Man-chun Kam
Passage 3 : Implicit model of other people's visual attention as aninvisible, force-carrying beam projecting from the eyes, PNAS Vol. 116 by Arvid Guterstama, Hope H. Keana, Taylor W. Webba, Faith S. Keana, and Michael S. A. Graziano
Passage 4 : Slowed canonical progress in large fields of science, PNAS Vol. 118 No. 41 by Johan S. G. Chua and James A. Evans

数学

(100 分)

問題 $\boxed{1}$ の解答は解答用マークシートにマークしなさい。

$\boxed{1}$ 次の **(1)**, **(2)**, **(3)** においては, $\boxed{}$ 内の 1 つのカタカナに 0 から 9 までの数字が 1 つあてはまる。その数字を解答用マークシートにマークしなさい。与えられた枠数より少ない桁の数があてはまる場合は, 上位の桁を 0 として, 右に詰めた数値としなさい。分数は既約分数とし, 値が整数の場合は分母を 1 としなさい。根号を含む形で解答する場合は, 根号の中に現れる自然数が最小となる形で答えなさい。 (50 点)

(1) $x>1$ に対して

$$f(x)=\frac{5x^3+8x^2+15}{x^3-x}$$

とする。

(a) $\displaystyle\lim_{x\to\infty} f(x)=\boxed{\text{ア}}$, $\quad f(9)=\dfrac{\boxed{\text{イウエ}}}{\boxed{\text{オカ}}}$ である。

(b) $g(x)=x^2(x^2-1)^2f'(x)$ とおくと

$$g'(x)=-\boxed{\text{キク}}x^3-\boxed{\text{ケコ}}x^2-\boxed{\text{サシス}}x$$

である。ただし, $f'(x)$, $g'(x)$ はそれぞれ $f(x)$, $g(x)$ の導関数である。

(c) $y=f(x)$ を満たす自然数の組 $(x,\ y)$ はただ 1 つ存在し, それを $(a,\ b)$ としたとき

$$f(b) = \frac{\boxed{セソタチ}}{\boxed{ツテト}}$$

である。

(2) 三角形 ABC がある。辺 AB 上に点 P を $\mathrm{AP} : \mathrm{PB} = p : (1-p)$ となるようにとり，辺 AC 上に点 Q を $\mathrm{AQ} : \mathrm{QC} = q : (1-q)$ となるようにとる。ただし，p と q は $0 < p < 1$ および $0 < q < 1$ を満たす定数とする。さらに，直線 BQ と直線 CP の交点を D とし，三角形 ABC の面積を S_1，三角形 BCD の面積を S_2 とおく。

(a) $\mathrm{AB} = 2$，$\mathrm{AC} = 3$，$\mathrm{BC} = \sqrt{6}$ のとき

$\overrightarrow{\mathrm{AB}} \cdot \overrightarrow{\mathrm{AC}} = \dfrac{\boxed{ア}}{\boxed{イ}}$ である。

(b) $p = \dfrac{1}{6}$，$q = \dfrac{3}{5}$ のとき

$\overrightarrow{\mathrm{AD}} = \dfrac{\boxed{ウ}}{\boxed{エオ}}\overrightarrow{\mathrm{AB}} + \dfrac{\boxed{カ}}{\boxed{キ}}\overrightarrow{\mathrm{AC}}$ であり，$\dfrac{S_2}{S_1} = \dfrac{\boxed{クケ}}{\boxed{コサ}}$ である。

以下，$S_2 = \dfrac{1}{5}S_1$ が成り立つ場合を考える。

(c) q を，p を用いて表すと $q = \dfrac{\boxed{シ} - \boxed{ス}\,p}{\boxed{セ} - \boxed{ソ}\,p}$ である。

(d) 直線 BD 上に点 E（E は三角形 ABC の内部で B と D のどちらにも一致しない）をとり，直線 AE と直線 DP の交点を F とする。三角形 ABE と三角形 ACF の面積がともに $\dfrac{1}{5}S_1$ に等しいとき

$$p = \frac{\boxed{タ} + \sqrt{\boxed{チ}}}{\boxed{ツ}} \quad \text{または} \quad \frac{\boxed{テ} - \sqrt{\boxed{ト}}}{\boxed{ナ}}$$

である。

(3) 座標平面において，円 $C: x^2+y^2=1$ を考える。点 A$(-2,\ 1)$ から円 C に2本の接線を引き，その接点を P と Q とする。ただし，P の x 座標を x_1，Q の x 座標を x_2 としたとき，$x_1 > x_2$ とする。直線 PQ 上の点で円 C の外部にある点を R とし，R から円 C に2本の接線を引き，その接点を S と T とする。ただし，S の x 座標を x_3，T の x 座標を x_4 としたとき，$x_3 > x_4$ とする。

(a) 接線 AP の方程式は $y=$ ［ア］ であり，

接線 AQ の方程式は $y=-\dfrac{［イ］}{［ウ］}x-\dfrac{［エ］}{［オ］}$ である。

また，直線 PQ の方程式は $y=$ ［カ］ $x+$ ［キ］ である。

(b) 点 R の x 座標が3のとき，直線 ST の方程式は

$y=-\dfrac{［ク］}{［ケ］}x+\dfrac{［コ］}{［サ］}$ である。

(c) AT = TS のとき，点 R の座標は

$\left(-［シ］,\ -［ス］\right)$ または $\left(\dfrac{［セ］}{［ソ］},\ \dfrac{［タ］}{［チ］}\right)$ である。

問題 **2** の解答は解答用紙 **2** に記入しなさい。

2 以下の問いに答えなさい。ただし，空欄（あ）～（し）については適切な数または式を解答用紙の所定の欄に記入しなさい。

(25点)

n を2以上の自然数とする。複素数平面上の異なる n 個の複素数 z_1，z_2，……，z_n が複素数 w に対して

$$z_1 = wz_2,\ z_2 = wz_3,\ \cdots\cdots,\ z_{n-1} = wz_n,\ z_n = wz_1$$

を満たしている。以下，すべての複素数の偏角は0以上 2π 未満で考える。

(1) $n=3$ のとき，$w^2+w+1=$ （あ） であり

$$\left|\frac{z_3-z_2}{z_1-z_2}\right| = \boxed{（い）},\quad \arg\frac{z_3-z_2}{z_1-z_2} = \boxed{（う）} \text{ または } \boxed{（え）}$$

である。ただし，（う） < （え） とする。

(2) $n=4$ のとき

$$\left|\frac{z_3-z_2}{z_1-z_2}\right| = \boxed{（お）},\quad \arg\frac{z_3-z_2}{z_1-z_2} = \boxed{（か）} \text{ または } \boxed{（き）}$$

である。ただし，（か） < （き） とする。

(3) $n=6$ のとき，w のとり得る偏角は （く） および （け） である。$n=12$ のとき，w のとり得る偏角は （こ） 個存在して，大きさが最大のものは （さ） である。$n=24$ で $|z_1-z_2|=1$ のとき，z_1，z_2，……，z_{24} を頂点とする図形の面積は （し） である。なお，（こ） と （さ） の値を導く過程も所定の場所に書きなさい。ただし，w の偏角はとり得る最小のものとする。

問題 3 の解答は解答用紙 3 に記入しなさい。

3 以下の問いに答えなさい。ただし，空欄（あ）～（き）については適切な数または式を解答用紙の所定の欄に記入しなさい。

(25点)

a と b を定数（$a>0,\ b<0$）とする。実数 x の関数

$$f(x)=e^{a+bx},\quad g(x)=e^{-f(x)}$$

に対して，座標平面上の曲線 C：$y=e^{bx}g(x)$ を考える。ただし，e は自然対数の底を表す。

(1) $\displaystyle\lim_{x\to\infty}e^{bx}g(x)=$ （あ） である。

(2) $\displaystyle\lim_{x\to-\infty}e^{bx}g(x)=$ （い） である。ただし，$\displaystyle\lim_{x\to\infty}\frac{x}{e^x}=0$ を用いてよい。

(3) 関数 $y=e^{bx}g(x)$ は $x=$ （う） のとき，極値 $y=$ （え） をとる。また，曲線 C の変曲点の x 座標は （お） および （か） である。ただし，（お） $<$ （か） とする。

(4) t を正の実数とする。曲線 C と x 軸，および2直線 $x=-t,\ x=t$ で囲まれた部分を，x 軸の周りに1回転させてできる立体の体積を $V(t)$ とすると

$$\lim_{t\to\infty}V(t)=\text{（き）}$$

である。なお，（き） を導く過程も解答用紙の所定の場所に書きなさい。

物理

(80分)

1 次の文中の [(ア)] ～ [(キ)] の中にあてはまる適切な答を**解答群**の中から選び，その番号を**解答用マークシート**の指定された欄にマークしなさい。必要なら，同一番号を繰り返し用いてよい。(34点)

以下の問題では，台車と小物体は同一水平直線上を動くものとし，加速度と速度は水平右向きを正とし，重力加速度の大きさを g〔m/s^2〕とする。

(1) **図1-1**に示すように，水平でなめらかな床の上に台車がある。台車の質量は M〔kg〕である。台車の床の上に質量 m〔kg〕$(m < M)$ の小物体が置かれている。台車の床は水平で，台車と小物体の間の静止摩擦係数と動摩擦係数は，等しく，μ である。台車と小物体が静止していたときに水平右向きに力を台車に加え，台車を一定の加速度で動かした。力を時刻0から時刻 T〔s〕の間加え，この間の台車の加速度の大きさは α〔m/s^2〕$(\alpha > \mu g)$ であった。時刻 T における小物体の台車に対する相対速度は [(ア)]〔m/s〕である。時刻 T 以後は台車に力を加えなかったので，台車と小物体は，時刻 T から [(イ)]〔s〕経過したときに一体となり，その後は一体となって動いた。時刻 T 以後に小物体が台車上を動いた距離は [(ウ)]〔m〕である。なお，台車に力を加えてから台車と小物体が一体となって動き始めるまでの間，小物体が台車の壁に衝突することはなかった。

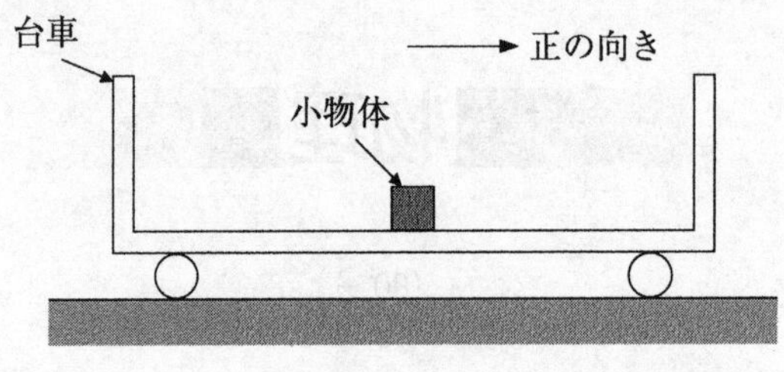

図1-1

(ア)の解答群

0　0　　1　$\mu g T$　　2　$-\mu g T$

3　αT　　4　$-\alpha T$　　5　$(\alpha-\mu g)T$

6　$-(\alpha-\mu g)T$　　7　$(\alpha+\mu g)T$　　8　$-(\alpha+\mu g)T$

(イ)の解答群

0　T　　1　$\dfrac{\alpha}{\mu g}T$　　2　$\dfrac{M}{M+m}T$

3　$\dfrac{M}{M-m}T$　　4　$\dfrac{M\alpha}{(M+m)\mu g}T$　　5　$\dfrac{M(\alpha-\mu g)}{(M-m)\mu g}T$

6　$\dfrac{M(\alpha+\mu g)}{(M-m)\mu g}T$　　7　$\dfrac{M(\alpha-\mu g)}{(M+m)\mu g}T$　　8　$\dfrac{M(\alpha+\mu g)}{(M+m)\mu g}T$

(ウ)の解答群

0　$\dfrac{\alpha T^2}{2}$　　1　$\dfrac{M\alpha^2T^2}{2(M+m)\mu g}$

2　$\dfrac{M\alpha^2T^2}{2(M-m)\mu g}$　　3　$\dfrac{M(\alpha-\mu g)^2T^2}{2(M+m)\mu g}$

4　$\dfrac{M(\alpha-\mu g)^2T^2}{2(M-m)\mu g}$　　5　$\dfrac{M(\alpha-\mu g)(\alpha+\mu g)T^2}{2(M+m)\mu g}$

6　$\dfrac{M(\alpha-\mu g)(\alpha+\mu g)T^2}{2(M-m)\mu g}$　　7　$\dfrac{2M(\alpha+\mu g)^2T^2}{(M+m)\mu g}$

8　$\dfrac{2M(\alpha+\mu g)^2T^2}{(M-m)\mu g}$

(2)　図1-2に示すように，水平でなめらかな床の上を動く台車がある。台車の床の上には質量 m_{A}〔kg〕の小物体Aと質量 m_{B}〔kg〕$(m_{\mathrm{A}}>m_{\mathrm{B}})$ の小物体Bが置かれている。台車の床は水平でなめらかである。小物体Aはばね定数k〔N/m〕のばねの一端につながれ，ばねの他端は台車の壁に固定されている。小物体Bは小物体Aの右側に離れて置かれている。ばねが自然の長さで，台車と両小物体が静止していたときに力を台車に加えて，台車を水平右向きに一定の加速度で運動させた。台車の加速度の大きさはα〔$\mathrm{m/s^2}$〕であった。小物体Aが動き出した後で，小物体Aの台車に対する相対速度がはじめてゼロになったときに小物体Aは小物体Bに弾性衝突した。この衝突は台車が等加速度運動を始めた時刻から [(エ)] 〔s〕経過したときに起こり，衝突したときのばねの伸縮量の大きさは [(オ)] 〔m〕である。衝突直後の小物体Aの台車に対する相対速度の大きさは [(カ)] 〔m/s〕である。衝突直後からは，衝突直後の台車の速度で台車が等速運動するように台車に力を加え続けた。小物体Aと小物体Bが再度衝突する前に，小物体Aの台車に対する相対速度がゼロになった。このときのばねの伸縮量の大きさは [(キ)] 〔m〕である。

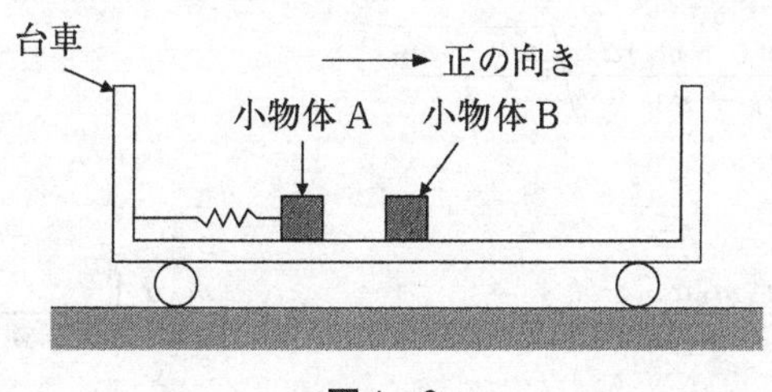

図1－2

(エ)の解答群

0 $\frac{\pi}{2}\sqrt{\frac{m_A}{k}}$　　1 $\pi\sqrt{\frac{m_A}{k}}$　　2 $\frac{3\pi}{2}\sqrt{\frac{m_A}{k}}$

3 $\frac{\pi}{2}\sqrt{\frac{m_A+m_B}{k}}$　　4 $\pi\sqrt{\frac{m_A+m_B}{k}}$　　5 $\frac{3\pi}{2}\sqrt{\frac{m_A+m_B}{k}}$

6 $\frac{\pi}{2}\sqrt{\frac{m_A-m_B}{k}}$　　7 $\pi\sqrt{\frac{m_A-m_B}{k}}$　　8 $\frac{3\pi}{2}\sqrt{\frac{m_A-m_B}{k}}$

(オ)の解答群

0　0　　1　$\dfrac{m_{\mathrm{A}}\alpha}{k}$　　2　$\dfrac{2m_{\mathrm{A}}\alpha}{k}$

3　$\dfrac{m_{\mathrm{B}}\alpha}{k}$　　4　$\dfrac{2m_{\mathrm{B}}\alpha}{k}$　　5　$\dfrac{(m_{\mathrm{A}}-m_{\mathrm{B}})\alpha}{k}$

6　$\dfrac{2(m_{\mathrm{A}}-m_{\mathrm{B}})\alpha}{k}$　　7　$\dfrac{(m_{\mathrm{A}}+m_{\mathrm{B}})\alpha}{k}$　　8　$\dfrac{2(m_{\mathrm{A}}+m_{\mathrm{B}})\alpha}{k}$

(カ)の解答群

0　$\dfrac{2\pi m_{\mathrm{A}}\alpha}{m_{\mathrm{A}}+m_{\mathrm{B}}}\sqrt{\dfrac{m_{\mathrm{A}}}{k}}$　　1　$\dfrac{2\pi m_{\mathrm{A}}\alpha}{m_{\mathrm{A}}+m_{\mathrm{B}}}\sqrt{\dfrac{m_{\mathrm{A}}+m_{\mathrm{B}}}{k}}$

2　$\dfrac{2\pi m_{\mathrm{A}}\alpha}{m_{\mathrm{A}}+m_{\mathrm{B}}}\sqrt{\dfrac{m_{\mathrm{A}}-m_{\mathrm{B}}}{k}}$　　3　$\dfrac{2\pi m_{\mathrm{B}}\alpha}{m_{\mathrm{A}}+m_{\mathrm{B}}}\sqrt{\dfrac{m_{\mathrm{A}}}{k}}$

4　$\dfrac{2\pi m_{\mathrm{B}}\alpha}{m_{\mathrm{A}}+m_{\mathrm{B}}}\sqrt{\dfrac{m_{\mathrm{A}}+m_{\mathrm{B}}}{k}}$　　5　$\dfrac{2\pi m_{\mathrm{B}}\alpha}{m_{\mathrm{A}}+m_{\mathrm{B}}}\sqrt{\dfrac{m_{\mathrm{A}}-m_{\mathrm{B}}}{k}}$

6　$\dfrac{2\pi(m_{\mathrm{A}}-m_{\mathrm{B}})\alpha}{m_{\mathrm{A}}+m_{\mathrm{B}}}\sqrt{\dfrac{m_{\mathrm{A}}}{k}}$　　7　$\dfrac{2\pi(m_{\mathrm{A}}-m_{\mathrm{B}})\alpha}{m_{\mathrm{A}}+m_{\mathrm{B}}}\sqrt{\dfrac{m_{\mathrm{A}}+m_{\mathrm{B}}}{k}}$

8　$\dfrac{2\pi(m_{\mathrm{A}}-m_{\mathrm{B}})\alpha}{m_{\mathrm{A}}+m_{\mathrm{B}}}\sqrt{\dfrac{m_{\mathrm{A}}-m_{\mathrm{B}}}{k}}$

(キ)の解答群

0　$\dfrac{\pi m_{\mathrm{A}}m_{\mathrm{B}}\alpha}{(m_{\mathrm{A}}+m_{\mathrm{B}})k}$　　1　$\dfrac{m_{\mathrm{A}}\alpha}{k}\left\{1+\dfrac{\pi m_{\mathrm{A}}}{m_{\mathrm{A}}+m_{\mathrm{B}}}\right\}$

2　$\dfrac{m_{\mathrm{A}}\alpha}{k}\left\{1+\dfrac{\pi m_{\mathrm{B}}}{m_{\mathrm{A}}+m_{\mathrm{B}}}\right\}$　　3　$\dfrac{2\pi m_{\mathrm{A}}m_{\mathrm{B}}\alpha}{(m_{\mathrm{A}}+m_{\mathrm{B}})k}$

4　$\dfrac{2m_{\mathrm{A}}\alpha}{k}\left\{1+\dfrac{\pi m_{\mathrm{A}}}{m_{\mathrm{A}}+m_{\mathrm{B}}}\right\}$　　5　$\dfrac{2m_{\mathrm{A}}\alpha}{k}\left\{1+\dfrac{\pi m_{\mathrm{B}}}{m_{\mathrm{A}}+m_{\mathrm{B}}}\right\}$

6　$\dfrac{2m_{\mathrm{A}}\alpha}{k}\sqrt{1+\left(\dfrac{\pi m_{\mathrm{B}}}{m_{\mathrm{A}}+m_{\mathrm{B}}}\right)^2}$　　7　$\dfrac{m_{\mathrm{A}}\alpha}{k}\left\{1+\sqrt{1+\left(\dfrac{\pi m_{\mathrm{B}}}{m_{\mathrm{A}}+m_{\mathrm{B}}}\right)^2}\right\}$

8　$\dfrac{2m_{\mathrm{A}}\alpha}{k}\left\{1+\sqrt{1+\left(\dfrac{\pi m_{\mathrm{B}}}{m_{\mathrm{A}}+m_{\mathrm{B}}}\right)^2}\right\}$

2 次の問題の (ク) ～ (タ) の中にあてはまる適切な答を**解答群**の中から選び，その番号を**解答用マークシート**の指定された欄にマークしなさい。必要なら，同一番号を繰り返し用いてよい。 (33点)

以下の問題では，回路には抵抗値 R〔Ω〕の抵抗素子が接続されており，それ以外の抵抗および自己インダクタンスは無視できるものとする。

(1) **図2－1**に示すように，一辺の長さが a〔m〕と b〔m〕の長方形回路ABCDを水平に置く。回路は鉛直方向の一様な磁束密度 B〔T〕の磁場の中に置かれているが，この磁場は鉛直上向きを正として**図2－2**に示すような周期 T〔s〕で1次関数的に変化している。磁束密度 B〔T〕の範囲は $0 \leqq B \leqq B_0$〔T〕である。

このとき回路に流れる電流の大きさの時間変化として最も適当なグラフは (ク) であり，そのときの電流の流れる向きは (ケ) である。なお，時刻 $t=T,\ 2T,\ 3T,\ \cdots$ における電流は無視できるものとする。

時刻 $t=\dfrac{T}{2}$〔s〕のときに回路に流れる電流の大きさは (コ) 〔A〕であり，抵抗素子に生じる単位時間当たりの熱エネルギーは (サ) 〔W〕である。

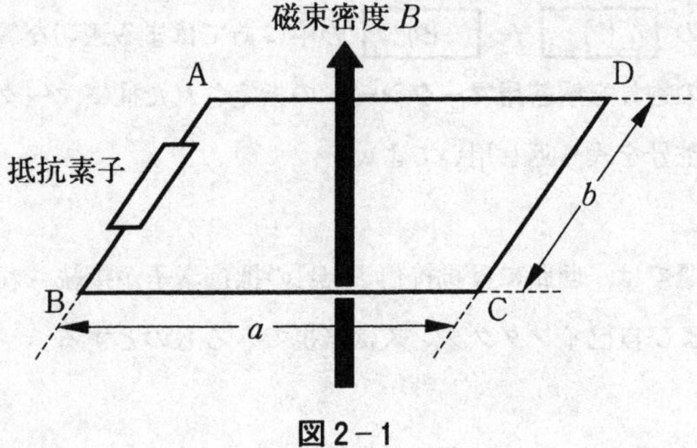

図 2－1

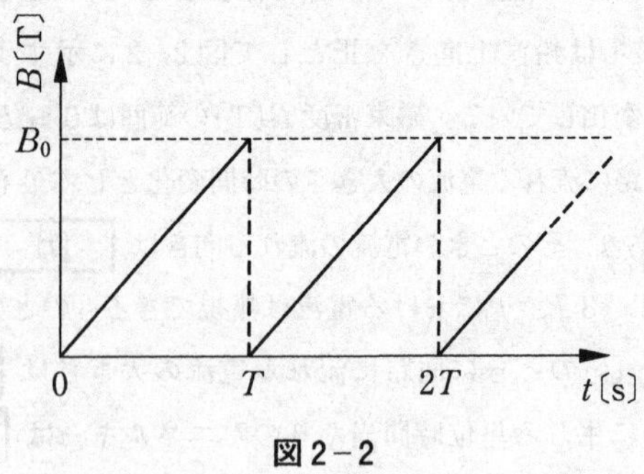

図 2－2

(ク)の解答群

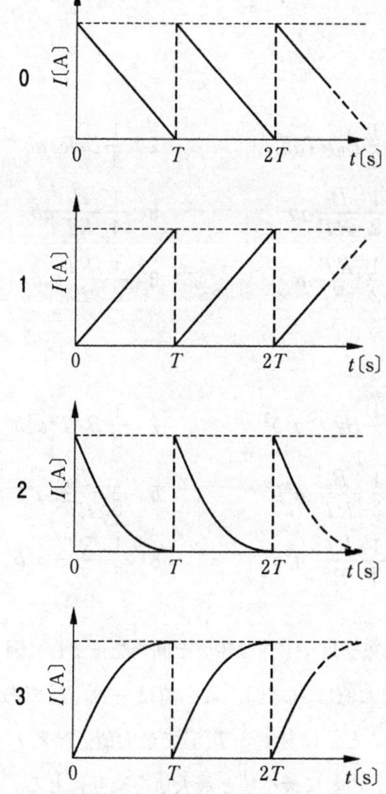
0
I〔A〕
0
T
2T
t〔s〕
1
I〔A〕
0
T
2T
t〔s〕
2
I〔A〕
0
T
2T
t〔s〕
3
I〔A〕
0
T
2T
t〔s〕
4
I〔A〕
0
T
2T
t〔s〕

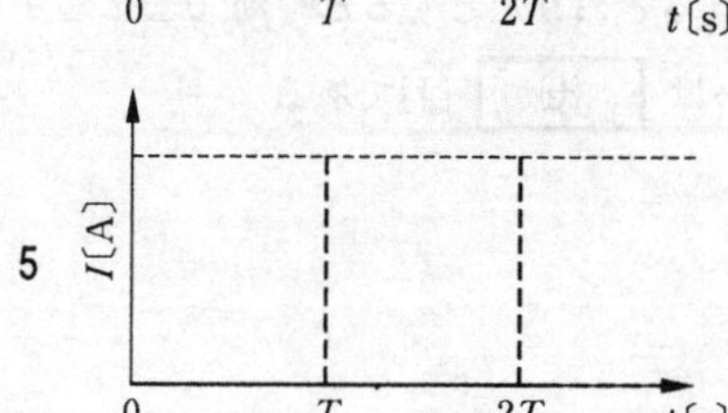
5
I〔A〕
0
T
2T
t〔s〕

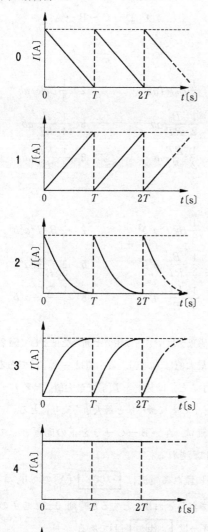

(ケ)の解答群

0　A → B → C → D　　1　D → C → B → A

(コ)の解答群

0　B_0RTab　　1　$\frac{1}{2}B_0RTab$　　2　$\frac{1}{4}B_0RTab$

3　$\frac{B_0}{RT}ab$　　4　$\frac{1}{2}\frac{B_0}{RT}ab$　　5　$\frac{1}{4}\frac{B_0}{RT}ab$

6　$\frac{RT}{B_0}ab$　　7　$\frac{1}{2}\frac{RT}{B_0}ab$　　8　$\frac{1}{4}\frac{RT}{B_0}ab$

(サ)の解答群

0　$B_0{}^2T^2a^2b^2$　　1　$\frac{1}{3}B_0{}^2T^2a^2b^2$　　2　$\frac{1}{5}B_0{}^2T^2a^2b^2$

3　$\frac{B_0{}^2}{RT^2}a^2b^2$　　4　$\frac{1}{3}\frac{B_0{}^2}{RT^2}a^2b^2$　　5　$\frac{1}{5}\frac{B_0{}^2}{RT^2}a^2b^2$

6　$\frac{RT^2}{B_0{}^2}a^2b^2$　　7　$\frac{1}{3}\frac{RT^2}{B_0{}^2}a^2b^2$　　8　$\frac{1}{5}\frac{RT^2}{B_0{}^2}a^2b^2$

(2)　**図2-1**に示す回路において，磁束密度B〔T〕は鉛直上向きを正として**図2-3**のように直線的に増減し，その最大値はB_0〔T〕，最小値は$-B_0$〔T〕である。時刻$t=0$で最小値であったとすると，時刻$t=T$〔s〕で最大値，時刻$t=2T$〔s〕で最小値，…… のように時刻Tごとに最小値と最大値を交互にとる。

このとき，回路に流れる電流は，A → B → C → Dを正の向きとして，［(シ)］のグラフで最も適当に表される。

時刻$t=\frac{T}{2}$〔s〕のときに回路に流れる電流は［(ス)］〔A〕であり，また，電流が［(シ)］のグラフで表されるとおりだとすると時刻 $0 \leqq t \leqq T$の間に抵抗素子で消費されるエネルギーは［(セ)］〔J〕である。

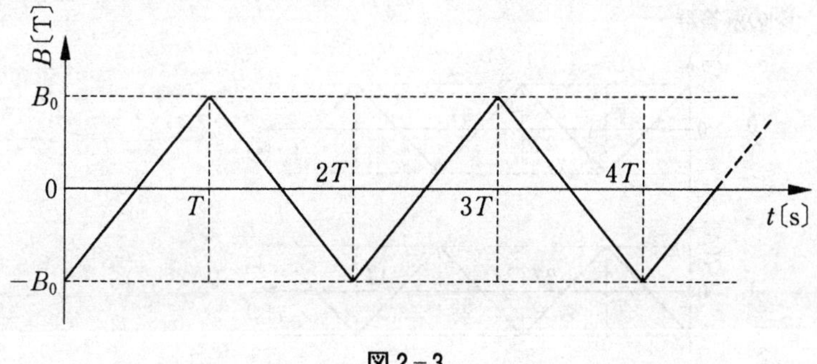

図2－3

(シ)の解答群

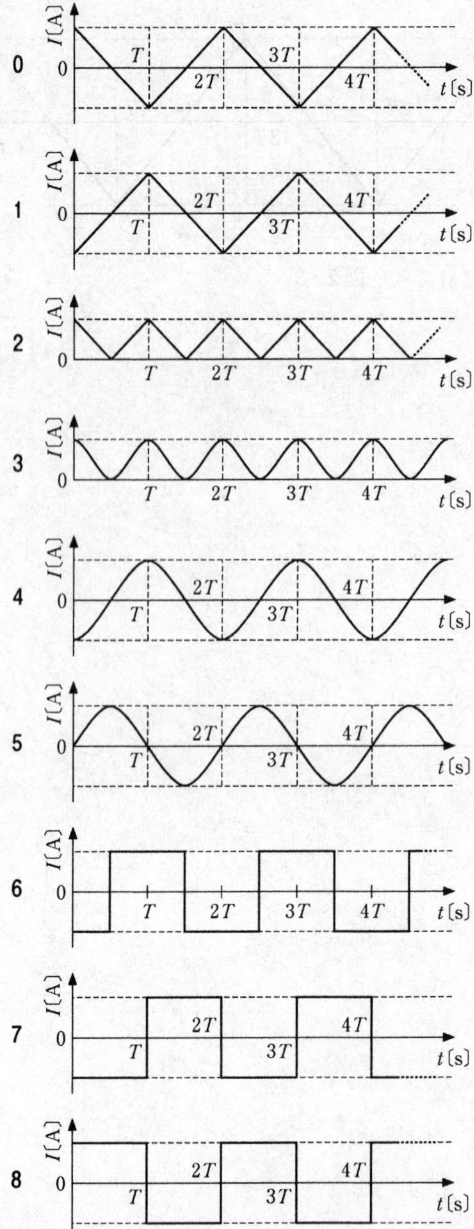

(ス)の解答群

0　0　　1　$-\dfrac{2B_0}{RT}ab$　　2　$-\dfrac{2B_0{}^2}{RT}a^2b^2$

3　$-\dfrac{1}{2}\dfrac{RT}{B_0ab}$　　4　$-\dfrac{1}{2}\dfrac{RT}{B_0{}^2a^2b^2}$　　5　$\dfrac{1}{2}\dfrac{RT}{B_0ab}$

6　$\dfrac{1}{2}\dfrac{RT}{B_0{}^2a^2b^2}$　　7　$\dfrac{2B_0}{RT}ab$　　8　$\dfrac{2B_0{}^2}{RT}a^2b^2$

(セ)の解答群

0　$\dfrac{B_0{}^2}{RT}ab$　　1　$\dfrac{2B_0{}^2}{RT}ab$　　2　$\dfrac{4B_0{}^2}{RT}ab$

3　$\dfrac{B_0{}^2}{RT}a^2b^2$　　4　$\dfrac{2B_0{}^2}{RT}a^2b^2$　　5　$\dfrac{4B_0{}^2}{RT}a^2b^2$

6　$\dfrac{B_0{}^2}{RT^2}a^2b^2$　　7　$\dfrac{2B_0{}^2}{RT^2}a^2b^2$　　8　$\dfrac{4B_0{}^2}{RT^2}a^2b^2$

(3)　**図2-4**のように導線上に太さの無視できるコの字形の導体PQRSを置き導通させる。導体PQRSは直線PSを回転軸としてなめらかに，かつQRが他の導線と接触せずに回転できるようになっている。なお，この回転軸はこの位置から動かないものとする。4点P，Q，R，Sは長方形の頂点をなしており，$\overline{\mathrm{QR}}=l$〔m〕，$\overline{\mathrm{PQ}}=h$〔m〕である。この回路を一様で時間変化しない磁束密度B〔T〕の磁場の中に置く。この磁場は鉛直上向きで，直線PSとQRは常にこの磁場に対して垂直を保っているものとする。

導体PQRSをω〔rad/s〕の一定の角速度で回転させたとき，導体に流れる電流の最大値は［(ソ)］〔A〕であり，導体PQRSが1回転する間に抵抗素子で消費されるエネルギーは［(タ)］〔J〕である。

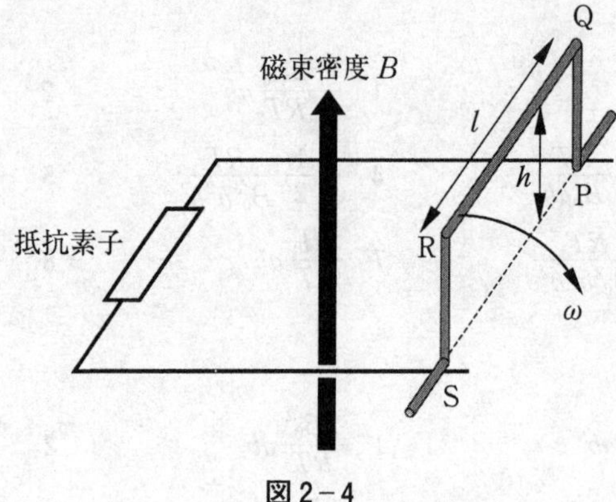

図 2－4

(ソ)の解答群

0　$\omega RBhl$	1　$\pi\omega RBhl$	2　$\pi\omega RB^2h^2l^2$
3　$\dfrac{\omega Bhl}{R}$	4　$\dfrac{\pi\omega Bhl}{R}$	5　$\dfrac{\pi\omega B^2h^2l^2}{R}$
6　$\dfrac{R}{\omega Bhl}$	7　$\dfrac{R}{\pi\omega Bhl}$	8　$\dfrac{R}{\pi\omega B^2h^2l^2}$

(タ)の解答群

0　$\pi\omega RB^2h^2l^2$	1　$\sqrt{2}\pi\omega RB^2h^2l^2$	2　$2\pi\omega RB^2h^2l^2$
3　$\dfrac{R}{\pi\omega B^2h^2l^2}$	4　$\dfrac{\sqrt{2}R}{2\pi\omega B^2h^2l^2}$	5　$\dfrac{2R}{\pi\omega B^2h^2l^2}$
6　$\dfrac{\pi\omega B^2h^2l^2}{R}$	7　$\dfrac{\sqrt{2}\pi\omega B^2h^2l^2}{R}$	8　$\dfrac{2\pi\omega B^2h^2l^2}{R}$

3 次の文中の ［（チ）］ ～ ［（ヌ）］ にあてはまる数値を，以下に述べる注意にしたがって**解答用マークシート**の指定された欄にマークしなさい。解答は有効数字が2桁となるようにし，必要であれば3桁目を四捨五入し，下に示す形式で a，b，p，c をマークしなさい。

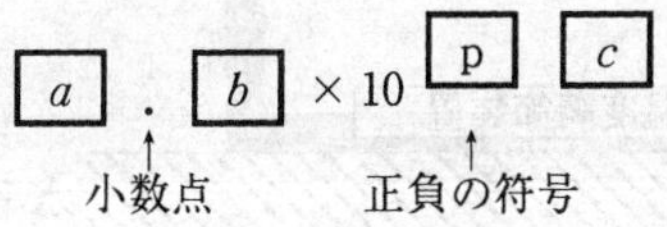

ただし，$c=0$ のときには，符号 p に ＋ を，c に 0 をマークしなさい。なお，途中計算は分数で行い，最後に小数に直しなさい。 （33点）

図3-1に示すように，圧力 $P_0=1.00\times10^5$ Pa，温度 $T_0=20.0$ ℃ の大気中に，円筒形シリンダーが水平な台の上に鉛直に立てられている。このシリンダー上部の開口部に，質量 17.0 kg，面積 0.150 m^2 の，スクリーンを兼ねた平らなピストンがある。このピストンは，水平で，かつ密閉された状態を保ちながらなめらかに鉛直方向に動くことができる。このシリンダー内には，8.00 mol の単原子分子理想気体が入っている。

シリンダーとピストンは断熱材で作られており，シリンダー内に設置された体積と質量が無視できる温度調節装置による加熱と冷却により，シリンダー内の温度を変化させることができる。

重力加速度の大きさは 9.80 m/s^2，摂氏 0 ℃ は 273 K，気体定数は 8.31 J/(mol·K) とする。

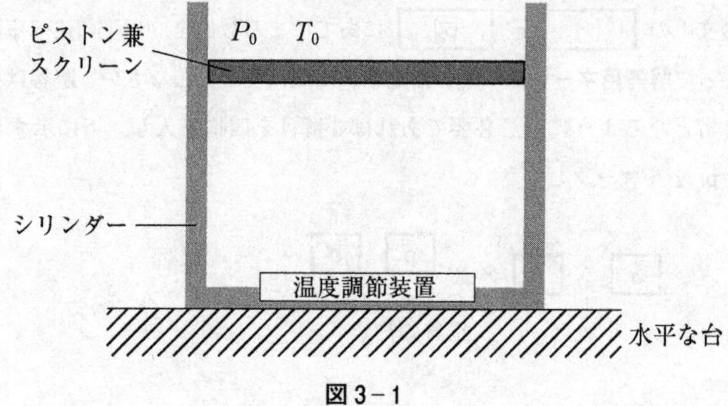

図3－1

はじめに，シリンダー内の圧力と温度がシリンダー外と同じになる位置で，体積が無視できるストッパーを使ってピストンを固定する。このときのシリンダー内の底面からピストン下面までの高さは [(チ)] mである。

続いて，ストッパーを外すとピストンは一旦下降する。そこで，温度調節をしてシリンダー内の気体の温度を [(ツ)] Kにすることで，ピストンを元の高さに戻した。

次に，シリンダー内の底面からピストン下面までの高さを [(チ)] mに保った状態で，図3－2に示すように，シリンダー上部に，十分に広く厚さが無視できる板で作られた，スリットS_1とスリットS_2がごく近接した，細い複スリットを水平に固定する。さらにその上方に，細い単スリットS_0を水平に設置する。さらにその単スリットの上方には波長540 nmの単色光の光源を設置する。複スリットからスクリーンを兼ねているピストンの上面までの距離lは1.00 m，S_1とS_2の距離dは200 μm，S_0S_1間の距離とS_0S_2間の距離は等しい。光源とS_0，およびS_1S_2間の中点を通る直線がスクリーンに垂直に交わる点を原点Oとし，スクリーン上で原点Oからの距離がx〔m〕となる点を点Pとする。距離lは，距離xや距離dと比べて十分に長いものとする。空気の屈折率は1.00とする。また，スリットが存在する板，シリンダー壁面，スクリーン表面での光の反射はないものとする。

このとき，距離S_1Pと距離S_2Pの光路差は，xの [(テ)] 倍であり，スクリーン上に現れる干渉縞の明線の間隔は [(ト)] mである。

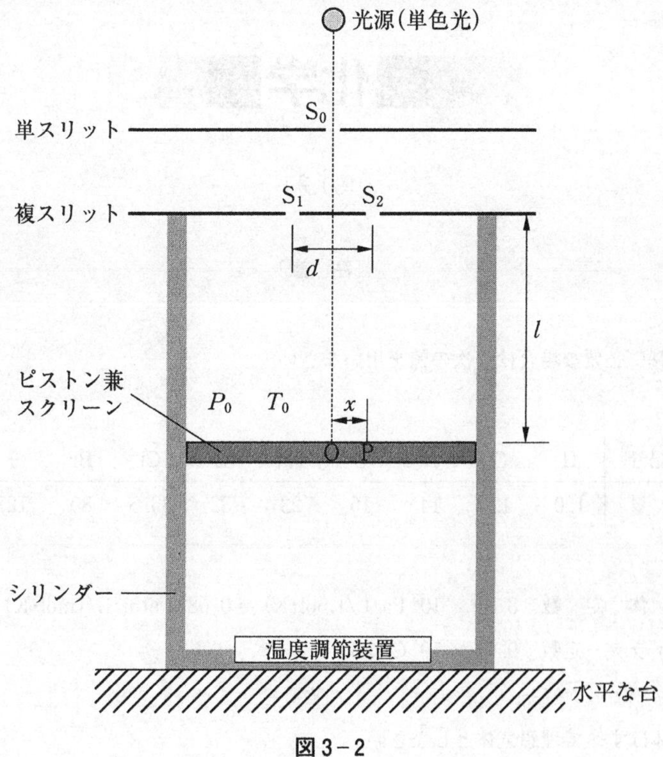

図3－2

次に，複スリットとピストンとの間を，屈折率 1.33，密度 1.00 g/cm^3 の媒質で埋めた状態で，シリンダー内の温度を調節しピストンが上下動できるようにする。なお，ピストンの上下動があっても複スリットとピストンとの間だけが常にこの媒質で満たされており，ピストンの上下動に伴う媒質の密度の変化はないものとする。また，複スリットより上方には媒質は漏れ出ないものとする。

ここで，シリンダー内の温度を調節し，複スリットからピストンの上面までの距離 l を 1.00 m に保った。このときの干渉縞の明線の間隔は [(ナ)] m となる。

続いて，この干渉縞の明線の間隔が [(ト)] m となるようにシリンダー内の温度を調節した。このとき，距離 l の増加分は [(ニ)] m であり，シリンダー内の気体の温度は [(ヌ)] K である。

化学

(80分)

〔注　意〕

(1) 計算に必要な場合は，次の値を用いなさい。

元素記号	H	C	N	O	Na	S	Cl	Br	I	Pb
原子量	1.0	12	14	16	23	32	35.5	80	127	207

気体定数　8.31×10^3 Pa·L/(mol·K) = 0.0821 atm·L/(mol·K)

ファラデー定数　9.65×10^4 C/mol

(2) 気体はすべて理想気体としなさい。

(3) 問題によって答え方が違います。問題を十分に注意して読みなさい。

1　次の問(1)〜(5)に答えなさい。　(22点)

(1)　以下の元素の原子の中で最外殻電子数が1個であるものを一つ選び，その番号を**解答用マークシート**にマークしなさい。

1　Ca　**2**　Sc　**3**　Ti　**4**　V　**5**　Cr　**6**　Mn
7　Fe　**8**　Co　**9**　Ni

(2)　二次電池を以下から一つ選び，その番号を**解答用マークシート**にマークしなさい。あてはまるものがない場合は**0**をマークし，あてはまるものが複数ある場合は**7**をマークしなさい。

1　マンガン乾電池　**2**　酸化銀電池
3　ニッケル水素電池　**4**　アルカリマンガン乾電池
5　空気電池　**6**　リチウム電池

(3)　水100gに7.20gのグルコース $C_6H_{12}O_6$ を溶かした水溶液および水の冷却曲線を下図に示した。水の凝固点は0℃であるが，グルコース水溶液の凝固点降下度 ΔT〔K〕は［ア］〔K〕である。冷却時間12分でグルコース水溶液に**氷だけ**が X〔g〕析出した。このときの水溶液の温度は −1.11℃，グルコース水溶液のモル濃度は［イ］〔mol/L〕であった。

水のモル凝固点降下を1.85K·kg/mol，グルコース水溶液は希薄溶液として取り扱うことができるとして，次の問①〜③に答えなさい。

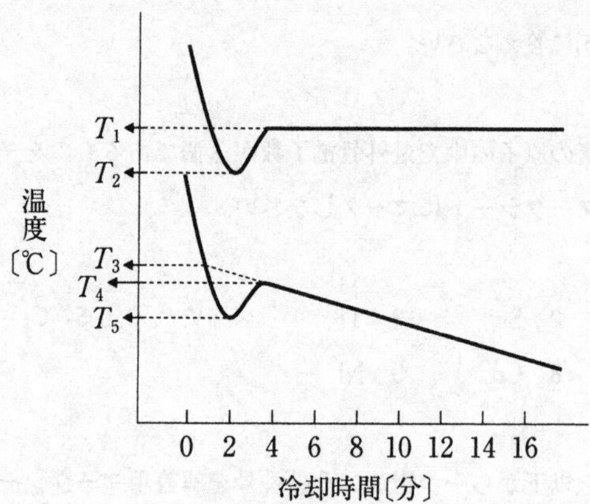

① **ア** にあてはまる最も適切な式を**I欄**から選び，その番号を**解答用マークシート**にマークしなさい。あてはまるものがない場合は**0**をマークしなさい。

〔I欄〕

1 $T_1 - T_3$	**2** $T_1 - T_4$	**3** $T_1 - T_5$
4 $T_2 - T_3$	**5** $T_2 - T_4$	**6** $T_2 - T_5$

② **イ** にあてはまる最も適切な式を**II欄**から選び，その番号を**解答用マークシート**にマークしなさい。あてはまるものがない場合は**0**をマークしなさい。ただし，冷却時間12分で凝固していないグルコース水溶液の密度をd〔g/cm³〕とする。

〔II欄〕

1 $\dfrac{100 + 7.20}{d} \times \dfrac{7.20}{180}$　　**2** $\dfrac{d}{100 + 7.20} \times \dfrac{7.20}{180}$

3 $\dfrac{1000d}{(100 - X)} \times \dfrac{7.20}{180}$　　**4** $\dfrac{1000d}{(100 - X)} \times \dfrac{180}{7.20}$

5 $\dfrac{d}{(100 - X)} \times \dfrac{7.20}{180}$　　**6** $\dfrac{1000d}{100 + 7.20} \times \dfrac{7.20}{180}$

7　$\dfrac{100+7.20}{1000d}\times\dfrac{7.20}{180}$　　8　$\dfrac{(100-X)+7.20}{1000d}\times\dfrac{180}{7.20}$

9　$\dfrac{1000d}{(100-X)+7.20}\times\dfrac{7.20}{180}$　　10　$\dfrac{d}{(100-X)+7.20}\times\dfrac{7.20}{180}$

③　冷却時間12分でグルコース水溶液から析出した氷の質量X〔g〕を求めなさい。X〔g〕にあてはまる最も近い値を**Ⅲ欄**から選び，その番号を**解答用マークシート**にマークしなさい。あてはまるものが2つある場合は0をマークしなさい。ただし，凝固点が－1.11℃のグルコース水溶液のモル濃度と［　イ　］〔mol/L〕は同じとする。

〔**Ⅲ欄**〕

1　5　　2　15　　3　25　　4　35　　5　45
6　55　　7　65　　8　75　　9　85

(4)　糖類に関する次の文章を読み，以下の問①～④に答えなさい。

グルコースを水に溶かすと，α-グルコースとβ-グルコースの2種類の環状構造，および［　ア　］構造の合計3種類の異性体が平衡状態となる。この［　ア　］構造が［　イ　］基をもつため，グルコースの水溶液をフェーリング液に加えて緩やかに加熱すると，酸化銅(Ⅰ)の［　ウ　］色沈殿を生じる。

スクロースは，グルコースとフルクトースが脱水縮合したものである。スクロース中のグルコースとフルクトースに基づく2個の環状構造の部分は，どちらも［　ア　］構造に変化できないことから，スクロースの水溶液は［　エ　］性を示さない。スクロースに希硫酸や酵素のインベルターゼまたはスクラーゼを作用させたときの反応を［　オ　］という。

いま，スクロースとマルトースを溶解した**水溶液A**がある。**水溶液A**に含まれるスクロースとマルトースの濃度比を求めるため，以下の実験を行った。

〔**実験1**〕　a〔mL〕の**水溶液A**をじゅうぶんな量のフェーリング液に加えて加熱すると，酸化銅(Ⅰ)がb〔mol〕生じた。

〔**実験2**〕　a〔mL〕の**水溶液A**に希硫酸を加えて加熱したものをじゅうぶんな

量のフェーリング液に加えて加熱すると，酸化銅(Ⅰ)が c〔mol〕生じた。

したがって，**水溶液A**中に溶解しているマルトースのモル濃度は，スクロースのモル濃度の［カ］倍であることがわかる。

① ［ア］，［イ］にあてはまる最も適切な語句を**Ⅳ欄**から選び，その番号を**解答用マークシート**にマークしなさい。

〔**Ⅳ欄**〕

1　鎖状	2　らせん状	3　枝分かれ状
4　カルボキシ	5　アルデヒド(ホルミル)	
6　ヒドロキシ	7　メトキシ	

② ［ウ］～［オ］にあてはまる最も適切な語句を**Ⅴ欄**から選び，その番号を**解答用マークシート**にマークしなさい。

〔**Ⅴ欄**〕

1　黒	2　赤	3　青	4　酸化
5　還元	6　糖化	7　転化	8　失活

③ ［カ］にあてはまる式として適切なものを**Ⅵ欄**から選び，その番号を**解答用マークシート**にマークしなさい。あてはまるものがない場合は0をマークしなさい。ただし，いずれの実験でも反応は完全に進行したものとする。

〔**Ⅵ欄**〕

1　$\dfrac{b}{c-b}$	2　$\dfrac{b}{c-2b}$	3　$\dfrac{2b}{c-2b}$	4　$\dfrac{2c}{c-b}$
5　$\dfrac{c-b}{b}$	6　$\dfrac{c-2b}{b}$	7　$\dfrac{c-2b}{2b}$	8　$\dfrac{c-b}{2c}$

④ 糖類に関する以下の記述の中から正しいものをすべて選び，その番号をすべて足した合計の数を**解答用マークシート**にマークしなさい。合計の数が1ケタとなる場合は，十の位に0をマークしなさい。正しいものがない場合は，十の位，一の位とも0をマークしなさい。

1　トレハロースを加水分解すると，グルコースとガラクトースが生じる。

2　アミロースは，多数のα-グルコースが1位と4位のヒドロキシ基で脱水縮合し，鎖状に連結した分子構造をもつ。

4　1 molのグルコースに酵母菌を作用させると，2 molのメタノールと2 molの二酸化炭素が生じる。

8　ラクトースをアンモニア性硝酸銀水溶液に加えて加熱すると，銀が析出する。

16　ジアセチルセルロースのアセトン溶液を細孔から空気中に押し出すと，ビスコースレーヨンが得られる。

32　セルロースをシュバイツァー(シュワイツァー)試薬に溶解させた溶液を細孔から希硫酸中に押し出すと，銅アンモニアレーヨンが得られる。

(5) 以下の記述の中から正しいものをすべて選び，その番号をすべて足した合計の数を**解答用マークシート**にマークしなさい。合計の数が1ケタとなる場合は，十の位に0をマークしなさい。正しいものがない場合は，十の位，一の位とも0をマークしなさい。

1　ゴムノキの樹皮に傷をつけて得られる白い乳液に酸を加えて凝固させると，ポリイソプレンが架橋構造を形成し，弾力の高いゴムが得られる。

2　天然ゴムの弾性は，ポリイソプレンのC=C結合の部分がシス形であることに由来する。

4　ナイロン6は，ε-カプロラクタムの開環重合によって得られ，多数のアミド結合をもつ。

8　スルホ基をもつ陽イオン交換樹脂をカラムに詰め，上から塩化カルシウム水溶液を注いで通過させると，カラムの下から硫酸が得られる。

16　一度加熱することにより成形したフェノール樹脂を再度加熱すると，再び柔軟になり新たな形状に加工できる。

32　尿素とホルムアルデヒドを付加縮合することで尿素樹脂が得られる。

2　次の文章を読み，問(1)～(4)に答えなさい。　　　　　　　　　　　　(16点)

容積 V〔L〕の**容器A**と滑らかに動くピストンで容積が変えられる**容器B**が連結された**図1**のような密閉容器がある。コックを閉じた状態で，**容器A**には n〔mol〕の窒素と5.4gの水を入れ，**容器B**には n〔mol〕の窒素を入れた。**操作**①，②，③の順で実験を行った。ただし，すべての気体は理想気体とし，連結部と液体の水の体積およびピストンの重さは無視できるとする。

操作①　**コックを閉じた状態**で**容器A**を加熱しながら温度と圧力との関係を調べたところ，**図2**のようになった。315Kのとき，**容器A**の全圧は P_0〔Pa〕，窒素の分圧は P_A〔Pa〕であった。350Kで液体として残っていた水がすべて気体となり，**容器A**の圧力は P_1〔Pa〕，水の蒸気圧は［ ア ］〔Pa〕となった。

操作②　**容器A**の温度を下げて容器全体の温度を315Kとしたのち，**容器B**の容積を V〔L〕に固定して**コックを開けた**。平衡状態に達したとき，水の蒸気圧は X〔Pa〕となり，液体の水が3.6g残った。次に容器全体を徐々に加熱したところ，330Kで液体の水はすべて気体となった。さらに350Kまで加熱したところ，容器全体の圧力は P_2〔Pa〕となった。**操作**①の圧力 P_1〔Pa〕と P_2〔Pa〕との圧力差 ΔP は，気体定数 R〔Pa·L/(mol·K)〕と容積 V〔L〕を用いると $\Delta P = P_1 - P_2 =$ ［ イ ］$\times 350 \times \frac{R}{V}$〔Pa〕となる。

操作③　コックを開けた状態で温度を再び315Kまで下げ，**容器B**側のピストンの固定具をはずした。温度を315Kとして，容器全体の圧力が**操作①の窒素の分圧** P_A〔Pa〕となるようにピストンを動かして平衡状態としたところ，液体の水はまだ残っていて容器全体の容積は $2.5 \times V$〔L〕となった。このときの窒素

の分圧は **ウ** $\times P_A$〔Pa〕，水の蒸気圧は，気体定数 R〔Pa·L/(mol·K)〕と容積 V〔L〕を用いると **エ** $\times 315 \times \frac{R}{V}$〔Pa〕となる。

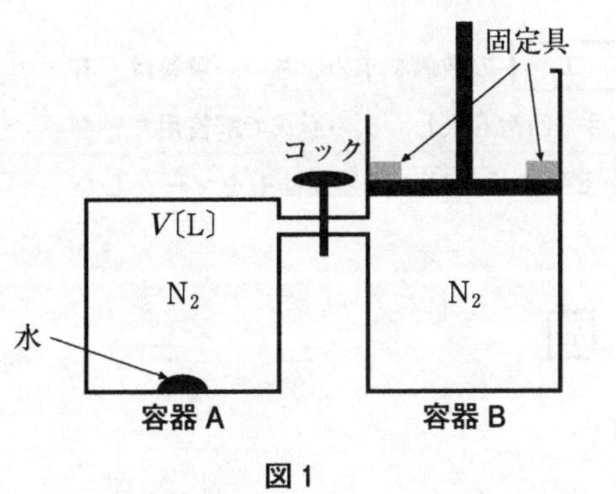

図1

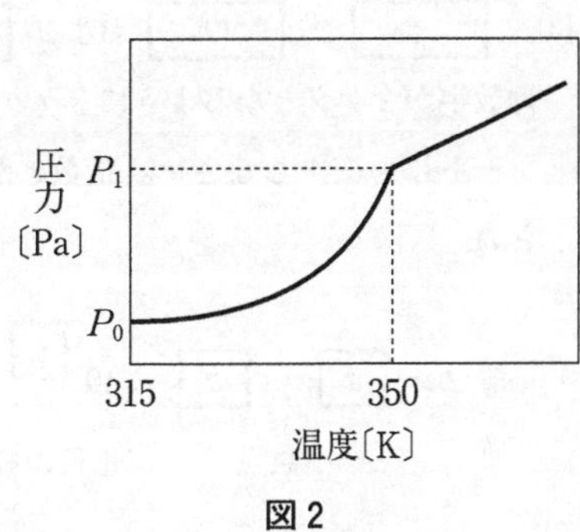

図2

(1) **ア**〔Pa〕を P_1〔Pa〕と P_A〔Pa〕とを用いて表しなさい。最も適切な式を**I欄**から選び，その番号を**解答用マークシート**にマークしなさい。あてはまるものがない場合は0をマークしなさい。

〔I欄〕

1　$P_1 - P_A$　　2　$P_A - P_1$　　3　$P_1 - \frac{315}{350} \times P_A$

4　$P_1 - \frac{350}{315} \times P_A$　　5　$\frac{315}{350} \times P_1 - P_A$　　6　$\frac{350}{315} \times P_1 - P_A$

7　$\frac{315}{350} \times (P_1 - P_A)$　　8　$\frac{350}{315} \times (P_1 - P_A)$

(2) **ア**〔Pa〕は，**操作②**の315 Kにおける水の蒸気圧 X〔Pa〕の何倍か。解答は，有効数字が2ケタとなるように3ケタ目を四捨五入し，次の形式で**解答用マークシート**にマークしなさい。指数 c がゼロの場合は，符号pは＋をマークしなさい。

[a] . [b] × 10^[p][c]

↑小数点　　↑正負の符号

(3) [イ], [ウ] および [エ] の数値を求めなさい。解答は，有効数字が2ケタとなるように3ケタ目を四捨五入し，次の形式で**解答用マークシート**にマークしなさい。指数 c がゼロの場合は，符号 p は＋をマークしなさい。

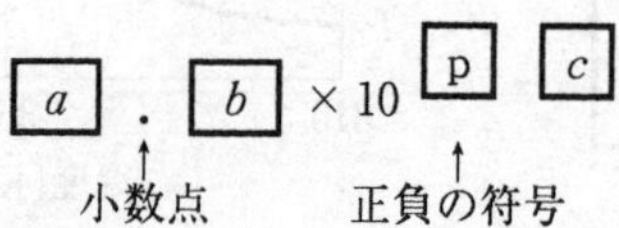

(4) 容器全体の窒素の物質量は何 mol か。解答は，有効数字が2ケタとなるように3ケタ目を四捨五入し，次の形式で**解答用マークシート**にマークしなさい。指数 c がゼロの場合は，符号 p は＋をマークしなさい。

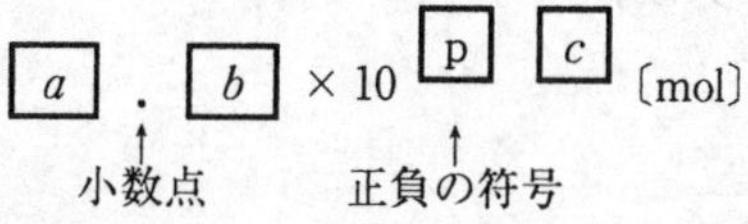

3 次の文章を読み，問(1)～(5)に答えなさい。 (13点)

過マンガン酸カリウムは［ア］色の針状結晶であり，水に溶けると［イ］色のMnO_4^-を生じる。過マンガン酸カリウムは，硫酸酸性にした水溶液中で強い［ウ］としてはたらくと，次のような電子を含むイオン反応式によりMn^{2+}となる。

$$MnO_4^- + \boxed{カ}\,H^+ + \boxed{キ}\,e^- \rightarrow Mn^{2+} + \boxed{ク}\,H_2O$$

一方，過酸化水素は，相手から電子を受け取る［エ］としても，電子を放出する［オ］としてもはたらく。過酸化水素が［エ］としてはたらく場合，酸素原子の酸化数は［①］から［②］に変化する。一方，過酸化水素が［オ］としてはたらく場合は，酸素原子の酸化数は［①］から［③］に変化する。過酸化水素水を硫酸酸性の過マンガン酸カリウム水溶液と反応させたとき，過酸化水素は［オ］としてはたらき，そのイオン反応式は次のように記述することができる。

$$2MnO_4^- + \boxed{ケ}\,H^+ + \boxed{コ}\,H_2O_2 \rightarrow 2Mn^{2+} + \boxed{サ}\,H_2O + \boxed{シ}\,O_2$$

いま，(A)濃度が未知の過酸化水素水x〔mL〕をホールピペットで正確に量り取り，メスフラスコに入れ，水を加えて10倍に希釈した。ホールピペットを用いて，この溶液y〔mL〕をコニカルビーカーに量り取り，適量の硫酸を加えた。この溶液に対して濃度c〔mol/L〕の過マンガン酸カリウム水溶液を少量ずつ滴下し，よく振り混ぜながら色の変化を確認したところ，z〔mL〕を滴下したところで終点に達した。

(1) ［ア］～［オ］にあてはまる最も適切な語句をⅠ欄から選び，その番号を**解答用マークシート**にマークしなさい。ただし，同じ番号を何回選んでもよい。

〔I欄〕

0　濃青	1　淡桃	2　赤紫	3　黄
4　暗緑	5　橙赤	6　黒紫	7　還元剤
8　酸化剤	9　塩基	10　酸	

(2)　[①]～[③]にあてはまる酸化数を，次の形式で**解答用マークシート**にマークしなさい。酸化数がゼロの場合は，符号pは**＋**をマークしなさい。

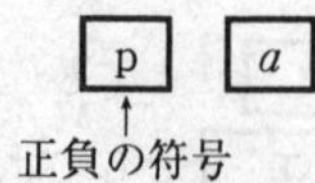

(3)　[カ]～[シ]にあてはまる数値を，次の形式で**解答用マークシート**にマークしなさい。解答が1ケタとなる場合は，aに**0**をマークしなさい。

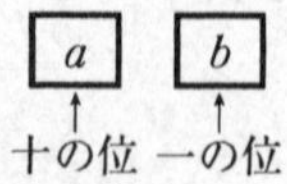

(4)　以下の**II欄**の中から，過マンガン酸カリウム水溶液と過酸化水素水を用いた酸化還元滴定に関する記述として正しいものをすべて選び，その番号をすべて足した合計の数を**解答用マークシート**にマークしなさい。合計の数が1ケタとなる場合は，十の位に**0**をマークしなさい。正しいものがない場合は，十の位，一の位とも**0**をマークしなさい。

〔II欄〕

1　滴下した過マンガン酸カリウム水溶液が無色になった点を滴定の終点とする。

2　過マンガン酸カリウム水溶液の滴定では，酸化剤自体の色が変化するため，指示薬を加える必要はない。

4　過マンガン酸イオンの反応にはH^+が必要であるため，硝酸や塩酸などの強酸を適量加える。

8　コニカルビーカーは水分が付着したまま使用してよい。

16　ビュレットは乾燥機では乾かさず，滴下する過マンガン酸カリウム水溶液で共洗いしてから使用する。

32　メスフラスコとホールピペットはどちらも溶液の体積を計測する器具であり，余分な水分が残らないよう乾燥機でよく乾燥させてから使用する。

(5)　下線部(A)について，過酸化水素水の濃度〔mol/L〕として最も適切な式をⅢ欄から選び，その番号を**解答用マークシート**にマークしなさい。

〔Ⅲ欄〕

1　$\frac{4cz}{y}$　　2　$\frac{25cz}{y}$

3　$\frac{4cxz}{y}$　　4　$\frac{25cxz}{y}$

5　$\frac{15cz}{y}$　　6　$\frac{35cz}{y}$

4　次の文章を読み，問(1)～(6)に答えなさい。　(16点)

金属元素Xは，洋銀の主成分元素であり，ジュラルミンの成分元素である。また，**金属元素X**の単体とH^+との間では，酸化還元反応が起こらない。NaOH水溶液を加えて塩基性としたあるタンパク質の水溶液に**金属元素X**のイオンと**陰イオンY**から構成される**正塩A**の水溶液を滴下していくと，水溶液は赤紫色になった。**陰イオンY**は，ミョウバンを構成するイオンであり，Pb^{2+}と反応して沈殿を生成させる。

金属元素Xのイオンと**陰イオンZ**から構成される**正塩B**のモル質量〔g/mol〕は，**正塩B**の ① 水和物の0.788倍であった。**陰イオンZ**は，海水中に豊富に存在しており，Pb^{2+}と反応して沈殿を生成させる。また，アンモニアソーダ法(ソルベー法)を用いてNa_2CO_3を生成するための原料として，Na^+と**陰イオンZ**から構成される正塩が用いられる。

質量がw〔g〕の**正塩B**の ① 水和物を純粋な水で完全に溶かした。この水溶液にNaOH水溶液を加え，水溶液中のすべての**金属元素X**を**金属元素X**を含む**化合物C**の沈殿とし，ろ過をおこない，すべての**化合物C**を回収した。回収した**化合物C**を加熱し，すべての**化合物C**を**金属元素X**を含む**化合物D**とした。得られた**化合物D**の質量は，$0.466 \times w$〔g〕であった。ここで，**正塩B**，**化合物D**のモル質量をそれぞれM〔g/mol〕，N〔g/mol〕とすると，以下の関係式が成立する。

$$\frac{M}{N} = \boxed{\text{ア}}$$

金属元素Xの単体を空気中で加熱する方法でも**化合物D**を得ることができるが，1000℃以上で加熱すると，**化合物D**ではなく**化合物E**が生成する。なお，**正塩A**，**正塩B**，**化合物C**，**化合物D**における**金属元素X**の原子の酸化数は，同じであった。

(1)　 ア にあてはまる数値を求めなさい。解答は，有効数字3ケタとなるように4ケタ目を四捨五入し，次の形式で**解答用マークシート**にマークしなさい。指数 d がゼロとなる場合は，符号pに＋をマークしなさい。

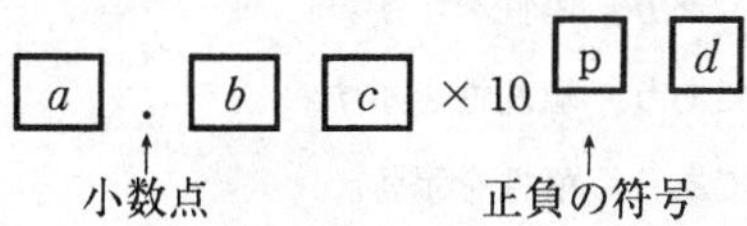

(2) **金属元素X**の原子量を求めなさい。解答は，小数第一位を四捨五入し，一の位まで求め，次の形式で**解答用マークシート**にマークしなさい。解答が2ケタの整数となる場合には，a に**0**をマークしなさい。解答が1ケタの整数となる場合には，a および b に**0**をマークしなさい。

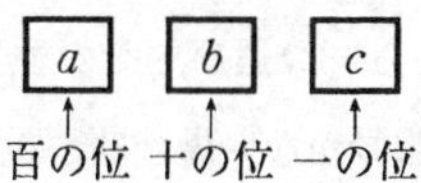

(3) **金属元素X**に関する説明として正しいものを以下から一つ選び，その番号を**解答用マークシート**にマークしなさい。正しいものがない場合は，**0**をマークしなさい。また，正しいものが複数ある場合は，**6**をマークしなさい。

1　**金属元素X**の単体は，すべての金属の中で熱および電気の伝導性が最大である。

2　**金属元素X**の硫化物は，淡桃色である。

3　**金属元素X**の単体と濃硝酸を反応させると，NO_2 が生成する。

4　**金属元素X**の単体は，熱水に溶ける。

5　**金属元素X**の水酸化物は，赤褐色である。

(4) **正塩A**の水溶液の性質として最も適切なものを以下から一つ選び，その番号を**解答用マークシート**にマークしなさい。あてはまる番号がない場合は，**0**をマークしなさい。なお，純粋な水に溶かす**正塩A**の質量が小さすぎる場合については，考えなくてよい。

1　正塩 A の水溶液は無色であり，酸性を示す。

2　正塩 A の水溶液は無色であり，中性を示す。

3　正塩 A の水溶液は無色であり，塩基性を示す。

4　正塩 A の水溶液は青色であり，酸性を示す。

5　正塩 A の水溶液は青色であり，中性を示す。

6　正塩 A の水溶液は青色であり，塩基性を示す。

7　正塩 A の水溶液は淡緑色であり，酸性を示す。

8　正塩 A の水溶液は淡緑色であり，中性を示す。

9　正塩 A の水溶液は淡緑色であり，塩基性を示す。

(5)　［　①　］にあてはまる正の整数を以下から一つ選び，その番号を解答用マークシートにマークしなさい。あてはまる番号がない場合は，0 をマークしなさい。

1　1　　2　2　　3　4　　4　5　　5　7
6　9　　7　10　　8　11　　9　12

(6)　化合物 D の色として最も適切なものを以下から一つ選び，その番号を解答用マークシートにマークしなさい。あてはまる番号がない場合は，0 をマークしなさい。

1　黄色　　2　青白色　　3　淡緑色　　4　赤色
5　白色　　6　黒色

5 次の文章を読み，問(1)～(8)に答えなさい。 (14点)

分子からなる物質では，構成分子の分子間力が沸点，融点に深く関係している。

分子からなる液体の物質が蒸発して気体になるためには，分子は隣接する分子との間の分子間力に打ち勝って，液体から外部に飛び出すだけの熱エネルギーをもたなければならない。したがって，分子間力が大きいほどその液体は蒸発しにくく，沸点が高くなる。

分子結晶が融解して液体になるためには，分子は規則正しい配列を崩して自由に動けるようになるだけの熱エネルギーをもたなければならない。分子の配列は分子が分子間力によって引き合ってできているため，分子間力が大きいほど分子の配列が崩れにくく，融点が高くなる。

分子間力には，［ A ］や［ B ］など，いくつかの種類があり，関連する以下の効果が沸点，融点に影響を与える。

① 分子量の効果

一般に，性質や構造が似た分子では分子量が大きくなるほど沸点，融点は［ ア ］なる。これは，分子量が大きくなるほど電子を多くもち，分子の大きさ(体積)も大きくなるため，瞬間的な電荷の分布の偏りが大きくなり，［ A ］が［ イ ］からである。

② 分子の形の効果

表面積が大きく，分子間で接触しやすい分子は，［ A ］がはたらきやすく，沸点が高くなる。例えば，［ C ］であるブタンと2-メチルプロパンを比べると(図1)，［ ウ ］の方が表面積が大きく，沸点が高い。

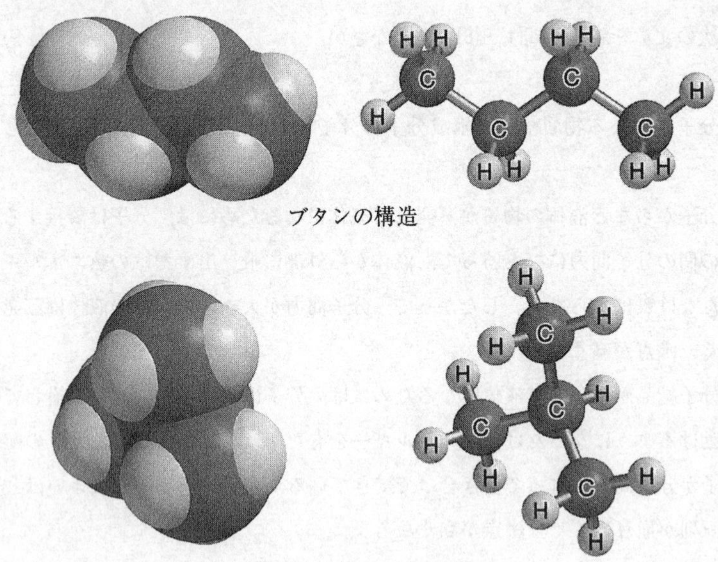

ブタンの構造

2-メチルプロパンの構造

図1

融点は，分子の表面積だけでなく，形状(対称性)にも影響される。球状に近く，対称性が高い構造の分子は密に配列しやすく，分子の配列が密なほど崩れにくい結晶となるため，融点が高くなる。例えば，［　C　］であるペンタンとイソペンタン$(CH_3)_2CHCH_2CH_3$とネオペンタン$C(CH_3)_4$を比べると，［　エ　］が最も密に配列しやすく，融点が高い。

③　［　D　］の効果

異なる2原子間に形成される共有結合では，2原子間の［　E　］の差によって共有電子対が一方の原子に引き寄せられ，電荷が偏っている。このように，結合に電荷の偏りがあることを「結合に［　D　］がある」という。結合の［　D　］には方向があり，分子内に同じ大きさで逆向きの別の結合の［　D　］がある場合は打ち消し合うが，打ち消されない場合は，分子全体で［　D　］をもつ。分子全体で［　D　］をもつ分子では，［　オ　］ため，沸点，融点は［　カ　］なる。

④ [B] の効果

F，N，Oの原子と水素原子の結合は，結合する原子間の [E] の差から水素原子が正に帯電し，F，N，Oの原子が負に帯電しており，隣り合う分子間でそれらが静電的に引き合う。この分子間の結合を [B] という。[B] は [F] よりも強く，[B] を形成する分子は [キ] ため沸点，融点が [ク] なる。

また，[B] の形成にも分子の形が影響する。[B] を形成する結合の周辺が混みあっているほど，[B] が形成しにくく，沸点，融点が [ケ] なる。例えば，[C] である1-ブタノール，2-ブタノール，2-メチル-2-プロパノールの中で，[コ] が最も [B] を形成しにくく，沸点が [ケ] なる。

(1) [A] ～ [F] にあてはまる最も適切な語句をⅠ欄から選び，その番号を**解答用マークシート**にマークしなさい。ただし，同じ番号を何回選んでもよい。

〔Ⅰ欄〕

01	ファンデルワールス力	02	水素結合
03	イオン結合	04	共有結合
05	電気陰性度	06	結合エネルギー
07	極性	08	自由電子
09	非共有電子対	10	酸性
11	塩基性	12	密度
13	同位体	14	同素体
15	構造異性体	16	鏡像異性体

(2) [ア] ，[イ] にあてはまる最も適切な語句をⅡ欄から選び，その番号を**解答用マークシート**にマークしなさい。

〔Ⅱ欄〕

1　高く　　2　低く

3　強くはたらく　　4　打ち消される

(3)　**ウ**　にあてはまる適切な化合物を以下から選び，その番号を**解答用マークシート**にマークしなさい。

1　ブタン　　2　2-メチルプロパン

(4)　**エ**　にあてはまる適切な化合物を以下から選び，その番号を**解答用マークシート**にマークしなさい。

1　ペンタン　　2　イソペンタン　　3　ネオペンタン

(5)　**オ**，**カ**　にあてはまる最も適切な語句を**Ⅲ欄**から選び，その番号を**解答用マークシート**にマークしなさい。

〔Ⅲ欄〕

1　分子間に静電気的な引力がはたらく

2　分子間に静電気的な反発力がはたらく

3　高く

4　低く

(6)　**キ**，**ク**　にあてはまる最も適切な語句を**Ⅳ欄**から選び，その番号を**解答用マークシート**にマークしなさい。

〔Ⅳ欄〕

1　分子間力が強くなる

2　分子間力が弱くなる

3　高く

4　低く

(7)　ケ，コ にあてはまる最も適切な語句を**V欄**から選び，その番号を**解答用マークシート**にマークしなさい。

〔V欄〕

1　高く　　2　低く
3　1-ブタノール　　4　2-ブタノール
5　2-メチル-2-プロパノール

(8)　以下の記述から正しいものをすべて選び，その番号をすべて足した合計の数を**解答用マークシート**にマークしなさい。合計が1ケタとなる場合は，十の位に0をマークしなさい。正しいものがない場合は，十の位，一の位とも0をマークしなさい。なお，ステアリン酸は炭素を18個含む飽和脂肪酸であり，オレイン酸は炭素を18個含み，C=C結合を1個含む不飽和脂肪酸である。

1　鏡像異性体どうしは沸点が異なる。
2　マレイン酸は分子間と分子内で水素結合を形成する。
4　ステアリン酸の融点はオレイン酸の融点よりも高い。
8　スクロースは水と水素結合を形成して水に溶解する。
16　ヨウ素 I_2 は水和されて水にはよく溶けるが，ヘキサンには溶けにくい。

6 **有機化合物A～I**に関する以下の①～⑫の記述を読み，問(1)～(8)に答えなさい。 (19点)

① **化合物A**はナトリウムと反応させると水素を発生する。

② 12.0 g の**化合物A**の気体の体積は，384 K，1.00×10^5 Pa において 8.31 L である。

③ [反応条件(あ)] で**化合物A**と濃硫酸を混合すると，[ア] 反応が進行し，**化合物B**が生成する。

④ 10.0 g の**化合物B**の気体の体積は，330 K，1.00×10^5 Pa において 9.77 L である。

⑤ **化合物B**を臭素水に通すと，溶液が無色になる。

⑥ **化合物A**を硫酸酸性の二クロム酸カリウム $K_2Cr_2O_7$ 水溶液に加えて加熱すると**化合物C**が生成し，**化合物C**はさらに反応して**化合物D**となる。

⑦ **化合物A**と**化合物D**の混合物に少量の濃硫酸を加えて加熱すると，[イ] 反応が進行し，**化合物E**が生成する。

⑧ **化合物E**に希塩酸を加えて加熱すると，[ウ] が進行し，**化合物A**と**化合物D**が生成する。また，**化合物E**に水酸化ナトリウム水溶液を加えて加熱すると，[ウ] が進行し，**化合物A**と，**化合物D**のナトリウム塩である**化合物F**が生成する。この塩基を用いた [ウ] を特に [エ] という。

⑨ **化合物F**に水酸化ナトリウムを加えて加熱すると，**化合物G**(気体)が生成する。

⑩ **化合物D**のカルシウム塩である**化合物H**を熱分解すると**化合物I**が得られる。

⑪ **化合物I**は水と任意の割合で混ざり合い，多くの有機化合物をよく溶かす無色の液体である。

⑫ **化合物I**は工業的にはクメン法によって合成される。

(1) ②から**化合物A**の分子量を求めなさい。解答は小数第二位を四捨五入し，次の形式で**解答用マークシート**にマークしなさい。使用しない上位のケタは0をマークしなさい。1000.0以上となる場合は，すべてに9をマークしなさい。

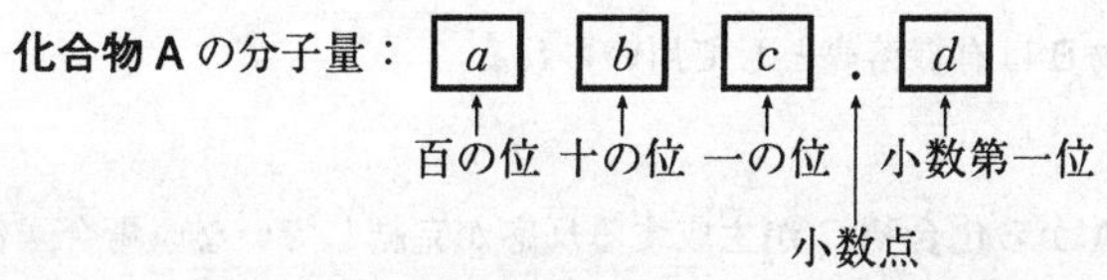

(2)　**反応条件(あ)** にあてはまる最も適切な反応条件を**I欄**から選び，その番号を**解答用マークシート**にマークしなさい。

〔I欄〕

1　室温	2　130～140℃	3　160～170℃
4　5℃以下	5　紫外線照射条件	6　触媒添加条件

(3)　上記の文章の　ア　～　エ　にあてはまる最も適切な語句を**II欄**から選び，その番号を**解答用マークシート**にマークしなさい。ただし，同じ番号を何回選んでもよい。

〔II欄〕

1　脱水	2　置換	3　脱水縮合
4　付加	5　加水分解	6　けん化
7　酸化	8　還元	9　乾留

(4)　**化合物B**の性質として適切なものを以下の記述の中からすべて選び，その番号をすべて足した合計の数を**解答用マークシート**にマークしなさい。合計が1ケタとなる場合は，十の位に0をマークしなさい。適切なものがない場合は，十の位，一の位とも0をマークしなさい。

1　**化合物B**は水に溶けにくい。

2　**化合物B**は過マンガン酸カリウム水溶液と反応しない。

4　**化合物B**はナトリウムと反応しない。

8　**化合物B**には異性体が存在しない。

16　**化合物B**は麻酔作用を示す。

32　**化合物B**は有機溶媒として用いられる。

(5)　**化合物A**から**化合物C**が生成する反応が完結していない場合，**化合物A**と**化合物C**の混合物から**化合物C**を分離しなければならない。以下の記述から，**化合物A**と**化合物C**の混合物から**化合物C**を分離してとり出す方法として適切なものをすべて選び，その番号をすべて足した合計の数を**解答用マークシート**にマークしなさい。合計が1ケタとなる場合は，十の位に**0**をマークしなさい。適切なものがない場合は，十の位，一の位とも**0**をマークしなさい。

1　**化合物A**と**化合物C**の沸点の差を利用して，分留によって**化合物C**を得る。

2　**化合物A**と**化合物C**のある溶媒に対する溶解性の差を利用して，ろ過によって**化合物C**を得る。

4　**化合物C**に少量の**化合物A**が混ざっている場合，ある溶媒に対する**化合物C**の溶解度が温度によって異なることを利用し，再結晶で**化合物C**を得る。

8　固体が液体を経ずに直接気体となる変化，および気体が再び直接固体になる変化である昇華を利用し，**化合物C**を得る。

(6)　**化合物C**に関する以下の記述の中から正しいものをすべて選び，その番号をすべて足した合計の数を**解答用マークシート**にマークしなさい。合計が1ケタとなる場合は，十の位に**0**をマークしなさい。正しいものがない場合は，十の位，一の位とも**0**をマークしなさい。

1　**化合物C**をアンモニア性硝酸銀水溶液に加えて穏やかに加熱すると，銀が反応容器の内壁に付着する。

2　**化合物C**をアンモニア性硝酸銀水溶液に加えると，白色沈澱が生じる。

4　**化合物C**にヨウ素と水酸化ナトリウム水溶液を加えて反応させると，黄色沈澱が生じる。

8　**化合物C**は水によく溶ける。

16　**化合物C**は刺激臭のある液体(沸点20℃)である。

32　**化合物C**は還元性を示す。

(7)　**化合物D**に関する以下の記述の中から正しいものをすべて選び，その番号をすべて足した合計の数を**解答用マークシート**にマークしなさい。合計が1ケタとなる場合は，十の位に0をマークしなさい。正しいものがない場合は，十の位，一の位とも0をマークしなさい。

1　**化合物D**の水溶液に臭素水を加えると，白色沈澱が生じる。

2　**化合物D**をフェーリング液に加えて加熱すると，赤色沈澱が生じる。

4　**化合物D**に炭酸水素ナトリウム水溶液を加えると，気体が発生する。

8　**化合物D**は還元性を示す。

16　**化合物D**は気温が低いと凝固する。

32　**化合物D**の水溶液は酸性を示す。

(8)　**化合物G**に関する以下の記述の中から正しいものをすべて選び，その番号をすべて足した合計の数を**解答用マークシート**にマークしなさい。合計が1ケタとなる場合は，十の位に0をマークしなさい。正しいものがない場合は，十の位，一の位とも0をマークしなさい。

1　**化合物G**をアンモニア性硝酸銀水溶液に通じると，白色沈澱を生じる。

2　**化合物G**は無臭である。

4　**化合物G**は水に溶けにくい。

8　**化合物G**は工業的にはナフサを熱分解して得られる。

16　**化合物G**には異性体が存在しない。

32　**化合物G**は酸性物質である。

解答編

英語

（注） 解答は，東京理科大学から提供のあった情報を掲載しています。

1 **解答** ⑴―4 ⑵―1 ⑶―3 ⑷―3 ⑸―2 ⑹―4
⑺―1 ⑻―2 ⑼ 2nd：1 6th：7 ⑽―3
⑾―1・3

◆全 訳◆

≪インターフェロンへの期待≫

ありふれた風邪からがんにまで及ぶ，病気の治療法の可能性を秘めたものとして賞賛を得ているとはいえ，自然薬物インターフェロンは，1980年時点では医療学界では一様に楽観論を生み出していたのだが，このところ広範囲な，かつ費用のかかる調査を必要とする研究主題となっている。わずか数百名程度の患者しか実際に薬物を投与されてはいないが，この稀な物質を生み出すための新技術の発展によって，研究努力のための資金の増額を得ることに加え，膨大な量の臨床試験がすぐにも行われる必要が差し迫っているように思われる。

研究者のアリック=アイザックスとジャン=リンデマンによって1957年に発見されたインターフェロンは，ウィルス感染した動物細胞により生み出される化学物質である。それは近辺の細胞に刺激を与え，ウィルス感染に抵抗する化合物を生み出す。それこそが，1種のウィルス感染に苦しむ人が別の感染症に滅多に屈することがない理由なのである。

インターフェロンがウィルス感染のための万能薬になり得る可能性は，ただちに科学者達の関心を集めたが，実用上の困難のため彼らの研究は厳しく制限された。細胞が生み出すその物質の量はごくわずかであり，そしてそのわずかに生み出されたものは，ウィルスかもしくは，科学者が後に知ったように，ある化学物質によって刺激が与えられなければならない。さらなる問題は，臨床治療で効果を得るためには，インターフェロンはヒトの細胞からのものでなくてはならないということである。その物質を手に入れるのは非常に困難で，またそのためには，べらぼうに費用がかかるのである。最近の実験で用いられるインターフェロンのほとんどはヘルシンキにあるフィンランド赤十字社の研究室から得られるのだが，アメリカがん協会（ACS）は，治療予定の患者のうち，その半数分しか購入できない状態である。そしてその薬は，ある種のウィルス性の病気には効果があるようだが，その希少性や費用の高さのために，日常治療は問題外になっているのである。

それにもかかわらず，がん治療におけるインターフェロンの将来性は，基礎研究における重要な大発見によって着実に進歩している。1970年代初め，10年間の大変な研究の後，フィンランドの研究者カリ=カンテルは白血球細胞から少量のインターフェロンを得る確実な方法を考案した。その方法で生み出す物質にはわずか1パーセントのインターフェロンしか含まれていないが，最も成功し，かつ広く利用されている方法になっている。1972年，ストックホルムにあるカロリンスカ研究所のハンス=ストランダーは，インターフェロンによって，44人の稀で致死性の骨肉腫患者における生存率が向上したことを発見した。より小規模な研究では，インターフェロンは乳がん，リンパ腺がん，そして多発性骨髄腫のいくつかの症例においても効果があることが示されている。

1978年7月，アメリカがん協会はこれまでで最大規模のインターフェロンの臨床試験を行うと発表した。協会は150人の患者を治療し得るほどのインターフェロンの購入に，200万ドルを充てた。アメリカ国内の10の病院と大学が，4種類のがんの実験のために選ばれた。この実験の最初の報告は1980年5月28日に公表された。その結果，インターフェロンは抗がん作用はあるものの，その成功度は早期の研究で報告されたものには匹敵しなかったことが示唆された。アメリカがん協会は，以前液体冷凍ではなく凍結乾燥していたインターフェロンの中の1つか2つの出荷品が，有効性が損なわれていたために，幾分残念な結果を引き起こしたのかもしれないと述べた。

アメリカがん協会の研究でわかったことによって，どれほど多くの研究がなおも必要とされるのかがはっきりした。どのようにしてインターフェロンががんと戦うのか，正確には今なお不鮮明なのだ。それは分裂を抑制することによって細胞の増加を鈍らせ，身体の自然防御システムの活動を活発にさせているように思われる。予備的な兆候としては，インターフェロンは多くのがんの薬よりは，副作用がその数も程度も少ない。しかし，医師は，最適な服用量と治療スケジュール，ある型のインターフェロンが他の型よりも効果的なのかどうか，そして患者のグループの中には他のグループよりも反応が良いグループがいるのかどうかを，やはり決定する必要があるのだ。

ここ最近の開発には，研究用インターフェロンの供給を増やすことになると期待されるものもいくつかあった。少なくとも10の米国企業（ヨーロッパや日本の企業も）が生産に推定総額1億5000万ドルを投資している。アメリカがん協会，ヒューストンインターフェロン財団，そして国立衛生研究所（NIH）は，治療に関する実験のために2000万ドル以上の予算を共に計上している。

1980年，英国の科学者達は，インターフェロンをその活性を損なわずにしっかり純化する史上初の技術を発表した。彼らは白血球からインターフェロンだけと結合する抗体を発見したのだ。その抗体を用いれば，1回の処置でそれを5000倍も集めることが可能なのである。

ヒトインターフェロンの中で3つの既知のタイプのうち，2つの正確な化学構造が1980年に報告された。それぞれのインターフェロン分子は，全てのタンパク質の基本単位である，約150のアミノ酸の鎖に結合した糖類を有している。科学者達はこれらのアミノ酸の配列を決定した。分子の長さが実験室合成を非現実的にしているが，断片の化学合成は実行できる可能性がある。

遺伝子組み換えは，最も将来性のあるインターフェロンの源泉であり続けてきた。1980年，いくつかの研究者グループは適切な遺伝物質の細菌への移植を報告した。細菌の細胞は大量に増殖できるが，ヒトインターフェロンのアミノ酸配列と同一と思われるタンパク質を作り出した。ある企業は，1981年中に臨床使用目的の細菌生産が行われることを予言した。

◀解　説▶

(1)　下線部は「～に屈する」の意。インターフェロンが感染を防ぐものになるという文脈なので，1つのウィルスに感染した人が別のウィルス（anotherの後はvirusの省略）に「どう」しない（rarely）のかと考えれば，「負けない」などの意味は論理的に割り出せるだろう。4が最適。
1.「～に委託する」　2.「～に確認する」　3.「～に専念する」

(2)　後続のbut以降は「研究が制限される」というマイナスの内容である。これを考慮しながら，本来なら「どうなる」かもしれなかったのかと考えれば必然的にプラスイメージの内容と判断できる。panaceaは「万能薬」の意。1.「あらゆる困難や病気の解決策あるいは薬」が最適。

(3)　下線部「その薬」が指すものは「ある種のウィルス性の病気には効果があると思われる」ものだという。同段第3文（An additional problem…）の内容から，同文の主語である「インターフェロン」のことだとわかる。3.「インターフェロン」が最適。

(4)　空所を含む文の内容は逆接（although）が含まれており，この節内と主文ではプラスマイナスが逆になる。althoughを含む節は「その薬品（インターフェロン）が病気に効果的」だというプラスの内容。それゆえ空所には何かを入れて「(その薬の）希少性や高額な費用のために日常的な治療がマイナスになる」という内容にしたい。3.「問題外」が最適。
1.「精通して」　2.「確かに」　4.「要を得た」

(5)　空所直後の文（Although the process produces…）から，「そのプロセス」は「わずか1パーセントしか生み出せない」という内容が見られる。「微量」のニュアンスを持つものは2である。またan amount ofは不可算名詞を伴う。原則として文頭の従属節の内容は前文の述語動詞以降の内容を指すということも確認しておこう。

(6)　下線部itは従属節の主語the processを指している。さらにthe processは前文のa reliable methodを指している。

(7)　「インターフェロン購入に200万ドルを」どうしたのかと考えた場合，「費やした」など，費用に充てたと考えるのが自然である。下線部は「割り当てる」の意だが，1がこれに最も近い。2.「推論した」　3.「除外した」　4.「進んだ」

(8)　下線部の直後の文（The ACS suggested…）より，輸送方法に問題があったために，インターフェロンの効用結果が不本意なものになったのかもしれない，というアメリカがん協会の見解がある。これを端的に表すものは2.「インターフェロンの保存法に問題があった」である。

(9) (Several recent developments) were expected to result in more abundant supplies (of interferon for research.) の順になる。まず主語が無意志だが，この場合の動詞は受動態になりやすい。ここで，were expected を想起。未来志向の動詞句は to *do* が後続するため，to result in も想起できよう。result in ～ は「結果～が生じる」という意のイディオム。これが和文に反映されていないので注意。これに more abundant supplies が後続する。1と7がそれぞれ正解。

(10) このタイプの問は空所に入る語の品詞をまず確定し，その次に意味を参考にすること。各空所は全て名詞が入るはず。1のB，Cおよび2のBは名詞ではないため除外。3か4に絞れる。また，Aには可算名詞の単数形が入るので，3で決まりである。なお，アミノ酸の「配列」は sequence，アミノ酸が連続して結合した構造体をアミノ酸のいわば「鎖」，string という。タンパク質がアミノ酸の「結合」「かたまり」と考えれば，Bに「構成要素」という意味にもなる units（単位）が入るのも納得できる。3が最適。

(11) 1．第1段第2文（Although only a …）に「わずか数百名程度の患者しか実際にこの薬物（インターフェロン）を投与されてはいないが」とあり，一致しない。

2．第5段第1文（In July 1978, the ACS …）および第4文（The first reports …）と一致する。

3．遺伝子組み換えによるインターフェロンが動物細胞でつくるインターフェロンより劣勢であるという選択肢の内容は「遺伝子組み換えは，最も将来性のあるインターフェロンの源泉であり続けてきた」とある最終段の内容と一致しない。

4．第6段第4文（Preliminary indications are …）の後半，but 以下の内容と一致する。

5．最終段最終文（One company predicted …）の内容と一致する。

6．第7段第2文～3文（At least ten U. S. firms ～ with the treatment.）と前半部（There was ～ research）が，第8段全体の内容と後半部（a technique ～ developed.）と一致する。

2 **解答** (1)―4　(2)―1　(3)―3　(4)―2　(5)―1　(6)―2
(7)―4　(8)―2　(9)―4　(10)―2　(11)―1・5

◆全　訳◆

≪古楽の再興≫

〈Ⅰ〉　これは過去の音楽についての書物である。中世，ルネッサンス，バロック音楽はそれらが新しかったときからずっと，繰り返し廃棄されては再発見されてきた。私や多くの読者にとってその音楽は美しく，興味をそそるものである。すなわち，我々の視野を広げ，かつ魂の養分となるのだ。

〈Ⅱ〉　過去の音楽への関心は19世紀初頭以来――おおよそ美術館の草創期の頃から――，音楽の世界の一部の特徴となっている。19世紀初頭のグレゴリオ聖歌の再興や，フェリックス=メンデルスゾーンによるヨハン=セバスティアン=バッハの再興は，さらに昔の音楽を復興させようという，過去になされた努力の例である。

〈Ⅲ〉　近年ではこの関心は特別な意味合いを帯びており，2つの特有な傾向を表している。すなわち1つ目は知名度がほとんどなく，正当な評価を受けていないレパートリーの再発見であり，2つ目は失われた演奏スタイルを取り戻そうという努力であり，当時の演奏習慣を用いる新たな方法で，そのような音楽に命が吹き込まれるという確信に基づいている。中世，ルネッサンス，そしてバロック音楽はこのような考えの中心となっており，そのレパートリーは結果として，新たな魅力を帯びているのだ。

なぜ古い音楽を復興するのか

〈Ⅳ〉　すでに世界には非常に多くの音楽が存在し，毎日多くの音楽が創り出されている。また多くが放送や録音メディアでたやすく聴くことができるので，私達がその全てを聴くのは不可能なほどである。それではなぜ，そのような過去の音楽を復興しようというような努力をするのだろうか？異国趣味，歴史，斬新さ，政治，そして最終的には楽しみ，といった多様な理由が存在する。

〈Ⅴ〉　古楽は聴く者に，自身の文化，自身の伝統，または自身の経験を超えた何かを供給するという意味で“ワールドミュージック”のようである。これこそが本質的に，忘れられたレパートリーの醍醐味なのである。すなわち，まだ忘れ去られていないものは権威に満ち，またエリート主義であるかもしれないが，異国風なものではないのだ。これら昔のレパートリーは，現代の我々のものとは大きく異なる世界と繋がる手段を供給してくれるので，それらは我々に，どのように音楽は機能するのか，音楽は何をするのか，そして音楽はどのように聞こえてしかるべきなのかに関して，我々がもっている仮説に問いかける理由を与えてくれる。

〈Ⅵ〉　昔の人々が耳を傾けていたのはいったい何だったのか，ということを知りたいという欲望もまた，存在する。中世の絵画の中でこれらの天使達は何を歌い，演奏しているのか？　16世紀後半，クイーン・エリザベス1世は何に合わせて踊ったのか？　太陽王としても知られるルイ14世を夕食の席で楽しませたものは何か？　我々からは遠く離れてはいるがかなり興味を引く時代や場所の，総合的な歴史のイメージを描こうとする試みの中で，初めは音楽の喜びではなく，歴史の知識を求めていたという点で，これらは音楽のというよりは歴史的な疑問なのである。もしも我々がその音楽が好きということが明らかになれば，なおさら結構なことである。誰一人として，ヤン=ファン=エイクやレオナルド=ダ=ヴィンチによるゴシック式の大聖堂や絵画を賞賛することに疑問など挟まないであろう。視覚芸術の愛好家は，これらへの愛情を強制されて正当化するなどということはほとんどない。しかし昔の音楽は，同じような時空を超えた敬意は得られないこともよくあるのだ。古楽のこのような側面に対する衝動は本質的には歴史的なもので，中世の料理や，バロック様式の衣類への関心に似ている。

〈Ⅶ〉　全くの斬新さもまた，古楽に興味をもつことの中心になることがある。それは今日のどんな音楽とも異なる。そしてそれは，他文化のどの音楽とも似ていない。そしてそれは，唯一の共通の特徴がその古さと無名さである，長くて広大なレパートリーから構成されているという点で，それはそれ自体と異なりさえするのだ。恐らくは，長い年月を経て，新たに再興された作品を聴く初めての人間であるということに，ある種の満足感が存在するのだろう。そしてひけらかすことに——すなわち，他のリスナーにそれを紹介することにも満足感が存在するのだろう。

〈Ⅷ〉　アメリカでは1960年代と1970年代に大規模な社会運動があり，黒人への差別，ベトナム戦争，そして男性中心の階級社会に対し抵抗をした。これらの公民権，反戦そしてフェミニスト運動は，中心的な社会規範に反対し，かつ伝統的エリート主義なものとして伝えられてきた全てに抵抗する生き方，または一連の態度である，多くの人が言うところの“反体制文化”というものを生み出し，そして全ての分野で民主主義を要求した。古楽が伝統的なものではなく，誰でも参加可能なものと見なされる限り（昔も今も，古楽が演奏される夏のワークショップはかなり多く存在する），それは人々の音楽，偽善のない音楽，大衆的なものと学術的なものの統合を表現する音楽を求める，文化的な傾向の一部として見ることができるだろう。時に呼ばれるような，古楽“運動”が，例えば民俗音楽の再興などの，多くの他の大衆的な運動と同時におこったことは，全くの偶然ではあり得ない。

〈Ⅸ〉 このように，音楽と昔の精神を復興するための創造的な“運動”として始まったものが，1960年代には政治的な傾向を帯び，それは自然への回帰感，世間の定説や服従を強制されることへの反発，そして古楽は聴き手のものであるのと同様に参加者のものでもあるという概念によって，勢いを増したのである。少数の演奏家やグループの大成功によって古楽が専門化する傾向が近年さらに見られ，アマチュアや自由参加の側面はいくぶん陰りを見せているけれども，20世紀には楽器，演奏技術，そしてレパートリーの研究と復興から得られたものは多かったのである。

◀解　説▶

⑴ 下線部直前に and があり，これは意味的に並立するものが結ばれる。「視野を広げる」と同様のプラスイメージの意味にするには4が最適。これは「耕す」以外にも「培う」「育む」などの意味にもなる。

⑵ still は比較級を強める働きをもち，「より一層，遥かに」などの意味になる。1が同じように比較級を強調する働きをもつ副詞である。

⑶ 第3段では first, second という「列挙」が使われているが，このような段落の要旨を問う問題は，「列挙を抽象化する」ことで要旨が得られやすい。「古楽の再興」をプラスイメージに述べていることがわかれば，3は不適切で，正解と判断できる。

⑷ 空所の直前で so が目立つが，so を見たら普段から so ～ that 構文，または so ～ as to *do* などのイディオムが来るのでは，と予想する癖をつけておくべき。また空所の次は完全文であり，so ～ that …「非常に～なので…だ」を作る接続詞 that が入る。2が正解。

⑸ 同段第3文（Because these earlier …）後半主文（they give us …）

で，（古楽の曲目を聴くことによって）「どのように音楽は機能するのか，音楽は何をするのか，そして音楽はどのように聞こえてしかるべきなのかに関して，我々がもっている仮説に問いかける理由を与えてくれる」とあり，つまり，それまでもっていた音楽というものの概念に疑問をもつことで，下線部③のように「自分の文化や伝統，経験とは異なる」音楽，古楽を知ることができる，ということである。したがって，1.「音楽はどのように聞こえるべきかに関する聴き手の考えを疑問視することによって」が正解。

(6)　空所の直後の in that we're not at first … の箇所に「初めは音楽の喜びではなく，歴史の知識を求めていたという点で」とある。つまり音楽より歴史であり，したがって，段落最初の様々な疑問は，「音楽のというよりは歴史的な」疑問なのである。解答は［more］ historical ［than］ musical となる。

(7)　infer は「～を暗に意味する」の意味。下線の前半「視覚芸術の愛好家は，これらへの愛情を強制されて正当化するなどということはほとんどない」 つまり，なぜその絵が好きかを説明させられることはない，に対し，古楽の愛好者はそのような敬意は払ってもらえない。したがって，解答は4である。

(8)　段落の1文目の抽象的な名詞は2文目以降で具体的にわかりやすく言い換えられることが原則。「今日のどんな音楽とも異なる。そしてそれは，他文化のどの音楽とも似ていない」とあり，これと近い意味のものは2.「斬新さ」である。

(9)　これも段落の1文目の問なので，下線部の詳しい説明の部分を探す。その際「列挙」の部分にはとくに気を配ること。同段第2文（These civil rights …）の中盤（which opposed … and resisted …）および末尾近くの内容（and so demanded …）が「大規模な社会運動」の具体的な中身の記述である。4が最適。

(10)　同段第1文（In this way …）で early music を「movement」と表現している。「運動」であれば「参加型」になるはず。また古楽再興運動が政治色を帯びるのを助長するものとして，「自然への回帰感，世間の定説や服従を強制されることへの反発」，また「古楽は聴き手のものであるのと同様に［　E　］のものでもあるという概念」とあるので，以上から，

2．「参加者」が最適。

⑾　1．第2段第1文（An interest in …）に反するのと，美術館の記述はあるが図書館についての記述はない。

2．第7段第3文（There is a …）の内容と一致する。

3．最終段最終文（Though the enormous …）の後半の内容と一致する。

4．第4段第2文～3文（Why then do ～ and, finally, pleasure.）と一致する。

5．最終段最終文の前半の内容と矛盾する。

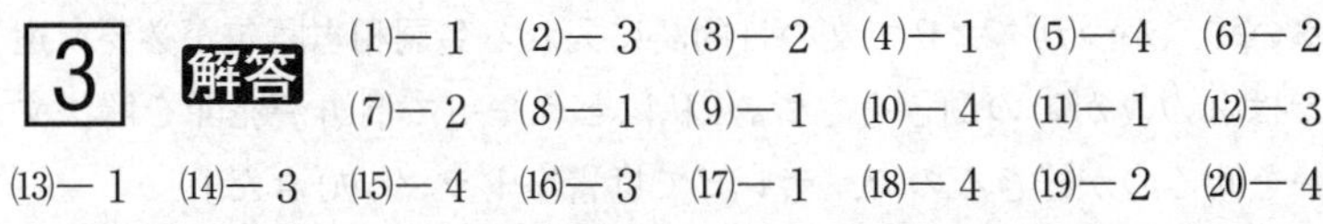

3 解答　⑴－1　⑵－3　⑶－2　⑷－1　⑸－4　⑹－2　⑺－2　⑻－1　⑼－1　⑽－4　⑾－1　⑿－3　⒀－1　⒁－3　⒂－4　⒃－3　⒄－1　⒅－4　⒆－2　⒇－4

◀解　説▶

⑴　1が正解。初めて昇給を得た時点ですでに1年間仕事していたのだから，ある過去の出来事よりもさらに過去の話題を表すことになる。この役割は過去完了である。「初めて昇給したとき，すでに1年以上そこで働いていた」

⑵　3が正解。I finish … と I'll start … という2つのSVを結ぶのは接続詞である。1と3が接続詞だが，1は「逆接」を表し，これだと主文が「予想外の展開」の内容になる。「条件」を表す3が最適。「物理の宿題を終わらせたら英語の勉強を始めよう」

⑶　2が正解。文が複数ある場合，つねにそれら同士が意味上矛盾しない内容にすることが大切。2～3文目から語り手は相手に「パーティーにいなかった相手に文句を言っている」様子がうかがえる。S should have *done* は「～すればよかったのに」という意味で，～をしなかったSに対する不満・批判を表す。「君，パーティーにくればよかったのに。我々みんなすごく楽しかったよ。そのとき君はどこにいたの」

⑷　1が正解。直後はSVが来ているため「接続詞」を予測。as は接続詞で「～する通りに」の意味があり，最適。この場合，Vは受動態や自動詞，目的語以降が省略されたものが用いられることが多い。「我々皆が予想した通り，ブラジルがワールドカップで優勝した」

⑸　4が正解。but 以降の内容から語り手は現地に行っていないことがわ

かる。4は「過去から見た未来」を表せるため最適。「私はニュージーランドへ行く予定だったが，飛行機が突然キャンセルになった」

(6)　2が正解。空所に入るのは副詞とわかればすぐに解けるが，意味的には，いつものバスに乗れなかった場合，遅刻か，間に合ったにしてもギリギリのはず。2は「かろうじて〜する」の意を表し，最適。なお，これは否定語ではないので注意すること。「私は寝坊していつものバスに乗れなかった。そのためかろうじて学校に間に合った」

(7)　2が正解。空所の直後の文は完全文である。そのために関係代名詞以外が入ると想定。かつ空所の直前は watching という他動詞があり，完全文を率いて，かつカタマリで文の目的語に入れる名詞相当語句が必要。選択肢では2のみがこの働きをもつ。「私はどうやって刑事が犯罪を解決するのかを観るのが好きなので，テレビでは警察ドラマが好きだ」

(8)　1が正解。品詞はすべて前置詞相当語句なので意味によって識別する。台風と学園祭の中止は「因果」関係といえる。その意味になるのは1のみ。「台風のせいで学園祭は土壇場で延期となった」

(9)　1が正解。「別の市の学校に行くことの（　　）」なので，1.「不都合な点」が適切。

(10)　4が正解。空所の直後は完全文が続いているため，接続詞が必要。接続詞は3か4だが，意味的には，空所の前後で「グループでの勉強」と「一人での勉強」という対比が生じている。対比を示せるのは4。「友人は集団で勉強するほうが好きだが，一方で私は一人でやるほうが好きだ」

(11)　1が正解。空所は形容詞である。直前の so はその前後で因果関係を表すが，バレーボールとアルバイトが詰め込まれていることから，「毎日の日課が忙しい」という論理的に得られる結果を想起。1が「毎日の」という意味になる。「午前中にバレーボールの練習をし，夜にはアルバイトをしているので，私の毎日の日課はとても大変だ」

(12)　3が正解。空所は「赤道」という意味になると類推できるが，綴り字が似た選択肢があるので正確に覚えておく。1.「〜に等しい」　2.「方程式」　4.「〜に匹敵する」「日本からオーストラリアに飛行機で行ったとき，生まれて初めて赤道を越えたよ」

(13)　1が正解。get on *one's* nerves は「人を怒らせる」。「怒る」という意味にするためには「神経に触る」とすればよいと推測することは不可能ではないだろう。「隣の家からの騒音に，だんだんと私は怒りがこみあげてきた」

⒁　3が正解。空所の直後が原形動詞であることから，助動詞や副詞をまず想起したい。2や4はここで除外される。3は「(他にやることがないなら)～でもしていたい」という消極的な希望を表し，最適。「明日は雨になる見込みなので，それなら家にいて勉強でもしていたい」

⒂　4が正解。空所に入る品詞は名詞である。2と4が名詞。Aのセリフから，Bに悩みがあることは推測できるだろう。またBは不安をAに告白しており，4.「不安，心配」を入れることで筋が通る。「A：君，大丈夫か。悩み事が何なのか教えてくれれば，もっと良いアドバイスができるかもしれないよ。B：うーん，実は私にもよくわからなくて。ただちょっとだけ不安なだけなんです」

⒃　3が正解。空所の直前の文（You can say that again.）は「全くその通り」の意であり，BはAに同意しているとわかる。3.「もうすぐである」を入れることで，Aのセリフと整合性がとれる。「A：だんだん暖かくなりつつあるね。B：全くその通りです。春が近づいているんですね」

⒄　1が正解。空所の直後の文から「絶好調」という内容がくみ取れる。1は直後に than this を補い，「これ以上に良いことはあり得ない（＝最高だ)」と読むとよい。これを入れると次の文の内容と意味がつながる。「A：しばらく会わなかったけど，仕事の調子はどう。B：最高さ。上司は偉大な人だし，同僚はいい人だし，ビジネスもとても順調なんだ」

⒅　Aの発言内に「彼の意図が掴みにくい」という記述があるが，こうした場合，「推し量る」という選択が自然だろう。4が「真意を理解する，行間を読む」などの意味を表し，最適。「A：彼が何を言いたいのか，あまりよくわからなかったんだ。君はどう。B：私はわかったと思う。彼と話すときは時々真意を理解しなきゃいけないことがあるね」

⒆　2が正解。a castle in the air は「幻想」「空中楼閣」などを表す。この熟語を知らなくとも，castle が palace に近い意味だと考えることで選択はできるだろう。「A：私のこの発明は完璧だと保証できます。あなたに健康をもたらし，私には富をもたらします。私はすぐに億万長者になれるし，そのお金で宮殿を建てることさえできます。B：おお，その宮殿が何と呼ばれるかわかるような気がします。空中の楼閣ですよね」

⒇　4が正解。「そういうことか」「なるほどね」の意を表す。Bの返答は質問をしたAにとっては納得のいくものであろう。相手の意図に納得できる意味にできるのは4.「説明する」のみである。ThatがBのセリフを受け，itが日本に来た理由と考えるとよい。「A：日本では最近たくさんの地震が何度も起きているにも関わらず，なぜ日本へ来たのですか。B：私は地質学者で，かつ妻が日本のことを大好きなんですよ。A：そういうことですか」

4　解答

⑴―2　⑵―3　⑶―4　⑷―3　⑸―3　⑹―4
⑺―3　⑻―4　⑼―1　⑽―2

◀解　説▶

⑴　2が正解。periodic tableが「周期表」であることは類推できるだろう。選択肢内で周期表と縁が深そうなものとしては2.「原子の」が最適。「周期表：原子番号に従って配列された化学元素を示す表」

⑵　3が正解。レーダーとはどのようなシステムかを考えると「反射された電波」となる3が最適。「レーダー：離れた物体の存在，位置，そして速度を突き止めるための電波の反射波を用いたシステム」

⑶　4が正解。大気に関する説明で，惑星とガスの混合物の位置関係はと考えれば4の「～の周辺にある」が最適。「大気：例えば地球のようないくつかの惑星の周囲にあるガスの混合物」

⑷　3が正解。空所の前後を見て，速度と運動する物体との関係を考慮した場合，3.「掛け合わせられた」が最適。「運動量：動いている物体の質量×ある特定の方向への速度」

⑸　3が正解。直後にある植物や動物を「どう」すれば保護になるかを考えれば，conservationと同義の3が最適。「自然保護：特に人間の活動がもたらす破壊的な影響から植物，動物，自然環境を保護すること」

⑹　4が正解。情報とは，しかるべき場所に「蓄えられている」もののはず。そう考えれば4が最適。「ハッキング：他者のコンピュータに保存された情報を見つける，または手を加える目的で，許可を得ないで他者のコンピュータに入り込む行為」

⑺　3が正解。orの左右は似た意味が結ばれると考え，かつsubstanceと同じ名詞と考えれば3.「材料，要素」が最適。「栄養素：成長を促進し，

活力を与え，かつ生命を維持する物質または要素」

(8)　4が正解。between の手前は「相違」「関係性」などを表す語句が入る。生物と環境の間の「何」に関する科学がエコロジーかと言われれば，4．「相互関係」が最適である。「生態学：生物とその環境の相互関係に関する科学の分野」

(9)　1が正解。1．「刃，羽根」，2．「刑務所」，3．「投票」，4．「雑草」の中で，タービンがたとえ何か知らなくとも，「何を」備えた特別な車輪（回転体）を使用する物がそう呼ばれるのかを考えれば，常識に鑑みても1しかない。「タービン：動力を生むために，液体や気体が流れ，羽根のついた特別な回転体を回転させるタイプの機械」

(10)　2が正解。and で列挙されているものに注目。品詞・意味的に同じものを結ぶので，stars, planets, comets と並ぶものとしては2が最適。「天文学：宇宙や，星，惑星，彗星および銀河系などその中に含まれる物体に関する学問」

5　解答

(1)―3　(2)―4　(3)―1　(4)―1　(5)―1　(6)―4
(7)―4　(8)―2

◆全　訳◆

Passage 1　≪ベートーヴェンとテンポ≫

西欧のクラシック音楽史において，テンポ，つまり音楽の速さは，あまり明記されることはなかった。というのも，それは音楽の文脈から明らかであるとみなされていたからである。1815年になってようやく，メルツェルがメトロノームの特許を取った。ベートーヴェンはすぐにそれを採用し，すでに発表されていた8つの交響曲に速度記号を加えた。しかしながら，これらの記号については，今なお論争中である。多くの音楽家は速度が演奏するには速すぎて，音楽的でないとさえみなしているが，また一方ではそれらを，ベートーヴェンのおそらくは書かれた意思であると主張する者もいた。この論文では，様々な指揮者による36の交響曲の完全録音から演奏されたテンポを抽出し，分析する手法を展開する。結果としてわかったことは，指揮者のテンポ選択はベートーヴェンによる記号からの体系的な逸脱を表しており，その逸脱が，「正しいテンポ」の，文化的な背景によって形成された現象としての卓越性を際立たせているのである。

Passage 2　≪プラセボクリームの効果≫

研究室の疼痛知覚検査で，プラセボクリームを持っているだけで，知覚疼痛の強さに影響を与えるのかどうかを調べる目的で，ある実験が行われた。健康な被験者は，痛みから逃れたいという欲望を誘発することを狙いとした痛みについての医学説明書を読み，それからプラセボクリームが有効な薬だと伝えられた。被験者の半数が，クリームを思いがけない贈り物として受け取るよう無作為に割り当てられ，他方で残り半数がそのクリームを受け取らなかった。その後，被験者全員が痛みに耐える課題を遂行した。クリームを受け取っているが使用していない被験者は受け取っていない者と比べて，課題遂行中に疼痛の強度は低いと報告したということがわかった。我々の発見は，単にプラセボクリームを持っていれば，疼痛強度を軽減できるのだという最初の証拠となっている。

Passage 3　≪他者の視線の心理的影響≫

社会状況の中で情報を処理する際，人々は自動的に，他者の視点についてしっかりしたモデルを作り上げる。ここでは，人々はある物体に作用している機械的な力を判断するとき，その判断はその物体を見つめている他者によって，一方に偏るということを示している。その偏りは，視線が穏やかな力を加え対象を押すという暗黙の認識と一致している。たとえ参加者が明確にはそれを意識しておらず，また視覚の外送理論という概念（目は目に見えないエネルギーを放射する，というよく知られた民間伝承）などは信じていないと主張したとしても，偏りは存在していたのだ。参加者が，目を見開いたままの顔が物体から目をそむけた様子を目にした比較対照試験では，類似の結果は得られなかった。発見が示唆していることは，人は自動的にそして暗黙のうちに，目から発する光線という構成概念の単純化を用いて，他者の視線というモデルを作り出すということである。

Passage 4　≪多すぎる論文が進歩を阻害する≫

多くの学術的分野において，毎年発表される論文の数は時と共に著しく増加している。政府の指針は，科学的成果の量を増やすことに主眼を置いているが，それは生み出される論文の数で測られるのだ。しかしながら，この増加が知識の進歩に結び付くかどうか，そしてその方法は明らかではない。なぜ論文が多すぎると必ずしも進歩につながるわけではないのかに関して，まず理論的議論を展開する。新たな論文が溢れ出ることで，審査員は斬新な発想を充分に認識するために必要とされる時間と労力が奪われるであろう。多くの新しい発想同士で競争が繰り広げられることで，有望な発想に着目することの段階的な蓄積が妨げられることもあるかもしれない。次に，我々はこの理論の予言の根拠となるデータを示している。科学分野で一年間に発表される論文の数が増えると，引用文は過度に，すでに何度も引用された論文からのものとなる。すなわち，新たな論文がいつか頻繁に引用されるようになる可能性が低くなる。かつ，実際にそうなったとしても，それは少しずつ蓄積され，注目を得るという過程を通してではない。すなわち，新たに公開された論文が既存の研究に混乱を生じる可能性は低くなるのだ。

◀解　説▶

⑴　代名詞が指すものを考えた場合，it は仮主語や仮目的語でない場合，その文章の主語を指すことが多い。下線部を含む文の主文の主語は tempo で，３が正解である。

⑵　代名詞 one は既出の「a＋名詞」を指すのが原則。直前のカンマが同格で，カンマの左側に指す名詞がある可能性が高いことからも４が最適。

⑶　１.「～を喚起する」が正解。下線の左右をよく読み，論理的にどのような意味になるかを考えればよい。痛みの軽減を求めようという欲望を「どうする」目的で，被験者に医学の説明書を読ませるのかと考えれば，「～をもたせたい」「～を生じさせたい」等の意味は想起できる。

⑷　下線を含む文は比較構文である。比較は「共通点をもつ２者」が比べられるのが原則。クリームを使わないにせよ，「受け取った者」との比較なので，「クリームを受け取らなかった者」が相当するはず。この文章の題材ともいえる１が最適。

⑸　この文章は他者の視線が及ぼす影響に関する心理学の論文の冒頭サマリー，要約で，他の３問もそうだが，研究の結論が書かれている。下線を含む文の大意は「参加者はそれを意識していなかったが the bias は存在した」であり，主文の主語である１. the bias が最適である。

⑹「結果」をもたらす（またはもたらさない）のだから，trials はそもそも試験や実験のようなものだと類推できる。４. experiments が最適。

⑺　４が正解。one は可算名詞を指す。下線部に主語の一部 many new ideas の単数形 new idea を入れると，「多くの発想間で競争があると，有

望な新しい発想への段階的な蓄積が妨げられる」という意味になり，前後の流れと矛盾しない。

(8)　新たな論文が十分に引用されないために，引用は既存の論文ばかりになる，というのが直前の and の前の内容。2 を入れて「新たな論文が十分に引用された場合」という意味にすれば，新たに発表された論文が既存の研究に一石を投じるようなこともない，だから科学の進歩につながらない，という，summary の主旨と一致する。

❖講　評

全体的には読解問題の比重が 2022 年度同様増加している。

1の長文読解問題は科学論で，例年と比較すると論旨がすぐに現われる読みやすいものと言える。設問は例年通り，前後の文脈を把握できていれば論理的に割り出せる良問が多く，知識偏重にならず，たとえ初見の問題であっても冷静に対処できる柔軟さが求められていることがわかる。

2の長文読解問題は1と異なるエッセイ調の文章であり，1の後では思考の切り替えに当惑した受験生もいたかもしれない。しかし設問パターンは1も2も共にほぼ例年通りであり，受験生としては当然の義務である，1文1文を論理的に考え，先の展開を予測し，未知の単語も果敢に推測する特訓を積んできたかどうかが試されている。内容一致問題も段落ごとに要旨をメモするなど，日頃から表面的な確認で終わらせず，丁寧に全体の内容を把握する練習をしてきた受験生には解きやすかったであろう。

3と4の文法・語彙問題は基本的な知識を問うという点は例年通り。ただし，3は暗記中心の頻出事項だが，4のほうはむしろ思考力を問うもので，落ち着いて解答を出せる冷静沈着な姿勢，および精神力の強さも必要だろう。基本事項中心とはいえ，どちらも相当な期間，反復を積んでいなければすぐに頭脳が反応できず，対処できない可能性がある。また基本的な問題が中心なだけに，無論ケアレスミスによる失点は致命的になる。

5の読解問題は 2022 年度と分量はほぼ同じながら，主に代名詞が指すものを問う内容に変化していた。2022 年度が語彙力を問われていたとすれば，2023年度は思考力が問われたと言えよう。いずれにしても難易度は変わらず，また文章も読みやすいものである。多少の傾向の変化に惑うことのないように，基本の確認に加え，日頃から様々な問題に触れ，実戦形式を重視した訓練を意識してもらいたい。

数学

（注） 解答は，東京理科大学から提供のあった情報を掲載しています。

1 解答

(1)(a)ア．5 イウエ．359 オカ．60

(b)キク．32 ケコ．30 サシス．106

(c)セソタチ．1061 ツテト．168

(2)(a)ア．7 イ．2

(b)ウ．2 エオ．27 カ．5 キ．9 クケ．10 コサ．27

(c)シ．4 ス．5 セ．5 ソ．6

(d)タ．3 チ．3 ツ．6 テ．3 ト．3 ナ．6

(3)(a)ア．1 イ．4 ウ．3 エ．5 オ．3 カ．2 キ．1

(b)ク．3 ケ．7 コ．1 サ．7

(c)シ．1 ス．1 セ．1 ソ．5 タ．7 チ．5

◀解 説▶

≪小問3問≫

(1)(a) $$\lim_{x\to\infty} f(x)=\lim_{x\to\infty}\frac{5x^3+8x^2+15}{x^3-x}=\lim_{x\to\infty}\frac{5+\dfrac{8}{x}+\dfrac{15}{x^3}}{1-\dfrac{1}{x^2}}=5 \quad \to ア$$

$$f(9)=\frac{3645+648+15}{729-9}=\frac{4308}{720}=\frac{359}{60} \quad \to イ～カ$$

(b) $$f'(x)=\frac{(15x^2+16x)(x^3-x)-(5x^3+8x^2+15)(3x^2-1)}{(x^3-x)^2}$$

$$=\frac{-8x^4-10x^3-53x^2+15}{x^2(x^2-1)^2}$$

より　$g(x)=-8x^4-10x^3-53x^2+15$

よって　$g'(x)=-32x^3-30x^2-106x$ →キ～ス

(c) (b)より，$x>1$ のとき $g'(x)<0$ であるから，$g(x)$ は単調減少。

さらに，$g(1)=-8-10-53+15=-56<0$ より，$x>1$ のとき $g(x)<0$ となる。

$f'(x)=\dfrac{g(x)}{x^2(x^2-1)^2}$ であるから，$x>1$ のとき $f'(x)<0$ である。

x	1	$\cdots$
$f'(x)$	／	$-$
$f(x)$	／	↘

(a)より　$\lim\limits_{x\to\infty}f(x)=5$

$$\lim_{x\to1+0}f(x)=\lim_{x\to1+0}\frac{5x^3+8x^2+15}{x(x+1)(x-1)}$$

$$=\infty$$

よって，$y=f(x)$ のグラフは右図のようになる。

さらに，(a)より，$f(9)=\dfrac{359}{60}<6$ であるから，$f(x)$ の値が自然数となる x の値は $2\leqq x\leqq 8$ の範囲に限られる。

$f(2)=\dfrac{29}{2}$，$f(3)=\dfrac{37}{4}$，$f(4)=\dfrac{463}{60}$，

$f(5)=7$，$f(6)=\dfrac{461}{70}$，$f(7)=\dfrac{1061}{168}$，

$f(8)=\dfrac{343}{56}$ であるから

$(a,\ b)=(5,\ 7)$

よって　$f(b)=f(7)=\dfrac{1061}{168}$　→セ～ト

(2)(a)　$|\overrightarrow{AB}|=2$，$|\overrightarrow{AC}|=3$，$|\overrightarrow{BC}|=\sqrt{6}$ より

$6=|\overrightarrow{BC}|^2=|\overrightarrow{AC}-\overrightarrow{AB}|^2=|\overrightarrow{AC}|^2-2\overrightarrow{AB}\cdot\overrightarrow{AC}+|\overrightarrow{AB}|^2$

$=9-2\overrightarrow{AB}\cdot\overrightarrow{AC}+4$

$2\overrightarrow{AB}\cdot\overrightarrow{AC}=7$

$\overrightarrow{AB}\cdot\overrightarrow{AC}=\dfrac{7}{2}$　→ア，イ

(b)　$p=\dfrac{1}{6}$，$q=\dfrac{3}{5}$ のとき

AP：PB＝1：5，AQ：QC＝3：2，

BD：DQ＝s：$(1-s)$，CD：DP＝t：$(1-t)$

とおくと

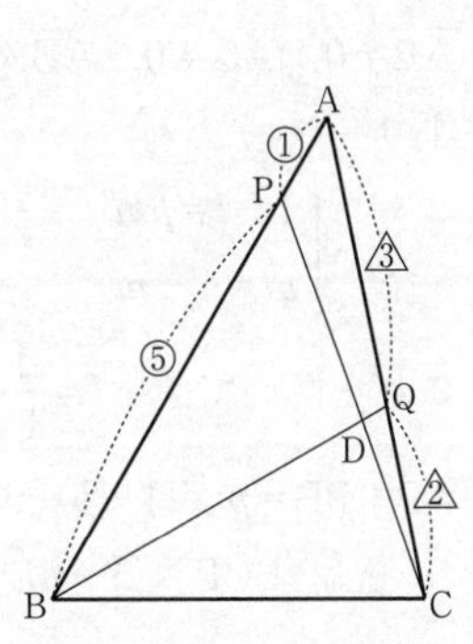

$$\overrightarrow{AD}=(1-s)\overrightarrow{AB}+s\overrightarrow{AQ}=(1-s)\overrightarrow{AB}+\frac{3}{5}s\overrightarrow{AC}\quad\cdots\cdots①$$

$$\overrightarrow{AD}=(1-t)\overrightarrow{AC}+t\overrightarrow{AP}=\frac{1}{6}t\overrightarrow{AB}+(1-t)\overrightarrow{AC}\quad\cdots\cdots②$$

$\overrightarrow{AB}\neq\vec{0}$, $\overrightarrow{AC}\neq\vec{0}$, $\overrightarrow{AB}\not\parallel\overrightarrow{AC}$ だから，①，②より

$$\begin{cases}1-s=\dfrac{1}{6}t\\ \dfrac{3}{5}s=1-t\end{cases}$$

これを解いて　　$s=\dfrac{25}{27}$, $t=\dfrac{4}{9}$

よって　　$\overrightarrow{AD}=\dfrac{2}{27}\overrightarrow{AB}+\dfrac{5}{9}\overrightarrow{AC}$　→ウ～キ

AP：PB＝1：5 より　　$\triangle BCP=\dfrac{5}{6}S_1$　……③

CD：DP＝$\dfrac{4}{9}$：$\dfrac{5}{9}$＝4：5 より　　$S_2=\dfrac{4}{9}\triangle BCP$　……④

③を④へ代入して

$$S_2=\frac{4}{9}\cdot\frac{5}{6}S_1=\frac{10}{27}S_1\qquad\frac{S_2}{S_1}=\frac{10}{27}\quad\text{→ク～サ}$$

(c)　BD：DQ＝l：$(1-l)$，CD：DP＝m：$(1-m)$ とおくと

$$\begin{aligned}\overrightarrow{AD}&=(1-l)\overrightarrow{AB}+l\overrightarrow{AQ}\\&=(1-l)\overrightarrow{AB}+ql\overrightarrow{AC}\quad\cdots\cdots⑤\\\overrightarrow{AD}&=(1-m)\overrightarrow{AC}+m\overrightarrow{AP}\\&=pm\overrightarrow{AB}+(1-m)\overrightarrow{AC}\quad\cdots\cdots⑥\end{aligned}$$

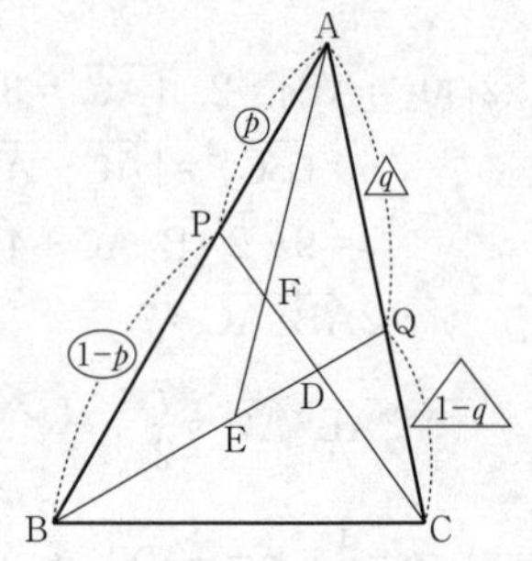

$\overrightarrow{AB}\neq\vec{0}$, $\overrightarrow{AC}\neq\vec{0}$, $\overrightarrow{AB}\not\parallel\overrightarrow{AC}$ だから，⑤，⑥より

$$\begin{cases}1-l=pm\\ ql=1-m\end{cases}$$

これを解いて　　$l=\dfrac{1-p}{1-pq}$, $m=\dfrac{1-q}{1-pq}$

AP：PB＝p：$(1-p)$ より

$$\triangle BCP=(1-p)S_1\quad\cdots\cdots⑦$$

$\mathrm{CD}:\mathrm{DP}=\dfrac{1-q}{1-pq}:\dfrac{q-pq}{1-pq}=(1-q):(q-pq)$ より

$$S_2=\frac{1-q}{1-pq}\triangle\mathrm{BCP}\quad\cdots\cdots⑧$$

⑦を⑧へ代入して　$S_2=\dfrac{(1-p)(1-q)}{1-pq}S_1$

$S_2=\dfrac{1}{5}S_1$ より　$\dfrac{(1-p)(1-q)}{1-pq}=\dfrac{1}{5}$

$$5(1-p)(1-q)=1-pq$$
$$5pq-5p-5q+5=1-pq$$
$$(5-6p)q=4-5p$$
$$q=\frac{4-5p}{5-6p}\quad\toシ〜ソ$$

(d)　$\mathrm{AQ}:\mathrm{QC}=q:(1-q)$ より　$\triangle\mathrm{ABQ}=qS_1$

$\mathrm{AP}:\mathrm{PB}=p:(1-p)$ より　$\triangle\mathrm{ACP}=pS_1$

$\mathrm{BE}:\mathrm{EQ}=u:(1-u)$ とおくと　$\triangle\mathrm{ABE}=u\triangle\mathrm{ABQ}=quS_1$

$\mathrm{CF}:\mathrm{FP}=v:(1-v)$ とおくと　$\triangle\mathrm{ACF}=v\triangle\mathrm{ACP}=pvS_1$

$\triangle\mathrm{ABE}=\triangle\mathrm{ACF}=\dfrac{1}{5}S_1$ より　$qu=\dfrac{1}{5},\ pv=\dfrac{1}{5}$

ゆえに，$u=\dfrac{1}{5q},\ v=\dfrac{1}{5p}$ である。

$$\overrightarrow{\mathrm{AE}}=(1-u)\overrightarrow{\mathrm{AB}}+u\overrightarrow{\mathrm{AQ}}=(1-u)\overrightarrow{\mathrm{AB}}+qu\overrightarrow{\mathrm{AC}}$$
$$\overrightarrow{\mathrm{AF}}=(1-v)\overrightarrow{\mathrm{AC}}+v\overrightarrow{\mathrm{AP}}=pv\overrightarrow{\mathrm{AB}}+(1-v)\overrightarrow{\mathrm{AC}}$$

3点A，E，Fは一直線上にあるので定数 k が存在し，$\overrightarrow{\mathrm{AF}}=k\overrightarrow{\mathrm{AE}}$ が成り立つから

$$pv\overrightarrow{\mathrm{AB}}+(1-v)\overrightarrow{\mathrm{AC}}=k(1-u)\overrightarrow{\mathrm{AB}}+kqu\overrightarrow{\mathrm{AC}}$$

$\overrightarrow{\mathrm{AB}}\neq\vec{0},\ \overrightarrow{\mathrm{AC}}\neq\vec{0},\ \overrightarrow{\mathrm{AB}}\not\parallel\overrightarrow{\mathrm{AC}}$ より

$$pv=k(1-u),\ 1-v=kqu$$

これより k を消去して

$$pquv=(1-u)(1-v)$$
$$pq\cdot\frac{1}{5q}\cdot\frac{1}{5p}=\left(1-\frac{1}{5q}\right)\left(1-\frac{1}{5p}\right)$$

両辺に $25pq$ を掛けて

$$pq=(5p-1)(5q-1)$$
$$pq=25pq-5p-5q+1$$
$$24pq-5p-5q+1=0$$

(c)より，$q=\dfrac{4-5p}{5-6p}$ だから，代入して

$$24p\cdot\frac{4-5p}{5-6p}-5p-5\cdot\frac{4-5p}{5-6p}+1=0$$
$$24p(4-5p)-5p(5-6p)-5(4-5p)+5-6p=0$$
$$90p^2-90p+15=0$$
$$6p^2-6p+1=0$$
$$p=\frac{3\pm\sqrt{9-6}}{6}=\frac{3\pm\sqrt{3}}{6}$$

よって　　$p=\dfrac{3+\sqrt{3}}{6}$ または $\dfrac{3-\sqrt{3}}{6}$　→タ～ナ

(3)(a)　点 A$(-2,\ 1)$ を通る接線は y 軸と平行ではないから，その傾きを m とすると，方程式は

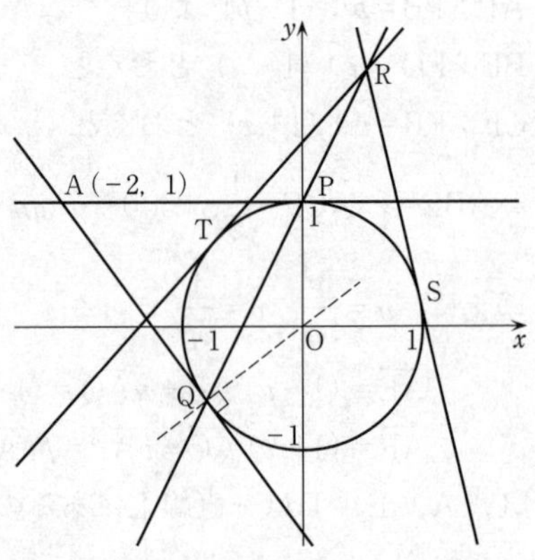

$$y-1=m(x+2)$$
$$mx-y+2m+1=0$$

この直線が円 C と接するから

$$\frac{|2m+1|}{\sqrt{m^2+1}}=1$$
$$|2m+1|=\sqrt{m^2+1}$$
$$(2m+1)^2=m^2+1$$
$$4m^2+4m+1=m^2+1$$
$$3m^2+4m=0$$
$$m(3m+4)=0$$
$$m=0,\ -\frac{4}{3}$$

接線 AP の方程式は　　$y=1$　→ア

接線 AQ の方程式は

$$y-1=-\frac{4}{3}(x+2)\qquad y=-\frac{4}{3}x-\frac{5}{3}$$　→イ～オ

点Qは接線AQと直線OQの交点であり，この2直線は垂直だから，直線OQの方程式は $y=\frac{3}{4}x$ となる。

$$\begin{cases} y=-\frac{4}{3}x-\frac{5}{3} \\ y=\frac{3}{4}x \end{cases} \text{より}\quad \frac{3}{4}x=-\frac{4}{3}x-\frac{5}{3}$$

$$9x=-16x-20 \qquad 25x=-20$$

$$x=-\frac{4}{5},\ y=-\frac{3}{5}$$

よって　　$\mathrm{Q}\left(-\frac{4}{5},\ -\frac{3}{5}\right)$

また，P(0，1) であるから，直線PQの方程式は

$$y-1=\frac{-\frac{3}{5}-1}{-\frac{4}{5}}x \qquad y=2x+1 \quad \text{→カ，キ}$$

参考　一般に円 $x^2+y^2=r^2$ に円外の点A$(a,\ b)$ から引いた2本の接線の接点をP，Qとするとき，直線PQの方程式は $ax+by=r^2$ となる。

（証明）　P$(x_1,\ y_1)$，Q$(x_2,\ y_2)$ とおくと，P，Qにおける接線の方程式はそれぞれ

$$x_1x+y_1y=r^2,\ x_2x+y_2y=r^2$$

である。これらがA$(a,\ b)$ を通るから

$$x_1a+y_1b=r^2,\ x_2a+y_2b=r^2$$

この2つの関係式は直線 $ax+by=r^2$ が2点P，Qを通ることを示している。よって，直線PQの方程式は $ax+by=r^2$ となる。　　（証明終）

点Aを円の極，直線PQを極線という。

この公式を用いると，直線PQの方程式は，$-2x+y=1$ より，$y=2x+1$ と容易に求めることができる。このあとの(b)，(c)においては，この公式を利用することにする。

(b)　$y=2x+1$ で $x=3$ のとき　　$y=7$

よって　　R(3，7)

したがって，直線STの方程式は

$$3x+7y=1 \qquad y=-\frac{3}{7}x+\frac{1}{7} \quad \to ク\sim サ$$

(c)　点Rは直線PQ上の点で円の外部にあるから

$$\mathrm{R}(t,\ 2t+1) \quad \left(t<-\frac{4}{5},\ 0<t\right)$$

とおける。直線STの方程式は

$$tx+(2t+1)y=1$$

$$x=-\frac{1}{t}\{1-(2t+1)y\} \quad \cdots\cdots①$$

$$x^2+y^2=1 \quad \cdots\cdots②$$

①を②へ代入して

$$\frac{1}{t^2}\{1-(2t+1)y\}^2+y^2=1$$

$$\{1-(2t+1)y\}^2+t^2y^2=t^2$$

$$\{(2t+1)^2+t^2\}y^2-2(2t+1)y+1-t^2=0$$

$$(5t^2+4t+1)y^2-2(2t+1)y+1-t^2=0$$

$$y=\frac{2t+1\pm\sqrt{(2t+1)^2+(5t^2+4t+1)(t^2-1)}}{5t^2+4t+1}$$

$$=\frac{2t+1\pm\sqrt{5t^4+4t^3}}{5t^2+4t+1}$$

$(x,\ y)=(-2,\ 1)$ は $tx+(2t+1)y=1$ を満たすから，点Aは直線ST上にあり，AT＝TSであるから，点Tは線分ASの中点である。

y 座標について

$$\frac{1}{2}\left(1+\frac{2t+1-\sqrt{5t^4+4t^3}}{5t^2+4t+1}\right)=\frac{2t+1+\sqrt{5t^4+4t^3}}{5t^2+4t+1}$$

$$5t^2+4t+1+2t+1-\sqrt{5t^4+4t^3}=4t+2+2\sqrt{5t^4+4t^3}$$

$$3\sqrt{5t^4+4t^3}=5t^2+2t$$

$$9(5t^4+4t^3)=(5t^2+2t)^2$$

$$45t^4+36t^3=25t^4+20t^3+4t^2$$

$$20t^4+16t^3-4t^2=0$$

$$5t^4+4t^3-t^2=0$$

$$t^2(5t^2+4t-1)=0$$

$$t^2(5t-1)(t+1)=0$$

$t<-\frac{4}{5}$, $0<t$ より　　$t=-1,\ \frac{1}{5}$

よって，点Rの座標は　　$(-1,\ -1)$, $\left(\frac{1}{5},\ \frac{7}{5}\right)$　→シ～チ

2 解答

(1)(あ) 0　(い) 1　(う) $\frac{\pi}{3}$　(え) $\frac{5\pi}{3}$　(2)(お) 1　(か) $\frac{\pi}{2}$　(き) $\frac{3\pi}{2}$

(3)(く) $\frac{\pi}{3}$　(け) $\frac{5\pi}{3}$　((く)・(け)は順不同)　(こ) 4　(さ) $\frac{11\pi}{6}$

(し) $6(\sqrt{2}+\sqrt{3}+\sqrt{6}+2)$

(注)　(こ)・(さ)については，途中の過程の記述は省略。

◀解　説▶

≪複素数平面，1の n 乗根，絶対値，偏角≫

$z_1=wz_2$, $z_2=wz_3$, $\cdots$, $z_{n-1}=wz_n$, $z_n=wz_1$ より

$$z_1=w^2z_3=w^3z_4=\cdots=w^{n-1}z_n=w^nz_1$$

$$(w^n-1)z_1=0 \quad \cdots\cdots①$$

ここで，$z_1=0$ ならば $z_2=z_3=\cdots=z_n=0$ となり，z_1, z_2, $\cdots$, z_n が異なる n 個の複素数であることに反するので

$$z_1\neq 0$$

①より　　$w^n=1$　……②

(1)　$n=3$ のとき，②より　　$w^3=1$

$$w^3-1=(w-1)(w^2+w+1)=0 \quad \cdots\cdots③$$

$w=1$ ならば $z_1=z_2=z_3$ となり，z_1, z_2, z_3 が異なる3個の複素数であることに反するので

$$w\neq 1$$

③より　　$w^2+w+1=0$　→(あ)

$$\frac{z_3-z_2}{z_1-z_2}=\frac{\frac{1}{w}z_2-z_2}{wz_2-z_2}=\frac{\frac{1}{w}-1}{w-1}=\frac{1-w}{w(w-1)}=-\frac{1}{w}$$

$w^2+w+1=0$ より，$w=\frac{-1\pm\sqrt{3}i}{2}$ であるから

$$\frac{z_3-z_2}{z_1-z_2}=\frac{2}{1\mp\sqrt{3}i}=\frac{2(1\pm\sqrt{3}i)}{1+3}=\frac{1}{2}\pm\frac{\sqrt{3}}{2}i$$

よって

$$\left|\frac{z_3-z_2}{z_1-z_2}\right|=\sqrt{\frac{1}{4}+\frac{3}{4}}=1 \quad \to (い)$$

$$\arg\frac{z_3-z_2}{z_1-z_2}=\frac{\pi}{3} \text{ または } \frac{5\pi}{3} \quad \to (う), (え)$$

(2)　$n=4$ のとき，②より　$w^4=1$

$$w^4-1=(w^2-1)(w^2+1)=0 \quad \cdots\cdots ④$$

$w^2=1$ ならば z_1, z_2, z_3, z_4 が異なる4個の複素数であることに反するので

$$w^2 \neq 1$$

④より　$w^2=-1$　　$w=\pm i$

$$\frac{z_3-z_2}{z_1-z_2}=-\frac{1}{w}=-\frac{1}{\pm i}=\pm i$$

よって

$$\left|\frac{z_3-z_2}{z_1-z_2}\right|=1 \quad \to (お)$$

$$\arg\frac{z_3-z_2}{z_1-z_2}=\frac{\pi}{2} \text{ または } \frac{3\pi}{2} \quad \to (か), (き)$$

(3)　$n=6$ のとき，②より　$w^6=1$

$$w^6-1=(w^3-1)(w^3+1)=(w^3-1)(w+1)(w^2-w+1)$$
$$=0 \quad \cdots\cdots ⑤$$

$w^3=1$, $w=-1$ ならば z_1, z_2, …, z_6 が異なる6個の複素数であることに反するので，⑤より

$$w^2-w+1=0$$

$$w=\frac{1\pm\sqrt{3}i}{2}=\frac{1}{2}\pm\frac{\sqrt{3}}{2}i$$

$$\arg w=\frac{\pi}{3} \text{ または } \frac{5\pi}{3} \quad \to (く), (け)$$

$n=12$ のとき，②より　$w^{12}=1$

$$w^{12}-1=(w^6-1)(w^6+1)=(w^6-1)(w^2+1)(w^4-w^2+1)$$
$$=0 \quad \cdots\cdots ⑥$$

$w^6=1$, $w^2=-1$ ならば z_1, z_2, …, z_{12} が異なる12個の複素数であることに反するので，⑥より

$$w^4 - w^2 + 1 = 0$$

$$w^2 = \frac{1 \pm \sqrt{3}i}{2} = \frac{1}{2} \pm \frac{\sqrt{3}}{2}i$$

よって，$\arg w^2 = \frac{\pi}{3},\ \frac{5\pi}{3},\ \frac{7\pi}{3},\ \frac{11\pi}{3}$ であるが，$\arg w^2 = 2\arg w$ であるから

$$\arg w = \frac{\pi}{6},\ \frac{5\pi}{6},\ \frac{7\pi}{6},\ \frac{11\pi}{6}$$

w の偏角は 4 個存在し，大きさが最大のものは $\frac{11\pi}{6}$ である。 →(こ)，(さ)

$n = 24$ のとき，②より　　$w^{24} = 1$

$$w^{24} - 1 = (w^{12} - 1)(w^{12} + 1) = (w^{12} - 1)(w^4 + 1)(w^8 - w^4 + 1)$$

$$= 0 \quad \cdots\cdots ⑦$$

$w^{12} = 1$，$w^4 = -1$ ならば z_1，z_2，…，z_{24} が異なる 24 個の複素数であることに反するので，⑦より

$$w^8 - w^4 + 1 = 0$$

$$w^4 = \frac{1 \pm \sqrt{3}i}{2} = \frac{1}{2} \pm \frac{\sqrt{3}}{2}i$$

よって，$\arg w^4 = \frac{\pi}{3},\ \frac{5\pi}{3},\ \frac{7\pi}{3},\ \frac{11\pi}{3},\ \frac{13\pi}{3},\ \frac{17\pi}{3},\ \frac{19\pi}{3},\ \frac{23\pi}{3}$ であるが，

$\arg w^4 = 4\arg w$ であるから

$$\arg w = \frac{\pi}{12},\ \frac{5\pi}{12},\ \frac{7\pi}{12},\ \frac{11\pi}{12},\ \frac{13\pi}{12},\ \frac{17\pi}{12},\ \frac{19\pi}{12},\ \frac{23\pi}{12}$$

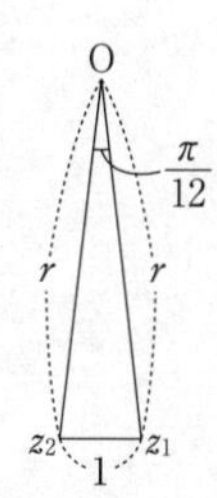

$\arg w = \frac{\pi}{12}$，$|z_1 - z_2| = 1$ のとき，z_1，z_2，…，z_{24} を頂点とする図形は 1 辺の長さが 1 の正 24 角形である。この正 24 角形が内接する円の中心を O とすると $\angle z_1 O z_2 = \frac{\pi}{12}$ であり，円の半径を r とすると，余弦定理より

$$1 = r^2 + r^2 - 2r^2 \cos\frac{\pi}{12}$$

$$1 = 2r^2\left(1 - \cos\frac{\pi}{12}\right) \quad \cdots\cdots ⑧$$

ここで

$$\cos^2\frac{\pi}{12}=\frac{1+\cos\frac{\pi}{6}}{2}=\frac{1+\frac{\sqrt{3}}{2}}{2}=\frac{2+\sqrt{3}}{4}=\frac{4+2\sqrt{3}}{8}=\frac{(\sqrt{3}+1)^2}{8}$$

$\cos\frac{\pi}{12}>0$ より，$\cos\frac{\pi}{12}=\frac{\sqrt{3}+1}{2\sqrt{2}}=\frac{\sqrt{6}+\sqrt{2}}{4}$ だから，⑧へ代入して

$$1=2r^2\left(1-\frac{\sqrt{6}+\sqrt{2}}{4}\right)$$

$$1=\frac{4-\sqrt{6}-\sqrt{2}}{2}r^2$$

$$r^2=\frac{2}{4-\sqrt{6}-\sqrt{2}}$$

$$\sin^2\frac{\pi}{12}=1-\cos^2\frac{\pi}{12}=1-\frac{2+\sqrt{3}}{4}=\frac{2-\sqrt{3}}{4}=\frac{4-2\sqrt{3}}{8}$$

$$=\frac{(\sqrt{3}-1)^2}{8}$$

$\sin\frac{\pi}{12}>0$ より　　$\sin\frac{\pi}{12}=\frac{\sqrt{3}-1}{2\sqrt{2}}=\frac{\sqrt{6}-\sqrt{2}}{4}$

$$\triangle Oz_1z_2=\frac{1}{2}r^2\sin\frac{\pi}{12}=\frac{1}{2}\cdot\frac{2}{4-\sqrt{6}-\sqrt{2}}\cdot\frac{\sqrt{6}-\sqrt{2}}{4}$$

$$=\frac{4+\sqrt{6}+\sqrt{2}}{16-(\sqrt{6}+\sqrt{2})^2}\cdot\frac{\sqrt{6}-\sqrt{2}}{4}$$

$$=\frac{4+\sqrt{6}+\sqrt{2}}{8-4\sqrt{3}}\cdot\frac{\sqrt{6}-\sqrt{2}}{4}$$

$$=\frac{1}{16}\cdot\frac{4\sqrt{6}-4\sqrt{2}+6-2}{2-\sqrt{3}}$$

$$=\frac{1}{4}\cdot\frac{1-\sqrt{2}+\sqrt{6}}{2-\sqrt{3}}$$

$$=\frac{1}{4}\cdot\frac{(1-\sqrt{2}+\sqrt{6})(2+\sqrt{3})}{4-3}$$

$$=\frac{2-2\sqrt{2}+2\sqrt{6}+\sqrt{3}-\sqrt{6}+3\sqrt{2}}{4}$$

$$=\frac{2+\sqrt{2}+\sqrt{3}+\sqrt{6}}{4}$$

よって，求める図形の面積は

$$24\times\frac{2+\sqrt{2}+\sqrt{3}+\sqrt{6}}{4}=6(\sqrt{2}+\sqrt{3}+\sqrt{6}+2)\quad\to(し)$$

3 **解答** (1)(あ) 0　(2)(い) 0

(3)(う) $-\dfrac{a}{b}$　(え) $e^{-(a+1)}$　(お) $\dfrac{1}{b}\{\log(3+\sqrt{5})-\log 2-a\}$

(か) $\dfrac{1}{b}\{\log(3-\sqrt{5})-\log 2-a\}$

(4)(き) $-\dfrac{\pi}{4be^{2a}}$

（注）(き)については，途中の過程の記述は省略。

◀解　説▶

≪関数の極限，極値，変曲点，回転体の体積≫

(1)　$\displaystyle\lim_{x\to\infty}e^{bx}g(x)=\lim_{x\to\infty}e^{bx}\cdot e^{-f(x)}=\lim_{x\to\infty}e^{bx-f(x)}$

ここで，$b<0$ より

$$\lim_{x\to\infty}\{bx-f(x)\}=\lim_{x\to\infty}(bx-e^{a+bx})=-\infty$$

であるから　$\displaystyle\lim_{x\to\infty}e^{bx}g(x)=0$　→(あ)

(2)　$bx=t$ とおくと，$b<0$ より，$x\to-\infty$ のとき　$t\to\infty$

$$\lim_{x\to-\infty}e^{bx}g(x)=\lim_{t\to\infty}e^{t}g\left(\frac{t}{b}\right)=\lim_{t\to\infty}e^{t}\cdot e^{-f\left(\frac{t}{b}\right)}=\lim_{t\to\infty}e^{t-f\left(\frac{t}{b}\right)}$$

ここで

$$\lim_{t\to\infty}\left\{t-f\left(\frac{t}{b}\right)\right\}=\lim_{t\to\infty}(t-e^{a+t})=\lim_{t\to\infty}e^{t}\left(\frac{t}{e^{t}}-e^{a}\right)=-\infty$$

であるから　$\displaystyle\lim_{x\to-\infty}e^{bx}g(x)=0$　→(い)

(3)　$y=e^{bx}g(x)$ より

$$y'=be^{bx}g(x)+e^{bx}g'(x)=e^{bx}\{bg(x)+g'(x)\}$$

ここで，$g(x)=e^{-f(x)}$，$f(x)=e^{a+bx}$ より

$$g'(x)=-e^{-f(x)}\cdot f'(x)=-e^{-f(x)}\cdot be^{a+bx}=-be^{a+bx}g(x)$$

であるから

$$y'=e^{bx}\{bg(x)-be^{a+bx}g(x)\}=be^{bx}g(x)(1-e^{a+bx})$$

$y'=0$ となる x の値は，$e^{bx}>0$，$g(x)>0$ より

$$1=e^{a+bx}$$
$$0=a+bx$$
$$x=-\frac{a}{b}$$

x	$\cdots$	$-\frac{a}{b}$	$\cdots$
y'	$+$	0	$-$
y	↗	極大	↘

増減表より，$x=-\frac{a}{b}$ のとき極大値

$$e^{-a}g\left(-\frac{a}{b}\right)=e^{-a}e^{-f\left(-\frac{a}{b}\right)}=e^{-a}\cdot e^{-1}=e^{-(a+1)}$$

をとる。 →(う)，(え)

$$\begin{aligned}y''&=b\{e^{bx}g(x)\}'(1-e^{a+bx})+be^{bx}g(x)\cdot(-be^{a+bx})\\&=b^2e^{bx}g(x)(1-e^{a+bx})^2-b^2e^{bx}g(x)\cdot e^{a+bx}\\&=b^2e^{bx}g(x)\{(1-e^{a+bx})^2-e^{a+bx}\}\\&=b^2e^{bx}g(x)\{(e^{a+bx})^2-3e^{a+bx}+1\}\end{aligned}$$

$y''=0$ となる x の値は，$e^{bx}>0$，$g(x)>0$ より

$$(e^{a+bx})^2-3e^{a+bx}+1=0$$
$$e^{a+bx}=\frac{3\pm\sqrt{5}}{2}$$
$$a+bx=\log\frac{3\pm\sqrt{5}}{2}$$
$$x=\frac{1}{b}\left(\log\frac{3\pm\sqrt{5}}{2}-a\right)$$

曲線 C の変曲点の x 座標の大小関係は，$b<0$ に注意して

$$\frac{1}{b}\{\log(3+\sqrt{5})-\log 2-a\}<\frac{1}{b}\{\log(3-\sqrt{5})-\log 2-a\}$$

→(お)，(か)

(4)　$$\begin{aligned}V(t)&=\pi\int_{-t}^{t}\{e^{bx}g(x)\}^2dx\\&=\pi\int_{-t}^{t}\left\{\frac{1}{e^a}\cdot f(x)\cdot e^{-f(x)}\right\}^2dx\\&=\frac{\pi}{e^{2a}}\int_{-t}^{t}\{f(x)\cdot e^{-f(x)}\}^2dx\end{aligned}$$

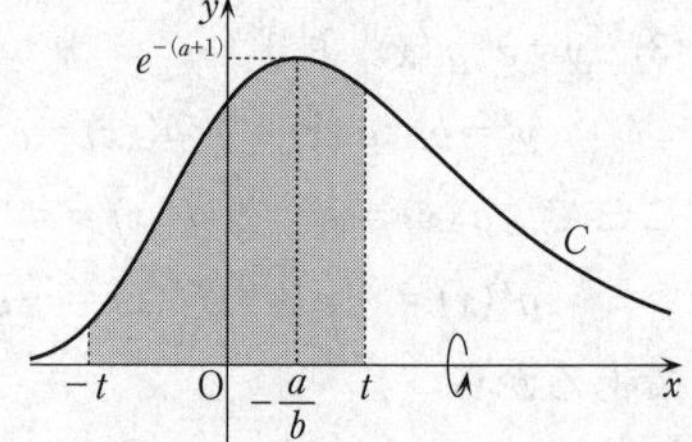

ここで，$f(x)=s$ とおくと

$$f'(x)\,dx=ds$$

すなわち　$be^{a+bx}dx=ds$

よって　$dx=\frac{1}{bs}ds$

x	$-t\to t$
s	$f(-t)\to f(t)$

$$V(t)=\frac{\pi}{e^{2a}}\int_{f(-t)}^{f(t)}(se^{-s})^2\frac{1}{bs}ds=\frac{\pi}{be^{2a}}\int_{f(-t)}^{f(t)}se^{-2s}ds$$

$$=\frac{\pi}{be^{2a}}\left\{\left[s\left(-\frac{1}{2}e^{-2s}\right)\right]_{f(-t)}^{f(t)}-\int_{f(-t)}^{f(t)}\left(-\frac{1}{2}e^{-2s}\right)ds\right\}$$

$$=\frac{\pi}{be^{2a}}\left\{-\frac{1}{2}e^{-2f(t)}f(t)+\frac{1}{2}e^{-2f(t)}f(-t)+\left[-\frac{1}{4}e^{-2s}\right]_{f(-t)}^{f(t)}\right\}$$

$$=\frac{\pi}{be^{2a}}\left\{-\frac{1}{2}e^{-2f(t)}f(t)+\frac{1}{2}e^{-2f(-t)}f(-t)-\frac{1}{4}e^{-2f(t)}+\frac{1}{4}e^{-2f(-t)}\right\}$$

$b<0$ より

$$\lim_{t\to\infty}f(t)=\lim_{t\to\infty}e^{a+bt}=0,\ \lim_{t\to\infty}f(-t)=\lim_{t\to\infty}e^{a-bt}=\infty$$

であるから

$$\lim_{t\to\infty}e^{-2f(t)}=1,\ \lim_{t\to\infty}e^{-2f(-t)}=0,\ \lim_{t\to\infty}e^{-2f(t)}f(t)=0$$

$f(-t)=u$ とおくと，$t\to\infty$ のとき $u\to\infty$ より

$$\lim_{t\to\infty}e^{-2f(-t)}f(-t)=\lim_{u\to\infty}e^{-2u}\cdot u=\lim_{u\to\infty}\frac{u}{e^{2u}}=0$$

以上より

$$\lim_{t\to\infty}V(t)=\frac{\pi}{be^{2a}}\left\{0+0-\frac{1}{4}\cdot 1+0\right\}=-\frac{\pi}{4be^{2a}}\quad\to(き)$$

❖講　評

2023年度も例年同様，[1]が小問3問からなるマークシート法の問題，[2]，[3]が記述式で答えを記入する（一部解答を導く過程も書く）問題が出題された。難易度は2022年度と同程度と考えられる。

[1]　(1)分数関数の極限，グラフについての問題。(a)，(b)は容易に解ける。(c)でグラフを描くと $x>1$ のとき $f(x)$ の値が整数となる整数 x の範囲が $2\leqq x\leqq 8$ であることがわかる。(2)平面ベクトルを用いた三角形の面積比についての問題。(a)，(b)は典型的な設問。(c)は(b)と同様に考えて

いく。(d)は三角形 ABE と三角形 ACF の面積がともに $\frac{1}{5}S_1$ に等しいことを用いて $\overrightarrow{AE}$, $\overrightarrow{AF}$ をそれぞれ p, q, $\overrightarrow{AB}$, $\overrightarrow{AC}$ で表し，3 点 A，F，E が一直線上にあることより得られる p, q の関係式と(c)の結果を連立させて p の値を求める。文字を多く含む計算になるのでミスなく解きたい。(3)図形と方程式の円と直線の問題。(a)接線の方程式は〔解答〕の方法以外に接線公式を用いる方法もある。直線 PQ は極線と呼ばれるもので，その方程式は公式となっている。これを知っていれば容易に求められる。(b)点 R の座標を求めれば極線の方程式の公式が使える。(c)点 R の座標を文字を用いておくと，直線 ST の方程式が求められる。円の方程式と連立させ，S，T の x 座標（または y 座標）を求める。点 A が直線 ST 上にあることから線分 AS の中点が T となることを活用する。

2　複素数平面の回転についての問題。まず条件を用いて $w^n=1$ を出しておくとよい。(1) $w^3=1$ を解く。$w=1$ ならば $z_1=z_2=z_3$ となり条件に反するので $w^2+w+1=0$ となる。これより w を求め，$\frac{z_3-z_2}{z_1-z_2}$ を w で表し，絶対値と偏角を求める。(2) $w^4=1$ を解く。$w^2=1$ ならば $z_1=z_3$, $z_2=z_4$ となって条件に反するので $w^2=-1$ となる。あとは(1)と同様。(3) $n=6$ のときは $w^6=1$ を解く。w^2 を求め，$\arg w^2=2\arg w$ により $\arg w$ を出す。$n=12$, $n=24$ のときも同様に考える。

3　極限，微・積分法の問題。(1) $\lim_{x\to\infty} e^{bx-f(x)}$ まで変形し，まず $\lim_{x\to\infty}\{bx-f(x)\}$ を考えると混乱しない。(2) $\lim_{x\to\infty}\frac{x}{e^x}=0$ を使うために，$bx=t$ とおく。あとは(1)と同様に考えていけばよい。(3) y', y'' を計算し解いていくが，$g'(x)=-be^{a+bx}g(x)$ のように $g(x)$ で表せるときは表して計算するとよい。(4) $V(t)$ を定積分で表し，$f(x)=s$ とおいて置換積分法を用いると，部分積分法が使える形になる。$V(t)$ が計算できたら，$\lim_{t\to\infty}V(t)$ を求めるが，ここでも $\lim_{x\to\infty}\frac{x}{e^x}=0$ を使うことになる。

物理

（注）　解答は，東京理科大学から提供のあった情報を掲載しています。

1 解答

(1)(ア)— 6　(イ)— 7　(ウ)— 3
(2)(エ)— 1　(オ)— 2　(カ)— 3　(キ)— 6

◀解　説▶

≪台車内での物体の衝突と単振動≫

(1)(ア)　台車から見た小物体の運動方程式は慣性力を考慮し，加速度を β〔$\mathrm{m/s^2}$〕とすると

$$m\beta=-m\alpha+\mu mg$$

$$\therefore\quad \beta=-\alpha+\mu g\ [\mathrm{m/s^2}]$$

これより，求める相対速度 v_0〔m/s〕は

$$v_0=\beta T=-(\alpha-\mu g)\,T\ [\mathrm{m/s}]$$

(イ)　台車と小物体は互いに摩擦力を介して運動している。それぞれについて加速度を $a_{台}$〔$\mathrm{m/s^2}$〕，$a_{小}$〔$\mathrm{m/s^2}$〕として運動方程式を立てる。

$$台車：Ma_{台}=-\mu mg\qquad \therefore\quad a_{台}=-\frac{\mu mg}{M}\ [\mathrm{m/s^2}]$$

$$小物体：ma_{小}=\mu mg\qquad \therefore\quad a_{小}=\mu g\ [\mathrm{m/s^2}]$$

台車から見た小物体の相対加速度 $a_{台小}$〔$\mathrm{m/s^2}$〕は

$$a_{台小}=a_{小}-a_{台}=\mu g-\left(-\frac{\mu mg}{M}\right)=\frac{M+m}{M}\mu g\ [\mathrm{m/s^2}]$$

一体となるのは台車に対する小物体の相対速度が 0 になるときで，要する時間を t〔s〕とすると，等加速度運動の公式より

$$v_0+a_{台小}t=0$$

これより　$$-(\alpha-\mu g)\,T+\frac{M+m}{M}\mu gt=0$$

$$\therefore\quad t=\frac{M(\alpha-\mu g)}{(M+m)\,\mu g}T\ [\mathrm{s}]$$

(ウ)　等加速度運動の公式より，この間の変位を X〔m〕とすると

$$0^2-{v_0}^2=2a_{台小}X$$

これまでの式を代入して

$$0^2-\{-(\alpha-\mu g)T\}^2=2\frac{M+m}{M}\mu gX$$

$$X=-\frac{M(\alpha-\mu g)^2T^2}{2(M+m)\mu g}\text{〔m〕}$$

変位ではなく距離を問われているので $\dfrac{M(\alpha-\mu g)^2T^2}{2(M+m)\mu g}$〔m〕を選択する。

(2)(エ)　台車から見て小物体Aにはたらく慣性力と弾性力がつり合うとき，ばねが縮む長さ x_0〔m〕は

$$kx_0=m_{\mathrm{A}}\alpha \qquad \therefore \quad x_0=\frac{m_{\mathrm{A}}\alpha}{k}\text{〔m〕}$$

となる。このつり合いの位置を原点として図で右向きを正として，台車から見た物体の運動方程式は，加速度を a〔m/s^2〕として

$$m_{\mathrm{A}}a=-m_{\mathrm{A}}\alpha-k(x-x_0)=-m_{\mathrm{A}}\alpha-kx+kx_0$$

(小物体の変位 x，運動方向とも正の向きは図１－２のようにとって式を作っていることに注意。)

ここで，$kx_0=m_{\mathrm{A}}\alpha$ であったので

$$m_{\mathrm{A}}a=-kx \qquad \therefore \quad a=-\frac{k}{m_{\mathrm{A}}}x\text{〔m/s}^2\text{〕}$$

これより，つり合いの位置を中心とした振幅 $\dfrac{m_{\mathrm{A}}\alpha}{k}$〔m〕の単振動が始まることがわかる。

この単振動の角振動数を ω〔rad/s〕とすると，加速度 a は $a=-\omega^2x$ とも表されるので，角振動数 ω は $\omega=\sqrt{\dfrac{k}{m_{\mathrm{A}}}}$〔rad/s〕，周期 T_1〔s〕は $T_1=\dfrac{2\pi}{\omega}=2\pi\sqrt{\dfrac{m_{\mathrm{A}}}{k}}$〔s〕である。小物体Aの台車に対する相対速度がゼロになる時刻は，小物体が振動の右端から左端に移動するのに要する時間 t_1〔s〕となるので，周期の半分となるから

$$t_1=\frac{1}{2}T_1=\pi\sqrt{\frac{m_{\mathrm{A}}}{k}}\text{〔s〕}$$

とわかる。

(オ)　先の考察から，ばねは振幅の2倍，つまり $\dfrac{2m_A\alpha}{k}$〔m〕だけ縮んでいることがわかる。

(カ)　衝突直前の小物体Bの台車に対する速度 v〔m/s〕は

$$v=-\alpha t_1=-\pi\alpha\sqrt{\frac{m_A}{k}}\ \text{〔m/s〕}$$

である。衝突直後の小物体Aと小物体Bの台車に対する速度を v_A〔m/s〕，v_B〔m/s〕とおくと，運動量保存則より

$$m_Av_A+m_Bv_B=m_Bv \quad \cdots\cdots①$$

弾性衝突より　$-\dfrac{v_A-v_B}{0-v}=1 \quad \cdots\cdots②$

②式より　$v_B=v_A-v$

①式に代入して　$m_Av_A+m_B(v_A-v)=m_Bv$

$$v_A=\frac{2m_B}{m_A+m_B}v=-\frac{2\pi m_B\alpha}{m_A+m_B}\sqrt{\frac{m_A}{k}}\ \text{〔m/s〕}$$

これより，相対速度の大きさは　$\dfrac{2\pi m_B\alpha}{m_A+m_B}\sqrt{\dfrac{m_A}{k}}$

(キ)　衝突直後から台車の速度は一定に保たれている（慣性系）ので，台車に対する小物体Aの運動エネルギーとばねの弾性エネルギーの和が保存する。求めるばねの伸縮量を A〔m〕とすると

$$\frac{1}{2}k(2x_0)^2+\frac{1}{2}m_Av_A{}^2=\frac{1}{2}kA^2$$

既出の量を代入して

$$\frac{1}{2}k\frac{4m_A{}^2\alpha^2}{k^2}+\frac{1}{2}m_A\frac{4\pi^2m_B{}^2\alpha^2}{(m_A+m_B)^2}\cdot\frac{m_A}{k}=\frac{1}{2}kA^2$$

整理して

$$A^2=\frac{4m_A{}^2\alpha^2}{k^2}+m_A\frac{4\pi^2m_B{}^2\alpha^2}{(m_A+m_B)^2}\cdot\frac{m_A}{k^2}$$

$$\therefore\ A=\frac{2m_A\alpha}{k}\sqrt{1+\left(\frac{\pi m_B}{m_A+m_B}\right)^2}\ \text{〔m〕}$$

2　**解答**　(1)(ク)—4　(ケ)—1　(コ)—3　(サ)—3
(2)(シ)—7　(ス)—1　(セ)—5　(3)(ソ)—3　(タ)—6

◀解　説▶

≪1次関数的に変化する磁場による電磁誘導，交流の発生≫

(1)(ク)　ファラデーの電磁誘導の法則より，1回巻きコイルの単位時間当たりの磁束の変化量に等しい誘導起電力が生じる。図2−2で磁束密度 B の単位時間当たりの変化量は常に一定で，コイルの面積を掛けた単位時間当たりの磁束の変化量も一定となる。ゆえに，一定の起電力が生じ，一定の大きさの電流が流れる。

(ケ)　レンツの法則より，磁束の変化を打ち消すような誘導電流が流れるので，磁束は常に増加していることから，D→C→B→Aの向きに誘導電流が流れる。

(コ)　(ケ)の考察より，回路に生じる誘導起電力の大きさ V_1〔V〕は

$$V_1=\frac{B_0ab}{T}\text{〔V〕}$$

で一定であり，これより，回路を流れる電流の大きさ I_1〔A〕は

$$I_1=\frac{V_1}{R}=\frac{B_0ab}{RT}\text{〔A〕}$$

で一定である。

(サ)　消費電力と等しい熱を発熱するから，求める熱量 P〔W〕は

$$P=I_1{}^2R=\left(\frac{B_0ab}{RT}\right)^2R=\frac{B_0{}^2}{RT^2}a^2b^2\text{〔W〕}$$

(2)(シ)　図2−3では単位時間当たりの磁束の変化量の大きさが $\dfrac{2B_0}{T}ab$〔Wb/s〕で増加と減少を繰り返しているので，生じる誘導起電力の大きさと流れる誘導電流の大きさは一定であり，誘導電流の向きは磁束が増加のときにD→C→B→A，減少のときにA→B→C→Dの向きとなる。

(ス)　求める電流の大きさ I_2〔A〕は，(コ)と同様に考えて

$$I_2=\frac{2B_0}{RT}ab\text{〔A〕}$$

流れる誘導電流の向きは磁束密度が増加しているときなので，レンツの法則より，D→C→B→Aの向きである。ゆえに

$$-\frac{2B_0}{RT}ab\,〔\mathrm{A}〕$$

を選択する。

(セ)　消費電力量に等しいので，求めるエネルギー Q〔J〕は

$$Q=I_2{}^2RT=\left(\frac{2B_0}{RT}ab\right)^2RT=\frac{4B_0{}^2}{RT}a^2b^2\,〔\mathrm{J}〕$$

(3)(ソ)　直線 QR が磁場を横切り誘導起電力を発生している。磁場を垂直方向に横切る速さが最大になるのは回転する直線 QR 部分が図 2－4 の位置にあるときで，その速さ v〔m/s〕は円運動の公式より

$$v=h\omega\,〔\mathrm{m/s}〕$$

これより，生じる誘導起電力の大きさの最大値 V_3〔V〕は

$$V_3=vBl=h\omega Bl\,〔\mathrm{V}〕$$

となる。求める最大電流 I_3〔A〕の大きさは

$$I_3=\frac{V_3}{R}=\frac{\omega Bhl}{R}\,〔\mathrm{A}〕$$

(タ)　回路には交流電流が流れ，その実効値 I_e〔A〕は，最大値 I_3 を用いて

$$I_e=\frac{I_3}{\sqrt{2}}=\frac{\omega Bhl}{\sqrt{2}R}\,〔\mathrm{A}〕$$

また，QR が 1 回転するのに要する時間 T'〔s〕は

$$T'=\frac{2\pi}{\omega}\,〔\mathrm{s}〕$$

これより，消費電力量 Q_3〔J〕は

$$Q_3=I_e{}^2RT'=\left(\frac{\omega Bhl}{\sqrt{2}R}\right)^2R\frac{2\pi}{\omega}=\frac{\pi\omega B^2h^2l^2}{R}\,〔\mathrm{J}〕$$

3　解答

(チ) $1.3\times10^{+0}$　(ツ) $3.0\times10^{+2}$　(テ) 2.0×10^{-4}
(ト) 2.7×10^{-3}　(ナ) 2.0×10^{-3}　(ニ) 3.3×10^{-1}
(ヌ) $2.5\times10^{+2}$

◀解　説▶

≪円筒形容器内の気体の状態変化と複スリットによる光の干渉≫

(チ)　求める高さを h_0〔m〕とおいて，理想気体の状態方程式を立てる。

$$1.00\times10^5\times0.150h_0=8.00\times8.31\times(273+20.0)$$

より

$$h_0=\frac{8.00\times 8.31\times(273+20.0)}{1.00\times 10^5\times 0.150}=1.298\cdots\fallingdotseq 1.30\fallingdotseq 1.3\times 10^{+0}\,[\mathrm{m}]$$

(ツ)　ピストンの重さによって生じる圧力が加わるが，最終的に体積に変化はないので，求める温度をT〔K〕としてボイル・シャルルの法則に当てはめて，両辺体積は同じなので消去し

$$\frac{1.00\times 10^5+\dfrac{17.0\times 9.8}{0.150}}{T}=\frac{1.00\times 10^5}{273+20}$$

より

$$T=\frac{\left(1.00\times 10^5+\dfrac{17.0\times 9.8}{0.150}\right)}{1.00\times 10^5}\times 293=296\fallingdotseq 3.0\times 10^{+2}\,[\mathrm{K}]$$

(テ)　αが1より非常に小さいとき（$\alpha\ll 1$）に用いることができる近似式$(1+\alpha)^n\fallingdotseq 1+n\alpha$を用いて，$S_1P$，$S_2P$を表す。

$$S_1P=\left\{l^2+\left(x+\frac{d}{2}\right)^2\right\}^{\frac{1}{2}}=l\left\{1+\left(\frac{x+\frac{d}{2}}{l}\right)^2\right\}^{\frac{1}{2}}\,[\mathrm{m}]$$

ここで，lはx，dに比べて十分に長いので$\left(\dfrac{x+\frac{d}{2}}{l}\right)^2\ll 1$である。

$$S_1P=l\left\{1+\left(\frac{x+\frac{d}{2}}{l}\right)^2\right\}^{\frac{1}{2}}\fallingdotseq l\left\{1+\frac{1}{2}\left(\frac{x+\frac{d}{2}}{l}\right)^2\right\}$$

$$=l\left(1+\frac{x^2+xd+\frac{d^2}{4}}{2l^2}\right)\,[\mathrm{m}]$$

同様に考えて

$$S_2P=\left\{l^2+\left(x-\frac{d}{2}\right)^2\right\}^{\frac{1}{2}}\fallingdotseq l\left\{1+\frac{1}{2}\left(\frac{x-\frac{d}{2}}{l}\right)^2\right\}$$

$$=l\left(1+\frac{x^2-xd+\frac{d^2}{4}}{2l^2}\right)\,[\mathrm{m}]$$

以上の結果より

$$S_1P - S_2P = \frac{xd}{l} = \frac{200\times10^{-6}}{1.00}x = 2.0\times10^{-4}x\,〔\mathrm{m}〕$$

(ト)　干渉の明線条件は整数を m，光の波長を λ〔m〕として $\dfrac{dx}{l} = m\lambda$ と表されるので，明線の位置 x〔m〕は $x = m\dfrac{l\lambda}{d}$〔m〕となり，初項 0，公差 $\dfrac{l\lambda}{d}$ の等差数列となることがわかる。これより，明線間隔 Δx〔m〕は

$$\Delta x = \frac{l\lambda}{d} = \frac{1.00\times540\times10^{-9}}{200\times10^{-6}} = 2.70\times10^{-3} = 2.7\times10^{-3}\,〔\mathrm{m}〕$$

(ナ)　屈折率 n の媒質中での光波の波長は $\dfrac{1}{n}$ 倍になるので，明線間隔 $\Delta x'$〔m〕は

$$\Delta x' = \frac{l\lambda}{nd} = \frac{2.7\times10^{-3}}{1.33} = 2.03\cdots\times10^{-3} \fallingdotseq 2.0\times10^{-3}\,〔\mathrm{m}〕$$

(ニ)　複スリットとピストン上面までの距離を l' とする。明線間隔 $\Delta x''$〔m〕は

$$\Delta x'' = \frac{l'\lambda}{1.33d} = \Delta x = \frac{l\lambda}{d}$$

ゆえに，$l' = 1.33l$ となるので，距離の増加分 Δl〔m〕は

$$\Delta l = 1.33l - l = 0.33l = 0.33\times1.00 = 3.3\times10^{-1}\,〔\mathrm{m}〕$$

(ヌ)　このときの気体の圧力を P〔Pa〕とする。媒質の密度は 1.00〔g/cm^3〕$= 1.00\times10^3$〔kg/m^3〕であること，スリットを通して大気圧も加わっていることに注意して，ピストンにはたらく力のつり合いの式を立てる。

$$P\times0.150$$
$$= 17.0\times9.80 + 1.00\times10^3\times0.150\times1.33\times9.80 + 1.00\times10^5\times0.150$$
$$P = 1.14\times10^5\,〔\mathrm{Pa}〕$$

これを用いて，求める温度を T'〔K〕として，理想気体の状態方程式を立てる。

$$1.14\times10^5\times0.150\times(1.30-0.33) = 8.00\times8.31\times T'$$

$$T' = \frac{1.14\times10^5\times0.150\times(1.30-0.33)}{8.00\times8.31} = 249.5\cdots \fallingdotseq 2.5\times10^{+2}\,〔\mathrm{K}〕$$

❖講　評

例年と問題量には変化がなかった。難易度的には少し易化した印象である。大問が小問に分かれているが，設定の変更に伴うものである。3は熱力学と波動の2分野を組み合わせたものであったが，ほとんど独立して考察すれば対応できた。また，3では数値計算を求められた。全体的には目新しい題材はなかった。問題数に比べて解答時間が短いので時間の使い方がポイントとなる。

1　台車から見た物体の運動を終始問われている。前半は非慣性系，後半の衝突後は慣性系で取り扱いを切り替えることが大切である。(1)は相対加速度を使った運動の計算ができるかどうかを問われた。難しいものではないので完答したい。(2)の前半も慣性力を使って単振動の中心を求めることが鍵となる。小物体AとBの衝突後は台車から見たエネルギー保存則が成立することに気づけば解答に至る。

2　全体として電磁誘導に関する基本的な出題であり，完答することが望ましいレベルである。(1)は「変化率」に注目すれば簡単である。(2)も変化率の大きさは磁束密度の増減に関わらず一定であるので，(1)と同様に解答できる。(3)の起電力は磁場を横切る導体に注目して交流起電力を考えることができれば簡単である。また，実効値を使って消費エネルギーを計算できることに気づいてほしい。

3　気体の状態変化に関する部分は基本的なものであるので，ぜひ解答したい。複スリットによる干渉も教科書レベルであるので，光路差は記憶していた受験生がほとんどであろう。スリット間に媒質を入れた場合の取り扱いも傍用問題集レベルなので難しくはない。要は計算を丁寧に行いきっちりと解答することができたかどうかが分かれ目となる。

化学

（注）解答は，東京理科大学から提供のあった情報を掲載しています。

1 解答

(1)―5　(2)―3　(3)①―1　②―9　③―4
(4)①アー1　イー5　②ウー2　エー5　オー7
③―3　④42
(5)38

◀解　説▶

≪最外殻電子数，二次電池，凝固点降下，糖類，ゴム，高分子≫

(1)　第4周期の遷移元素では，Cr と Cu の最外殻電子数が1個である。

(2)　二次電池は，充電により起電力を回復させ，繰り返し使える電池である。ニッケル水素電池は，ハイブリッドカーなどで用いられる。

(3)①　溶媒の水は，過冷却によって T_2〔℃〕で凝固が始まるが，過冷却がないとすれば，T_1〔℃〕が凝固点になる。溶液も過冷却によって T_5〔℃〕で凝固が始まる。水が凝固していくと，溶液の濃度が上昇し，凝固点が下がっていく。冷却曲線を逆方向に延長して，求めた T_3〔℃〕が凝固点である。凝固点降下度は，溶媒と溶液の凝固点の差である。

②　グルコース水溶液の体積は

$$\frac{(100-X)+7.20}{d}\text{〔mL〕}$$

モル濃度は

$$\frac{1000}{\dfrac{(100-X)+7.20}{d}}\times\frac{7.20}{180}=\frac{1000d}{(100-X)+7.20}\times\frac{7.20}{180}\text{〔mol/L〕}$$

となる。

③　凝固点降下度は，質量モル濃度に比例するので

$$1.11=1.85\times\frac{7.20}{180}\times\frac{1000}{100-X}\qquad\therefore\ X=33.3\Rightarrow 35\text{〔g〕}$$

(4)①　ヘミアセタール構造の一部が切れ，開環して，アルデヒド基（ホ

ルミル基）を生じる。

②　グルコースはフェーリング液を還元する。

$$RCHO + 5OH^- + 2Cu^{2+} \longrightarrow RCOO^- + 3H_2O + Cu_2O$$

スクロースはヘミアセタール構造をもたないので，開環しない。還元性はない。スクロースの加水分解を転化といい，加水分解によって得られるグルコースとフルクトースの等量混合物を転化糖という。

③　②の化学反応式の係数より，反応する還元糖と生成する酸化銅(Ⅰ)の物質量は等しい。水溶液A中に，x〔mol〕のスクロースが溶けているとする。実験1で還元性を示すのはマルトースのみで，b〔mol〕含まれる。実験2で加水分解すると，マルトースからは，$2b$〔mol〕のグルコースを，スクロースからは，x〔mol〕のグルコースと x〔mol〕のフルクトースを生じる。グルコースもフルクトースも還元糖である。よって

$$2b + 2x = c \qquad \therefore \quad x = \frac{c-2b}{2}$$

求める濃度比は　$\dfrac{b}{\dfrac{c-2b}{2}} = \dfrac{2b}{c-2b}$

④　1．誤文。トレハロースを加水分解して生じるのはグルコースのみで，ガラクトースは生じない。

2．正文。アミロースは直鎖状のらせん構造をとる。

4．誤文。メタノールではなく，エタノールが生じる。

$$C_6H_{12}O_6 \longrightarrow 2C_2H_5OH + 2CO_2$$

8．正文。ラクトースは還元性をもつ。

16．誤文。ビスコースレーヨンではなく，アセテート繊維が得られる。

32．正文。レーヨンは再生繊維である。

正文の番号の和は，$2 + 8 + 32 = 42$。

(5) 1．誤文。架橋構造を形成するには，硫黄を加えて加熱する加硫が必要。

2．正文。シス形によって丸まった構造をとり，引っ張ると伸びるが，不安定で，丸まった構造に戻る。このようにして弾性をもつ。

4．正文。ポリアミド系合成繊維である。

8．誤文。硫酸ではなく，塩酸が得られる。

16．誤文。熱硬化性樹脂は再度加熱しても軟化しない。

32．正文。尿素樹脂は熱硬化性樹脂である。

正文の番号の和は，$2+4+32=38$。

2 **解答**　(1)―4　(2)$6.7\times10^{+0}$

(3)イ．1.5×10^{-1}　ウ．8.0×10^{-1}　エ．5.0×10^{-2}

(4)5.0×10^{-1}

◀解　説▶

≪気体の法則，蒸気圧≫

(1)　350K の水の蒸気圧を x〔Pa〕とする。体積一定の条件下で窒素の分圧は，絶対温度に比例するので

$$P_1=\frac{350}{315}\times P_A+x \qquad \therefore \quad x=P_1-\frac{350}{315}\times P_A\text{〔Pa〕}$$

(2)　気体の状態方程式より，$P=\dfrac{nRT}{V}$ である。350K の水の蒸気圧 x を，315K の気液平衡にある水の蒸気圧 X と比べると

$$\frac{x}{X}=\frac{\dfrac{\frac{5.4}{18}\times R\times 350}{V}}{\dfrac{\frac{5.4-3.6}{18}\times R\times 315}{2V}}=\frac{5.4\times 350}{0.9\times 315}=6.66\fallingdotseq 6.7\times10^{+0}$$

(3)　イ．P_1〔Pa〕では，窒素 n〔mol〕と $\dfrac{5.4}{18}$〔mol〕の水蒸気が含まれ，P_2〔Pa〕では，窒素 $2n$〔mol〕と $\dfrac{5.4}{18}$〔mol〕の水蒸気が含まれる。$P=\dfrac{nRT}{V}$ より

$$P_1-P_2=\frac{\left(n+\frac{5.4}{18}\right)\times R\times 350}{V}-\frac{\left(2n+\frac{5.4}{18}\right)\times R\times 350}{2V}$$

$$=1.5\times10^{-1}\times 350\times\frac{R}{V}\text{〔Pa〕}$$

ウ．操作③終了時の窒素の分圧を y〔Pa〕とする。窒素についてボイルの法則を適用すると

$P_AV+P_AV=y\times2.5V$　　∴　$y=8.0\times10^{-1}\times P_A$〔Pa〕

エ．操作②と操作③の温度が315Kのとき，水は気液平衡であるので，操作③の水の蒸気圧もX〔Pa〕である。この場合，水蒸気の物質量は，体積に比例するので，操作③の水の物質量は

$$\frac{5.4-3.6}{18}\times\frac{2.5V}{2V}=0.125\text{〔mol〕}$$

求める水の蒸気圧をP〔Pa〕として，気体の状態方程式を適用する。

$$P\times2.5V=0.125\times R\times315$$

$$\therefore\quad P=5.0\times10^{-2}\times315\times\frac{R}{V}\text{〔Pa〕}$$

(4)　操作③の容器内の気体の全圧はP_A〔Pa〕であり，ウより，窒素の分圧は$0.80P_A$〔Pa〕である。ドルトンの分圧の法則より，水の蒸気圧は

$$P_A-0.80P_A=0.20P_A\text{〔Pa〕}$$

分圧と物質量は比例するので，窒素の物質量は

$$0.125\times\frac{0.80P_A}{0.20P_A}=5.0\times10^{-1}\text{〔mol〕}$$

3　解答

(1)ア－6　イ－2　ウ－8　エ－8　オ－7

(2)①－1　②－2　③＋0

(3)カ．08　キ．05　ク．04　ケ．06　コ．05　サ．08　シ．05

(4)26　(5)－2

◀解　説▶

≪酸化還元滴定≫

(1)　相手から電子を受け取って相手を酸化する物質を酸化剤という。自身は還元され，酸化数は減少する。

相手に電子を与えて相手を還元する物質を還元剤という。自身は酸化され，酸化数は増加する。

(2)　それぞれの酸化数を示す。

酸化剤：$H_2\underset{-1}{\underline{O}}_2+2H^++2e^-\longrightarrow2H_2\underset{-2}{\underline{O}}$

還元剤：$H_2\underset{-1}{\underline{O}}_2\longrightarrow\underset{0}{\underline{O}}_2+2H^++2e^-$

(3)　左辺のO原子数から，クは4。右辺のH原子数からカは8。キを5に

すれば，両辺の電荷がそろう。

$MnO_4^- + 8H^+ + 5e^- \longrightarrow Mn^{2+} + 4H_2O$　……①

$H_2O_2 \longrightarrow O_2 + 2H^+ + 2e^-$　……②

2×①＋5×② により，e^- を消去し，整理すると

$2MnO_4^- + 6H^+ + 5H_2O_2 \longrightarrow 2Mn^{2+} + 8H_2O + 5O_2$

(4)　1．誤文。滴下した過マンガン酸カリウム水溶液の赤紫色が消えなくなった点が終点である。

4．誤文。硝酸は酸化剤であり，塩酸は還元剤になるので，どちらも滴定に不適。

32．誤文。乾燥機で加熱するとガラス器具の形状が変化してしまう。

正文の番号の和は，2＋8＋16＝26。

(5)　過酸化水素の濃度を m〔mol/L〕とすると，物質量比の関係から

$$KMnO_4 : H_2O_2 = 2 : 5 = \frac{cz}{1000} : \frac{mx}{1000} \times \frac{y}{10x}$$

$$\therefore \quad m = \frac{25cz}{y} \text{〔mol/L〕}$$

4　解答

(1) $1.69 \times 10^{+0}$　(2) 064　(3)―3　(4)―4　(5)―2　(6)―6

◀解　説▶

≪塩の推定，量的関係≫

(1)・(2)　金属元素XはH$^+$との間では酸化還元反応が起こらないので，イオン化傾向は水素より小さい。タンパク質の水溶液を赤紫色に呈色するのはビウレット反応であり，正塩Aは，$CuSO_4$ とわかる。ミョウバンは $AlK(SO_4)_2 \cdot 12H_2O$ であり，SO_4^{2-} は Pb^{2+} と反応して $PbSO_4$ の白色沈殿を生じるため陰イオンYは SO_4^{2-} と確認できる。

海水中に豊富に存在する陰イオンZは，Cl^- である。Pb^{2+} と反応して，白色沈殿 $PbCl_2$ を生成する。その正塩 NaCl は，アンモニアソーダ法の原料になる。

$2NaCl + CaCO_3 \longrightarrow Na_2CO_3 + CaCl_2$

XとZからなる正塩Bは，$CuCl_2$ である。これに水酸化ナトリウム水溶液を加えると，化合物Cである水酸化銅(Ⅱ)の青白色沈殿が生じる。

$$CuCl_2 + 2NaOH \longrightarrow Cu(OH)_2 + 2NaCl$$

化合物Cの沈殿を加熱すると，化合物Dである黒色の酸化銅(Ⅱ)を生成する。

$$Cu(OH)_2 \longrightarrow CuO + H_2O$$

正塩B $CuCl_2$ のモル質量が正塩Bの水和物の 0.788 倍であるので，質量も 0.788 倍である。正塩Bの質量は $0.788w$〔g〕になる。

$0.788w$〔g〕の $CuCl_2$ と $0.466w$〔g〕の CuO の物質量は等しいので

$$\frac{0.788w}{M} = \frac{0.466w}{N} \qquad \therefore \quad \frac{M}{N} = 1.690 \fallingdotseq 1.69 \times 10$$

Cu の原子量を m とすると

$$\frac{0.788w}{m + 2 \times 35.5} = \frac{0.466w}{m + 16} \qquad \therefore \quad m = 63.5 \fallingdotseq 64$$

(3)　1．誤文。熱・電気伝導性は銀が最大，次いで銅。

2．誤文。銅の硫化物は黒色。

3．正文。$Cu + 4HNO_3 \longrightarrow Cu(NO_3)_2 + 2H_2O + 2NO_2$

4．誤文。イオン化傾向が小さいので，銅は水と反応しない。

5．誤文。水酸化銅(Ⅱ)$Cu(OH)_2$ は，青白色である。

(4)　正塩Aは，硫酸銅(Ⅱ)$CuSO_4$ である。強酸と弱塩基からなる正塩は，水溶液中で加水分解し，酸性を示す。

(5)　正塩Bの水和物の組成式を $CuCl_2 \cdot nH_2O$ とする。$CuCl_2$ のモル質量は，$CuCl_2 \cdot nH_2O$ の 0.788 倍であるので

$$\frac{63.5 + 2 \times 35.5}{63.5 + 2 \times 35.5 + 18n} = 0.788 \qquad \therefore \quad n = 2.0 \fallingdotseq 2$$

(6)　化合物Dの酸化銅(Ⅱ)CuO は黒色，化合物Eの酸化銅(Ⅰ)Cu_2O は赤色。

5　解答

(1)A―01　B―02　C―15　D―07　E―05　F―01
(2)ア―1　イ―3　(3)―1　(4)―3　(5)オ―1　カ―3
(6)キ―1　ク―3　(7)ケ―2　コ―5　(8)14

◀解　説▶

≪分子間力と沸点・融点の関係≫

(1)　分子間力には，ファンデルワールス力と水素結合がある。ファンデル

ワールス力において，極性分子の方が無極性分子より強く作用する。

(2) 無極性分子は瞬間的な電荷の分布の偏りが生じるため，ファンデルワールス力がはたらく。

(3) 2-メチルプロパンのように枝分かれが多いほど球状に近くなり，表面積は小さい。球状より直鎖状のブタンの方が表面積は大きい。

(4) 対称性の高いネオペンタンが最も密に配列しやすい。

(5) 正の電荷を帯びた部分と負の電荷を帯びた部分で静電気的な引力がはたらく。

(6) 水素結合はファンデルワールス力よりも強い結合力をもつ。

(7) 1-ブタノールでは，−OH が分子の末端にあり，水素結合が形成しやすいが，2-メチル-2-プロパノールは，−OH のまわりがメチル基で混みあっているため，水素結合が形成しにくい。

(8) 1．誤文。鏡像異性体どうしでは沸点などの物理的性質は同じである。

2．正文。マレイン酸はシス形で2つのカルボキシ基が近い距離にあるので，分子間だけでなく分子内でも水素結合を形成する。

4．正文。不飽和脂肪酸のオレイン酸の二重結合はシス形をとり，折れ曲がった形状をとるので，規則的な配列をとりにくい。飽和脂肪酸のステアリン酸は折れ曲がりのない直鎖状で，分子どうしが接近しやすい。

8．正文。スクロースは1分子に8個の −OH をもち，水と水素結合を形成する。

16. 誤文。無極性分子のヨウ素は，極性溶媒の水には溶けないが，無極性溶媒のヘキサンには溶ける。

正文の番号の和は，$2+4+8=14$。

6 解答

(1) 046.1 (2)−3 (3)ア−1 イ−3 ウ−5 エ−6

(4) 13 (5) 01 (6) 61 (7) 52 (8) 22

◀解 説▶

≪有機化合物の性質・反応，気体の状態方程式≫

(1) 化合物Aの分子量を M とすると，気体の状態方程式より

$$M=\frac{12.0\times8.31\times10^3\times384}{1.00\times10^5\times8.31}=46.08\fallingdotseq46.1$$

(2)・(3) 化合物Bの分子量を M' とすると，気体の状態方程式より

$$M'=\frac{10.0\times8.31\times10^3\times330}{1.00\times10^5\times9.77}=28.06\fallingdotseq28.1$$

化合物Bは，臭素水を脱色し，分子量が28であることからエチレン$CH_2{=}CH_2$である。濃硫酸で脱水することによって，エチレンが生じる化合物Aは，分子量46のエタノールC_2H_5OHとわかる。

$$C_2H_5OH \longrightarrow CH_2{=}CH_2 + H_2O$$

①の通り，エタノールはナトリウムと反応して，水素を発生する。

$$2C_2H_5OH + 2Na \longrightarrow 2C_2H_5ONa + H_2$$

濃硫酸を用いたエタノールの脱水反応では，160～170℃の反応条件であれば③の通り，分子内の脱水縮合でエチレンが得られる。

また，130～140℃の反応条件であれば，分子間の脱水縮合でジエチルエーテルを生じる。

$$2C_2H_5OH \longrightarrow C_2H_5OC_2H_5 + H_2O$$

エタノールを酸化すると，化合物Cアセトアルデヒドを経て，化合物D酢酸が生成する。

$$C_2H_5OH \longrightarrow CH_3CHO \longrightarrow CH_3COOH$$

エタノールと酢酸の脱水縮合反応で，化合物E酢酸エチルを生成する。

$$C_2H_5OH + CH_3COOH \longrightarrow CH_3COOC_2H_5 + H_2O$$

逆に，酢酸エチルを加水分解すると，エタノールと酢酸に戻る。

$$CH_3COOC_2H_5 + H_2O \longrightarrow C_2H_5OH + CH_3COOH$$

酢酸エチルをけん化すると，エタノールと酢酸のナトリウム塩が生成する。

$$CH_3COOC_2H_5 + NaOH \longrightarrow C_2H_5OH + CH_3COONa$$

(4)　1．正文。

2．誤文。アルケンの二重結合は酸化されやすい。過マンガン酸イオンの赤紫色が消え，酸化マンガン(Ⅳ)の黒色沈殿が生じる。

4．正文。8．正文。

16．誤文。麻酔剤として用いられるのはジエチルエーテルなどである。

32．誤文。有機溶媒は，常温常圧で液体である。エチレンは気体。

正文の番号の和は，$1+4+8=13$。

(5)　1．正文。水素結合を形成するエタノールは，水素結合をもたないアセトアルデヒドより沸点がかなり高い。

2．誤文。エタノールとアセトアルデヒドはともに水や有機溶媒によく溶け，溶解性は似ている。

4．誤文。融点が低いので，常温常圧では再結晶できない。

8．誤文。エタノールに昇華性はない。

正文の番号の和は，1。

(6)　1．正文。還元性をもつので，銀鏡反応陽性である。

2．誤文。銀が容器の内壁に付着して鏡のようになる。

4．正文。CH_3CO- 構造をもつので，ヨードホルム反応陽性である。

8．正文。極性が大きいので，水によく溶ける。

16．正文。

32．正文。アルデヒド基（ホルミル基）があるので，還元性をもつ。

正文の番号の和は，$1+4+8+16+32=61$。

(7)　1．誤文。炭素－炭素二重結合をもたないので，付加反応は起こらない。

2．誤文。還元性はない。

4．正文。酢酸は炭酸より強い酸である。

$$CH_3COOH + NaHCO_3 \longrightarrow CH_3COONa + H_2O + CO_2$$

8．誤文。還元性はない。

16．正文。冬季に凝固するので，氷酢酸と呼ばれる。

32．正文。カルボキシ基は酸性を示す。

$$CH_3COOH \rightleftarrows CH_3COO^- + H^+$$

正文の番号の和は，$4+16+32=52$。

(8)　酢酸ナトリウムに水酸化ナトリウムを加えて加熱すると発生する化合物Gは，メタン CH_4 である。

$$CH_3COONa + NaOH \longrightarrow Na_2CO_3 + CH_4$$

化合物H酢酸カルシウムを熱分解すると，化合物Ｉアセトンが得られる。

$$(CH_3COO)_2Ca \longrightarrow CaCO_3 + CH_3COCH_3$$

1．誤文。還元性はない。

2．正文。　4．正文。

8．誤文。ナフサの熱分解では，エチレン，プロペンなどの低級アルケンが生じる。

16．正文。

32．誤文。中性物質である。

正文の番号の和は，2＋4＋16＝22。

❖講　評

問題量が多い。標準レベルの良問であるが，よく練られた思考問題もある。

1　(1)・(2)は細かな知識が必要で難しい。その他は，頻出問題である。(4)反応する還元糖と生成する酸化銅(Ⅰ)の物質量の関係を導き出していると時間が足りない。

2　気体の状態方程式を自由自在に扱えることが求められる。気液平衡の水蒸気圧は温度で決まるところが解く鍵ではあるが，それだけでは正解に到達できない。出題のねらいをつかむ素早い読解力が必要である。難問である。

3　頻出の酸化還元滴定の問題である。ケアレスミスに注意したい。

4　塩の推定は決して難しくないが，物質量の計算が頻出問題とやや異なるパターン。受験生はできそうでできなくて焦ったかもしれない。やはりしっかりした読み取りが必要である。やや難の問題である。

5　分子間力にしぼった珍しい問題であるが，教科書等で学習済みであろう。完答を目指してほしい。

6　有機の頻出問題であるが，完答するには，緻密で地道な対策が必要であろう。

大問間で難易度の差が激しい。まずは，得意分野で得点を確保し，難問にチャレンジすること。解答の時間配分を考えて取り組んでほしい。

2022年度

問題と解答

■B方式

問題編

▶試験科目・配点

教科	科目	配点
外国語	コミュニケーション英語Ⅰ・Ⅱ・Ⅲ，英語表現Ⅰ・Ⅱ	100点
数学	数学Ⅰ・Ⅱ・Ⅲ・A・B	100点
理科	建築・電気工・情報工・機械工学科：物理基礎・物理 工業化学科：化学基礎・化学	100点

▶備　考

- 英語はリスニングおよびスピーキングを課さない。
- 「数学B」は「数列」「ベクトル」から出題。

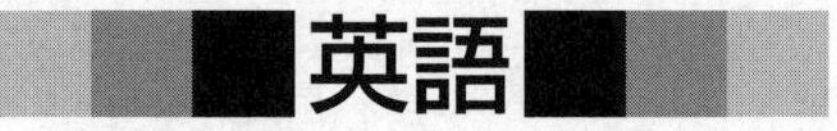

英語

(60分)

1 Read the passage below and answer the questions. (31 points)

The literary genre that is most directly related to science and technology is of course science fiction (SF). Fans of science fiction love reading the many detailed descriptions of science and technology, and the many, often precise, predictions about the future. Science fiction is also interesting because it shows society's attitudes towards technological development as well. Science fiction is not only a projection into the future, or into outer space, but it is also a reflection of <u>contemporary</u>① society's cultural values towards technology.

Those values have been quite varied over the past two centuries. For example, the novels of Jules Verne in the second half of the nineteenth century expressed an optimistic view of technological progress. However, other writers have taken a more pessimistic view of technological progress. This can be seen in many of the SF movies from the later decades of the twentieth century, in which technological development is often shown as something [**A**]. The relationship between technology and culture is clearly quite complex. Science fiction has shown technological progress in both a negative and positive light. Stories about technological progress often swing between [**B**], between celebration and warning. Furthermore, these two totally opposite attitudes are also mixed together in works of science fiction.

Works of science fiction have been influenced by many other literary traditions. For example, Francis Bacon's *New Atlantis*, published in 1627, was a work of both fantasy and science fiction. The story describes an ideal society in the future that was founded <u>on the principles of science</u>②. The citizens of this imagined society enjoy the benefits of technological inventions including telephones and flying machines. It is a vision of discovery and knowledge. Creators of science fiction have also been [C] by traditional storytelling techniques. Many works of SF follow story lines that are typical of ancient myths and legends. For example, the movie *Star Wars* follows a traditional "hero journey" story line, a pattern ③(1 ancient 2 found 3 in 4 many 5 myths). Another good example of ancient stories influencing science fiction is the Jewish legend of the *Golem*. The *Golem* is a clay figure that magically comes to life. This idea of objects ④(1 came 2 come 3 coming 4 has come) to life is quite similar to the many human-like robot characters that often appear in science fiction books and movies.

Science fiction emerged as a literary genre in the nineteenth century when writers began creating stories of wonder or horror in the context of science and technology. In SF, amazing things happen not by [D], as in traditional narratives, but because of science. Typically, they are amazing stories, set in the future or some parallel world. Writers create stories, making predictions about the future based on scientific and technological concepts. Science fiction is a genre that expresses itself through the language of science.

Mary Shelley's character Dr Frankenstein is a man of both ancient and modern science. Through a series of experiments, he discovers the secrets of life, and manages to create life itself. His creature is a technological copy⑤ of humanity, created in a laboratory. Shelley's story, written in 1818, is thus a journey of scientific discovery. The experiments described in the novel were based on the technologies of the early nineteenth century, and in particular the developing technology of electricity. The story is based on the idea that life itself might somehow be created using electricity. Yet Shelley's work is a reaction against technology. It shows technology in a negative light. Dr Frankenstein's creation is a horrible monster rather than a perfect model of technology. It is a monster of science that ends up doing terrible things, ⑥ultimately killing its own creator.

The story of Frankenstein shows the dark side of technological progress. It shows its dangers. It is a classic story that carries with it a warning. Frankenstein's monster represents technology that [E], that destroys its human creator. There are many variations on this basic pattern, particularly in the film versions of *Frankenstein*. At times the scientist is warm-hearted, and we can see his human side. At [F] times, he is a man driven crazy by his own search for personal power and greatness. His great experiment is cursed by both bad luck and his search for power. While Frankenstein's monster is a caring and emotional creature who only wants to live and share his life with others, it is also capable of great destruction. However, its violence is generally directed against its creator. This is an often-seen pattern. The monster is the result of a scientific project that has gone horribly wrong and it punishes the man who pushed the science too far. Shelley's story is still relevant today, because it expresses a fear, as strong today as it was in Shelley's time, that human beings cannot always control the consequence of scientific development.

(1) From the choices below, choose the word to complete the definition of the underlined part ① in the passage. Mark the number on the **Answer Sheet**.

contemporary: belonging to the [ ] time as something or somebody else

1 next　　2 whole
3 same　　4 only

(2) From the choices below, choose the phrase that best fits into the space [A] in the passage. Mark the number on the **Answer Sheet**.

1 to guarantee　　2 to be feared
3 to promote　　4 to be pleased

(3) From the choices below, choose the phrase that best fits into the space [B] in the passage. Mark the number on the **Answer Sheet**.

出典追記：Culture and Technology by Andrew Murphie and John Potts, Red Globe Press

1 fiction and cinema　　2 reflection and attitude
3 future and outer space　　4 hope and despair

(4) From the choices below, choose the phrase that best matches the meaning of the underlined part ② in the passage. Mark the number on the **Answer Sheet.**

1 thanks to the improvement of science
2 according to established rules or practices of science
3 for the sake of the acceleration of scientific advancement
4 at the cost of the latest scientific value

(5) From the choices below, choose the word that best fits into the space [C] in the passage. Mark the number on the **Answer Sheet.**

1 described　　2 imagined
3 influenced　　4 included

(6) Arrange the words in the underlined part ③ in the passage so that it matches the following meaning:「古代の神話の多くに見られる」. Mark the 2nd and 5th words on the **Answer Sheet.**

(7) From the choices in the underlined part ④ in the passage, choose the word or phrase that best fits into the part. Mark the number on the **Answer Sheet.**

(8) From the choices below, choose the word or phrase that best fits into the space [D] in the passage. Mark the number on the **Answer Sheet.**

1 robots　　2 magic
3 series of experiments　　4 technological inventions

(9) From the choices below, choose the word that best matches the meaning of the underlined part ⑤ in the passage. Mark the number on the **Answer Sheet**.

1 electrician 2 magician
3 double 4 printer

(10) From the choices below, choose the word that best matches the meaning of the underlined part ⑥ in the passage. Mark the number on the **Answer Sheet**.

1 deliberately 2 virtually
3 eventually 4 inevitably

(11) From the choices below, choose the phrase that best fits into the space [**E**] in the passage. Mark the number on the **Answer Sheet**.

1 resembles ancient myths 2 runs out of control
3 gives in to humanity 4 enters some parallel world

(12) From the choices below, choose the word that best fits into the space [**F**] in the passage. Mark the number on the **Answer Sheet**.

1 another 2 other
3 others 4 none

(13) The following words all appear in the passage. For each group of words, choose the one whose primary stress is placed differently from the others. Mark the number on the **Answer Sheet**.

A: 1 decade 2 manage 3 pattern 4 relate
B: 1 horrible 2 imagine 3 invention 4 reflection
C: 1 development 2 technology
3 particular 4 scientific

(14) From the choices below, choose the two statements that most closely match the passage. Mark the numbers on the **Answer Sheet**.

1 Francis Bacon's *New Atlantis* describes the people in the 16th century whose lifestyle is inseparable from the benefits of science and technology.

2 In terms of the attitudes towards technological progress, there is a difference between the novels of Jules Verne and many SF movies in the 1980s.

3 Jules Verne, Francis Bacon and Mary Shelley are all science fiction writers whose works have influenced ancient myths and legends.

4 Some readers love reading SF all the more for its complicated scientific descriptions of technology and predictions about the time yet to come.

5 The story lines of many SF works including *Star Wars* have nothing in common with ancient myths and legends.

6 The story of Frankenstein is a tragedy in the sense that Dr Frankenstein had to kill himself to warn people of the destructive power of technology.

2 Read the passage below and answer the questions. (27 points)

〈1〉 The idea of a self-driving car once seemed impossible. However, they could soon be a reality. In the United Kingdom, self-driving cars could be allowed on UK roads by the end of 2021. While for now, the government is considering allowing self-driving cars on the road, it will require that all cars have drivers that can watch the road and drive if necessary. Furthermore, self-driving cars must not be driven faster than 60 kph, which means they will not be permitted on highways. Although the age of driverless cars is not yet upon us, this is an important step on the road to completely driverless robot cars.

〈2〉 Although many of the technologies that are used in self-driving cars, for example radio systems, have been around for many years, it wasn't until 2011 that Google engineers told the world that they had driven self-driving cars more than 100,000 miles on public roads.

〈3〉 While several pieces of technology are needed to let a self-driving car see and understand the world around it, the key technology is lidar①. Lidar stands for "Light Detection and Ranging". It is a system that uses lasers to see and measure the world around it. This gives the self-driving cars a 360-degree, 3D view of its immediate environment. Lidar can see objects such as parked cars, traffic lights, and sidewalks, and it can also see moving objects, for example cars and people walking on the street.

〈4〉 In addition to lidar, these self-driving cars also have radar systems in the front and back of the car. These systems help the car to measure objects that are further away. Lastly, cameras look ahead for things like changing traffic lights.

〈5〉 ②In addition to knowing about its immediate environment, self-driving cars must also know where in the world they are. To help with this, a GPS, or global positioning system, is used. Using GPS these self-driving cars have a rough idea of where they are in the world. To back up the GPS, the cars also use sensors on wheels and computers to measure and remember exactly how far the car has travelled. This system is called an inertial③ guidance system.

〈6〉 One other technique engineers use is perhaps a little old school. This old-school technique is simply *advanced knowledge*. Basically, before a self-driving car gets on a road, another car will have already driven the road and mapped out exactly where the roads are, and how many lanes there are and where these lanes are located. This means that if it is dark outside, or raining heavily, the car will still know where all the lanes are located. In addition, stop signs and traffic lights are also carefully mapped out. Lastly, hills either up or down, are also mapped out so the car knows, in advance, if it④ will be going up or down.

〈7〉 Putting all of these together requires powerful software. In order to create the best possible software, the experts at Google have created an "open" system so experts all around the world can work together to build and improve the all-important software. ⑤Self-driving cars must be reliable. This means that the software must also be reliable. It must work 100% of the time. With engineers from all around the world working on the project, perhaps this is possible.

〈8〉 The introduction of this new technology will mean huge changes for the transportation industry. Around the world millions of people work as truck drivers. In the United States alone, around 3.5 million people work as truck drivers. In fact, ⑥truck driving is the most popular job in 29 of the 50 US states. Many of these truck drivers are long-distance drivers. And in particular, it is this long-distance driving that looks to be changed by this self-driving technology. For example, ⑦currently a truck being driven by a human takes five days to drive from New York to Los Angeles, whereas a self-driving truck can do the journey in about 48 hours.

〈9〉 In the United States, self-driving trucks are already being tested on the road, of course with a driver behind the wheel, just in case. However, the goal is to remove the driver and have a driverless operation. An American company called Waymo, a subsidiary⑧ of Google, is testing the technology in the American southwest. Being owned by Google, it is able to use all of the technology that Google has developed. Self-driving trucks are not a question of *if*, but rather a question of *when*, and this when is not so far off. Huge changes are coming.

(1) According to paragraph 〈1〉, which of the following statements about the new rules being considered in the UK is NOT correct? Mark the number on the **Answer Sheet**.

1 When on highways, driverless cars must drive at 60 kph.

2 Self-driving cars must nonetheless carry drivers.

3 We can expect self-driving cars to be on the road by the end of 2021.

4 Drivers of self-driving cars must pay attention to the operation.

(2) What is the purpose of "lidar", the underlined part ①? Mark the number on the **Answer Sheet**.

1 to distract the driver's attention from finding a place to park

2 to measure objects that are far away from the car

3 to receive data from the GPS system

4 to accurately measure objects that are near the car

(3) Which of the following best summarizes underlined part ②? Mark the number on the **Answer Sheet**.

1 A self-driving car must have a general understanding of its location in addition to an understanding of objects close to it.

2 GPS technology can help self-driving cars on any road anywhere in the world by giving it detailed information about its immediate location.

3 GPS technology can give us information about objects near the car which

is needed to help it drive accurately.

4 GPS technology allows self-driving cars to be driven accurately, using GPS to tell it where to go.

(4) What is closest in meaning to the word "inertial", underlined part ③? Mark the number on the **Answer Sheet**.

1 an adjective related to size

2 an adjective related to movement

3 an adjective related to shape

4 an adjective related to weight

(5) What does the underlined word ④ "it" refer to? Mark the number on the **Answer Sheet**.

1 the hills　　2 the car

3 the map　　4 the lanes

(6) According to paragraph 〈7〉, why did Google make its software for self-driving cars "open"? Mark the number on the **Answer Sheet**.

1 to make sure that only Google can use this technology

2 so anyone can work on it and improve quality

3 to reduce the costs of developing the system

4 to make sure the system is legal

(7) What can we infer from underlined part ⑤? Mark the number on the **Answer Sheet**.

1 A failure could result in a terrible accident.

2 Computers will never be able to accurately control a car.

3 Drivers make very few mistakes when they drive.

4 In 20 years, roads will not be needed.

(8) In underlined part ⑥, why does the writer mention that "truck driving is the most popular job in 29 of the 50 US states"? Mark the number on the **Answer Sheet.**

1 to show that the American economy is traditional and has not changed in over 50 years.

2 to suggest that, even with self-driving technology, truck drivers will be needed for at least one hundred years to come.

3 to tell us how most people will not be able to use self-driving technology.

4 to make the point that many people will be affected by technological changes.

(9) What can we infer from underlined part ⑦? Mark the number on the **Answer Sheet.**

1 Self-driving trucks need to stop every few hours.

2 Truck drivers need to rest, machines don't.

3 Self-driving trucks are illegal in many states, including New York.

4 Self-driving trucks cannot be driven on the highway.

(10) Which explanation is closest in meaning to the word "subsidiary" of underlined part ⑧? Mark the number on the **Answer Sheet.**

1 a competitor of other companies

2 a customer who buys from one company

3 a company owned by a larger company

4 a research organization that studies something

(11) What is the best title for this passage? Mark the number on the **Answer Sheet.**

1 Self-driving cars: the future is now

2 Self-driving cars: is the risk worth the price?

3 Self-driving cars: an unlikely future

4 Self-driving cars: adapting old technologies

(12) Select the three answer choices that best express the most important ideas in the passage. Mark the number on the **Answer Sheet**.

1 Self-driving cars will soon be on the road.

2 Lasers are tools which use light.

3 Self-driving cars require many different pieces of technology.

4 Self-driving cars will change our society.

5 Global positioning systems were developed in the 1970s.

3 From the choices below, choose the word that best fits into the space (　　　). Mark the number on the **Answer Sheet**. (15 points)

(1) Any worker should be legally protected and have the right to (　　　) on to their job.

1 hold　**2** make　**3** pull　**4** send

(2) Due to an increased elderly population, the demand for new doctors will be increasing, while at the same time the (　　　) of medical school graduates is expected to decrease.

1 essential　**2** impede　**3** manner　**4** supply

(3) I was learning the (　　　) of my new role as an assistant editor. My boss supported me every step of the way, also stimulating and challenging me to define my own practice.

1 cables　**2** cords　**3** ropes　**4** wires

(4) Not only is richness a (　　　) measure of happiness, but the amount of

money possessed by a particular household does not necessarily reflect the actual feeling of each family member.

1 glow 2 plough 3 shallow 4 through

(5) The details about the criteria by ( ) proposals will be evaluated will be announced next week.

1 that 2 them 3 whereas 4 which

(6) Research is basically a social activity which ( ) people working together on a number of different levels. To be a successful researcher it is important to develop appropriate social skills.

1 disregards 2 ignores 3 involves 4 undergoes

(7) Some may call it a magic trick. In the hands of this artist, even a trash can is ( ) into a thing of beauty.

1 afforded 2 declared 3 spoiled 4 transformed

(8) That was not the end of the matter. There were many subsequent twists and ( ), which made everything further complicated.

1 bets 2 minds 3 turns 4 twins

(9) The impact factor is an index of the ( ) an academic journal has. The more often the articles in a particular journal are cited, the greater its impact on the scientific community.

1 affection 2 analysis 3 complex 4 influence

(10) Many government officials find themselves ( ) extreme pressure every single day. They have too much work and do not have enough time.

1 above 2 carried 3 had 4 under

(11) The new law (　　　) companies to focus on quantity rather than quality, leading to a dramatic fall in the sales of their products.

1 encouraged　2 explained　3 implied　4 suggested

(12) The number of cyber crimes targeting businesses has soared over the last few years. In 2018, almost half of UK businesses fell (　　　) to cyber attacks and security breaches.

1 damage　2 injure　3 victim　4 wound

(13) This is a typical example of a (　　　) circle: when the authorities are eager for reform, they are more likely to create further problems, which the same authorities again struggle to reform.

1 favor　2 hosted　3 vicious　4 weaving

(14) What counts as success varies from one field to (　　　): money for businesspersons, honor for politicians, and so on.

1 another　2 difference　3 second　4 two

(15) When you roll two six-sided dice, what is the probability that the first dice shows a 3, (　　　) that the sum of the numbers is greater than eight?

1 giving　2 given　3 taking　4 taken

4 From the choices below, choose the one that best expresses the meaning of the underlined word. Mark the number on the **Answer Sheet**. (15 points)

(1) Admitting that boxing is a socially acceptable form of fighting, there is no <u>justification</u> for any reckless violence in the ring.

1 desired result 2 fixed idea
3 good reason 4 severe punishment

(2) Following the <u>agenda</u> strictly is not always the best strategy: we are often required to adapt ourselves to sudden changes.

1 group 2 master 3 programme 4 traces

(3) I advise you to take back what you just said. If that was <u>intended</u> to be a joke, it was not funny at all.

1 described 2 extended 3 meant 4 retailed

(4) If there is little doubt that you have <u>violated</u> your contract, you must agree to the proposed remedies without fail.

1 attached 2 broken 3 forced 4 squeezed

(5) In order to <u>resolve</u> the problem of poor hospital meals, the normal hospital diet should be supplemented with non-conventional ingredients.

1 draw up 2 pay out 3 raise up 4 sort out

(6) The theory of evolution has been the <u>dominant</u> one in science for many years.

1 better 2 formal 3 major 4 moderate

(7) It is important to be aware of the costs <u>concerning</u> the purchase of the

property and the monthly costs you will be expected to pay once you have moved into your new home.

1 proved to 2 reduced to 3 related to 4 supposed to

(8) The motivation and commitment of the workers can be improved if an apt reward and recognition mechanism is established.

1 proper 2 reflective 3 subjective 4 tender

(9) Some economists have questioned the present situation where a handful of people enjoy an excessive share of resources and powers.

1 large population 2 limited number
3 reasonable percentage 4 skillful group

(10) Students should not just have technical skills in various areas but should also know how they are all unified under a bigger aim.

1 adjusted 2 combined 3 measured 4 specialized

(11) Such commercial behaviors could be anticipated from their age with 87 percent accuracy.

1 boldness 2 delicacy 3 loyalty 4 precision

(12) The personal identification number (PIN) is a numerical code which the cardholder may need to quote when shopping. In electronic transactions, it is seen to be comparable to a signature.

1 deliberate 2 objected 3 similar 4 urged

(13) The president's order that new buildings must be "beautiful" and built in a "classical" style is not the right approach at this time of emergency.

1 close 2 utility 3 vitality 4 way

(14) The prime minister expressed her confidence in the success of the meeting, saying that nothing could <u>threaten</u> the relationship between the two countries.

1 concede　　2 detect　　3 endanger　　4 identify

(15) While globalization has been a powerful engine <u>propelling</u> economic growth over the past three decades, it has also posed new problems and challenges.

1 composing　　2 driving　　3 spinning　　4 vanishing

5

Read the following passages. In the specific context of each passage, which is the least relevant to the underlined part? Choose from the choices below **the most inappropriate word(s)**. Mark the number on the **Answer Sheet**.

(12 points)

(1) For centuries, the Maori community of New Zealand has relied on the leaves and bark from the manuka tree — which is native to New Zealand and sometimes called a tea tree — for its medicinal and wound-healing properties. Manuka's <u>curative</u> properties have been used to take off poisonous elements. Therefore, its therapeutic nature has become so highly praised that there's a successful industry for fake manuka honey.

1 medicinal　　2 wound-healing

3 poisonous　　4 therapeutic

(2) Take our image of the houses in which the people in the United States live, the size of the hamburgers they eat, and the scale of entertainment industries. The country seems always to be presented in <u>"larger-than-life"</u> terms: more luxurious, more eccentric, more ridiculous, more sensational

---

出典追記：(1)　13 highly effective folk medicine remedies from around the world, New Zealand Reader's Digest
(2)　Policing the Crisis by Stuart Hall, Chas Critcher, Tony Jefferson, John Clarke, and Brian Roberts, Red Globe Press

than anything comparable in Britain. What is more, the British coverage of American social problems, like race and crime, reproduced the definitions of those problems which had been already generated in the United States.

1 more eccentric **2** more ridiculous
3 more luxurious **4** already generated

(3) In 2003, when reality TV was still at its height, one commentator argued that, in the mainstream media, the distance between "ordinary citizen" and "celebrity" could only be bridged when the ordinary person gained access to the modes of representation of <u>the mass media</u>, making the transition from what she called "ordinary worlds" to "media worlds". The promise that talented but undiscovered YouTubers could make the leap from their "ordinary worlds" to the authentic "celebrity world" was firmly embedded in YouTube itself, evident in a number of YouTube's talent discovery competitions and initiatives.

1 media worlds **2** mainstream media
3 celebrity world **4** ordinary worlds

(4) In the most recent phase of globalization brought about by information machines, global networks, and the spread of capitalism, <u>less tangible contact</u> can be beneficial for global business. For instance, when consumers start tapping their smartphone screens with their thumbs and buying foods and clothes via Internet, there is no physical contact, and the consumers do not care about how much money the workers in the factories are paid for their jobs. Thus, most of the unethical profit-making practices are maintained by customer ignorance and distance between consumer and producer.

1 physical contact
2 customer ignorance
3 buying foods and clothes via Internet

出典追記：(3) YouTube : Online Video and Participatory Culture by Jean Burgess and Joshua Green, Polity Press
(4) Pixar and the Aesthetic Imagination by Eric Herhuth, University of California Press

4 distance between consumer and producer

(5) Despite the difficulties we face, we can learn to speak out when we are afraid, just as we have learned to start our conversation when we are tired. For we have been accustomed to respecting fear more than our own needs for language with which to define ourselves. While we wait in silence for that final luxury of fearlessness, the weight of that silence will hold our tongues.

1 to speak out

2 silence

3 language with which to define ourselves

4 our conversation

(6) What is precarious work? Precarious work refers to insecure, non-standard work, with unprotected work conditions. In recent years, there has been a dramatic increase in precarious work, owing to globalization and changes to the economy. In particular, there has been a shift from high-paid, stable manufacturing work to unstable service sector work, a proliferation in the use of new technologies, and a demand for work with more flexibility.

1 insecure, non-standard work　　2 manufacturing work

3 service sector work　　4 work with more flexibility

出典追記：(5)　The Cancer Journals by Audre Lorde, Penguin Random House
(6)　Universal Basic Income by Brian McDonough and Jessie Bustillos Morales, Routledge

数学

（100分）

問題 1 の解答は解答用マークシートにマークしなさい。

1 次の **(1)**, **(2)**, **(3)** においては，□内の1つのカタカナに 0から 9までの数字が1つあてはまる。その数字を**解答用マークシート**にマークしなさい。与えられた枠数より少ない桁の数があてはまる場合は，上位の桁を 0 として，右に詰めた数値としなさい。分数は既約分数とし，値が整数の場合は分母を 1 としなさい。根号を含む形で解答する場合は，根号の中に現れる自然数が最小となる形で答えなさい。 (50点)

(1) 以下の問いに答えなさい。

(a) $\alpha^2-2\alpha-2\beta=6$ を満たす実数 α, β に対し，t に関する方程式 $t^2-\alpha t+\beta=0$ が実数解をもつとき，α のとり得る値の範囲は $-$ ア $\leqq \alpha \leqq$ イ である。

実数 x, y が $x^2+y^2-2x-2y=6$ を満たすとする。以下，k を実数の定数として，$z=k(x+y)-xy$ のとり得る値について考える。

(b) $k=-1$ のとき，z のとり得る値の範囲は $-$ ウエ $\leqq z \leqq$ オ ，
$k=7$ のとき，z のとり得る値の範囲は $-$ カキ $\leqq z \leqq$ クケ
である。

(c) z のとり得る値の最大値を M とすると

$k<-$ コ のとき　　$M=-$ サ $k-$ シ

$-$ コ $\leqq k \leqq$ ス のとき　$M = \dfrac{\text{セ}}{\text{ソ}}\left(k^2 + \text{タ}\,k + \text{チ}\right)$

ス $< k$ のとき　$M =$ ツ $k -$ テ

である。

(2) 座標平面上を動く点 P は時刻 0 には原点にあり，1 秒ごとに以下の規則で動く。

ある時刻における P の座標を (x, y) とすると，その 1 秒後に P はそれぞれ $\dfrac{1}{4}$ の確率で点 $(x-1, y)$，$(x+1, y)$，$(x, y-1)$，$(x, y+1)$ のいずれかにある。

時刻 0 から t 秒後における P の座標を (x_t, y_t) とするとき，以下の問いに答えなさい。ただし，t は自然数とする。

(a) $(x_4, y_4) = (1, 3)$ である確率は $\dfrac{\text{ア}}{\text{イウ}}$ であり，

$(x_4, y_4) = (2, 2)$ である確率は $\dfrac{\text{エ}}{\text{オカキ}}$ である。

(b) $|x_4| + |y_4| = 4$ である確率は $\dfrac{\text{クケ}}{\text{コサ}}$ である。

(c) $(x_6, y_6) = (2, 2)$ である確率は $\dfrac{\text{シス}}{\text{セソタ}}$ であり，

$|x_6| + |y_6| = 4$ である確率は $\dfrac{\text{チツ}}{\text{テト}}$ である。

(3) 原点を O とする座標平面上に点 A $(1, 0)$ と点 B $(0, 1)$ をとる。また，線分 OA 上に点 P，線分 OB 上に点 Q をとり，P，Q の位置に応じて以下のように点 R(x, y) をとる。

- P，Q がどちらも O に一致しないとき，R は第 1 象限内に 2 つの条件

$$\mathrm{OP} = \mathrm{PR}$$

$$\mathrm{OQ} = \mathrm{QR}$$

を満たすようにとる。

•P, Qの少なくとも一方がOに一致するとき，RをOにとる。

P, QがそれぞれOA上，OB上を動くときに，Rが動く領域と不等式 $x^2+y^2 \leqq 1$ の表す領域の共通部分を S とする。このとき，以下の問いに答えなさい。

(a) 領域 S にある点Rのうち，x 軸から最も離れた点の座標は

$\left(\dfrac{\boxed{ア}}{\boxed{イ}}, \dfrac{\sqrt{\boxed{ウ}}}{\boxed{エ}}\right)$ である。

(b) 領域 S の面積は $\dfrac{\boxed{オ}}{\boxed{カ}\boxed{キ}}\pi - \dfrac{\sqrt{\boxed{ク}}}{\boxed{ケ}}$ である。

(c) 領域 S の境界上の点 $\mathrm{T}\left(1-\dfrac{\sqrt{3}}{2}, \dfrac{1}{2}\right)$ を通る直線 $x+y=\dfrac{1}{2}\left(3-\sqrt{3}\right)$ を考える。不等式 $x+y \leqq \dfrac{1}{2}\left(3-\sqrt{3}\right)$ の表す領域と S の共通部分の面積は

$\dfrac{\boxed{コ}}{\boxed{サ}}\pi + \dfrac{\sqrt{\boxed{シ}}}{\boxed{ス}} - \dfrac{\boxed{セ}}{\boxed{ソ}}$ である。

問題 [2] の解答は解答用紙 [2] に記入しさない。

2　以下の問いに答えなさい。ただし，空欄 [（あ）] ～ [（き）] については適切な数または式を解答用紙の所定の欄に記入しなさい。

座標平面における楕円 C : $\frac{x^2}{2}+(y-1)^2=1$ を考える。また，$t>2$ として，点 $\mathrm{P}(-\sqrt{2},\, t)$ をとり，P から楕円 C へ 2 本の接線を引く。2 本の接線と x 軸との交点をそれぞれ A，B とし，A の x 座標を x_1，B の x 座標を x_2 とおく。ただし，$x_1<x_2$ とする。

(25 点)

(1)　楕円 C によって囲まれた図形の面積は [（あ）] である。

(2)　$x_1=$ [（い）] である。

(3)　直線 PB の傾きを m とする。m および x_2 を t を用いて表すと，$m=$ [（う）]，$x_2=$ [（え）] である。

(4)　三角形 APB の面積を S とおく。S を t を用いて表すと，$S=$ [（お）] である。また，t を $t>2$ の範囲で動かすとき，S の最小値は [（か）] であり，そのときの t の値は [（き）] である。

なお，[（か）]，[（き）] の値を導く過程も所定の場所に書きなさい。

問題 3 の解答は解答用紙 3 に記入しなさい。

3 以下の問いに答えなさい。ただし，空欄 （あ） ～ （こ） については適切な数または式を解答用紙の所定の欄に記入しなさい。

関数 $f(t)$ を

$$f(t) = -2\sin(2t - \pi) + 4\sin t$$

と定める。

(25点)

(1) 方程式 $f(t) = 0$ の解を，$0 \leqq t \leqq 2\pi$ の範囲で求めると，$t =$ （あ） ， （い） ， （う） となる。ただし， （あ） < （い） < （う） とする。

自然数 n に対し，関数 $H_n(x)$ を

$$H_n(x) = \int_x^{x+n\pi} |f(t)|\,dt \qquad (0 \leqq x \leqq 2\pi)$$

と定める。

(2) $H_1(0) =$ （え） である。

(3) x が $0 \leqq x \leqq \pi$ の範囲を動くとき，$H_1(x)$ の最小値は （お） ，最大値は （か） である。また，x が $\pi \leqq x \leqq 2\pi$ の範囲を動くとき，$H_1(x)$ の最小値は （き） ，最大値は （く） である。

(4) 自然数 k に対し，$H_{2k}(x)$ を k を用いて表すと，$H_{2k}(x) =$ （け） である。

(5) a を実数の定数とする。方程式 $H_{2021}(x) = a$ が，$0 \leqq x \leqq 2\pi$ の範囲で異なる 3 つの解をもつとき，$a =$ （こ） である。

なお， （こ） の値を導く過程も所定の場所に書きなさい。

物理

（80 分）

1　次の文中の ［(ア)］ ～ ［(キ)］ にあてはまる適切な答を**解答群**の中から選び，その番号を**解答用マークシート**の指定された欄にマークしなさい。（34 点）

図 1－1 に示すように，天井から鉛直方向に垂らした糸 1 と糸 2 で，質量 M〔kg〕，長さ $4a$〔m〕の棒を水平につるした。棒の左端の点 A は糸 1 に結ばれており，棒の右端の点 B は糸 2 に結ばれている。棒の重心は点 A から右側に $2a$ 離れた位置である。この棒を使った 3 通りの実験（**図 1－2**，**図 1－3**，**図 1－4**）を行った。実験で使用した糸とばねの質量は無視でき，各実験において棒は常に静止していた。重力加速度の大きさは g〔m/s^2〕とする。

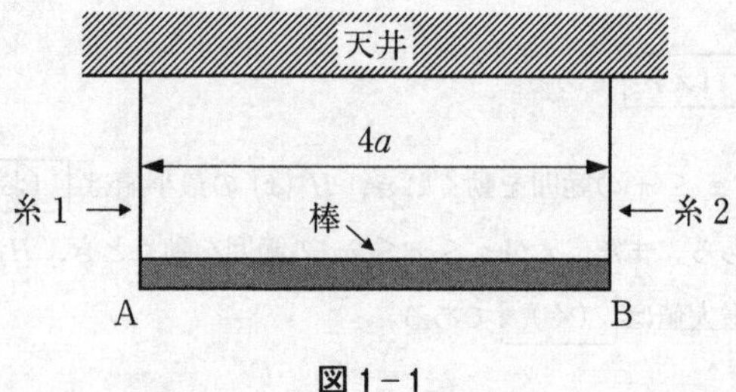

図 1－1

(1)　実験 1 では，**図 1－2** に示すように，点 A から右側に a 離れた点 C の位置に質量 m〔kg〕の小球を糸で静かにつるした。糸 2 の張力の大きさは ［(ア)］〔N〕である。

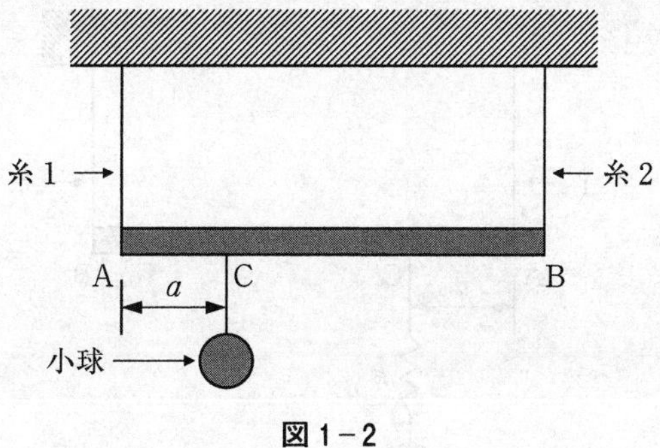

図1－2

(ア)の解答群

0　$Mg + mg$	1　$Mg + \frac{1}{2}mg$	2　$Mg + \frac{1}{4}mg$
3　$\frac{1}{2}Mg + mg$	4　$\frac{1}{2}Mg + \frac{1}{2}mg$	5　$\frac{1}{2}Mg + \frac{1}{4}mg$
6　$\frac{1}{4}Mg + mg$	7　$\frac{1}{4}Mg + \frac{1}{2}mg$	8　$\frac{1}{4}Mg + \frac{1}{4}mg$

(2)　実験2では，**図1－3**に示すように，ばね定数k〔N/m〕のばねの一端を(1)と同じ点Cで固定し，質量m〔kg〕の小球をばねの他端に取り付けて静かにつるした。そして，小球を手でつかみ，鉛直下方にゆっくりと移動させ，小球に加えた手の力の大きさがF_1〔N〕に達したときに小球の移動を止めた。このときの糸2の張力の大きさは，［(イ)］〔N〕である。次に，手を小球から静かに放したら，小球は単振動した。小球の速さが最大になったときの糸2の張力の大きさは［(ウ)］〔N〕である。小球が振動していても棒が静止していたことから，F_1のとりうる値の最大値は［(エ)］〔N〕である。

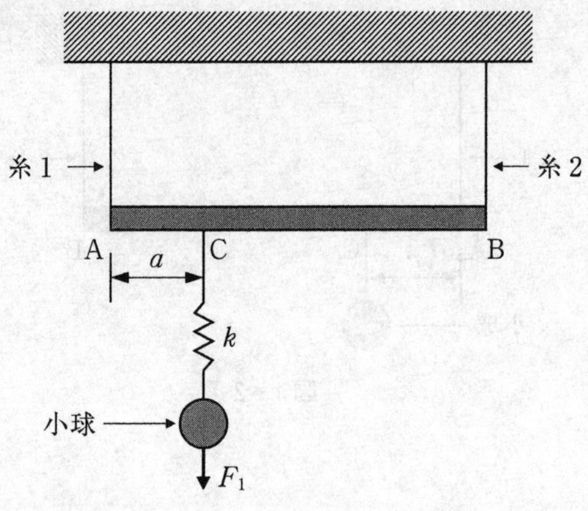

図1－3

(イ)の解答群

0　$Mg + mg + F_1$

1　$Mg + \frac{1}{2}mg + \frac{1}{2}F_1$

2　$Mg + \frac{1}{4}mg + \frac{1}{4}F_1$

3　$\frac{1}{2}Mg + mg + F_1$

4　$\frac{1}{2}Mg + \frac{1}{2}mg + \frac{1}{2}F_1$

5　$\frac{1}{2}Mg + \frac{1}{4}mg + \frac{1}{4}F_1$

6　$\frac{1}{4}Mg + mg + F_1$

7　$\frac{1}{4}Mg + \frac{1}{2}mg + \frac{1}{2}F_1$

8　$\frac{1}{4}Mg + \frac{1}{4}mg + \frac{1}{4}F_1$

(ウ)の解答群

0　$\frac{1}{2}Mg + mg + F_1$

1　$\frac{1}{2}Mg + mg$

2　$\frac{1}{2}Mg + mg - F_1$

3　$\frac{1}{2}Mg + \frac{1}{2}mg + \frac{1}{2}F_1$

4　$\frac{1}{2}Mg + \frac{1}{2}mg$

5　$\frac{1}{2}Mg + \frac{1}{2}mg - \frac{1}{2}F_1$

6　$\frac{1}{2}Mg + \frac{1}{4}mg + \frac{1}{4}F_1$

7　$\frac{1}{2}Mg + \frac{1}{4}mg$

8　$\frac{1}{2}Mg + \frac{1}{4}mg - \frac{1}{4}F_1$

(エ)の解答群

0　$Mg + mg$　　1　$Mg + \frac{2}{3}mg$　　2　$Mg + \frac{1}{3}mg$

3　$\frac{2}{3}Mg + mg$　　4　$\frac{2}{3}Mg + \frac{2}{3}mg$　　5　$\frac{2}{3}Mg + \frac{1}{3}mg$

6　$\frac{1}{3}Mg + mg$　　7　$\frac{1}{3}Mg + \frac{2}{3}mg$　　8　$\frac{1}{3}Mg + \frac{1}{3}mg$

(3)　実験3では，図1－4に示すように，ばね定数kのばねの一端を(1)と同じ点Cで固定し，質量m〔kg〕の小球1をばねの他端に取り付けて静かにつるした。点Bから左側にa離れた点Dにばね定数kのばねの一端を固定し，質量$4m$の小球2をばねの他端に取り付けて静かにつるした。そして，小球1と小球2のそれぞれを手でつかみ，鉛直下方にゆっくりと移動させ，小球1に加えた手の力の大きさがF_2〔N〕に達したときに小球1の移動を止め，小球2に加えた力の大きさもF_2に達したときに小球2の移動を止めた。次に，手を両小球から同時に静かに放したら，小球1と小球2は単振動した。小球2の単振動の周期は小球1の単振動の周期の［(オ)］倍で，小球2のばねの伸びが最大になったときの糸2の張力の大きさは［(カ)］〔N〕である。小球が振動していても棒が静止していたことから，F_2のとりうる値の最大値は［(キ)］〔N〕である。

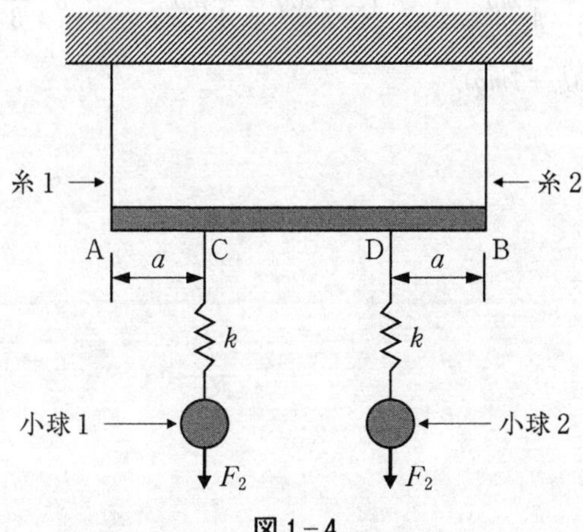

図1－4

(オ)の解答群

1 1　　2 2　　3 3
4 4　　5 5　　6 6
7 7　　8 8　　9 9

(カ)の解答群

0 $\frac{1}{2}Mg + \frac{5}{4}mg$　　1 $\frac{1}{2}Mg + \frac{5}{4}mg + \frac{1}{2}F_2$
2 $\frac{1}{2}Mg + \frac{5}{4}mg + F_2$　　3 $\frac{1}{2}Mg + \frac{9}{4}mg$
4 $\frac{1}{2}Mg + \frac{9}{4}mg + \frac{1}{2}F_2$　　5 $\frac{1}{2}Mg + \frac{9}{4}mg + F_2$
6 $\frac{1}{2}Mg + \frac{13}{4}mg$　　7 $\frac{1}{2}Mg + \frac{13}{4}mg + \frac{1}{2}F_2$
8 $\frac{1}{2}Mg + \frac{13}{4}mg + F_2$

(キ)の解答群

0 $Mg + \frac{3}{4}mg$　　1 $Mg + \frac{7}{4}mg$　　2 $Mg + \frac{9}{4}mg$
3 $\frac{1}{2}Mg + \frac{3}{4}mg$　　4 $\frac{1}{2}Mg + \frac{7}{4}mg$　　5 $\frac{1}{2}Mg + \frac{9}{4}mg$
6 $\frac{1}{3}Mg + \frac{3}{4}mg$　　7 $\frac{1}{3}Mg + \frac{7}{4}mg$　　8 $\frac{1}{3}Mg + \frac{9}{4}mg$
9 $\frac{24}{73}(2Mg + 7mg)$

2 次の文中の [(ク)] ～ [(サ)] ，および [(ス)] ， [(タ)] にあてはまる数値を，以下に述べる注意に従って**解答用マークシート**の指定された欄にマークしなさい。解答は有効数字が2桁となるようにし，必要であれば3桁目を四捨五入し，下に示す形式で a，b，p，c をマークしなさい。

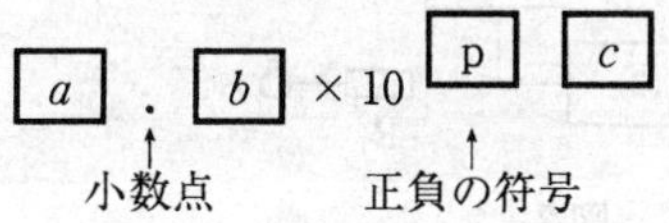

ただし，$c=0$ のときには，符号 p に＋を，c に0をマークしなさい。なお，途中計算は分数で行い，最後に小数に直しなさい。

また， [(シ)] ， [(セ)] ， [(ソ)] については，適切な答を**解答群**の中から選び，その番号を**解答用マークシート**の指定された欄にマークしなさい。必要なら，同一番号を繰り返し用いてよい。　(33点)

図2－1は，内部抵抗 r〔Ω〕の電池 E，抵抗 R_a，R_b，R_d，R_f，および①，②を含む回路である。①，②は，それぞれ，抵抗，コイル，コンデンサーのいずれか1つであるが外観では分からない。この回路について，以下の設問に答えなさい。

ただし，測定に使用する直流電圧計の内部抵抗はじゅうぶんに大きく，電流は流れないものとし，直流電流計の内部抵抗および接続に使用する導線の抵抗は無視できる。なお，各設問において，「はじめの状態」とは，「回路に何も接続されておらず，a，b，d，e，f の電位は等しく，回路に電流が流れていない状態」とする。

(1) はじめの状態において dc 間の電圧を直流電圧計で測定したところ，8.40 V の電圧が測定された。直流電圧計をはずし，ac 間，bc 間，dc 間の電流を1つの直流電流計を用いて順番に測定したところ，それぞれ 1.00 A，3.50 A，2.10 A であった。次に，この直流電流計をはずし，ab 間を導線で接続した状態で，ac 間の電流を直流電流計で測定したところ，4.20 A であった。以上の結果から抵抗 R_a，R_b，R_d はそれぞれ [(ク)] Ω， [(ケ)] Ω， [(コ)] Ω の抵抗であり，電池 E の内部抵抗 r は [(サ)] Ω である。

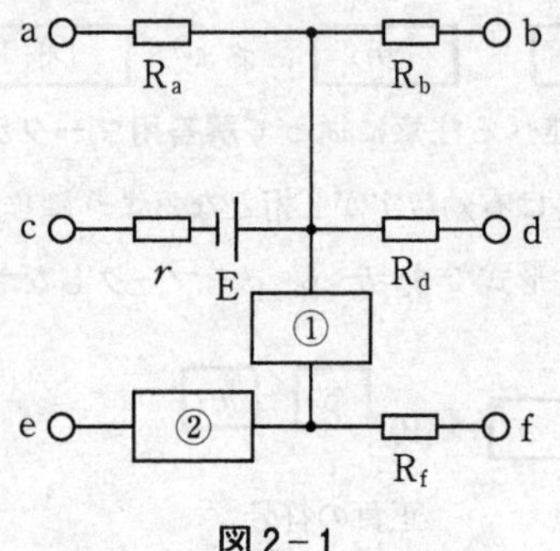

図 2－1

(2)　回路をはじめの状態にもどしたあと，電池 E を起電力 10.0 V 内部抵抗 0.600 Ω の電池に換え，記録ができる直流電流計を cf 間に接続したところ，cf 間の電流は図 2－2 のように変化した。なお，cf 間を接続した瞬間の電流は 2.00 A であった。この結果から，①は　(シ)　と考えられ，抵抗 R_f は　(ス)　Ω である。

次に cf 間の直流電流計をはずし，df 間を導線で接続した。この状態で ce 間に直流電流計を接続した。じゅうぶんに時間が経過したあと，ce 間の電流は 0 ではない値で一定となった。この結果から，②は　(セ)　以外と考えられる。

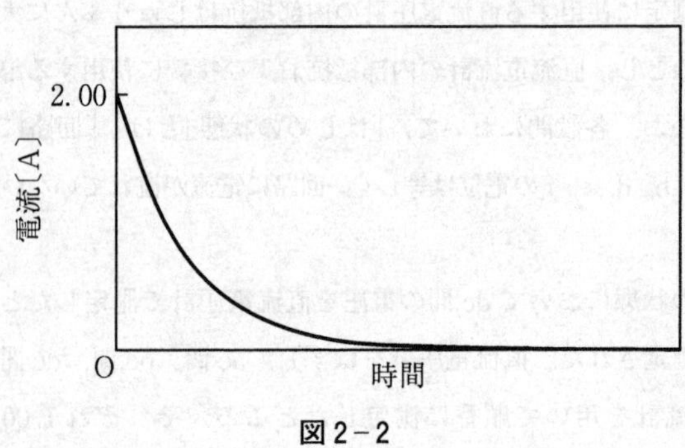

図 2－2

(シ)，(セ)の解答群

0　抵抗　　　1　コイル　　　2　コンデンサー

(3) 回路をはじめの状態にもどしたあと，抵抗 R_b，R_d，R_f をそれぞれ 4.00 Ω の抵抗に換え，**図 2－3** のように df 間に交流電源と交流電流計を接続した。交流電源と交流電流計の内部にあるインピーダンスは無視できる。交流電源から出力される交流の周波数を f_1〔Hz〕，電圧の実効値を 10.0 V にしたとき，交流電流計は 1.00 A を示した。次に回路をはじめの状態にもどしたあと，**図 2－4** のように交流電源と交流電流計を be 間につなぎかえた。なお，抵抗 R_b，R_d，R_f はそれぞれ 4.00 Ω のままである。交流電源から出力される交流の周波数を f_1，電圧の実効値を 10.0 V にしたとき，交流電流計は 2.00 A を示した。この状態から電圧を変えずに，交流の周波数を大きくしながら電流計の値を見ると，電流はしだいに増加し，周波数 f_2〔Hz〕で最大となり，そのあと減少をつづけた。以上の結果から，②は [(ソ)] であると考えられる。また，$\dfrac{f_1^2}{f_2^2}$ = [(タ)] である。

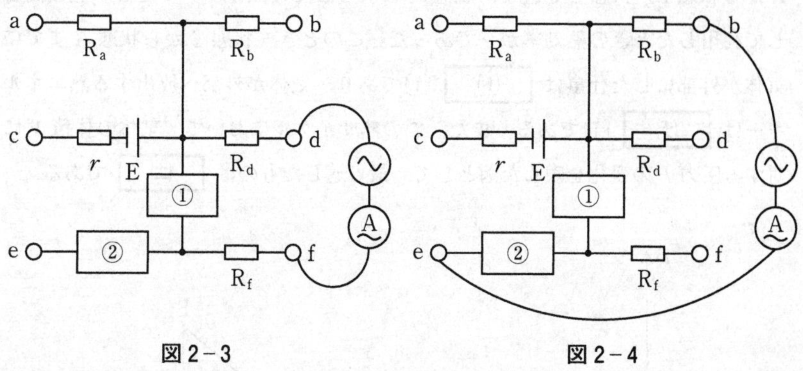

図 2－3 **図 2－4**

(ソ)の解答群

0 抵抗 **1** コイル **2** コンデンサー

3 次の文中の [(チ)] ～ [(ニ)] にあてはまる適切な答を**解答群**の中から選び，その番号を**解答用マークシート**の指定された欄にマークしなさい。必要なら，同一番号を繰り返し用いてよい。 (33 点)

なめらかに動くピストンのついた円筒容器に単原子分子理想気体 1 mol を入れ，**図 3** のように，気体の温度が T_A〔K〕の状態 A から温度が T_B〔K〕の状態 B に，気体の体積を一定にしながら変化させた。このとき，気体定数を R〔J/(mol·K)〕とすると，気体が外部にした仕事は [(チ)] 〔J〕であり，気体が吸収する熱量は [(ツ)] 〔J〕である。次に，気体を状態 B から状態 C に断熱変化させた。状態 C の温度が T_A であるとき，状態 B から状態 C の間に気体が外部にする仕事は [(テ)] 〔J〕である。さらに，気体を状態 C から状態 A に気体の温度を一定にしながら変化させたとき，気体は外部に熱を放出した。この装置を気体が状態 A から状態 B，状態 C を経て，状態 A に戻るまでの熱サイクルをもつ熱機関として利用したときの熱効率が e であった。このとき，状態 C から状態 A までに気体が外部にした仕事は [(ト)] 〔J〕であり，気体が外部へ放出する熱エネルギーは [(ナ)] 〔J〕である。また，この熱サイクルにおいて，気体の体積 V に対する圧力 P の変化を表した図として，最も適したものは [(ニ)] である。

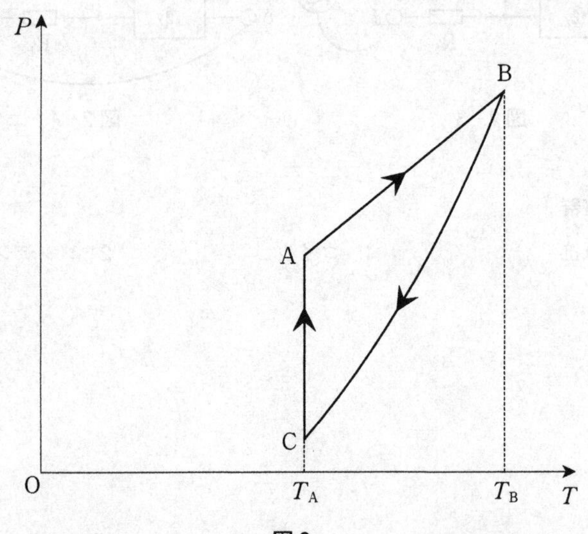

図 3

(チ)〜(テ)の解答群

0 0

1 $R(T_{\mathrm{A}} - T_{\mathrm{B}})$ **2** $R(T_{\mathrm{B}} - T_{\mathrm{A}})$

3 $\dfrac{3}{2}R(T_{\mathrm{A}} - T_{\mathrm{B}})$ **4** $\dfrac{3}{2}R(T_{\mathrm{B}} - T_{\mathrm{A}})$

5 $\dfrac{5}{2}R(T_{\mathrm{A}} - T_{\mathrm{B}})$ **6** $\dfrac{5}{2}R(T_{\mathrm{B}} - T_{\mathrm{A}})$

(ト), (ナ)の解答群

0 0

1 $\dfrac{3}{2}eR(T_{\mathrm{A}} - T_{\mathrm{B}})$ **2** $\dfrac{3}{2}eR(T_{\mathrm{B}} - T_{\mathrm{A}})$

3 $\dfrac{3}{2}(1-e)R(T_{\mathrm{A}} - T_{\mathrm{B}})$ **4** $\dfrac{3}{2}(1-e)R(T_{\mathrm{B}} - T_{\mathrm{A}})$

5 $\dfrac{5}{2}eR(T_{\mathrm{A}} - T_{\mathrm{B}})$ **6** $\dfrac{5}{2}eR(T_{\mathrm{B}} - T_{\mathrm{A}})$

7 $\dfrac{5}{2}(1-e)R(T_{\mathrm{A}} - T_{\mathrm{B}})$ **8** $\dfrac{5}{2}(1-e)R(T_{\mathrm{B}} - T_{\mathrm{A}})$

(ニ)の解答群

1

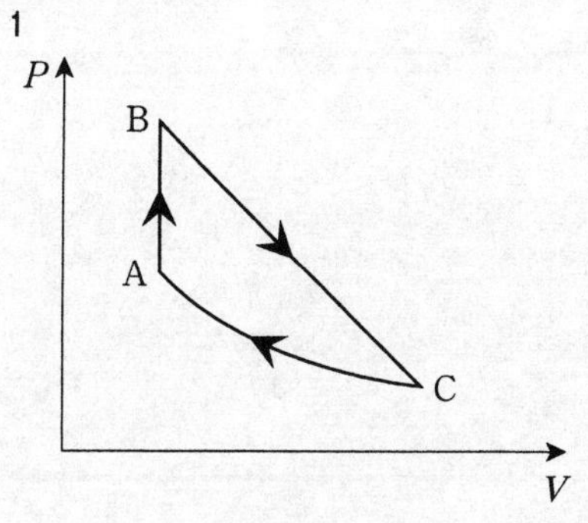

2

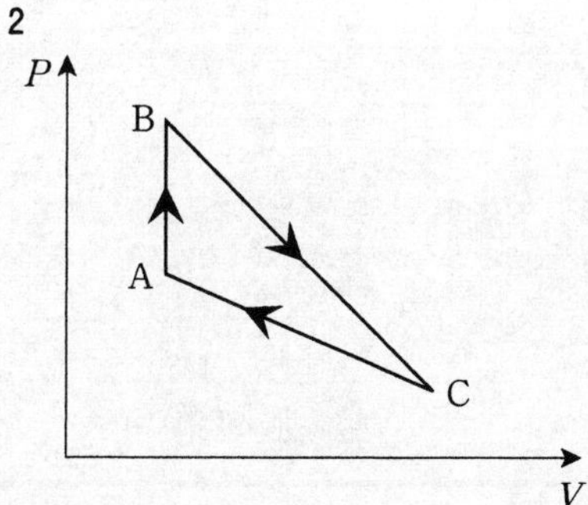

3

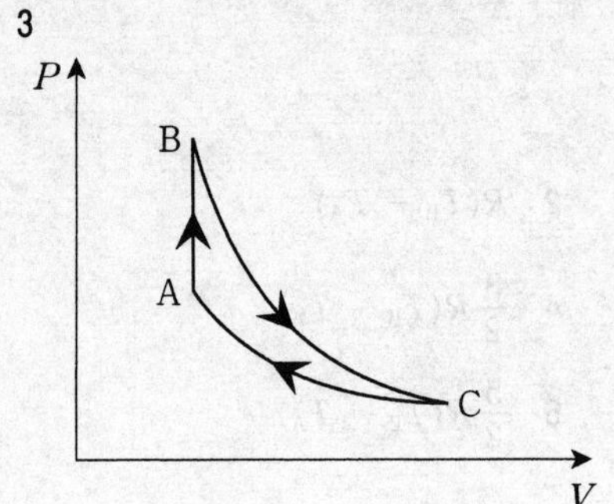

4

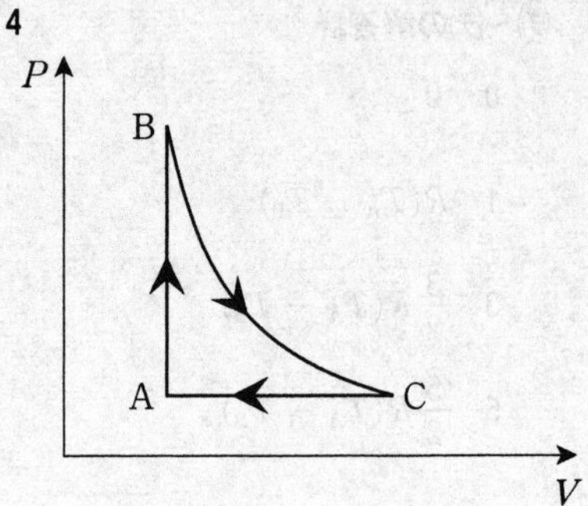

化学

(80分)

〔注　意〕

(1) 問題に指示がなければ，計算に必要な場合は次の値を用いなさい。

元素記号	H	C	N	O	Na	S	Cl	Fe	Ni	Cu	Zn	Ag	Pb
原子量	1.0	12	14	16	23	32	35.5	56	59	63.5	65	108	207

気体定数　8.31×10^{3} Pa·L/(K·mol)

ファラデー定数　9.65×10^{4} C/mol

(2) 気体はすべて理想気体としなさい。

(3) 問題によって答え方が違います。問題文を十分に注意して読みなさい。

1　次の文章を読み，**問(1)～(3)**に答えなさい。　(11点)

沸騰水50 mLに0.50 mol/Lの塩化鉄(Ⅲ)水溶液5.0 mLを少量ずつ滴下して完全に反応させたところ，**コロイド溶液1**が得られた。

コロイド溶液1をセロハンに包んで純粋な水に浸すことで透析し，**コロイド溶液1**から**元素A**のイオンを完全に除去したのち，セロハンの内容物を全量が100 mLとなるまで希釈することで得られた**コロイド溶液2**の浸透圧を測定したところ，27℃で［ X ］Paであった。さらに，この結果から**コロイド溶液2**のコロイド粒子1個に含まれる鉄(Ⅲ)イオンの個数の平均値を算出したところ，250個と求められた。また，①**コロイド溶液2に少量の電解質Bを加えたところ，沈殿を生じた。**

(1)　**元素A**の原子と水素原子が1：1の数の比で結合している常温で気体の**化合物C**に関する記述として正しいものを**Ⅰ欄**からすべて選び，それらの番号をすべて足した合計の数を**解答用マークシート**にマークしなさい。合計の数が1ケタの場合は，十の位は**0**をマークしなさい。正しい記述がない場合は，十の位，一の位とも**0**をマークしなさい。

〔**Ⅰ欄**〕

1　**化合物C**を実験室で発生させる場合，上方置換で捕集する。

2　7.40 gの**化合物C**が12.6 gの水に溶けている水溶液は発煙性を示す。

4　**化合物C**は常温常圧で空気よりも密度の小さい無色・無臭の気体である。

8　**化合物C**は，塩化ナトリウムに濃硫酸を加えて加熱すると発生する。

16　**化合物C**は，ナトリウムを常温の水に入れると発生する。

32　**化合物C**の水溶液をアンモニア水で中和滴定する場合，指示薬にはメチルオレンジを用いるとよい。

(2)　文中の［ X ］にあてはまる数値を求めなさい。ただし，鉄(Ⅲ)イオンはすべてコロイド粒子に含まれているものとし，**コロイド溶液1**から**コロイド溶液2**を得る過程でコロイド粒子の損失はなく，**コロイド溶液2**にはコロイド粒子および水のみ存在しているものとする。また，水の電離の影響は無視してよいものとする。解答は，有効数字が2ケタとなるように3ケタ目を四捨五入し，次の形式で**解答用マークシート**にマークしなさい。指数cがゼロの場合は，符号pは＋をマークしなさい。

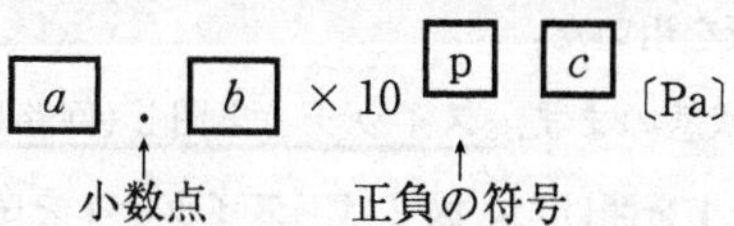

(3)　**下線部①**に関する記述として正しいものを**Ⅱ欄**からすべて選び，それらの番号をすべて足した合計の数を**解答用マークシート**にマークしなさい。合計の数が1ケタの場合は，十の位は0をマークしなさい。正しい記述がない場合は，十の位，一の位とも0をマークしなさい。

〔Ⅱ欄〕

1　このような現象を塩析という。

2　このような現象を凝析という。

4　このような現象を電気泳動という。

8　**電解質B**をNa_2SO_4とする場合，固体が析出するのに必要な電解質の物質量は，**電解質B**を$NaCl$とする場合よりも少ない。

16　**電解質B**を$KSCN$とする場合，濃青色の沈殿が生じる。

2　次の文章を読み，**問**(1)〜(4)に答えなさい。　(19 点)

電池または電解槽として働く**水槽 A** 〜 **F** を，**図 1** のように，**スイッチ 1** および**スイッチ 2** がいずれも開いた(回路につながっていない)状態で接続した。ここで，**水槽 A**，**水槽 B** および**水槽 C** の隔壁には素焼き板を用い，**水槽 D** の**電極 7** および**電極 8** にはそれぞれ，表面に硫酸鉛(Ⅱ)が付着した鉛板および表面に硫酸鉛(Ⅱ)が付着した酸化鉛(Ⅳ)板を用いた。

まず，**スイッチ 2** が開いた状態のまま，<u>**スイッチ 1** を閉じ(回路につなぎ)，23160 秒保持してから**スイッチ 1** を開けた。</u>①**図 2** は，**スイッチ 1** を閉じてから開けるまでの時間と**電流計 1** の値(絶対値)の関係である。

下線部①の操作後，**スイッチ 1** が開いた状態のまま，<u>**スイッチ 2** を閉じ，9650 秒保持してから**スイッチ 2** を開けた</u>②ところ，**下線部**②の操作を行う前と比較して，[ア] は質量が増加し，[イ] は質量が減少した。また，**下線部**①と**下線部**②の操作を通して，**図 1** の装置全体から，標準状態(273 K，1.013×10^5 Pa)に換算して，合計 672 mL の気体が発生した。ただし，**下線部**②の操作において，**水槽 F** では気体は発生しなかった。

下線部②の操作後，**スイッチ 1** を閉じてしばらく保持したところ，**水槽 A**，**水槽 B** および**水槽 C** の硫酸銅(Ⅱ)水溶液の色は，**下線部**②の操作を行う前と比較して薄くなった。

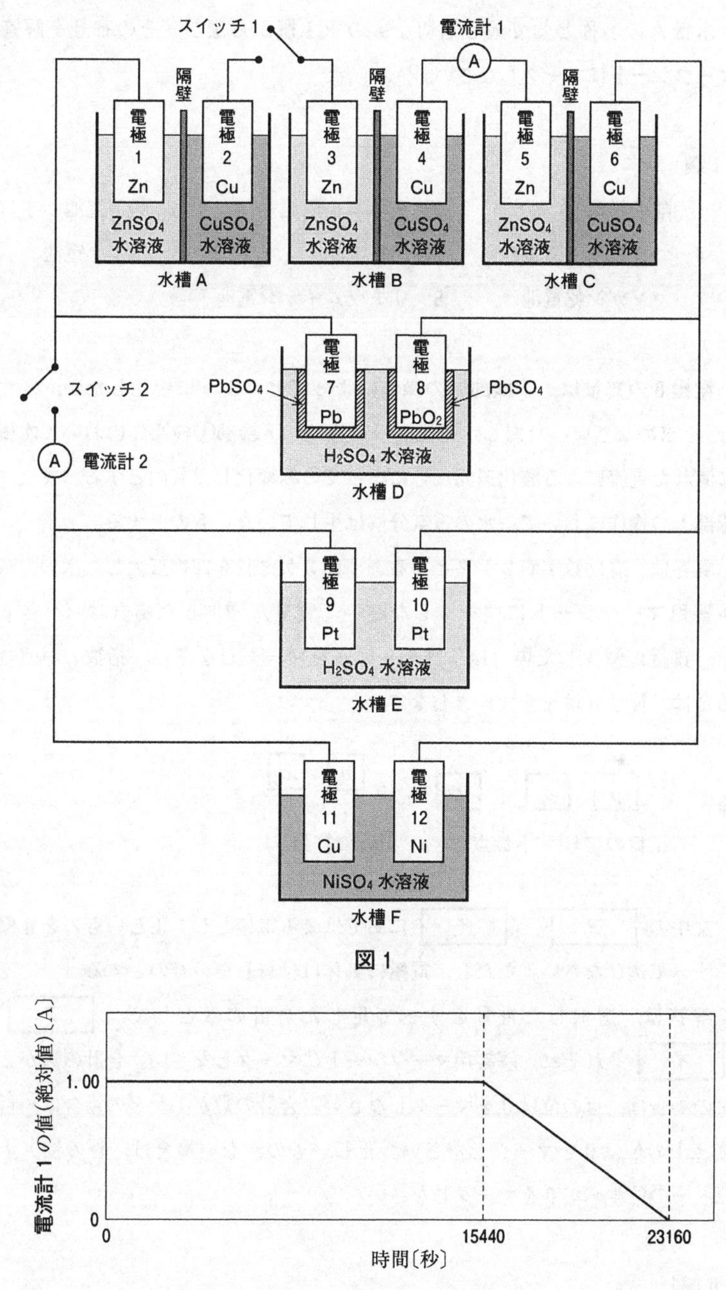

スイッチ1
電流計1
隔壁
電極 1 Zn
電極 2 Cu
ZnSO4 水溶液
CuSO4 水溶液
水槽 A
電極 3 Zn
電極 4 Cu
水槽 B
電極 5 Zn
電極 6 Cu
水槽 C
スイッチ2
電流計2
PbSO4
電極 7 Pb
電極 8 PbO2
H2SO4 水溶液
水槽 D
電極 9 Pt
電極 10 Pt
水槽 E
電極 11 Cu
電極 12 Ni
NiSO4 水溶液
水槽 F
電流計1の値(絶対値)〔A〕
1.00
0
15440
23160
時間〔秒〕

図1

図2

(1)　**水槽A**の名称として最も適切なものを**I欄**から選び，その番号を**解答用マークシート**にマークしなさい。

〔I欄〕

1　酸化銀電池　　2　ダニエル電池　　3　鉛蓄電池
4　ニッケル水素電池　　5　燃料電池　　6　ボルタ電池
7　マンガン乾電池　　8　リチウムイオン電池

(2)　**電極8**の質量は，**下線部①**の操作によってどのように変化したか，変化量〔g〕を求めなさい。ただし，**電極8**の質量は，**下線部①**の操作において**水槽D**に流れた電流による酸化還元反応によってのみ変化したものとする。また，**下線部①**の操作において，水の電気分解は生じていないものとする。

解答は，有効数字が2ケタとなるように3ケタ目を四捨五入し，次の形式で**解答用マークシート**にマークしなさい。質量が増加した場合は，符号pは＋，質量が減少した場合は，符号pは－をマークしなさい。指数cがゼロの場合は，符号qは＋をマークしなさい。

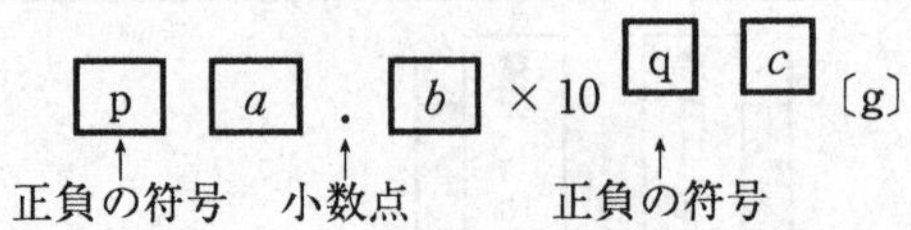

(3)　文中の［ア］，［イ］にあてはまる電極として正しいものを**II欄**からすべて選びなさい。ただし，電極に気体は付着しないものとする。

解答は，選択した番号をすべて足した合計の数として，［ア］，［イ］それぞれ，**解答用マークシート**にマークしなさい。合計の数が2ケタの場合は，百の位は0をマークしなさい。合計の数が1ケタの場合は，百の位と十の位は0をマークしなさい。正しいものがない場合は，百の位，十の位，一の位すべて0をマークしなさい。

〔II欄〕

1　**電極3**　　2　**電極4**　　4　**電極7**　　8　**電極8**

16 **電極9** 32 **電極10** 64 **電極11** 128 **電極12**

(4) **下線部②**の操作において，**電流計2**の値は常に0.600 Aであった。**電極11**の質量は，**下線部②**の操作によってどのように変化したか，変化量〔g〕を求めなさい。ただし，**電極11**の質量は，**下線部②**の操作において**水槽F**に流れた電流による酸化還元反応によってのみ変化したものとする。

解答は，有効数字が2ケタとなるように3ケタ目を四捨五入し，次の形式で**解答用マークシート**にマークしなさい。質量が増加した場合は，符号pは**＋**，質量が減少した場合は，符号pは**－**をマークしなさい。指数cがゼロの場合は，符号qは**＋**をマークしなさい。

[p] [a] . [b] × 10 [q] [c] 〔g〕

（p：正負の符号　.：小数点　q：正負の符号）

3 次の問(1)，(2)に答えなさい。 (10点)

(1) グルコースとスクロースをある物質量の割合で混ぜた混合物を作製した。この混合物92.4 gを1.00 kgの水に溶かしたところ，その溶液の凝固点降下は0.555 Kであった。スクロースの代わりにNaClを同じ物質量の割合で混ぜた混合物42.0 gを1.00 kgの水に溶かした溶液の沸点上昇〔K〕を求めなさい。水のモル凝固点降下は1.85〔K·kg/mol〕，モル沸点上昇は0.52〔K·kg/mol〕であり，グルコースの分子量は180である。<u>また，この問題に限り，スクロースの分子量を340，NaClの式量を60として計算しなさい。</u>解答は，有効数字が2ケタとなるように3ケタ目を四捨五入し，次の形式で**解答用マークシート**にマークしなさい。指数cがゼロの場合は，符号pは**＋**をマークしなさい。

[a] . [b] × 10 [p] [c] 〔K〕

（.：小数点　p：正負の符号）

(2) 300 K において，11.00 L の密閉容器に乾燥した O_2 を 0.0266 mol，水を 10.00 L 入れて平衡とした。このときの気相の全圧〔Pa〕を求めなさい。なお，300 K，1.00×10^5 Pa における O_2 の水への溶解度は 1.30×10^{-3} mol/L である。水の体積変化は無視でき，300 K における水の蒸気圧は 4.00×10^3 Pa である。計算にあたっては，気体は理想気体であるとしなさい。また，この問題に限り気体定数を 8.30×10^3 Pa·L/(K·mol) として計算しなさい。解答は，有効数字が2ケタとなるように3ケタ目を四捨五入し，次の形式で**解答用マークシート**にマークしなさい。指数 c がゼロの場合は，符号 p は＋をマークしなさい。

$\boxed{a}$. $\boxed{b}$ $\times 10^{\boxed{p}\boxed{c}}$ 〔Pa〕

（. ↑小数点　p ↑正負の符号）

4 次の文章を読み，問(1)，(2)に答えなさい。 (10点)

アンモニア水中ではアンモニアの一部が電離し，次のような電離平衡が成り立っている。

$$NH_3 + H_2O \rightleftarrows NH_4{}^+ + OH^- \quad ①$$

この電離平衡では水溶液中の水の濃度$[H_2O]$が一定とみなせるため，平衡定数(電離定数)K_b は次のように表される。

$$K_b = \frac{[NH_4{}^+][OH^-]}{[NH_3]} \quad ②$$

濃度 C_b〔mol/L〕のアンモニア水の水酸化物イオン濃度$[OH^-]$はアンモニアの電離度が1より十分に小さいと考えてよい場合には，C_b と K_b を用いて$[OH^-]$＝ $\boxed{ア}$ と表すことができる。

塩化アンモニウムは水に溶かすと次のように電離して平衡状態になる。

$$NH_4Cl \longrightarrow NH_4{}^+ + Cl^- \quad ③$$

$$NH_4{}^+ + H_2O \rightleftarrows NH_3 + H_3O^+ \quad ④$$

水の濃度が一定とみなせるとし，オキソニウムイオン濃度$[H_3O^+]$を水素イオン濃度$[H^+]$で示すとすれば，④式の平衡定数(加水分解定数)K_hは

$$K_h = \frac{[NH_3][H^+]}{[NH_4{}^+]} \qquad ⑤$$

と表せ，水のイオン積K_wとK_bを用いて$K_h =$ [イ] と表すこともできる。濃度C_h〔mol/L〕の塩化アンモニウム水溶液において，塩化物イオン濃度はC_hとみなすことができる。③式で生成したアンモニウムイオンのうち，加水分解によりアンモニアとなったものの割合が1に比べて十分に小さいと考えられる場合には，水素イオン濃度は$[H^+] =$ [ウ] と表すことができる。

(1) 文中の [ア] ～ [ウ] にあてはまる最も適切なものをそれぞれ**I欄**から選び，その番号を**解答用マークシート**にマークしなさい。

〔**I欄**〕

1 $\sqrt{K_b C_b}$　　2 $\sqrt{\frac{K_b}{C_b}}$　　3 $\sqrt{\frac{C_b}{K_b}}$　　4 $K_b C_b$

5 $\frac{K_b}{K_w}$　　6 $K_b K_w$　　7 $\frac{K_w}{K_b}$　　8 $\sqrt{\frac{K_b C_h}{K_w}}$

9 $\sqrt{\frac{K_w}{K_b C_h}}$　　10 $\sqrt{\frac{K_w C_h}{K_b}}$

(2) 0.0092 mol/Lのアンモニア水溶液25 mLをコニカルビーカーにとり，0.0092 mol/Lの塩酸を用いて滴定した。その際のpH変化の概略を表す図として最も適切なものを選び，その番号を**解答用マークシート**にマークしなさい。適切なものがない場合は**0**をマークしなさい。

ただし，滴定は温度を25℃一定の条件で行い，その条件で溶液から気相に出ていく成分はないものとする。また，$K_b = 2.3 \times 10^{-5}$ mol/L，$K_w = 1.0 \times 10^{-14}$ $(\text{mol/L})^2$である。なお，$\sqrt{2} = 1.41$，$\sqrt{2.3} = 1.52$，$\sqrt{5} = 2.24$とする。

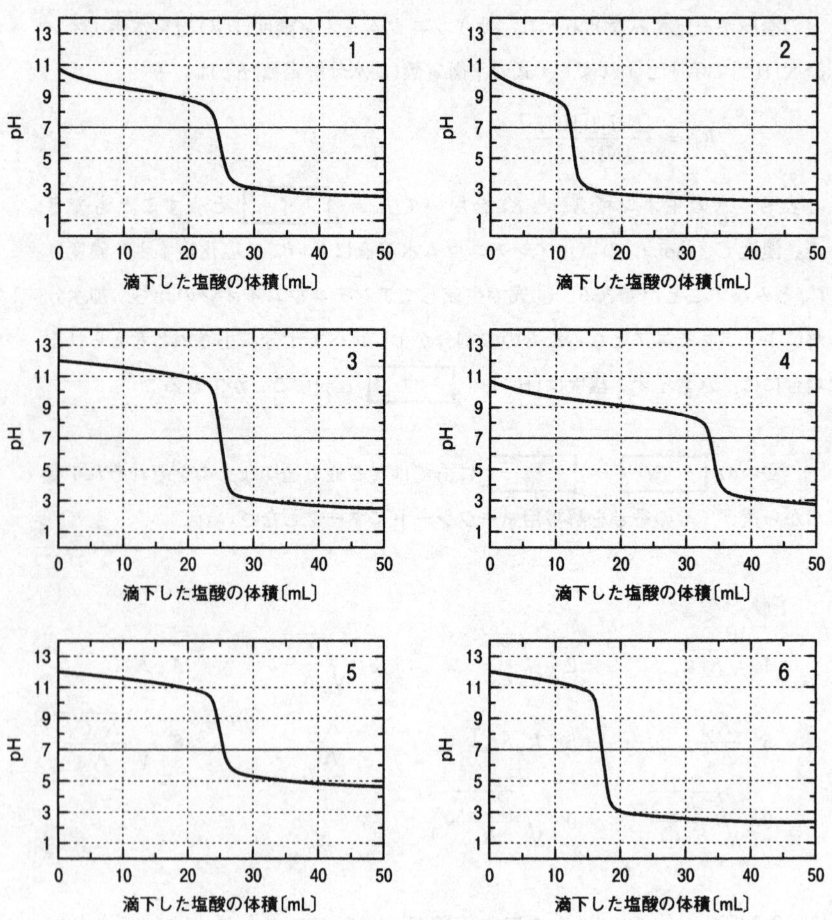
1
2
3
4
5
6
pH
13
11
9
7
5
3
1
0
10
20
30
40
50
滴下した塩酸の体積〔mL〕

5 次の文章を読み，問(1)～(5)に答えなさい。 (20点)

様々な初期濃度の過酸化水素水 10.0 mL に触媒を加えて分解反応を開始させ，発生する O_2 の体積が 273 K（0 ℃），1.013×10^5 Pa に換算して 11.2 mL になるまでの時間 Δt〔s〕を測定した。結果を以下の表に示す。なお，発生した O_2 は水に溶けないものとする。

実験番号	初期 H_2O_2 濃度〔mol/L〕	Δt〔s〕	温度〔℃〕
①	0.85	ア	20
②	0.45	100	20
③	0.45	50	30
④	0.55	イ	40

過酸化水素水中における H_2O_2 の分解速度 v〔mol/(L·s)〕は，次のように表される。

$$v = k[H_2O_2]$$

ここで，k〔/s〕は反応速度定数，$[H_2O_2]$ は水中の H_2O_2 の濃度〔mol/L〕である。また，この式は Δt〔s〕の間における平均の分解速度 $\overline{v}$〔mol/(L·s)〕と水中の H_2O_2 の平均濃度 $\overline{[H_2O_2]}$〔mol/L〕の間においても成立する。

(1) 過酸化水素の分解反応を熱化学方程式で表すと次のようになる。

$$H_2O_2\,aq = \frac{\text{ウ}}{\text{エ}} H_2O(液) + \frac{\text{オ}}{\text{カ}} O_2(気) + Q\,〔kJ〕$$

ウ ～ カ にあてはまる数値を**解答用マークシート**にマークしなさい。ただし，係数は既約分数にした後に解答するものとし，係数が整数の場合には分母に1を，分子にはその整数をマークしなさい。ウ ～ カ にあてはまる数値が10以上の場合には10をマークしなさい。その際にさらに約分をしてはいけません。

(2)　**問**(1)における熱化学方程式のQ〔kJ〕の値を求めなさい。ただし，過酸化水素(気)，水(気)の生成熱は，それぞれ136 kJ/mol，242 kJ/molであり，水の蒸発熱は44 kJ/molである。また，過酸化水素(気)の水への溶解は以下の熱化学方程式で表せるものとする。

$$H_2O_2(気) = H_2O_2\,aq + 55\,kJ$$

解答は，小数第一位を四捨五入し，3ケタの数値として次の形式で**解答用マークシート**にマークしなさい。解答の数値が2ケタまたは1ケタの場合は，上位のケタに**0**をマークしなさい。4ケタ以上の場合は，3ケタのすべてに**9**をマークしなさい。

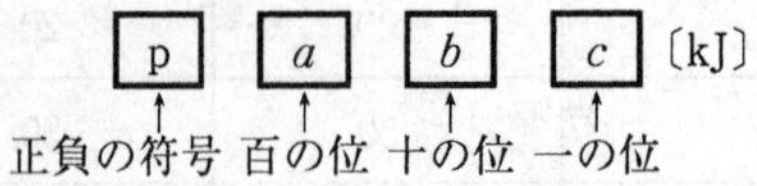

(3)　実験番号②における反応速度定数k〔/s〕を求めなさい。解答は，有効数字が2ケタとなるように3ケタ目を四捨五入し，次の形式で**解答用マークシート**にマークしなさい。指数cがゼロの場合は，符号pは**＋**をマークしなさい。

a . b × 10 p c 〔/s〕

（小数点）（正負の符号）

(4)　ア ，イ にあてはまる時間〔s〕を求めなさい。ただし，20℃と30℃における反応速度定数の比と30℃と40℃における反応速度定数の比は同じ値とする。解答は，有効数字が2ケタとなるように3ケタ目を四捨五入し，次の形式で**解答用マークシート**にマークしなさい。指数cがゼロの場合は，符号pは**＋**をマークしなさい。

a . b × 10 p c 〔s〕

（小数点）（正負の符号）

(5) 実験番号②の実験において発生したO_2の物質量の総和〔mol〕は以下の図に実線で示す時間変化を示した。実験番号③で発生するO_2の物質量の総和〔mol〕を表す曲線として最も適切なものを選び，その番号を**解答用マークシート**にマークしなさい。適切なものがない場合は0をマークしなさい。

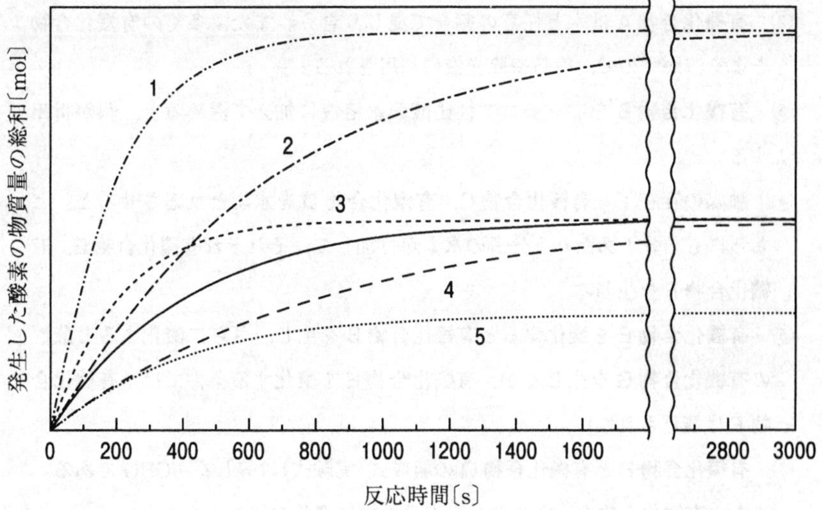

6 炭素，水素，酸素からなる**有機化合物A～有機化合物G**および**有機化合物P～有機化合物T**に関する以下の記述①～⑩を読み，**問**(1)～(5)に答えなさい。

(10点)

① **有機化合物A～有機化合物D**の分子式は等しく，炭素数は3である。

② **有機化合物A**は水と任意の割合で混じり合う。また，多くの有機化合物をよく溶かすので，塗料や除光液に利用される。

③ **有機化合物B**をアンモニア性硝酸銀水溶液に加えて温めると，銀が析出する。

④ 触媒の存在下，**有機化合物C**，**有機化合物D**を水素と反応させると，どちらにも1分子あたり1分子の水素が付加して，それぞれ**有機化合物E**，**有機化合物F**を生じる。

⑤ **有機化合物E**を酸化すると**有機化合物B**を生じ，さらに酸化すると酸性の**有機化合物G**を生じるが，**有機化合物E**を酸化する条件では，**有機化合物F**は酸化されない。

⑥ **有機化合物P**と**有機化合物Q**の組成式(実験式)は等しく，CHOである。また，**有機化合物P**，**Q**のどちらも分子中に環状の構造をもたない。

⑦ 触媒の存在下，**有機化合物P**，**Q**を水素と反応させると，どちらにも1分子あたり水素1分子が付加して，同一の**有機化合物R**となる。この反応により分子量が約1.72％増える。

⑧ 水に対する溶解度は，**有機化合物P**の方が**有機化合物Q**よりも大きい。どちらも水酸化ナトリウム水溶液にはよく溶ける。

⑨ **有機化合物P**を加熱すると，1分子あたり水1分子を失って，**有機化合物S**に変わるが，**有機化合物Q**を加熱しても同様の反応は起こらない。

⑩ **有機化合物R**を適切な脱水剤とともに加熱すると，分子内での反応により，1分子あたり水1分子を失って，**有機化合物T**に変わる。**有機化合物T**は**有機化合物S**に水素を付加しても得られる。

(1) **有機化合物A～有機化合物G**の性質や反応に関する記述として正しいもの

をⅠ欄からすべて選び，それらの番号をすべて足した合計の数を**解答用マークシート**にマークしなさい。合計の数が1ケタの場合は，十の位は0をマークしなさい。正しい記述がない場合は，十の位，一の位のどちらも0をマークしなさい。

〔Ⅰ欄〕

1　**有機化合物A**を硫酸酸性の二クロム酸カリウム水溶液を用いて酸化すると**有機化合物G**を生じる。

2　**有機化合物A**または**有機化合物B**にヨウ素と水酸化ナトリウム水溶液を加えて反応させると，どちらからも特有の臭気をもつ黄色の沈殿が生じるが，**有機化合物C**，**有機化合物D**は同様の変化を起こさない。

4　**有機化合物C**，**有機化合物E**はナトリウムと反応して水素を発生するが，**有機化合物D**，**有機化合物F**はナトリウムと反応しない。

8　**有機化合物E**，**有機化合物F**，および**有機化合物G**は，いずれもフェーリング液とともに加熱しても赤色の沈殿を生じない。

16　**有機化合物A**～**有機化合物G**のうち，クメン法においてフェノールとともに生成する有機化合物は，**有機化合物B**である。

(2) **有機化合物P**～**有機化合物T**の性質や反応に関する記述として正しいものをⅡ欄からすべて選び，それらの番号をすべて足した合計の数を**解答用マークシート**にマークしなさい。合計の数が1ケタの場合は，十の位は0をマークしなさい。正しい記述がない場合は，十の位，一の位のどちらも0をマークしなさい。

〔Ⅱ欄〕

1　**有機化合物P**と**有機化合物Q**は互いに鏡像異性体の関係にある。

2　**有機化合物P**の融点は**有機化合物Q**の融点よりも低い。

4　**有機化合物P**，**有機化合物Q**は炭酸水素ナトリウムと反応して水素を発生するが，**有機化合物R**は炭酸水素ナトリウムと反応しない。

8　**有機化合物R**の分子量と**有機化合物S**の分子量の差は18である。

16　**有機化合物S**，**有機化合物T**はどちらも不斉炭素原子をもたない。

(3)　酸化銅(Ⅱ)を詰めた燃焼管，塩化カルシウムを詰めた吸収管(**吸収管X**)，ソーダ石灰を詰めた吸収管(**吸収管Y**)の順に繋いだ装置を用い，**有機化合物G**を分析した。十分な量の酸素を供給して**有機化合物G**を完全に燃焼させると，**吸収管X**の質量増加は7.20 mgであった。このときの**吸収管Y**の質量増加〔mg〕を求めなさい。解答は，有効数字が2ケタとなるように3ケタ目を四捨五入し，次の形式で**解答用マークシート**にマークしなさい。指数cがゼロの場合は，符号pは**＋**をマークしなさい。

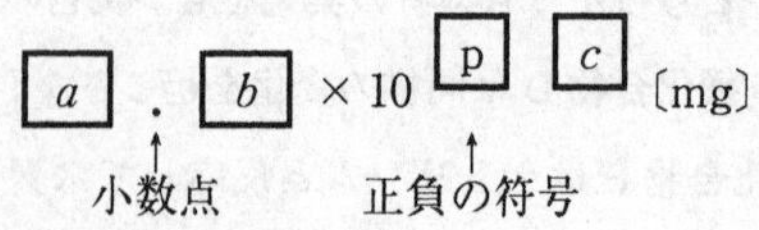

(4)　**有機化合物P**の分子量を答えなさい。解答は，整数となるように小数第一位を四捨五入し，各位の数値を**解答用マークシート**にマークしなさい。解答の数値が2ケタの場合は，百の位は**0**をマークしなさい。

(5)　**有機化合物T**の分子式を$C_lH_mO_n$と表すとき，l，m，nにあてはまる数値を，それぞれ**解答用マークシート**にマークしなさい。数値が10以上の場合は，その数値がいくつであっても**10**をマークしなさい。**有機化合物T**が水素を含まない場合は，mは**0**を，酸素を含まない場合は，nは**0**をマークしなさい。

7　サリチル酸に関する**説明**を読み，**問**(1)～(9)に答えなさい。　(20点)

サリチル酸は無色の針状結晶で水にわずかに溶ける。工業的には，高温(約125℃)，高圧(0.4～0.7 MPa)の条件下，［原料1］と［原料2］を反応させ，その生成物を酸で処理してサリチル酸を得る。

(1)　上の説明の［原料1］と［原料2］にあてはまる物質の組み合わせとして最も適切なものをⅠ欄から選び，その番号を**解答用マークシート**にマークしなさい。

〔Ⅰ欄〕

	原料1	原料2
1	安息香酸ナトリウム	二酸化炭素
2	安息香酸ナトリウム	ホルムアルデヒド
3	安息香酸ナトリウム	メタノール
4	ナトリウムフェノキシド	二酸化炭素
5	ナトリウムフェノキシド	ホルムアルデヒド
6	ナトリウムフェノキシド	メタノール
7	フェノール	塩化ナトリウム
8	フェノール	酢酸ナトリウム
9	フェノール	水酸化ナトリウム
10	フェノール	ナトリウムメトキシド

サリチル酸を実験室で合成するには，側鎖を持つ芳香族化合物の過マンガン酸カリウムによる酸化も適用できる。

(2)　過マンガン酸カリウムを用いる酸化によりサリチル酸を生じる有機化合物(酸化反応の原料化合物)をⅡ欄からすべて選び，それらの番号をすべて足した数を**解答用マークシート**にマークしなさい。合計の数が1ケタの場合は，十の位は0をマークしなさい。あてはまる有機化合物がない場合は，十の位，一の位のどちらも0をマークしなさい。ただし，酸化反応の生成物がサリチル酸の金属塩である場合には，適切な酸で処理してサリチル酸へ変換したものとする。

〔Ⅱ欄〕

1	2-エチルフェノール	2	*o*-キシレン
4	*o*-クレゾール	8	1,2-ジヒドロキシベンゼン
16	2-ナフトール	32	フタル酸

サリチル酸を原料化合物の一つとする2種類の合成実験(実験1と実験2)を行った。

〔実験1〕

試験管にサリチル酸1.4gを量り取り，メタノール15mLを加えて溶かした。そこへ濃硫酸0.5gを加えた。試験管を70℃の湯浴に入れ，メタノールの蒸気が勢いよく外へ出ないように注意しながら，穏やかに加熱した。10分後に加熱を止めた。ここで，試験管の内容物の全体(反応混合物W)から生成物(有機化合物X)を分離して集める前に，適切な分析方法で反応混合物Wを調べたところ，有機化合物Xとサリチル酸とメタノールが含まれていることがわかった。

(3)　**有機化合物X**の分子式を$C_lH_mO_n$と表すとき，l，m，nにあてはまる数値を，それぞれ**解答用マークシート**にマークしなさい。数値が10以上の場合は10をマークしなさい。**有機化合物X**が水素を含まない場合は，mは0を，酸素を含まない場合は，nは0をマークしなさい。

(4)　試験管に量り取ったサリチル酸のすべてが反応して**有機化合物X**となり，それを完全に分離して集められるとしたら，何gの**有機化合物X**が得られるか，計算して答えなさい。解答は，有効数字が2ケタとなるように3ケタ目を四捨五入し，次の形式で**解答用マークシート**にマークしなさい。指数 c がゼロの場合は，符号 p は＋をマークしなさい。

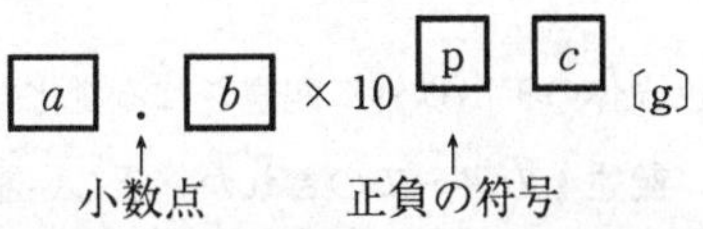

次に，①～⑥の手順にしたがって，反応混合物 W から有機化合物 X と他の有機化合物を分離し，有機化合物 X を取り出すことができたことを適切な分析方法で確めた。

① 反応混合物 W に，7.5％炭酸水素ナトリウム水溶液 50 g とエーテル(ジエチルエーテル)50 mL を加えて撹拌し，しばらく静置した後に，上層 A と下層 B に分けた。

② 撹拌しながら，(あ) に水溶液が酸性を示すまで希塩酸を徐々に加えると有機化合物 Y の白色固体が析出した。

③ (い) に水酸化ナトリウム水溶液を加えて撹拌し，しばらく静置した後に，水層 C と有機層 D に分けた。水層 C の pH は約 9 であった。

④ 水層 C に希塩酸を加えて撹拌すると(水溶液の pH は約 5)，油状の物質が分離した。

⑤ ④の水溶液と油状物質の混合物にエーテルを加えて振り混ぜながら油状物質を溶かし，しばらく静置した後に，上層 E と下層 F に分けた。

⑥ 蒸留により (う) から溶媒を除くと油状物質が残った。これを調べたところ，目的の有機化合物 X であることがわかった。

①～⑥では，部分的に試薬類の量，温度，および反応や操作に要する時間などを省略したが，各段階の目的を達するに相応しい量の試薬類を用い，適切な条件の下，十分な時間をかけて実験を進めたとする。

(5) 有機化合物 Y の分子式を $C_lH_mO_n$ と表すとき，l, m, n にあてはまる数値を，それぞれ**解答用マークシート**にマークしなさい。数値が 10 以上の場合は

10をマークしなさい。**有機化合物Y**が水素を含まない場合は，mは0を，酸素を含まない場合は，nは0をマークしなさい。

(6) ②の操作を行った際に，白色固体の析出以外に観察される変化の様子や結果を正しく説明している記述は，**記述Ⅰ**のア～エのどれか。正しい記述の組み合わせを**Ⅲ欄**から選び，その番号を**解答用マークシート**にマークしなさい。

〔記述Ⅰ〕

ア　二酸化炭素の気泡が発生した。

イ　水素の気泡が発生した。

ウ　水溶液が紫色に変わった。

エ　白色の固体に続いて黄色の固体が析出した。

〔Ⅲ欄〕

00　すべて誤り

01	アのみ	02	イのみ
03	ウのみ	04	エのみ
05	アとイ	06	アとウ
07	アとエ	08	イとウ
09	イとエ	10	ウとエ
11	アとイとウ	12	アとイとエ
13	イとウとエ	14	すべて正しい

(7) [(あ)] ～ [(う)] にあてはまる「層」の組み合わせとして最も適切なものを**Ⅳ欄**から選び，その番号を**解答用マークシート**にマークしなさい。

〔Ⅳ欄〕

	(あ)	(い)	(う)
01	上層Aの半分	上層Aの半分	有機層D
02	上層Aの半分	上層Aの半分	上層E

03	上層Aの半分	上層Aの半分	下層F
04	上層A	下層B	有機層D
05	上層A	下層B	上層E
06	上層A	下層B	下層F
07	下層Bの半分	下層Bの半分	有機層D
08	下層Bの半分	下層Bの半分	上層E
09	下層Bの半分	下層Bの半分	下層F
10	下層B	上層A	有機層D
11	下層B	上層A	上層E
12	下層B	上層A	下層F

〔実験2〕

試験管にサリチル酸1.4gを量り取り，無水酢酸3.0mLを加えた。混合物に濃硫酸を1滴ずつ5滴まで加え，5分間，よく振り混ぜた。水30mLを入れた100mLビーカーに試験管内の反応混合物を注ぎ入れ，撹拌した。氷浴中で冷やすと，白色の固体が析出した。生じた白色固体(有機化合物Z)をろ過により集め，少量の冷水で洗った。

(8) 試験管に量り取ったサリチル酸のすべてが反応して**有機化合物Z**となり，それを完全に分離して集められるとしたら，何gの**有機化合物Z**が得られるか，計算して答えなさい。解答は，有効数字が2ケタとなるように3ケタ目を四捨五入し，次の形式で**解答用マークシート**にマークしなさい。指数cがゼロの場合は，符号pは＋をマークしなさい。

$$\boxed{a}\,.\,\boxed{b}\times 10^{\boxed{\mathrm{p}}\ \boxed{c}}\ \text{〔g〕}$$

↑小数点　↑正負の符号

(9) **有機化合物Z**の性質を正しく表している記述は，**記述Ⅱのア～エ**のどれか。正しい記述の組み合わせを**Ⅴ欄**から選び，その番号を**解答用マークシート**にマークしなさい。

〔記述Ⅱ〕

ア　飽和炭酸水素ナトリウム水溶液を加えると二酸化炭素の気泡を発しながら溶ける。

イ　飽和炭酸水素ナトリウム水溶液にはほとんど溶けない。

ウ　さらし粉水溶液により赤紫色を呈する。

エ　塩化鉄(Ⅲ)水溶液により赤紫色を呈する。

〔Ⅴ欄〕

01	アのみ	02	イのみ
03	ウのみ	04	エのみ
05	アとウ	06	アとエ
07	イとウ	08	イとエ
09	ウとエ	10	アとウとエ
11	イとウとエ		

解答編

■英語■

（注）解答は，東京理科大学から提供のあった情報を掲載しています。

1 **解答** (1)―3　(2)―2　(3)―4　(4)―2　(5)―3
(6) 2nd：3　5th：5　(7)―3　(8)―2　(9)―3
(10)―3　(11)―2　(12)―2　(13) A―4　B―1　C―4　(14)―2・4

◆全　訳◆

≪空想科学小説が伝えるもの≫

科学やテクノロジーに最も直接的に関連する文学のジャンルと言えば無論，空想科学小説（SF）である。空想科学小説の愛好家は科学やテクノロジーについて，多くの事細かに描写されている物や，膨大な，しばしば詳細な，未来に関する予測を読むことを好む。空想科学小説はまた，テクノロジーの発展に対する社会の態度をも同時に示してくれるために興味深いのである。空想科学小説は未来への，または宇宙への計画であるだけではなく，テクノロジーに対する，同時代の文化的な価値観を反映してもいるのである。

このような価値観はこの200年間，きわめて多様なものであり続けている。例えば19世紀後半のジュール=ヴェルヌの小説はテクノロジーの進化について楽観的な視点を述べていた。しかしながら作家の中にはテクノロジーの進化について悲観的に見る者もいた。これは20世紀の後半の数十年間のSF映画の多くに見ることができる。その中でテクノロジーの進化はしばしば恐るべきものとみなされている。テクノロジーと文化の関係は明らかに，きわめて複雑である。空想科学小説はテクノロジーの進化を，否定的，肯定的両方の観点から示している。テクノロジーの進化に関する物語は希望と絶望，祝賀と警告の間でしばしば揺れ動く。さらにその上，この2つの全く正反対の態度は，空想科学小説の作品内でも混在しているのである。

空想科学小説は，それ以外の多くの文学の伝統によって影響を受けてきた。例えば1627年に出版されたフランシス=ベーコンの『ニュー・アトランティス』はファンタジーと空想科学小説の双方を兼ね備えた作品であった。そのストーリーは科学の原則に基づいた未来の理想的な社会を描いている。この想像された社会の住人は電話や飛行機などのテクノロジーによる発明品の恩恵を享受している。それは発見と知識の未来像である。空想科学小説の創造者は，伝統的な物語の技法によって影響されてもいる。空想科学小説の作品の中には，古代の神話や伝説に典型的な筋書き通りのものも多い。例えば『スターウォーズ』という映画は古代の神話の多くに見られるパターンである，伝統的な「英雄の旅」の筋書きに従っている。空想科学小説に影響を与えた古代の物語のその他の例としては『ゴーレム』というユダヤ人の伝説がある。ゴーレムは魔法により生命を吹き込まれた粘土の人形である。物体が生命を吹き込まれるというこのアイデアは，空想科学小説の本や映画にしばしば登場する多くの人間型ロボットのキャラクターにきわめて近い。

空想科学小説は，作家たちが科学とテクノロジーの文脈で驚きと恐怖の物語を創作し始めた19世紀に，文学のジャンルとして登場した。空想科学小説では，驚くべきことが，伝統的な物語のように魔法によってではなく科学があるおかげで起きる。通常は，それらは驚くべきストーリーであり，未来や何かしらのパラレルワールドの中で起きる。作家は物語を，科学やテクノロジーの概念に基づいた未来を予言しながら創作する。空想科学小説は科学用語を通じて表現するジャンルなのである。

メアリー=シェリーが生んだキャラクターであるフランケンシュタイン博士は古代および現代の科学両方を備えた人物である。一連の実験を通じて彼は生命の秘密を発見し，どうにかして自身で生命を創り出そうとする。彼が生み出した生物はテクノロジーによる人間の生き写しであり，実験室で生み出されたのだ。シェリーによる物語は1818年に書かれたものだが，それゆえに科学による発見の旅なのである。小説内で描かれた実験は19世紀初めのテクノロジー，とりわけ発展しつつあった電気技術に基づいていた。物語は生命そのものが，電気を使うならばどうにかして創出できるかもしれないという発想に基づいている。しかしシェリーの作品はテクノロジーには反対の立場である。それはテクノロジーを否定的な観点で述べている。フランケンシュタイン博士の創造物は完璧なテクノロジーの模範というよりも，むしろ恐ろしい怪物なのである。それは恐るべき行為を行うに至り，挙句の果てには自らの創造主をも殺してしまう科学の怪物なのだ。

フランケンシュタインの物語は，テクノロジーの進歩の暗い部分を示している。それはテクノロジーの危険性を示している。それはテクノロジーの警告を伝える古典小説なのである。フランケンシュタインの怪物は制御不能であり，自身を生んだ人間という創造主をも破壊するテクノロジーを具現している。この基本パターンには，特に『フランケンシュタイン』の映画版において，多くのバリエーションが存在する。時にこの科学者は温厚なことがあり，人間としての側面を伺うことができる。またある時は，自己の力や偉大さを追求するあまり，狂気に陥ってしまう人物でもある。彼の偉大な実験は運の悪さと力の追求の両方によって呪われたものとなる。フランケンシュタインの怪物は他者と生活し人生を共有することだけを望む，思いやりがあり感情もある生き物である一方，大きな破壊をも可能とするのである。しかしながら，その暴力は一般に自身の創造主に反抗して向けられる。これはしばしば見られる類型である。怪物は恐ろしい程に悪化する科学プロジェクトの結果であり，科学を果てしなく推し進める人間に罰を与えるのである。シェリーの物語は今日もなお意味あるものである。なぜならばそれは人間が科学の進歩の結果を必ずしも操作できるとは限らないという，シェリーの時代と同様の今日の強い科学への恐怖を表しているからである。

◀解　説▶

⑴　contemporary は「同時代の」の意。3を入れることで「他の何か，または誰かと同じ時代に属すること」となり，同じ意味を表すことができる。また，第2段以降で「科学によって変化するであろう未来の世の中に対する，当時の人々の想い」が述べられているという文脈から，「その時点での」人々の想いと考えれば3を論理的に導き出すこともできよう。

⑵　直前の文（However, other writers …）は「科学の進歩に対して pessimistic（悲観的）な見方をする作家もいる」というマイナスイメージな内容である。この流れに矛盾しないものとしては2がマイナスの意味で

最適。

(3)　直後のカンマ以降で，同じく between が celebration と warning という反意語を結んでいる。カンマの左右の列挙は言い換えたもの，すなわちイコールの内容を置くことが原則。また当該文の前後の内容も「良い内容と悪い内容の両者を」空想科学小説は表している点からも 4 が最適であろう。

(4)　下線部は「科学の原則に（基づいた）」という意味で，『ニュー・アトランティス』が科学に基づいて発達した世界を描いていることを示している。よって，2.「科学の実証された理論と実践にしたがって」が正解。established は，「すでに確立された」でなく，「実証された」というニュアンス。1.「科学の向上のおかげで」は紛らわしいが，下線部の the principles を踏まえていないので退けたい。

(5)　直後の文（Many works of SF follow … ancient myths and legends.）から，「空想科学小説の多くは古代の神話や伝説を参考にしている」という内容がくみ取れる。3 を入れることで「空想科学小説の作家たちは伝統的な物語の技法に影響を受けている」となり，文脈上最適となる。

(6)　整序問題は動詞・準動詞のルールに強いことが鍵。found が過去分詞とわかれば，正体は受動態なので「原則として直後は前置詞句などの副詞がくる」はず。in ～ を次に想定しておく。many と ancient の順番に迷うかもしれないが，具体的な内容の形容詞が名詞の近くに置かれることから in many ancient myths という副詞句を並べる。

(7)　come そのものは動詞だが，ここでは is が文内の述語動詞のため 1 と 2 は不適。ちなみに 2 を過去分詞の形容詞用法と思って objects を修飾すると考えてしまうと objects <u>that is</u> come to … が隠れていることとなり，自動詞は受動態にできないという原則に反してしまう。現在分詞の形容詞用法ならば自動詞でも可能である。3 が正解。なお「思考系の名詞＋of *A* *doing*（動名詞）」は「*A* が～するという（名詞）」という意味を表す同格表現。

(8)　空欄を含む文の構造に not *A* but *B*「*A* ではなく *B*」が使われている。この *A* と *B* は対立する語同士になることが原則。*B* が because of science であるが，「科学」と対になるものは何かと考え，また空欄直後の

「伝統的な物語のように」という内容からも2が最適であろう。

⑼ 直前の文（Through a series of experiments, …）の後半の create life itself から「(科学の力で) 人間を創り上げた」という内容になるはず。3．double には「生き写し」という意味があり，文脈上最適である。文脈を考慮しないと4．「印刷機」を選びかねないので注意。

⑽ 直前文（Dr Frankenstein's creation is …）で「完璧なテクノロジーの模範というよりも恐ろしい怪物」と述べられている。これに矛盾しないものは何かと考え，かつ下線部の直前の ends up doing terrible things「恐ろしいことをする結末を迎える」という結末になり，下線部の直後の「造ってくれた主をも殺害する（killing …)」が最悪の事態と考えれば，「(紆余曲折はあったが) 結局のところ」の意味の3が最適であろう。

⑾ 空欄の直後の内容（that destroys …）の内容に注目。カンマの左右の列挙は同一の意味という点から，同様のマイナスイメージの内容と考えられる。一般に A, B という並列の表現では意味の点で A は B よりも漠然としているので「人間の創造主を殺す」を漠然とした内容に置き換えている2．「制御不能な」が最適であろう。

⑿ 直前の文（At times …）に At times が使われており，これと呼応できる代名詞を考える。空欄の直後の times という複数名詞とセットにできるものは2である。なお，直前の文内の At times は At some times に等しい。

⒀ A．4が第2音節にアクセントがある。他は第1音節。
B．1が第1音節にアクセントがある。他は第2音節。
C．4が第3音節にアクセントがある。他は第2音節。

⒁ 1．第3段第2～4文（For example, Francis … and flying machines.）の内容に反する。
2．第2段第2～4文（For example, the … shown as something [A].）の内容に一致する。
3．本文中に記述なし。
4．第1段第2文（Fans of science …）の内容と一致する。
5．第3段第8文（For example, the …）の内容に反する。
6．本文中に記述なし。

2　解答

(1)—1　(2)—4　(3)—1　(4)—2　(5)—2　(6)—2
(7)—1　(8)—4　(9)—2　(10)—3　(11)—1
(12)—1・3・4

◆全　訳◆

≪現実化する自動運転車≫

〈1〉　自動運転車という考えは，かつては不可能に思われていた。しかしながら，すぐにも現実のものになる可能性がある。イギリスにおいて自動運転車は，2021 年末までにはイギリスの道路で許可される可能性があるのだ。今のところ政府は自動運転車で路上を走ることを認可することを考慮中である一方，すべての車には必要に応じて路上を注視し，運転できる運転手が乗っていることを要求するだろう。さらにその上，自動運転車は 60 キロメーター毎時より速く走行してはいけないが，それは幹線道路での走行不許可を意味する。運転手のいない車の時代はまだやって来てはいないが，これは完全に運転手が不要なロボットカーに向けて，路上での重要なステップなのである。

〈2〉　例えば無線システムなど，自動運転車で用いられるテクノロジーの多くは長い間存在はしているけれども，2011 年になってようやく，グーグルの技術者が全世界に対し，今まで自動運転車を公道で 10 万マイル以上走らせてきたことを表明したのである。

〈3〉　いくつかのテクノロジーが自動運転車に周辺の世界を見せて，かつ理解させるために必要とされるが，重要なテクノロジーはライダーである。ライダーとは「光検出と測距」を表す。それはレーザーを用いて，周辺の世界を見て測定するシステムなのである。これは自動運転車に，今置かれた状況の 360 度，3D の眺めを与えてくれる。ライダーは駐車している車，信号，歩道のような物体も認識できるし，動く物体，例えば車や通りを歩く人々までも認識できるのである。

〈4〉　ライダーに加えて，これらの自動運転車は車体の前方後方にレーダー装置を備えてもいる。これらの装置により車は，より離れたところにある物体の距離を測定できる。また，変化する信号機のようなものに備えて，カメラが前方を向いている。

〈5〉　間近にせまった状況に関して知識を得ることに加えて，自動運転車は世界のどの場所に自身が今いるのかについても，知っておく必要がある。

これに対処するためにGPS，全地球測位システムが用いられている。GPSを用いて，これらの自動運転車は今世界のどこにいるのかということに関して，大まかに見当がつけられる。GPS装置を支援するために，車はどのくらいの距離を走行してきたかを正確に測定し記憶するための車輪上のセンサーやコンピューターもまた利用する。この装置は慣性誘導装置と呼ばれる。

〈6〉 他の技術エンジニアが用いるものは，やや伝統的なものであろう。この昔からある技術は，単に「高度な知識」にすぎない。一般的に言って，自動運転車が路上に出る前に，別の車がすでに路上を走ってしまっており，どこにその道路があるのか，どのくらいの数の車線があるのか，またその車線はどこにあるのかをも，正確に地図に落とし込んでいることだろう。このことはたとえ車外が暗闇でも，大雨でも，車はそれでもすべての車線が位置する場所を把握できることを意味している。加えて，一時停止や信号も慎重に地図に落とし込まれているのである。最後に，車が道を上るのか下るのかを前もってわかるように，上りでも下りでも，坂道もまた，地図に落とし込まれているのである。

〈7〉 これらすべての統合は強力なソフトウェアを必要とする。可能な限り最高のソフトウェアを創り出すために，グーグルの専門家は世界の至る所にいる専門家が最も重要なソフトウェアを築き上げ，かつ改良するために連帯できるように，「開放された」システムを創出している。自動運転車は信頼できるものである必要がある。これはソフトウェアもまた信頼できるものである必要があることを意味している。それは常に100パーセントの働きができる必要があるのだ。世界の至る所すべての技術者がこのプロジェクトで作業することで，恐らくこれが可能になるだろう。

〈8〉 この新しいテクノロジーの導入は運送業界にとって大きな変化を意味するだろう。世界中では数百万人もの人々がトラックの運転手として働いている。アメリカ合衆国だけでも約350万人がトラックの運転手として働いているのだ。事実，トラックの運転は，50のアメリカの州のうち29の州において最も一般的な仕事である。これらのトラックの運転手の中には長距離運転を行う者も多くいる。そして特にこの自動運転テクノロジーによる変化に面しているのは，まさにこうした長距離運転なのである。例えば現在のところ，人間によって運転されるトラックはニューヨークからロサンジェルスまで運転するのに5日を要する。一方で自動運転のトラックはおよそ48時間でその行程が可能になるのだ。

〈9〉 アメリカ合衆国では，自動運転トラックは，もちろんドライバーが万が一に備えて運転席にいるが，すでに路上でテストは行われている。しかしながら目標はドライバーを車外に降ろし，ドライバーがいない状態で運転をすることである。グーグルの子会社であるウェイモというアメリカの企業はアメリカ南西部でこのテクノロジーを実験している。グーグルに所有されているため，グーグルが発展させたテクノロジーのすべてを利用することができる。自動運転トラックは「もし仮に」という問いではなく，むしろ「いつ」という問いなのだ。そしてこのいつはそう遠いことではない。大きな変化がやって来ているのである。

◀解 説▶

(1) 第1段第5文（Furthermore,…）に，幹線道路での走行は認められないだろうと述べられており，1はこれに反する。2と4は同段第4文（While for now, …）と一致。3は同段第3文（In the United Kingdom, …）と一致する。

(2) 4が第3段第3文（It is a system …）の内容と一致する。他の選択肢は文章中にないか，レーダー装置など他のテクノロジーの説明になっている。

(3) 下線部の要旨はGPSが大まかな位置情報を教えてくれる，というものである。これを踏まえると1の must have … understanding は下線部の must … know と，its location は where … they are と同義であり，また in addition to 以降も下線部の In addition to … environment と同義であり，最適である。他はいずれも下線部の内容と一致しない。

(4) inertial は「慣性の」の意味で，外力を受けない限りは物体が常に現在の運動状態を保とうとする性質のこと。下線のある文で述べられている装置は「何の」guidance（案内，指導）のためのものかと考えると，直前文（To back up …）の表す内容が「走行距離の測定や記憶のためにセンサーやコンピューターを用いる」である以上，1．「大きさ」，2．「運動」，3．「形態」，4．「重量」では2が意味として最善であろう。

(5) it が単数名詞を指すという点と，意味の点でも「何が」上方または下方面に行くのかと考えると，2が最適。

⑹ 設問がwhyなので「理由」に相当する部分をさがす。第7段第2文後半（so experts all around …）が理由に相当する。このsoはso that S Vのthatの省略で「SがVするために」の意味。この部分と一致するものは2である。

⑺ inferは「推論する」の意味で，「ある事実から未知の事柄を推し量ること」を表す。下線部の大意は「自動運転車やそのソフトウェアは信頼できるものである必要がある」というものだが，これは裏返せば1.「失敗は即，恐ろしい事故につながる」という意味になるし，また下線部の理由としても自然である。以上を考えると1が最適であろう。

⑻ 第8段第1文（The introduction of …）で「新しいテクノロジー（自動運転車）の導入は運送業界にとって大きな変化を意味する」という内容を述べているが，「変化」が述べられていたら「何と何が」「どういう点で」比べられているか，「結果」も把握しておくとよい。「人力による運転と自動運転」が「効率性」で比較され，その結果「自動運転の方が効率はよい」という内容が本段落の主旨だが，そうなると「人力運転はいずれは淘汰され，自動運転に取って代わられる」という内容になるはず。以上から下線部のように筆者が言及する理由としては4の「多くの人がテクノロジーの変化（自動運転）によって影響を受けることになると指摘するため」という内容が最適である。

⑼ 下線部から推論できる内容としては「自動運転の方が人力による運転よりも時間的に効率がよい」ので「自動運転にこれから変化していくだろう」というものである。自動運転についてその効率のよさを述べている選択肢は2しかない。

⑽ 下線部は「子会社」の意味だが，直後の文（Being owned by …）の文頭のBeing owned by Google「グーグルに所有されているので」という分詞構文に注目。英語長文は言い換えが連続するという傾向を思い出せば，「グーグルのsubsidiary」とは「グーグルに所有されている」の言い換えと考えてよいので，3が導けるはず。

⑾ タイトル選択のコツは「一部の段落ではなく全体的に一貫して述べられている内容」を含むものを優先させること。自動運転車の未来の可能性とその効率性が終始述べられており，これと矛盾しないのは1である。

⑿ 1．適当。第1段第2文（However, they could …），また第9段第

5文後半～第6文（and this when … changes are coming.）の内容と一致する。

2．不適。本文中になし。

3．適当。第2段から第6段に諸々のテクノロジーが列挙されている。

4．適当。第8段第1文（The introduction of …）の内容と一致する。

5．不適。本文中になし。

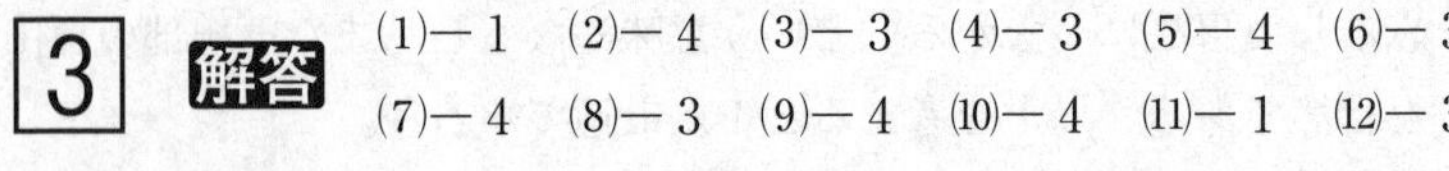

3 解答

(1)—1 (2)—4 (3)—3 (4)—3 (5)—4 (6)—3 (7)—4 (8)—3 (9)—4 (10)—4 (11)—1 (12)—3 (13)—3 (14)—1 (15)—2

◀解　説▶

(1)　1が正解。hold on to ～ は「～を手放さない」などの意味になる。他の選択肢では意味をなさない。「いかなる労働者も法的に保護され，仕事を手放さない権利を持つべきである」

(2)　4が正解。supply of ～ は「～の供給量」などの意味になる。他の選択肢では意味をなさない。「高齢層の増加のため，新たな医師の需要が増加するだろう。だが同時に医学部卒業者は減ることが予想される」

(3)　3が正解。learn the ropes of ～ は「～のコツを覚える」。他の選択肢では意味をなさない。「私は編集補佐として，新しい役割をするうえでのコツを学びつつあった。上役はあらゆる面で私を支えてくれたし，また自分の仕事を確立するように私を鼓舞し，またそうするよう要求した」

(4)　3が正解。空欄には measure という名詞を修飾する形容詞が必要。3以外は形容詞ではないので不適。shallow は「浅はかな」という意味があり，これを加えることで全体で自然な意味となる。「裕福さは幸福の浅はかな基準であるだけではなく，ある特定の一家が所有するお金の量は必ずしも家族一人一人の実際の気持ちを反映しているわけではない」

(5)　4が正解。空欄の直後が完全文（proposals (S) will be … (V)）であり，空欄の直前に by という前置詞があることから，完全文をまとめて先行詞を修飾できる「前置詞＋which」の形を想起したい。「提案が評価される基準の詳細は来週発表される」

(6)　3が正解。空欄には動詞が入るが選択肢すべてが動詞なので意味による識別となる。involve は「～を含む，必要とする」の意味。これを入れると2文目の内容とも矛盾しない内容になる。「研究とは，基本的に多くの多様なレベルで共に働く人々を必要とする社会的活動である。成功した研究者になるには適切な社交術を育むことが重要である」

(7) 4が正解。空欄の直前がbe動詞，直後が前置詞なので全体で受動態の可能性がある。品詞上はすべての選択肢が同じ過去分詞なので意味により識別する。transformは「～を変化させる」の意味だが，intoは「変化」系の動詞とセットになりやすい。「それを手品と呼ぶ人もいるかもしれない。この芸術家の手にかかれば，ごみ入れでさえもが美しいものに変化するのだ」

(8) 3が正解。twists and turnsは「紆余曲折」の意味だが，andの左右は意味的に似たものが来ると考えれば，3を出すことも不可能ではなかろう。「それは問題の終わりではなかった。多くの連続した紆余曲折があり，そのためすべてがさらに複雑なものとなった」

(9) 4が正解。品詞上は選択肢すべてが名詞なので，意味による選択になる。2文目の大意から，空欄には「影響」の意味を持つ4を入れることで，2文目が1文目の具体的な説明をする内容となる。「インパクトファクターは学術雑誌が持つ影響力の指標である。ある特定の雑誌の論文が何度も引用されればされるほど，それだけ科学界への影響は大きくなる」

(10) 4が正解。空欄の直前のfind oneselfは「気がつくと～している」の意味で，直後に形容詞・副詞要素が続く。under pressureは「切迫状態にいる，追いつめられている」などの意味になり，これを入れることで2文目とも矛盾しない内容になる。「プレッシャーに押し潰される」というニュアンスからもunderを導き出すことは可能だろう。「官僚の中には毎日極端なプレッシャーの中にいる者も多い。仕事が過度にあり，十分な時間がとれないのだ」

(11) 1が正解。空欄の直後が*A* to *do*の形になっているが，通常これは「*A*に～をさせる」という意味になり，「させる」の意味になりうる動詞が直前に来る。encourageは「奨励する」の意味だが，「企業に～を重視するように奨励する，励ます」は「企業に～を重視させる」とほぼ同じ意味だとわかるはず。なお1以外の動詞は*A* to *do*の形を後続させることができない。「新たな法は企業に，質よりも量を重視するよう奨励し，商品の売り上げの劇的な低下を招いた」

⑿　3が正解。fall victim of ～ は「～の犠牲になる」。他の選択肢では意味をなさない。「企業に狙いを定めるサイバー犯罪の数はここ数年間で急増している。2018年には，イギリス企業のほぼ半数がサイバー攻撃とセキュリティー侵害の犠牲となった」

⒀　3が正解。vicious circle で「悪循環」の意味を表す。他の選択肢では意味をなさない。「これは典型的な悪循環の例である。官庁が熱心に改革をする際は，さらなる問題を生み出しがちで，それを同じ官庁が再度改革しようと骨を折るのである」

⒁　1が正解。from one *A* to another は「ある *A* から別の *A* へ」などの意味を表すイディオム。他の選択肢では意味をなさない。「成功とみなすものは分野により様々である。経営者にとってはお金，政治家にとっては名誉などである」

⒂　2が正解。given that ～ は「～だと仮定すると，～を考慮すると」という意味の分詞構文のイディオム。他の選択肢では意味をなさない。「6面のサイコロ2個を転がすとき，数の合計が8よりも大きいと仮定した場合，1回目が3である確率はどのくらいか」

解答　⑴—3　⑵—3　⑶—3　⑷—2　⑸—4　⑹—3　⑺—3　⑻—1　⑼—2　⑽—4　⑾—4　⑿—3　⒀—4　⒁—3　⒂—2

◀解　説▶

⑴　3が正解。justification は「正当な理由」という意味。admitting that は「～とはいうものの」という譲歩を表すことから，下線部を含む主文の方は全体でマイナスイメージになると予想すれば，3に直前の no が加わることでマイナスの意味になると判断できる。「ボクシングは社会的に受け入れられた闘いの形態ではあるけれども，リング内でのいかなる無謀な暴力にも正当性はない」

⑵　3が正解。agenda は「政策，議題」の意味。コロン（：）以降で，「突然の変化にも対応すべき」とあることから，何にきっちりと従うことが最善ではないのか，という内容を考えることで意味が割り出せる可能性は高い。「きっちりと政策に従うことは必ずしも最善の策というわけではない。我々は突然の変化にも適応するようにしばしば求められる」

(3) 3が正解。intendが受動態になり「～するよう意図されている」を表す。meanにもこの意味がある。「私はあなたが言ったことを撤回するよう助言する。たとえそれが冗談のつもりだったとしても，まったく笑い話にはならなかったからだ」

(4) 2が正解。契約を「どうした」ことが明らかならば，是正案に同意する必要があるのかと考えれば，「破る，壊す」の意味をもつ2を選ぶことはできよう。violateは目的語が契約なら「～に違反する」の意味になる。「もしもあなたが契約に違反したことに疑いがないならば，必ず提案された是正案に同意しなければならない」

(5) 4が正解。sort outには「～を解決する」の意味がある。下線部の左右の語から「問題に対し，何をするために」と考えれば，問題とは「解決，打開」されるべきもののはずなので，論理的に意味は割り出せよう。「粗末な病院食の問題を改善するためには，通常の病院食は型どおりではない材料で補うべきである」

(6) 3が正解。進化論は科学界では長年「どんな」ものだったかと考えると，決して小さなものではないはず。majorは「大きな，主要な」。「進化論は長年の間，科学において最も有力な理論である」

(7) 3が正解。すべての選択肢が同じ品詞なので意味によって識別する。下線部の直前・直後を見て，どんな費用を意識すべきかと考えると，「購入に関する」費用というのが自然であろう。「～に関連している」の意味のrelated to～ならば，前後の意味が矛盾せずに繋がることになる。concerningは前置詞扱いで「～に関して」。「不動産の購入に関する費用と，新居に越してきた場合に支払いが予想される月々の費用を意識しておくことは重要である」

(8) 1が正解。品詞はすべて形容詞。下線部の左右から，論理的に問題のないものを選ぶ。「どんな」報酬や認識の機構が設置されれば，労働者のモチベーションや献身ぶりは向上させられるかと考えれば，プラスイメージの意味が想起できよう。aptもproperも「適切な」の意味になる形容詞。「労働者のモチベーションと献身は，もしも適切な報酬や評価の仕組みが確立されれば，向上させることができる」

(9) 2が正解。「経済学者は現在の状況に疑問を呈している」が下線部の直前，「～な人々が過度な資源と権力を享受している」が直後の大意。疑問を呈するとしたら「異常な状況」のはずなので，a handful of は 2.「限られた数の」の意味と考えれば，少数者が必要以上の資源などを独占するという意味になり，「疑問を呈する」に相応しい内容になる。「経済学者の中には，一握りの人々が過度な資源と権力を享受している現状を疑問視する者もいる」

⑽　4 が正解。not just *A* but *B* が使われているが（not only *A* but *B* に等しい），意味としては *A* と *B* は正反対であることが原則。これを念頭に置き，しかるべき意味を考える。*B* にあたる部分は「(学生は）より大きな目標下で，どうすればそれらすべてを統合できるかを知るべき」なので，*A* にあたる部分は逆にバラバラな分野で「専門の（一つだけの，特化した)」スキルを持つ，というような意味のはず。technical は「専門的な」の意味があり，specialized が同義語である。「学生は多様な分野で専門的な技術を持つだけでなく，ある大きな目標の下で，どうすればそれらすべてが統合されるかも知るべきである」

⑾　4 が正解。with ～ percent accuracy は「～パーセントの正確さで」。precision が「正確さ」であり，これに近い意味をもつ。「そのような企業行動は 87 パーセントの正確さで，彼らの世代から期待される可能性がある」

⑿　3 が正解。be comparable to ～ は「～と比較しうる，～に近い，似ている」。be similar to ～ もこの意味をもつ。「個人識別番号（PIN）はカードの所有者が買い物の際に述べる数字コードである。電子取引においてはそれが署名に等しいものであると理解される」

⒀　4 が正解。新たな建築物は美しく古風なスタイルで建築されるべきだという社長の命令は，このような緊急事態では正しい「何」ではないのかと考えれば，「やり方，発想」などの意味を出すことはそう苦労はしないだろう。approach は名詞で「取り組み方，手法」などの意味があり，way が同義語となる。「新たな建築物は『美しい』ものであり，かつ『古風』な様式で建てられなければならないとする社長の命令はこの緊急時には正しいやり方ではない」

⒁　3 が正解。下線部の直前に saying があるが，これは分詞構文で主文とは原則としてイコールまたは因果の関係をもつ。首相は会議の成功に自信のほどを表明したが，たとえ何であろうと，2 国間の関係を「どう」す

ることはないと言ったのかと考えれば，「マイナスイメージなもの・危険なものに」しないと発言したと考えるのが自然。threaten も endanger も「～を危険にさらす」の意味。「首相は会議の成功に自信を表明し，たとえ何であろうと，両国間の関係を脅かすものはあり得ないと述べた」

⒂　2 が正解。propelling はここでは現在分詞の形容詞用法で，a powerful engine という名詞を修飾するが，名詞と，名詞を修飾する現在分詞の間には SV の関係が含まれる。すると「力強いエンジンが」経済成長を「どう」したのかと考えれば「強める」というような意味が最適なはず。drive には「～を推進する」の意味がある。「グローバル化は過去 30 年以上，経済成長を促進する力強い発動機であった一方で，新たな問題や課題を提示している」

5　解答　(1)—3　(2)—4　(3)—4　(4)—1　(5)—2　(6)—2

◆全　訳◆

(1)　≪マヌカの木の特質≫

数百年間，ニュージーランドのマオリの人々はマヌカの木——それはニュージーランドに固有なもので，ティーツリーと呼ばれることもある——から取った葉や樹皮に依存し，その薬効と傷を癒す特性を求めてきた。マヌカの木の，病気を治す性質は，有毒な物質を取り除くために用いられている。それゆえに，その治癒力のある性質はたいへんな称賛を得てきたために，偽のマヌカ蜂蜜で大成功を収めた業界もあるほどである。

(2)　≪アメリカの独特の表現法≫

アメリカ合衆国の人々が住む家，彼らが食べるハンバーガーの大きさ，そしてエンターテイメント業界の規模を想像してみなさい。その国は，常に「大きくて目立つ」用語で表現されるように思われる。すなわちイギリスで比較できるどんなものよりも贅沢で，風変わりで，滑稽で，より衝撃的なのだ。さらに加え，人種や犯罪のようなアメリカ的な社会問題に関してのイギリスの報道は，すでに以前にアメリカ合衆国内で発生していた問題を言い表した表現がコピーされていたのだった。

(3)　≪一般人と著名人の距離の変化≫

2003 年，リアリティーテレビ番組がまだ最盛期だった頃，あるコメンテーターは主流メディアで,「一般人」と「著名人」との距離は，一般人が大衆媒体の表現方法に近づいたとき，彼女の言ういわゆる「一般人の世界」から「メディアの世界」への変化をしたとき，ようやく縮まりうるのだと述べた。才能はあるが無名のユーチューバーが「一般人の世界」から本格的な「著名人の世界」へと大躍進しうる見込みは，ユーチューブそのものの中に間違いなく存在していたし，多くのユーチューバーの才能発見の競争や自発性をみれば明らかだった。

(4)　≪グローバル化におけるビジネススタイル≫

情報機器，グローバルネットワーク，資本主義の拡散によりもたらされた最新のグローバル化の側面として，接触の度合いが従来よりも少ない対面が，グローバルビジネスにとって利益を生む可能性がある。例えば消費者がスマートフォンの液晶を親指でタップし，インターネット経由で食料や衣類を購入する場合，物理的な対面は存在せず，消費者は仕事の対価としてどのくらいのお金が工場の労働者に支払われるのかについては気にかけたりしない。それゆえ，非倫理的に利益を生む行為の大半が，顧客の知識のなさや，消費者と生産者との距離により維持されているのである。

(5)　≪恐怖に臆せず話すこと≫

我々は疲れているときに会話を始めることができるようになるのと同様に，直面している困難さにもかかわらず，恐怖を抱いているときにものを言うことができるようになるのである。なぜ困難かといえば，我々は自己の状態をはっきりと定義するための言語に対する欲求以上に，恐怖を重視することに慣れきっているからである。ようやくそのような恐怖を感じなくなる心の余裕ができるのを黙って待っている間は，その沈黙が負担であるために，我々は口をつぐんでしまうのである。

(6)　≪不安定な仕事とは≫

不安定な仕事とは何か。不安定な仕事とは，守られていない労働環境における，不確かな，基準外の仕事のことをいう。近年ではグローバル化や経済情勢の変化のために，不安定な仕事が劇的に増加している。具体的には，高賃金の安定した製造業から不安定なサービス部門の仕事へと変化したこと，新たなテクノロジーを用いることが激増したこと，および，より柔軟性に富んだ仕事への需要があること，などがある。

◀解　説▶

文章内の語句の意味を問う新しいタイプの出題。各文は「言い換えの連続」であり，落ち着いて前後の文や，各問いの解説で述べる言い換えの標識に着目し，論理的にどのような意味になりうるのか，相対する概念グループに分類して考えることが肝要である。

(1) 下線部を含む文の直後の文（Therefore, its therapeutic…）はtherefore で始まるが，これは前の文が理由で次の文が結果であることを示す。大意は「その治療の性質は非常に称賛されたので，偽のマヌカの木の蜂蜜で成功した業界もあるほどだった」だが，それを引き起こした要因が，curative properties が解毒剤として使われたことである，ということから，curative は「解毒できる」のような意味だという類推ができる。3が「毒性の」という意味で，解毒という意味とあわない。1.「薬効のある」　2.「傷を治癒する」　4.「治療上の」

(2) 下線部のすぐ後にコロン（：）があり，この左右はイコールの関係にあるので，これに着目するとよい。コロンの後の more luxurious, … in Britain の列挙は，1.「より風変わりな」，2.「より滑稽な」，3.「より贅沢な」と一致している。4.「すでに生み出されている」は意味が調和しないとわかる。

(3) 下線部の直後にカンマ（,）+ *doing* の形の分詞構文があるが，これも言い換えの標識の一つ。「いわゆる平凡な世界からメディアの世界への移り変わりをする」が大意だが，変化の前後は通常反対の意味であるのでmedia world は ordinary とは逆の「特別の」という意味をもつと考える。それと矛盾するものは4の「平凡な世界」である。1.「メディア業界」　2.「主要メディア」　3.「有名人の世界」

(4) 下線部を含む文の直後の文に For instance とあるが，これは例示を表す標識なので，この文に矛盾するものを探す。大意は「スマートフォンをタップしインターネットでものを買えば直接的な接触はなく，使われるお金も気にかけない」だが，「否定は肯定に直して考える」は重要な読解のルール。直接的な接触がなく，支払われる相手も意識しないのなら，そこにあるものは相手との距離感，バーチャルなやりとりばかりが存在するということになる。そして当該文は「less tangible contact がグローバルビジネスで利益をあげる可能性がある」が大意だが，これはインターネットなどの，リアルな対面のない接触の意味と判断できる。1．「直接的な接触」がこれに矛盾する。2．「顧客を知らないこと」　3．「インターネットで食料や衣類を購入すること」　4．「消費者と生産者との距離」

(5)　段落の第1文が「筆者の主張（独特の意見）」の場合，第2文以降はその主張の正しさを読み手に納得させるための「根拠」になる。第1文のcan learn to speak out「努力して堂々と話すことはできる」と呼応するのは，第2文のdefine ourselves「自分自身（の気持ち）を明らかにする」つまり話すこと，第3文のthat final luxury of fearlessness「ようやく恐怖を感じなくなった心の余裕がある状態」つまり普通に話せる状態となるとき。これらと対置されている「恐怖に支配された状態」，つまり2．「沈黙」が矛盾する。1．「遠慮なく話す（こと）」　3．「自分の本質を述べるための言語」　4．「我々の会話」

(6)　この段落は第1文が疑問文だが，その場合その答えが筆者の主張であり，またその主張を支えるデータが繰り返し述べられる。第2文（Precarious work refers …）が第1文の答えであり，下線部の語句の定義である。これと一致するものが1．「不確かな基準外の仕事」。また第4文（In particular, there …）もprecarious workの条件を述べており，これも第1文の答えの続きである。この文ではshift from ～ to …（～から…への変化）の構文が使われているが，直前の文の前半（In recent years … in precarious work）で「precariousな仕事が劇的に増えている」とある。これを踏まえ，「何が何に変化したか」と考えると，「precariousではない仕事」から「precariousな仕事」に変化した，という内容であると判断できる。ここから3．「サービス部門の仕事」と4．「より柔軟性のある仕事」もprecarious workの言い換えとわかる。2．「製造業務」は「precariousではない仕事」にある語句であり，これが正解。

❖講　評

1の長文読解問題はSFを題材に，科学の進歩は人類にとっては実は脅威なものにもなりうるという，深刻で重い内容が述べられている。筆者の真意がはっきりと述べられず，読み進むにつれて主旨が見えてくるのは東京理科大学の毎年の傾向だが，内容は理解しやすく，粘り強く読解する訓練をした受験生には容易に対応できるレベルだったはず。またアクセント問題が出題されているが，あらゆる分野を見過ごさず学習に励んだ受験生にはむしろ歓迎すべき出題だったと思われる。

2の長文読解問題は自動運転車の今後への展望が述べられている。筆者の主張が読み取れたらそれに矛盾する内容にはならないことを念頭に置き，たとえ難しい表現があったとしても，慌てずに筆者の主張は何かを確認しながら，それから外れないよう冷静に対処すること。それにより高得点が期待できる，日頃の学習を裏切らない例年通りの出題と言える。

3・4は文法語法問題。問題数は2021年度よりも減少したが，それでも短時間で30問という大量の問題に対処するには，知識に加えて迅速に対応できる情報処理能力と，何よりも日頃からの慣れが欠かせない。基礎力重視の良心的な出題が中心であるが，その分失点は許されず，高得点が必要とされるだろう。

5は新傾向の出題。文章内の語句に下線を引き，選択肢から関連のないものを選ばせるという凝った出題で，焦って設問文を読み違え，不本意な得点になった受験生もいたと思われる。文章全体の要約力，また前後の文脈から意味を類推できる論理的思考能力，さらには新傾向にも対応できる精神力が試されており，付け焼き刃の知識ではなく，本格的な読解力を有する学生を求めるという，同大学の意識の高さが伺える。

全体的には難易度はやや下がったものの，新傾向の出題に戸惑い，必要以上に難しく感じた人もいたのでは，というのが2022年度の印象である。

数学

（注） 解答は，東京理科大学から提供のあった情報を掲載しています。

1 **解答** (1)(a)ア．2 イ．6

(b)ウエ．15 オ．3 カキ．15 クケ．33

(c)コ．3 サ．2 シ．1 ス．5 セ．1 ソ．2 タ．2 チ．7 ツ．6 テ．9

(2)(a)ア．1 イウ．64 エ．3 オカキ．128 (b)クケ．15 コサ．64

(c)シス．15 セソタ．512 チツ．21 テト．64

(3)(a)ア．1 イ．2 ウ．3 エ．2

(b)オ．5 カキ．12 ク．3 ケ．2

(c)コ．1 サ．6 シ．3 ス．2 セ．5 ソ．4

◀解 説▶

≪小問3問≫

(1)(a) t に関する方程式 $t^2-\alpha t+\beta=0$ が実数解をもつので，判別式を D とすると，$D\geqq 0$ より

$\alpha^2-4\beta\geqq 0$ ……①

$\alpha^2-2\alpha-2\beta=6$ より

$2\beta=\alpha^2-2\alpha-6$

$\therefore\ \beta=\dfrac{1}{2}(\alpha^2-2\alpha-6)$ ……②

②を①へ代入して

$\alpha^2-2(\alpha^2-2\alpha-6)\geqq 0$　　$\alpha^2-4\alpha-12\leqq 0$

$(\alpha+2)(\alpha-6)\leqq 0$　　$\therefore\ -2\leqq\alpha\leqq 6$ →ア，イ

(b) $x^2+y^2-2x-2y=6$ より

$(x+y)^2-2xy-2(x+y)=6$

$2xy=(x+y)^2-2(x+y)-6$

$xy=\dfrac{1}{2}(x+y)^2-(x+y)-3$ ……③

一方，$z=k(x+y)-xy$　……④ だから，③を④へ代入して

$$z=k(x+y)-\frac{1}{2}(x+y)^2+(x+y)+3$$

$$=-\frac{1}{2}(x+y)^2+(k+1)(x+y)+3$$

ここで，$x+y=s$，$xy=r$ とおく。

x，y は $t^2-st+r=0$ の実数解であり，$(x+y)^2-2xy-2(x+y)=6$ より

$$s^2-2r-2s=6$$

を満たす。ここで，(a)の $(\alpha,\ \beta)$ を $(s,\ r)$ と対応させると

$$-2\leqq s\leqq 6$$

である。このとき

$$z=-\frac{1}{2}s^2+(k+1)s+3\quad\cdots\cdots⑤$$

$k=-1$ のとき，⑤より

$$z=-\frac{1}{2}s^2+3$$

$-2\leqq s\leqq 6$ より　　$-15\leqq z\leqq 3$　→ウ～オ

$k=7$ のとき，⑤より

$$z=-\frac{1}{2}s^2+8s+3=-\frac{1}{2}(s-8)^2+35$$

$-2\leqq s\leqq 6$ より　　$-15\leqq z\leqq 33$　→カ～ケ

(c)　⑤より

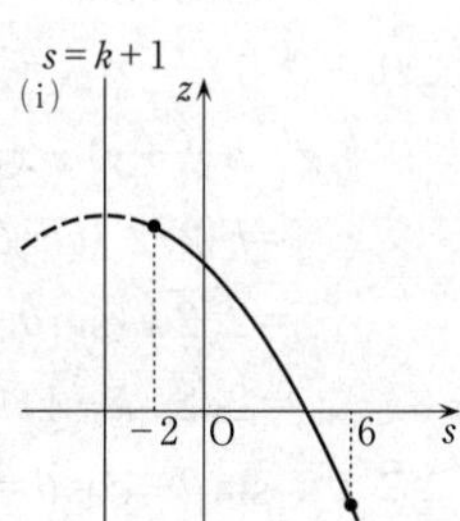

$$z=-\frac{1}{2}(s-k-1)^2+\frac{1}{2}(k+1)^2+3$$

$$=-\frac{1}{2}(s-k-1)^2+\frac{1}{2}(k^2+2k+7)$$

軸の方程式は $s=k+1$ だから

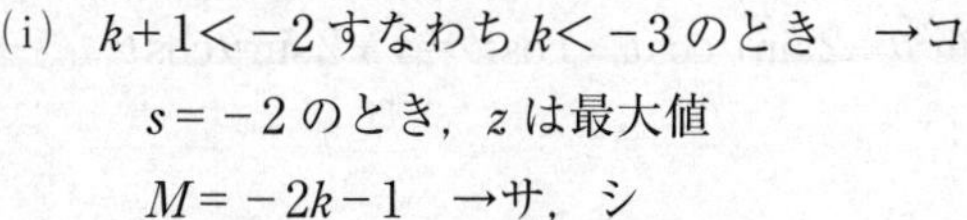

(i)　$k+1<-2$ すなわち $k<-3$ のとき　→コ

　$s=-2$ のとき，z は最大値

　$M=-2k-1$　→サ，シ

(ii)　$-2\leqq k+1\leqq 6$ すなわち $-3\leqq k\leqq 5$ のとき

→ス

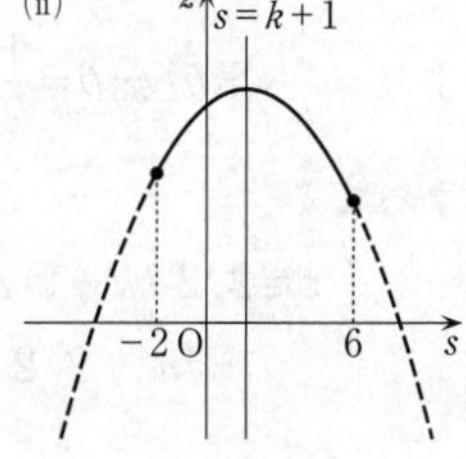

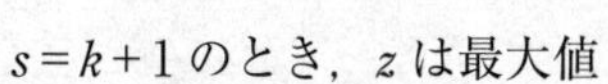

　$s=k+1$ のとき，z は最大値

$$M=\frac{1}{2}(k^2+2k+7)\quad \to セ〜チ$$

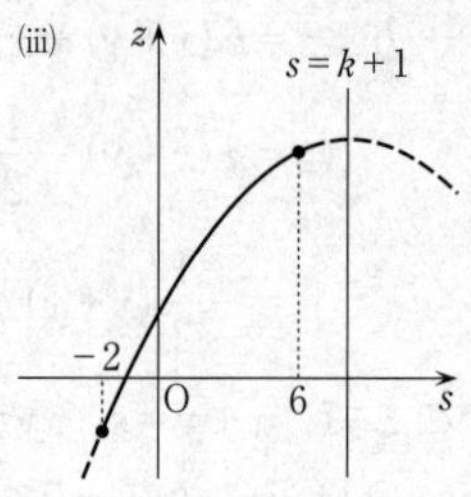

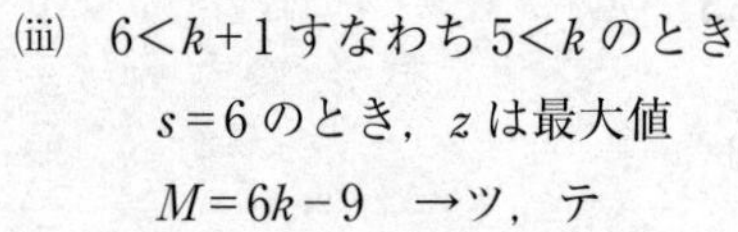

(iii)　$6<k+1$ すなわち $5<k$ のとき

　$s=6$ のとき，z は最大値

$$M=6k-9\quad \to ツ，テ$$

参考　(b)で，s の範囲について，(a)がない場合は以下のように求めることができる。

$x+y=s$ とおく。

$(x,\ y)$ は円 $(x-1)^2+(y-1)^2=8$ 上の点だから，直線 $x+y-s=0$ と円が共有点をもつ s の範囲は

$$\frac{|1+1-s|}{\sqrt{1+1}}\leqq 2\sqrt{2}$$

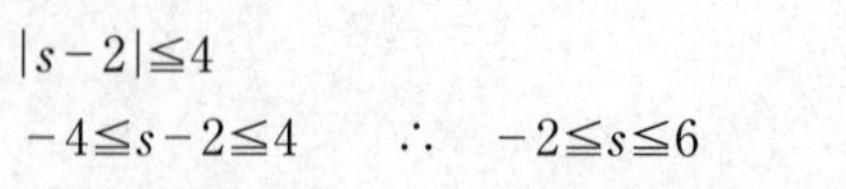

$$|s-2|\leqq 4$$

$$-4\leqq s-2\leqq 4\qquad \therefore\quad -2\leqq s\leqq 6$$

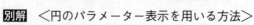

別解　＜円のパラメーター表示を用いる方法＞

(b)　$x^2+y^2-2x-2y=6$ より

$$(x-1)^2+(y-1)^2=8$$

$x-1=2\sqrt{2}\cos\theta,\ y-1=2\sqrt{2}\sin\theta$ とおけるから

$$x=2\sqrt{2}\cos\theta+1,\ y=2\sqrt{2}\sin\theta+1$$

これらより

$$\begin{aligned} z&=k(x+y)-xy\\ &=k\{2\sqrt{2}(\cos\theta+\sin\theta)+2\}-(2\sqrt{2}\cos\theta+1)(2\sqrt{2}\sin\theta+1)\\ &=2\sqrt{2}k(\sin\theta+\cos\theta)+2k-8\sin\theta\cos\theta-2\sqrt{2}(\sin\theta+\cos\theta)-1\\ &=2\sqrt{2}(k-1)(\sin\theta+\cos\theta)-8\sin\theta\cos\theta+2k-1 \end{aligned}$$

ここで，$\sin\theta+\cos\theta=u$ とおくと

$$u^2=(\sin\theta+\cos\theta)^2=\sin^2\theta+2\sin\theta\cos\theta+\cos^2\theta=1+2\sin\theta\cos\theta$$

より　$\sin\theta\cos\theta=\frac{1}{2}(u^2-1)$

よって

$$\begin{aligned} z&=2\sqrt{2}(k-1)u-4(u^2-1)+2k-1\\ &=-4u^2+2\sqrt{2}(k-1)u+2k+3 \end{aligned}$$

$u=\sqrt{2}\sin\left(\theta+\frac{\pi}{4}\right)$ より　　$-\sqrt{2}\leqq u\leqq\sqrt{2}$

$k=-1$ のとき

$$z=-4u^2-4\sqrt{2}u+1=-4\left(u+\frac{\sqrt{2}}{2}\right)^2+3$$

$-\sqrt{2}\leqq u\leqq\sqrt{2}$ より　　$-15\leqq z\leqq 3$

$k=7$ のとき

$$z=-4u^2+12\sqrt{2}u+17=-4\left(u-\frac{3\sqrt{2}}{2}\right)^2+35$$

$-\sqrt{2}\leqq u\leqq\sqrt{2}$ より　　$-15\leqq z\leqq 33$

(c)　$z=-4u^2+2\sqrt{2}(k-1)u+2k+3$

$$=-4\left\{u-\frac{\sqrt{2}(k-1)}{4}\right\}^2+\frac{(k-1)^2}{2}+2k+3$$

$$=-4\left\{u-\frac{\sqrt{2}(k-1)}{4}\right\}^2+\frac{1}{2}k^2+k+\frac{7}{2}$$

軸の方程式は $u=\frac{\sqrt{2}(k-1)}{4}$ だから

(i)　$\frac{\sqrt{2}(k-1)}{4}<-\sqrt{2}$ すなわち $k<-3$ のとき

$u=-\sqrt{2}$ のとき，z は最大値　　$M=-2k-1$

(ii)　$-\sqrt{2}\leqq\frac{\sqrt{2}(k-1)}{4}\leqq\sqrt{2}$ すなわち $-3\leqq k\leqq 5$ のとき

$u=\frac{\sqrt{2}(k-1)}{4}$ のとき，z は最大値　　$M=\frac{1}{2}(k^2+2k+7)$

(iii)　$\sqrt{2}<\frac{\sqrt{2}(k-1)}{4}$ すなわち $5<k$ のとき

$u=\sqrt{2}$ のとき，z は最大値　　$M=6k-9$

(2)　点 $\mathrm{P}(x,\ y)$ が 点 $(x-1,\ y)$，$(x+1,\ y)$，$(x,\ y-1)$，$(x,\ y+1)$ に移動することをそれぞれ←，→，↓，↑で表す。

(a)　$(x_4,\ y_4)=(1,\ 3)$ となるのは，→が1回，↑が3回起こるときだから，確率は

$${}_4\mathrm{C}_3\cdot\frac{1}{4}\cdot\left(\frac{1}{4}\right)^3=\frac{1}{64}\quad\text{→ア〜ウ}$$

$(x_4,\ y_4)=(2,\ 2)$ となるのは，→が 2 回，↑が 2 回起こるときだから，確率は

$${}_4C_2\cdot\left(\frac{1}{4}\right)^2\cdot\left(\frac{1}{4}\right)^2=\frac{3}{128}\quad \text{→エ〜キ}$$

(b)　$|x_4|+|y_4|=4$ となるのは

$$\begin{aligned}(x_4,\ y_4)=&(0,\ 4),\ (0,\ -4),\ (4,\ 0),\ (-4,\ 0),\\ &(1,\ 3),\ (-1,\ 3),\ (1,\ -3),\ (-1,\ -3),\\ &(2,\ 2),\ (-2,\ 2),\ (2,\ -2),\ (-2,\ -2),\\ &(3,\ 1),\ (-3,\ 1),\ (3,\ -1),\ (-3,\ -1)\end{aligned}$$

のときである。

$(x_4,\ y_4)=(0,\ 4)$ となるのは，↑が 4 回起こるときなので，確率は $\left(\frac{1}{4}\right)^4$ となる。

$(x_4,\ y_4)=(0,\ -4),\ (4,\ 0),\ (-4,\ 0)$ となる確率もこれと同じ。

$(x_4,\ y_4)=(1,\ 3)$ となる確率は，(a)より $\frac{1}{64}$ である。

$(x_4,\ y_4)=(-1,\ 3),\ (1,\ -3),\ (-1,\ -3),\ (3,\ 1),\ (-3,\ 1),$
$(3,\ -1),\ (-3,\ -1)$ となる確率もこれと同じ。

$(x_4,\ y_4)=(2,\ 2)$ となる確率は，(a)より $\frac{3}{128}$ である。

$(x_4,\ y_4)=(-2,\ 2),\ (2,\ -2),\ (-2,\ -2)$ となる確率もこれと同じ。

よって，$|x_4|+|y_4|=4$ である確率は

$$\left(\frac{1}{4}\right)^4\times4+\frac{1}{64}\times8+\frac{3}{128}\times4=\frac{1+8+6}{64}=\frac{15}{64}\quad \text{→ク〜サ}$$

(c)　$(x_6,\ y_6)=(2,\ 2)$ となるのは，「→が 3 回，←が 1 回，↑が 2 回」または「→が 2 回，↑が 3 回，↓が 1 回」起こるときだから，確率は

$${}_6C_3\cdot{}_3C_1\cdot\left(\frac{1}{4}\right)^3\cdot\frac{1}{4}\cdot\left(\frac{1}{4}\right)^2\times2=\frac{15}{512}\quad \text{→シ〜タ}$$

$|x_6|+|y_6|=4$ となるのは

$$\begin{aligned}(x_6,\ y_6)=&(0,\ 4),\ (0,\ -4),\ (4,\ 0),\ (-4,\ 0),\\ &(1,\ 3),\ (-1,\ 3),\ (1,\ -3),\ (-1,\ -3),\\ &(2,\ 2),\ (-2,\ 2),\ (2,\ -2),\ (-2,\ -2),\\ &(3,\ 1),\ (-3,\ 1),\ (3,\ -1),\ (-3,\ -1)\end{aligned}$$

のときである。

$(x_6,\ y_6)=(0,\ 4)$ となるのは，「→が1回，←が1回，↑が4回」または「↑が5回，↓が1回」起こるときなので，確率は

$$ {}_6\mathrm{C}_1\cdot{}_5\mathrm{C}_1\cdot\frac{1}{4}\cdot\frac{1}{4}\cdot\left(\frac{1}{4}\right)^4+{}_6\mathrm{C}_5\left(\frac{1}{4}\right)^5\cdot\frac{1}{4}=\frac{9}{1024} $$

$(x_6,\ y_6)=(0,\ -4)$，$(4,\ 0)$，$(-4,\ 0)$ となる確率もこれと同じ。

$(x_6,\ y_6)=(1,\ 3)$ となるのは，「→が2回，←が1回，↑が3回」または「→が1回，↑が4回，↓が1回」起こるときなので，確率は

$$ {}_6\mathrm{C}_2\cdot{}_4\mathrm{C}_1\cdot\left(\frac{1}{4}\right)^2\cdot\frac{1}{4}\cdot\left(\frac{1}{4}\right)^3+{}_6\mathrm{C}_1\cdot{}_5\mathrm{C}_4\cdot\frac{1}{4}\cdot\left(\frac{1}{4}\right)^4\cdot\frac{1}{4}=\frac{45}{2048} $$

$(x_6,\ y_6)=(-1,\ 3)$，$(1,\ -3)$，$(-1,\ -3)$，$(3,\ 1)$，$(-3,\ 1)$，$(3,\ -1)$，$(-3,\ -1)$ となる確率もこれと同じ。

$(x_6,\ y_6)=(2,\ 2)$ となる確率は $\dfrac{15}{512}$ である。

$(x_6,\ y_6)=(-2,\ 2)$，$(2,\ -2)$，$(-2,\ -2)$ となる確率もこれと同じ。

よって，$|x_6|+|y_6|=4$ である確率は

$$ \frac{9}{1024}\times4+\frac{45}{2048}\times8+\frac{15}{512}\times4=\frac{21}{64}\quad\rightarrow チ〜ト $$

(3)　$\mathrm{P}(s,\ 0)$，$\mathrm{Q}(0,\ t)$，$\mathrm{R}(x,\ y)$

$(0<s\leqq1,\ 0<t\leqq1)$ とおく。

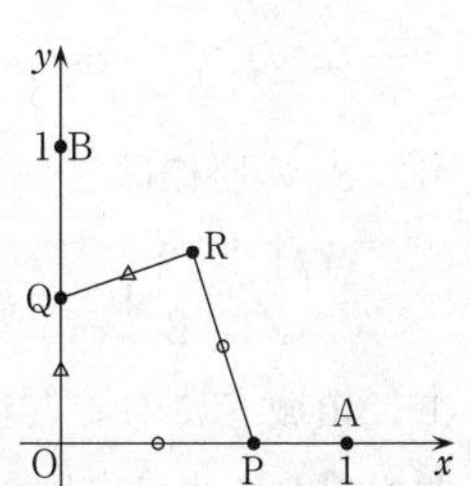

OP＝PR より

$$ s=\sqrt{(x-s)^2+y^2}\qquad s^2=(x-s)^2+y^2 $$

$$ \therefore\quad 2sx=x^2+y^2 $$

$\mathrm{R}(x,\ y)$ は第1象限内の点だから，$x>0$ なので

$$ s=\frac{x^2+y^2}{2x} $$

$0<s\leqq1$ へ代入して

$$ 0<\frac{x^2+y^2}{2x}\leqq1\qquad\therefore\quad 0<x^2+y^2\leqq2x $$

$0<x^2+y^2$ より，$(x,\ y)\neq(0,\ 0)$，$x^2+y^2\leqq2x$ より，$(x-1)^2+y^2\leqq1$ であるから

$$ (x-1)^2+y^2\leqq1,\ x>0,\ y>0 $$

OQ＝QR より

$t=\sqrt{x^2+(y-t)^2}$　　$t^2=x^2+(y-t)^2$

∴　$2ty=x^2+y^2$

$\mathrm{R}(x,\ y)$ は第1象限内の点だから，$y>0$ なので

$$t=\frac{x^2+y^2}{2y}$$

$0<t\leqq 1$ へ代入して

$$0<\frac{x^2+y^2}{2y}\leqq 1 \qquad \therefore \quad 0<x^2+y^2\leqq 2y$$

$0<x^2+y^2$ より，$(x,\ y)\neq(0,\ 0)$，$x^2+y^2\leqq 2y$ より，$x^2+(y-1)^2\leqq 1$ であるから

$$x^2+(y-1)^2\leqq 1,\ x>0,\ y>0$$

さらに，$s=0$ または $t=0$ のとき　$(x,\ y)=(0,\ 0)$

以上より，S は $x^2+y^2\leqq 1$，$(x-1)^2+y^2\leqq 1$，$x^2+(y-1)^2\leqq 1$ の表す領域の共通部分である。

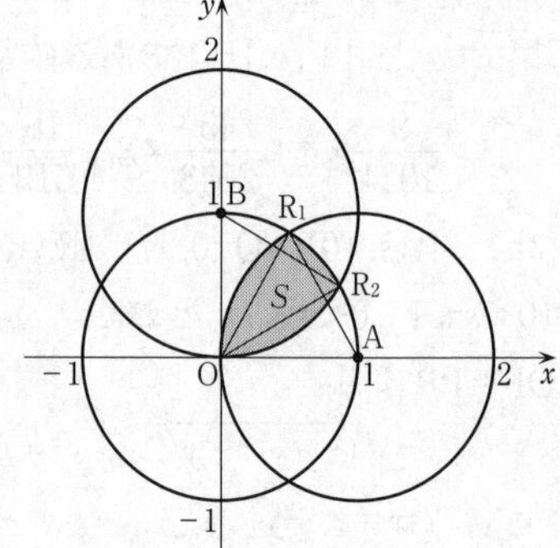

(a)　領域 S にある点Rのうち，x 軸から最も離れた点は右図の R_1 である。

$\triangle \mathrm{OAR}_1$ は正三角形だから，$\angle \mathrm{AOR}_1=\dfrac{\pi}{3}$ なので，$\cos\dfrac{\pi}{3}=\dfrac{1}{2}$，$\sin\dfrac{\pi}{3}=\dfrac{\sqrt{3}}{2}$ より，R_1 の座標は

$$\left(\frac{1}{2},\ \frac{\sqrt{3}}{2}\right)\quad \rightarrow \text{ア〜エ}$$

(b)　領域 S にある点Rのうち，y 軸から最も離れた点は右図の R_2 である。

$\triangle \mathrm{OBR}_2$ も正三角形だから，$\angle \mathrm{AOR}_2=\dfrac{\pi}{6}$ となる。$\angle \mathrm{R}_1\mathrm{OR}_2=\dfrac{\pi}{3}-\dfrac{\pi}{6}=\dfrac{\pi}{6}$ だから，扇形 $\mathrm{OR}_1\mathrm{R}_2$ の面積は

$$\frac{1}{2}\cdot 1^2\cdot\frac{\pi}{6}=\frac{\pi}{12}$$

$\angle \mathrm{OAR}_1=\dfrac{\pi}{3}$ より，扇形 AOR_1 の面積は

$$\frac{1}{2}\cdot 1^2\cdot\frac{\pi}{3}=\frac{\pi}{6}$$

$\triangle \mathrm{AOR_1}$の面積は$\dfrac{1}{2}\cdot 1^2\cdot\sin\dfrac{\pi}{3}=\dfrac{\sqrt{3}}{4}$であるから，扇形$\mathrm{AOR_1}$の$\triangle \mathrm{AOR_1}$の外側にある部分の面積は$\dfrac{\pi}{6}-\dfrac{\sqrt{3}}{4}$となる。

扇形$\mathrm{BOR_2}$の$\triangle \mathrm{BOR_2}$の外側にある部分の面積も同じだから，領域Sの面積は

$$\frac{\pi}{12}+\left(\frac{\pi}{6}-\frac{\sqrt{3}}{4}\right)\times 2=\frac{5}{12}\pi-\frac{\sqrt{3}}{2}\quad\rightarrow\text{オ〜ケ}$$

(c)　$\mathrm{T}\left(1-\dfrac{\sqrt{3}}{2},\ \dfrac{1}{2}\right)$は円$(x-1)^2+y^2=1$上の点であり，この円と円$x^2+(y-1)^2=1$は直線$y=x$に関して対称だから，$\left(\dfrac{1}{2},\ 1-\dfrac{\sqrt{3}}{2}\right)$は円$x^2+(y-1)^2=1$上の点である。

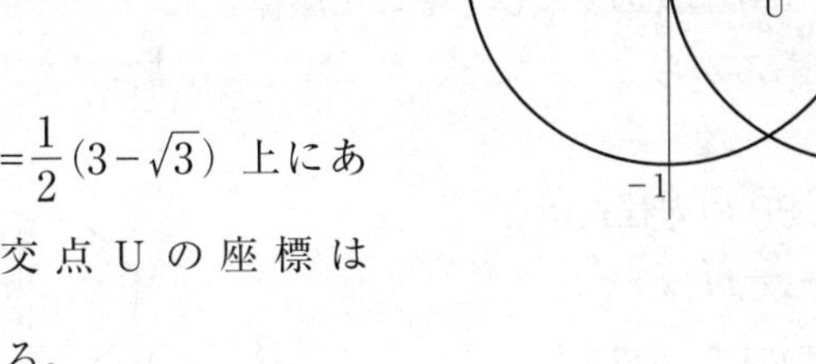

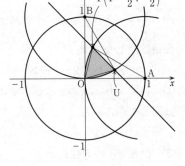

この点も直線$x+y=\dfrac{1}{2}(3-\sqrt{3})$上にあるので，右図の交点Uの座標は$\mathrm{U}\left(\dfrac{1}{2},\ 1-\dfrac{\sqrt{3}}{2}\right)$となる。

$\triangle \mathrm{OTU}$の面積は　$\dfrac{1}{2}\left|\left(1-\dfrac{\sqrt{3}}{2}\right)^2-\dfrac{1}{4}\right|=\dfrac{1}{2}\left(\sqrt{3}-\dfrac{3}{2}\right)$

Tのy座標が$\dfrac{1}{2}$だから，$\angle\mathrm{OAT}=\dfrac{\pi}{6}$より，扇形ATOの面積は

$$\frac{1}{2}\cdot 1^2\cdot\frac{\pi}{6}=\frac{\pi}{12}$$

$\triangle \mathrm{ATO}$の面積は　$\dfrac{1}{2}\cdot 1^2\cdot\sin\dfrac{\pi}{6}=\dfrac{1}{4}$

これより，扇形ATOの$\triangle \mathrm{ATO}$の外側にある部分の面積は$\dfrac{\pi}{12}-\dfrac{1}{4}$となる。

扇形BUOの$\triangle \mathrm{BUO}$の外側にある部分の面積も同じだから，求める面積は

$$\frac{1}{2}\left(\sqrt{3}-\frac{3}{2}\right)+\left(\frac{\pi}{12}-\frac{1}{4}\right)\times 2=\frac{1}{6}\pi+\frac{\sqrt{3}}{2}-\frac{5}{4}\quad\rightarrow\text{コ〜ソ}$$

2

解答 (1)(あ) $\sqrt{2}\pi$ (2)(い) $-\sqrt{2}$ (3)(う) $-\dfrac{\sqrt{2}t(t-2)}{4(t-1)}$ (え) $\dfrac{\sqrt{2}t}{t-2}$

(4)(お) $\dfrac{\sqrt{2}t(t-1)}{t-2}$ (か) $4+3\sqrt{2}$ (き) $2+\sqrt{2}$

（注） (か)・(き)については，途中の過程の記述は省略。

◀解 説▶

≪楕円の面積，楕円外の点から引いた接線，三角形の面積の最小値≫

(1) 楕円 $C:\dfrac{x^2}{2}+(y-1)^2=1$ を y 軸方向に -1 平行移動すると，楕円 $C':\dfrac{x^2}{2}+y^2=1$ となり，C で囲まれた図形の面積と C' で囲まれた図形の面積は同じなので

$$\pi\cdot\sqrt{2}\cdot1=\sqrt{2}\pi \quad \to(あ)$$

(2) 右図より，Aの x 座標とPの x 座標は同じであるから

$$x_1=-\sqrt{2} \quad \to(い)$$

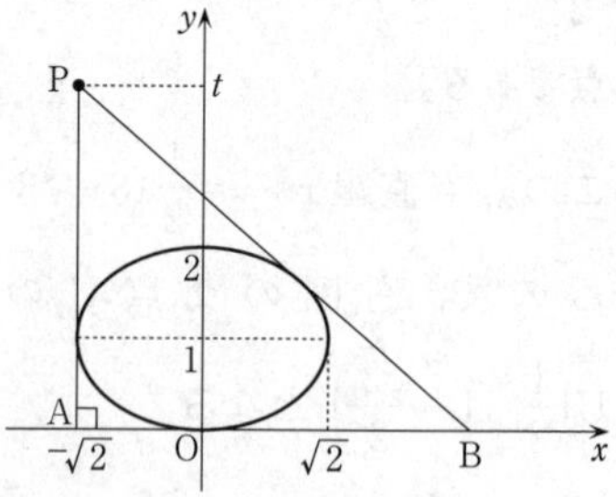

(3) 直線PBの方程式は

$$y-t=m(x+\sqrt{2})$$

$$\therefore\quad y=mx+\sqrt{2}m+t$$

直線PBと楕円 C との交点を考えると

$$\begin{cases} y=mx+\sqrt{2}m+t \\ x^2+2(y-1)^2=2 \end{cases}$$

より

$$x^2+2(mx+\sqrt{2}m+t-1)^2=2$$

$$(1+2m^2)x^2+4m(\sqrt{2}m+t-1)x+2(\sqrt{2}m+t-1)^2-2=0 \quad \cdots\cdots①$$

直線PBと楕円 C は接するから，①の判別式を D とすると，$D=0$ より

$$\frac{D}{4}=0$$

$$4m^2(\sqrt{2}m+t-1)^2-2(1+2m^2)(\sqrt{2}m+t-1)^2+2(1+2m^2)=0$$

$$(4m^2-2-4m^2)(\sqrt{2}m+t-1)^2+2(1+2m^2)=0$$

$$-2(\sqrt{2}m+t-1)^2+2(1+2m^2)=0$$

$$-2m^2-2\sqrt{2}(t-1)m-(t-1)^2+1+2m^2=0$$

$$2\sqrt{2}(t-1)m=-t^2+2t$$

$$\therefore\quad m=-\frac{t(t-2)}{2\sqrt{2}(t-1)}=-\frac{\sqrt{2}t(t-2)}{4(t-1)}\quad\to(う)$$

次に，直線 PB と x 軸の交点の x 座標を求める。

$$\begin{cases}y=mx+\sqrt{2}m+t\\ y=0\end{cases}$$

より

$$mx+\sqrt{2}m+t=0\qquad mx=-\sqrt{2}m-t$$

$$\therefore\quad x=-\sqrt{2}-\frac{t}{m}=-\sqrt{2}+t\cdot\frac{2\sqrt{2}(t-1)}{t(t-2)}$$

$$=\frac{-\sqrt{2}(t-2)+2\sqrt{2}(t-1)}{t-2}$$

$$=\frac{\sqrt{2}t}{t-2}$$

よって　$x_2=\dfrac{\sqrt{2}t}{t-2}$　→(え)

(4)　$S=\dfrac{1}{2}(x_2-x_1)t=\dfrac{1}{2}\left(\dfrac{\sqrt{2}t}{t-2}+\sqrt{2}\right)t$

$$=\frac{1}{2}t\cdot\frac{\sqrt{2}t+\sqrt{2}(t-2)}{t-2}=\frac{1}{2}t\cdot\frac{2\sqrt{2}t-2\sqrt{2}}{t-2}$$

$$=\frac{\sqrt{2}t(t-1)}{t-2}\quad\to(お)$$

$$\frac{dS}{dt}=\sqrt{2}\cdot\frac{(2t-1)(t-2)-(t^2-t)}{(t-2)^2}=\frac{\sqrt{2}(t^2-4t+2)}{(t-2)^2}$$

$\dfrac{dS}{dt}=0$ となる t は $t>2$ より　$t=2+\sqrt{2}$

増減表より，S は $t=2+\sqrt{2}$ のとき極小かつ最小となる。

t	2	$\cdots$	$2+\sqrt{2}$	$\cdots$
$\dfrac{dS}{dt}$	／	$-$	0	$+$
S	／	↘	極小	↗

最小値は　$\dfrac{\sqrt{2}(2+\sqrt{2})(1+\sqrt{2})}{\sqrt{2}}=4+3\sqrt{2}$

→(か)

そのときの t の値は　$t=2+\sqrt{2}$　→(き)

別解 (4)　$S=\dfrac{\sqrt{2}\,t(t-1)}{t-2}$ において，$t>2$ より，相加平均と相乗平均の関係を用いて

$$\frac{t(t-1)}{t-2}=\frac{t^2-t}{t-2}=t+1+\frac{2}{t-2}=(t-2)+\frac{2}{t-2}+3$$
$$\geqq 2\sqrt{(t-2)\cdot\frac{2}{t-2}}+3=2\sqrt{2}+3$$

等号成立は $t-2=\sqrt{2}$ すなわち $t=2+\sqrt{2}$ のとき。

よって，S の最小値は　$\sqrt{2}\,(2\sqrt{2}+3)=4+3\sqrt{2}$

このときの t の値は　$t=2+\sqrt{2}$

3 解答

(1)(あ) 0　(い) π　(う) 2π　(2)(え) 8

(3)(お) 4　(か) 8　(き) 8　(く) 12　(4)(け) $16k$　(5)(こ) 16168

（注）(こ)については，途中の過程の記述は省略。

◀解　説▶

≪三角方程式，絶対値を含む関数の定積分，最大値・最小値，方程式の実数解の個数≫

(1)　$f(t)=-2\sin(2t-\pi)+4\sin t$
$=2\sin 2t+4\sin t$
$=4\sin t\cos t+4\sin t$
$=4\sin t(\cos t+1)$

$f(t)=0$ より　$\sin t=0$ または $\cos t=-1$

$0\leqq t\leqq 2\pi$ より　$t=0,\ \pi,\ 2\pi$　→(あ)〜(う)

(2)　$H_1(0)=\displaystyle\int_0^{\pi}|f(t)|\,dt$

$0\leqq t\leqq\pi$ のとき，$f(t)\geqq 0$ だから

$$H_1(0)=\int_0^{\pi}f(t)\,dt=\int_0^{\pi}(2\sin 2t+4\sin t)\,dt$$
$$=\Big[-\cos 2t-4\cos t\Big]_0^{\pi}$$
$$=-1+4-(-1-4)=8\quad\to(え)$$

(3)　$H_1(x)=\displaystyle\int_x^{x+\pi}|f(t)|\,dt$

$0 \leqq x \leqq \pi$ のとき，$\pi \leqq x+\pi \leqq 2\pi$ であり，$x \leqq t \leqq \pi$ のとき，$f(t) \geqq 0$，$\pi \leqq t \leqq x+\pi$ のとき，$f(t) \leqq 0$ だから

$$\begin{aligned}H_1(x) &= \int_x^{\pi} f(t)\,dt + \int_{\pi}^{x+\pi} \{-f(t)\}\,dt \\ &= \Big[-\cos 2t - 4\cos t\Big]_x^{\pi} - \Big[-\cos 2t - 4\cos t\Big]_{\pi}^{x+\pi} \\ &= -1+4-(-\cos 2x - 4\cos x) \\ &\qquad -\{-\cos(2x+2\pi) - 4\cos(x+\pi) - (-1+4)\} \\ &= \cos 2x + 4\cos x + \cos(2x+2\pi) + 4\cos(x+\pi) + 6 \\ &= \cos 2x + 4\cos x + \cos 2x - 4\cos x + 6 \\ &= 2\cos 2x + 6\end{aligned}$$

$0 \leqq x \leqq \pi$ のとき，$0 \leqq 2x \leqq 2\pi$ だから

$2x = \pi$ すなわち $x = \dfrac{\pi}{2}$ のとき，最小値 4　→(お)

$2x = 0$，2π すなわち $x = 0$，π のとき，最大値 8　→(か)

$\pi \leqq x \leqq 2\pi$ のとき，$2\pi \leqq x+\pi \leqq 3\pi$ であり，$x \leqq t \leqq 2\pi$ のとき，$f(t) \leqq 0$，$2\pi \leqq t \leqq x+\pi$ のとき，$f(t) \geqq 0$ だから

$$\begin{aligned}H_1(x) &= \int_x^{2\pi} \{-f(t)\}\,dt + \int_{2\pi}^{x+\pi} f(t)\,dt \\ &= -\Big[-\cos 2t - 4\cos t\Big]_x^{2\pi} + \Big[-\cos 2t - 4\cos t\Big]_{2\pi}^{x+\pi} \\ &= -\{-1-4-(-\cos 2x - 4\cos x)\} \\ &\qquad -\cos(2x+2\pi) - 4\cos(x+\pi) - (-1-4) \\ &= -\cos 2x - 4\cos x - \cos 2x + 4\cos x + 10 \\ &= -2\cos 2x + 10\end{aligned}$$

$\pi \leqq x \leqq 2\pi$ のとき，$2\pi \leqq 2x \leqq 4\pi$ だから

$2x = 2\pi$，4π すなわち $x = \pi$，2π のとき，最小値 8　→(き)

$2x = 3\pi$ すなわち $x = \dfrac{3}{2}\pi$ のとき，最大値 12　→(く)

(4)　$H_{2k}(x) = \displaystyle\int_x^{x+2k\pi} |f(t)|\,dt$

(i)　$0 \leqq x \leqq \pi$ のとき

$2k\pi \leqq x + 2k\pi \leqq \pi + 2k\pi$ であり

$x \leqq t \leqq \pi$ のとき　$f(t) \geqq 0$

$(2l-1)\pi \leqq t \leqq 2l\pi$ のとき　$f(t) \leqq 0$　$(l=1,\ 2,\ \cdots,\ k)$

$2l\pi \leqq t \leqq (2l+1)\pi$ のとき　$f(t) \geqq 0$　$(l=1,\ 2,\ \cdots,\ k-1)$

$2k\pi \leqq t \leqq x+2k\pi$ のとき　$f(t) \geqq 0$

であるから

$$H_{2k}(x) = \int_x^{\pi} f(t)\,dt + \int_{\pi}^{2\pi} \{-f(t)\}\,dt + \int_{2\pi}^{3\pi} f(t)\,dt + \cdots + \int_{(2k-1)\pi}^{2k\pi} \{-f(t)\}\,dt + \int_{2k\pi}^{x+2k\pi} f(t)\,dt$$

ここで

$$\int_x^{\pi} f(t)\,dt = \Big[-\cos 2t - 4\cos t\Big]_x^{\pi} = -1+4-(-\cos 2x - 4\cos x)$$
$$= \cos 2x + 4\cos x + 3$$

$$\int_{2k\pi}^{x+2k\pi} f(t)\,dt = \Big[-\cos 2t - 4\cos t\Big]_{2k\pi}^{x+2k\pi}$$
$$= -\cos(2x+4k\pi) - 4\cos(x+2k\pi) - (-\cos 4k\pi - 4\cos 2k\pi)$$
$$= -\cos 2x - 4\cos x + 1 + 4$$
$$= -\cos 2x - 4\cos x + 5$$

$$\int_{(2l-1)\pi}^{2l\pi} \{-f(t)\}\,dt = \Big[\cos 2t + 4\cos t\Big]_{(2l-1)\pi}^{2l\pi}$$
$$= \cos 4l\pi + 4\cos 2l\pi - \{\cos 2(2l-1)\pi + 4\cos(2l-1)\pi\}$$
$$= 1+4-(1-4)$$
$$= 8 \quad (l=1,\ 2,\ \cdots,\ k)$$

$$\int_{2l\pi}^{(2l+1)\pi} f(t)\,dt = \Big[-\cos 2t - 4\cos t\Big]_{2l\pi}^{(2l+1)\pi}$$
$$= -\cos 2(2l+1)\pi - 4\cos(2l+1)\pi - (-\cos 4l\pi - 4\cos 2l\pi)$$
$$= -1+4-(-1-4)$$
$$= 8 \quad (l=1,\ 2,\ \cdots,\ k-1)$$

であるから

$$H_{2k}(x) = \cos 2x + 4\cos x + 3 + 8(2k-1) - \cos 2x - 4\cos x + 5 = 16k$$

(ii)　$\pi \leqq x \leqq 2\pi$ のとき

$(2k+1)\pi \leqq x+2k\pi \leqq 2(k+1)\pi$ であり

$x \leqq t \leqq 2\pi$ のとき　$f(t) \leqq 0$

$2l\pi \leqq t \leqq (2l+1)\pi$ のとき　$f(t) \geqq 0$　$(l=1,\ 2,\ \cdots,\ k)$

$(2l+1)\pi \leqq t \leqq (2l+2)\pi$ のとき　$f(t) \leqq 0$　$(l=1,\ 2,\ \cdots,\ k-1)$

$(2k+1)\pi \leqq t \leqq x+2k\pi$ のとき　$f(t) \leqq 0$

であるから

$$H_{2k}(x) = \int_x^{2\pi}\{-f(t)\}dt + \int_{2\pi}^{3\pi} f(t)\,dt + \int_{3\pi}^{4\pi}\{-f(t)\}dt + \cdots$$
$$+\int_{2k\pi}^{(2k+1)\pi} f(t)\,dt + \int_{(2k+1)\pi}^{x+2k\pi}\{-f(t)\}dt$$

ここで

$$\int_x^{2\pi}\{-f(t)\}dt = \Big[\cos 2t + 4\cos t\Big]_x^{2\pi} = 1+4-(\cos 2x + 4\cos x)$$
$$= -\cos 2x - 4\cos x + 5$$

$$\int_{(2k+1)\pi}^{x+2k\pi}\{-f(t)\}dt = \Big[\cos 2t + 4\cos t\Big]_{(2k+1)\pi}^{x+2k\pi}$$
$$= \cos(2x+4k\pi) + 4\cos(x+2k\pi)$$
$$-\{\cos 2(2k+1)\pi + 4\cos(2k+1)\pi\}$$
$$= \cos 2x + 4\cos x - (1-4)$$
$$= \cos 2x + 4\cos x + 3$$

$$\int_{2l\pi}^{(2l+1)\pi} f(t)\,dt = 8 \quad (l=1,\ 2,\ \cdots,\ k)$$

$$\int_{(2l+1)\pi}^{(2l+2)\pi}\{-f(t)\}dt = 8 \quad (l=1,\ 2,\ \cdots,\ k-1)$$

であるから

$$H_{2k}(x) = -\cos 2x - 4\cos x + 5 + 8(2k-1) + \cos 2x + 4\cos x + 3 = 16k$$

(i), (ii)より　$H_{2k}(x) = 16k$　→(ケ)

(5)　$H_{2021}(x) = \displaystyle\int_x^{x+2021\pi} |f(t)|\,dt$

(4)と同様にして

$0 \leqq x \leqq \pi$ のとき

$$H_{2021}(x) = \int_x^{\pi} f(t)\,dt + \int_{\pi}^{2\pi}\{-f(t)\}dt + \int_{2\pi}^{3\pi} f(t)\,dt + \cdots$$
$$+\int_{2020\pi}^{2021\pi} f(t)\,dt + \int_{2021\pi}^{x+2021\pi}\{-f(t)\}dt$$
$$= \cos 2x + 4\cos x + 3 + 8\times 2020 + \cos 2x - 4\cos x + 3$$

$$=2\cos 2x+16166$$

$\pi \leqq x \leqq 2\pi$ のとき

$$H_{2021}(x)=\int_x^{2\pi}\{-f(t)\}dt+\int_{2\pi}^{3\pi}f(t)\,dt+\int_{3\pi}^{4\pi}\{-f(t)\}dt$$
$$+\cdots+\int_{2021\pi}^{2022\pi}\{-f(t)\}dt+\int_{2022\pi}^{x+2022\pi}f(t)\,dt$$
$$=-\cos 2x-4\cos x+5+8\times 2020-\cos 2x+4\cos x+5$$
$$=-2\cos 2x+16170$$

$y=H_{2021}(x)$ のグラフは右図のようになり，直線 $y=a$ と異なる 3 点で交わるときの a の値は $a=16168$ である。

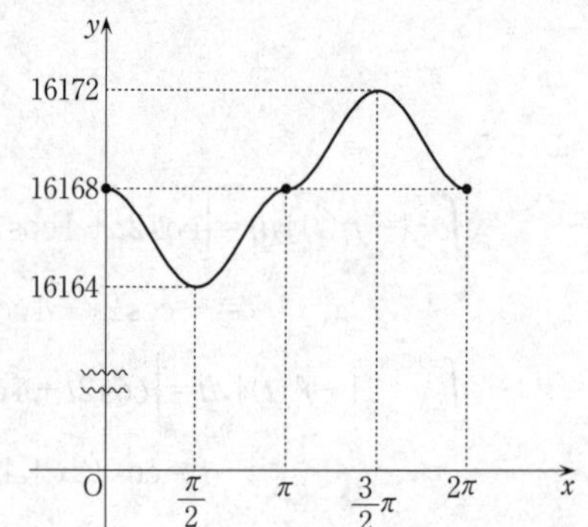

よって，方程式 $H_{2021}(x)=a$ が $0\leqq x\leqq 2\pi$ の範囲で異なる 3 つの解をもつとき

$a=16168$　→(こ)

❖講　評

2022 年度も例年同様，1が小問 3 問からなるマークシート法の問題，2，3が記述式で答えを記入する（一部解答を導く過程も書く）問題が出題された。難易度は 2021 年度と同程度と考えられる。

1　(1) 2 次関数の最大値についての問題。(a)は条件式を用いて $D\geqq 0$ の不等式を α だけで表して解く。(b)・(c)は条件式を用いて z を $x+y$ で表し，$x+y=s$ とおくと，z は s の 2 次関数となる。s の範囲を(a)の結果を用いて調べ，この範囲での z の最大値，最小値を考える。〔別解〕として円のパラメーター表示を用いる方法を示したが，最後は 2 次関数の最大値，最小値を求めることになる。(2)平面上の点の移動をテーマとした確率の問題。(a)反復試行の確率で基本的，(b) $|x_4|+|y_4|=4$ を満たす $(x_4,\ y_4)$ をすべて考えて(a)と同様に計算する。(c) $(x_6,\ y_6)=(2,\ 2)$ となるのは x 軸，y 軸の正の方向にそれぞれ 2 回ずつ移動し，残り 2 回は x 軸方向または y 軸方向で打ち消し合うことに注意しよう。$|x_6|+|y_6|=4$ となる確率も $|x_4|+|y_4|=4$ となる確率と同様に考える。(3)軌跡，不

等式の表す領域についての問題。P$(s,\ 0)$，Q$(0,\ t)$，R$(x,\ y)$ とおいて，条件を用いてs，tをそれぞれx，yで表し，$0<s\leqq1$，$0<t\leqq1$へ代入してx，yの不等式を求める。また，$s=0$または$t=0$のときは，$(x,\ y)=(0,\ 0)$ であることに注意する。これら2つの不等式と$x^2+y^2\leqq1$の表す領域の共通部分がSである。(a)容易にわかる。(b)・(c)扇形と三角形の面積を利用する。

[2]　楕円と接線，最小値についての問題。(1)楕円$\dfrac{x^2}{a^2}+\dfrac{y^2}{b^2}=1$で囲まれた図形の面積が$\pi ab$であることを用いる。(2)グラフを描けば容易にわかる。(3)直線PBの方程式と楕円Cの方程式を連立して得られるxの2次方程式の判別式が0となることからmが求められ，直線PBの方程式で$y=0$とおくとx_2が求められる。(4)Sは簡単に計算できる。Sはtの分数関数となるので，微分法を用いて最小値を考える。

[3]　絶対値を含む三角関数の定積分についての問題。(1)公式を用いて変形して解く。(2)(1)の計算を参考にして$0\leqq t\leqq\pi$における$f(t)$ の符号を調べると絶対値がはずれるので，定積分が計算できる。(3)$0\leqq x\leqq\pi$のときは$x\leqq t\leqq x+\pi$の範囲に$f(t)$ の符号が変わるπが含まれるので，xからπ，πから$x+\pi$の2つの定積分の和にし，それぞれ絶対値をはずして計算する。$\pi\leqq x\leqq2\pi$のときは$x\leqq t\leqq x+\pi$の範囲に$f(t)$ の符号が変わる2πが含まれるので，同様に2つの定積分の和に変形して計算する。(4)$0\leqq x\leqq\pi$のときと$\pi\leqq x\leqq2\pi$のときに分けて(3)と同様に解く。(5)(4)と同様に$H_{2021}(x)$ を計算し，$y=H_{2021}(x)$ のグラフを描き，直線$y=a$との交点が3個となるaの値を求める。

物理

（注）　解答は，東京理科大学から提供のあった情報を掲載しています。

1　解答

(1)(ア)―5　(2)(イ)―5　(ウ)―7　(エ)―3
(3)(オ)―2　(カ)―8　(キ)―9

◀解　説▶

≪単振動を伴う棒のつり合い≫

(1)(ア)　求める糸2の張力の大きさをS_2〔N〕とおく。A端まわりの力のモーメントのつり合いより

$$S_2\times4a-Mg\times2a-mg\times a=0$$

$$\therefore\quad S_2=\frac{1}{2}Mg+\frac{1}{4}mg\text{〔N〕}$$

(2)(イ)　点Cに加わる弾性力の大きさが$mg+F_1$〔N〕であることに注意をして，求める糸2の張力の大きさをS_2'〔N〕とした，A端まわりの力のモーメントのつり合いより

$$S_2'\times4a-Mg\times2a-(mg+F_1)\times a=0$$

$$\therefore\quad S_2'=\frac{1}{2}Mg+\frac{1}{4}mg+\frac{1}{4}F_1\text{〔N〕}$$

(ウ)　小球の速さが最大になるのは，振動の中心を通るときで，振動の中心は小球にはたらく弾性力と重力がつり合う位置であるので，点Cにはたらく弾性力の大きさがmg〔N〕であることがわかる。これは図1―2の場合と同じであるので，求める張力の大きさも同じである。

(エ)　この単振動の振動の中心でのばねの伸びx_0〔m〕は，力のつり合いの式$mg=kx_0$より，$x_0=\frac{mg}{k}$〔m〕であることがわかる。

また，振幅はつり合いの状態からF_1〔N〕の力を加えたためにさらに伸びた$\frac{F_1}{k}$〔m〕となる。

これより，ばねの縮みの最大値は$\frac{F_1}{k}-\frac{mg}{k}$〔m〕である。

これらから，点Cに上向きにはたらく力の最大値f〔N〕は

$$f=k\left(\frac{F_1}{k}-\frac{mg}{k}\right)=F_1-mg\text{〔N〕}$$

このとき，糸1の張力をS_1〔N〕とすると，B端まわりの力のモーメントのつり合いより

$$Mg\times 2a-S_1\times 4a-(F_1-mg)\times 3a=0$$

$$\therefore\quad S_1=\frac{1}{2}Mg+\frac{3}{4}mg-\frac{3}{4}F_1\text{〔N〕}$$

棒が動かないためには$S_1\geqq 0$でなければならないので

$$\frac{1}{2}Mg+\frac{3}{4}mg-\frac{3}{4}F_1\geqq 0$$

$$\therefore\quad F_1\leqq\frac{2}{3}Mg+mg\text{〔N〕}$$

(3)(オ)　小球1の単振動の周期T_1〔s〕は，ばね振り子の周期の公式より

$$T_1=2\pi\sqrt{\frac{m}{k}}\text{〔s〕}$$

小球2の単振動の周期T_2〔s〕は

$$T_2=2\pi\sqrt{\frac{4m}{k}}=2\times 2\pi\sqrt{\frac{m}{k}}=2T_1\text{〔s〕}$$

(カ)　小球2のばねの伸びが最大になったときの点Dにはたらく弾性力の大きさは$4mg+F_2$〔N〕となる。また，そのとき小球1のばねの伸びも最大で，点Cにはたらく弾性力の大きさは$mg+F_2$〔N〕である。求める張力をS_2''〔N〕としてA端まわりの力のモーメントのつり合いより

$$S_2''\times 4a-(4mg+F_2)\times 3a-Mg\times 2a-(mg+F_2)\times a=0$$

$$\therefore\quad S_2''=\frac{1}{2}Mg+\frac{13}{4}mg+F_2\text{〔N〕}$$

(キ)　小球2の単振動の角振動数をω〔rad/s〕とすると，小球1の角振動数は2ω〔rad/s〕となる。これまでの考察より，点Cと点Dに加わる弾性力f_1〔N〕，f_2〔N〕は，下向きを正として

$$f_1=F_2\cos 2\omega t+mg\text{〔N〕},\quad f_2=F_2\cos\omega t+4mg\text{〔N〕}$$

糸1および糸2の張力S_1〔N〕，S_2〔N〕は上向きに正を取る。

B端まわりの力のモーメントのつり合いより

$$S_1\times 4a=(F_2\cos 2\omega t+mg)\times 3a+Mg\times 2a+(F_2\cos\omega t+4mg)\times a$$

各項の a を消去し，2倍角の公式を用いて整理する。

$$S_1=\frac{3}{4}\{F_2(2\cos^2\omega t-1)+mg\}+\frac{1}{2}Mg+\frac{1}{4}F_2\cos\omega t+mg$$

$$=\frac{3}{4}F_2(2\cos^2\omega t-1)+\frac{7}{4}mg+\frac{1}{2}Mg+\frac{1}{4}F_2\cos\omega t$$

$$=\frac{F_2}{4}(6\cos^2\omega t+\cos\omega t-3)+\frac{2Mg+7mg}{4}$$

ここで，$\cos\omega t=x$ $(-1\leqq x\leqq 1)$ とおき，関数 $g(x)=6x^2+x-3$ を考え，その最小値を求める。$g(x)$ の軸は $x=-\frac{1}{12}$ であるので，$-1\leqq x\leqq 1$ の範囲での最小値は $x=-\frac{1}{12}$ のとき。

$$g\left(-\frac{1}{12}\right)=6\times\left(-\frac{1}{12}\right)^2+\left(-\frac{1}{12}\right)-3=\frac{1}{24}-\frac{1}{12}-3$$

$$=\frac{1-2-72}{24}=-\frac{73}{24}$$

このときでも，$S_1\geqq 0$ であることより

$$\frac{F_2}{4}\times\left(-\frac{73}{24}\right)+\frac{2Mg+7mg}{4}\geqq 0$$

$$\therefore\quad F_2\leqq\frac{48}{73}Mg+\frac{168}{73}mg\,\text{〔N〕}$$

また，S_2 についても考察する。鉛直方向の力のつり合いより

$$S_1+S_2=F_2\cos 2\omega t+mg+Mg+F_2\cos\omega t+4mg$$

2倍角の公式を用いて整理する。

$$S_1+S_2=F_2(2\cos^2\omega t-1)+mg+Mg+F_2\cos\omega t+4mg$$

$$=F_2(2\cos^2\omega t+\cos\omega t-1)+Mg+5mg$$

この式より

$$S_2=F_2(2\cos^2\omega t+\cos\omega t-1)+Mg+5mg-S_1$$

$$=F_2(2\cos^2\omega t+\cos\omega t-1)$$

$$+Mg+5mg-\frac{F_2}{4}(6\cos^2\omega t+\cos\omega t-3)-\frac{2Mg+7mg}{4}$$

$$=F_2(2\cos^2\omega t+\cos\omega t-1)+\frac{2Mg+13mg}{4}$$

$$-\frac{F_2}{4}(6\cos^2\omega t+\cos\omega t-3)$$

$$=\frac{F_2}{4}(8\cos^2\omega t+4\cos\omega t-4)+\frac{2Mg+13mg}{4}$$

$$-\frac{F_2}{4}(6\cos^2\omega t+\cos\omega t-3)$$

$$=\frac{F_2}{4}(2\cos^2\omega t+3\cos\omega t-1)+\frac{2Mg+13mg}{4}$$

同様に，$\cos\omega t=x$ （$-1\leqq x\leqq 1$）とおき，関数 $h(x)=2x^2+3x-1$ を考え，$h(x)$ の最小値を求める。この 2 次関数の軸は $x=-\frac{3}{4}$ であるので，$-1\leqq x\leqq 1$ の範囲での最小値は $x=-\frac{3}{4}$ のとき。

$$h\left(-\frac{3}{4}\right)=2\times\left(-\frac{3}{4}\right)^2+3\times\left(-\frac{3}{4}\right)-1=-\frac{17}{8}$$

これを用いて

$$\frac{F_2}{4}\times\left(-\frac{17}{8}\right)+\frac{2Mg+13mg}{4}\geqq 0$$

$$\therefore\quad F_2\leqq\frac{16}{17}Mg+\frac{104}{17}mg\,〔\mathrm{N}〕$$

S_1 と S_2 に関する考察より

$$\frac{16}{17}Mg+\frac{104}{17}mg-\left(\frac{48}{73}Mg+\frac{168}{73}mg\right)=\frac{352}{1241}Mg+\frac{4736}{1241}mg>0$$

であるから，答えは

$$F_2\leqq\frac{48}{73}Mg+\frac{168}{73}mg=\frac{24}{73}(2Mg+7mg)\,〔\mathrm{N}〕$$

2 解答

(1)(ク)$8.0\times10^{+0}$　(ケ)$2.0\times10^{+0}$　(コ)$3.6\times10^{+0}$　(サ)4.0×10^{-1}

(2)(シ)─ 2　(ス)$4.4\times10^{+0}$　(セ)─ 2　(3)(ソ)─ 1　(タ)5.0×10^{-1}

◀解　説▶

≪未知の部品を含んだ電気回路の考察≫

(1)(ク)　dc 間を直流電圧計で測定したとき，回路に電流は流れず，電池の内部抵抗による電圧降下はないので，電池 E の起電力が 8.40 V であるとわかる。抵抗 $\mathrm{R_a}$，$\mathrm{R_b}$，$\mathrm{R_d}$ の抵抗値の大きさをそれぞれ R_a，R_b，R_d〔Ω〕とおく。

ac 間に直流電流計を接続したときに流れる電流が 1.00 A であったから，オームの法則より

$$\frac{8.40}{R_a+r}=1.00 \quad \cdots\cdots Ⓐ$$

が成り立つ。

同様に，bc 間，dc 間に直流電流計を接続した結果より

$$\frac{8.40}{R_b+r}=3.50 \quad \cdots\cdots Ⓑ, \quad \frac{8.40}{R_d+r}=2.10 \quad \cdots\cdots Ⓒ$$

また，ab 間を導線で接続したとき ac 間に流れる電流が 4.20 A であったことから

$$\frac{8.40-4.20r}{R_a}+\frac{8.40-4.20r}{R_b}=4.20 \quad \cdots\cdots Ⓓ$$

Ⓐより　　$R_a=8.40-r$

また，Ⓑより　　$R_b=\frac{8.40}{3.50}-r=2.40-r$

Ⓓに代入して

$$\frac{8.40-4.20r}{8.40-r}+\frac{8.40-4.20r}{2.40-r}=4.20$$

これより

$$r^2-4r+1.44=0$$

これを解いて

$r=0.400$〔Ω〕 または $r=3.60$〔Ω〕

$r=0.400$〔Ω〕 をⒶに代入して

$$\frac{8.40}{R_a+0.400}=1.00 \qquad \therefore \quad R_a=8.0\times10^{+0}〔Ω〕$$

(ケ)　同様に，$r=0.400$〔Ω〕 をⒷに代入して

$$\frac{8.40}{R_b+0.400}=3.50 \qquad \therefore \quad R_b=2.0\times10^{+0}〔Ω〕$$

(コ)　同様に，$r=0.400$〔Ω〕 をⒸに代入して

$$\frac{8.40}{R_d+0.400}=2.10 \qquad \therefore \quad R_d=3.6\times10^{+0}〔Ω〕$$

(注)　$r=3.60$〔Ω〕 を用いた場合，R_b が負となり不適当である。

(サ)　これまでの考察より　　$r=4.0\times10^{-1}$〔Ω〕

(2)(シ)　図2－2はコンデンサーに電流が流れ電荷が蓄えられると電位差が生じ，抵抗R_fに加わる電圧が低下し，それに伴い流れる電流が減少していき，やがてコンデンサーの両端の電位差が起電力と等しくなると回路に電流が流れなくなる過程を示している。

(ス)　前述のように，cf間を接続した瞬間のコンデンサーに加わる電位差は0であるので，求める抵抗値R_f〔Ω〕は

$$\frac{10.0}{0.600+R_f}=2.00 \qquad \therefore \quad R_f=4.4\times10^{+0}〔\Omega〕$$

(セ)　②がコンデンサーであれば，じゅうぶんに時間が経過したのち回路の電流が0となるので，コンデンサーではないことがわかる。

(3)(ソ)　図2－3の場合，①のコンデンサーの容量をC〔F〕とすると，回路のインピーダンスZ_1〔Ω〕は，抵抗値の合成抵抗が8.00Ωであるので，

$Z_1=\sqrt{8.00^2+\left(\dfrac{1}{2\pi f_1C}\right)^2}$〔Ω〕となる。

これより

$$10.0=1.00\times\sqrt{8.00^2+\left(\frac{1}{2\pi f_1C}\right)^2} \quad \cdots\cdots Ⓔ$$

図2－4で②が抵抗であった場合，Ⓔの抵抗の値はR_bと②の合成抵抗値と変わり，周波数を大きくしていくとインピーダンスはR_bと②の合成抵抗に近づいていき，電流は単調に減少していくことになる。電流に極大値が見られたことより，②は抵抗ではなくコイルであると判断できる。

(タ)　②のコイルのリアクタンスをL〔H〕とすると，周波数f_1〔Hz〕のとき

$$10.0=2.00\times\sqrt{4.00^2+\left(2\pi f_1L-\frac{1}{2\pi f_1C}\right)^2} \quad \cdots\cdots Ⓕ$$

が成り立つ。

周波数f_2〔Hz〕のとき，電流が最大値をとったことより

$$2\pi f_2L-\frac{1}{2\pi f_2C}=0 \qquad \therefore \quad {f_2}^2=\frac{1}{4\pi^2LC}$$

Ⓔの両辺を2乗して

$$100=8.00^2+\left(\frac{1}{2\pi f_1C}\right)^2 \qquad \frac{1}{2\pi f_1C}=6.00$$

$$f_1=\frac{1}{12.0\pi C} \quad \cdots\cdots Ⓖ$$

次に，Ⓕ にⓖ の $\dfrac{1}{2\pi f_1 C}=6.00$ を代入し，整理すると

$$10.0=2.00\times\sqrt{4.00^2+(2\pi f_1 L-6.00)^2}$$

$$(2\pi f_1 L-6.00)^2=3.00^2$$

ここで，$f_1<f_2$ より

$$f_1{}^2<\frac{1}{4\pi^2 LC}\qquad 2\pi f_1 L<\frac{1}{2\pi f_1 C}=6.00$$

であるから

$$2\pi f_1 L=3.00$$

$$f_1=\frac{3.00}{2\pi L}\quad\cdots\cdots Ⓗ$$

Ⓖ とⒽ より

$$f_1{}^2=\frac{3.00}{24.0\pi^2 LC}=\frac{1}{8.00\pi^2 LC}$$

ゆえに

$$\frac{f_1{}^2}{f_2{}^2}=\frac{4\pi^2 LC}{8.00\pi^2 LC}=5.0\times10^{-1}$$

3 解答 (チ)―0　(ツ)―4　(テ)―4　(ト)―3　(ナ)―4　(ニ)―3

◀解　説▶

≪P-T 図を用いた気体の循環過程の考察≫

(チ)　求める仕事を W_{AB}〔J〕とする。状態Aから状態Bへは定積変化であるので，外部に仕事をしない。よって，求める仕事は

$$W_{AB}=0\text{〔J〕}$$

(ツ)　単原子理想気体であるので，定積モル比熱は $\dfrac{3}{2}R$〔J/(mol·K)〕であるから，求める熱量 Q_{AB}〔J〕は

$$Q_{AB}=1\times\frac{3}{2}R\times(T_B-T_A)=\frac{3}{2}R(T_B-T_A)\text{〔J〕}$$

(テ)　状態Bから状態Cへの変化は断熱変化であるので，内部エネルギーの変化 ΔU_{BC}〔J〕と外部にした仕事 W_{BC}〔J〕の間には，熱力学第一法則より，$0=\Delta U_{BC}+W_{BC}$ の関係式が得られる。

ここで，先の状態Aから状態Bの変化で与えられた熱 Q_{AB} は熱力学第一法則より，全て内部エネルギーの変化 ΔU_{AB}〔J〕と等しいことがわかる。つまり，$Q_{AB}=\Delta U_{AB}$ が成り立つ。

さらに，状態Cの温度が状態Aの温度と等しいことから，状態Aから状態Bを経て状態Cへの変化での内部エネルギーの変化は0であることがわかる。

$\Delta U_{AB}+\Delta U_{BC}=0$ より

$$\Delta U_{BC}=-\Delta U_{AB}=-Q_{AB}=-\frac{3}{2}R(T_B-T_A)〔\mathrm{J}〕$$

$0=\Delta U_{BC}+W_{BC}$ であったので

$$W_{BC}=-\Delta U_{BC}=\frac{3}{2}R(T_B-T_A)〔\mathrm{J}〕$$

(ト)　状態Cから状態Aへの変化は等温変化であるので，内部エネルギーの変化 ΔU_{CA}〔J〕は $\Delta U_{CA}=0$〔J〕となる。この変化での気体が吸収した熱を Q_{CA}〔J〕，外部にした仕事を W_{CA}〔J〕とすると，熱力学第一法則より $Q_{CA}=W_{CA}$ となる。

また，状態Bから状態Cの変化では $W_{BC}=\frac{3}{2}R(T_B-T_A)>0$ であることより，断熱膨張であると判断でき，状態Cから状態Aに戻るためには，体積が収縮するため $W_{CA}<0$ である。$Q_{CA}=W_{CA}$ より，$Q_{CA}<0$ とわかり，状態Cから状態Aの変化では熱を放出している。この熱機関の熱効率が e であるので，$e=\frac{Q_{AB}+Q_{CA}}{Q_{AB}}$ より

$$Q_{CA}=-(1-e)Q_{AB}=-(1-e)\frac{3}{2}R(T_B-T_A)$$

$$=\frac{3}{2}(1-e)R(T_A-T_B)〔\mathrm{J}〕$$

ゆえに

$$W_{CA}=Q_{CA}=\frac{3}{2}(1-e)R(T_A-T_B)〔\mathrm{J}〕$$

(ナ)　これまでの議論より

$$Q_{CA}=\frac{3}{2}(1-e)R(T_A-T_B)=-\frac{3}{2}(1-e)R(T_B-T_A)〔\mathrm{J}〕$$

放出した熱を問われているので　$\frac{3}{2}(1-e)R(T_B-T_A)$〔J〕

(二)　これまでの議論を踏まえてグラフを選ぶ。

❖講　評

例年と比べて，問題量，難易度ともに変わりはなかった。[1]が小問に分かれているが，設定の変更に伴うものである。[2]は 2021 年度同様，数値計算を伴うものであるが，少々計算に苦労するものであった。全体的には目新しいものはなく，例年どおり，時間の使い方が明暗の分かれ目となったと考えられる。

[1]　取り付けられたばね振り子の運動を考慮した，棒のつり合いの問題である。(1)典型的な教科書レベルの問題であるのでぜひとも完答したい。(2)棒が静止できない状況が想定できれば，比較的スムーズに解答に至ったのではないか。(3)どのような状況で棒が動いてしまうのかを見つけることが難しい。2 つのばねから棒に加わる力を数式で表現する力が必要である。

[2]　(1)オームの法則を用いた 4 連立方程式を解く必要があり，非常に煩雑な計算を伴い苦労した受験生も多かったのではないか。(2)問題文とグラフから状況を正しく理解できれば，簡単に解答できる。(3)これも状況の把握がカギとなる。交流の周波数変化に伴って電流の変化が最大値を取ることからインピーダンスの変化と結び付けられれば，後は計算力の問題である。

[3]　P-T 図が与えられている問題であるが，ほとんどのヒントは問題文中にあるので，グラフに惑わされずに解答したい。熱力学第一法則の理解が試されている問題である。最後にグラフを選ぶ問題があるが，そこまでの過程で P-V 図を描きながら思考していった受験生も多くいたのではないか。

化学

（注）解答は，東京理科大学から提供のあった情報を掲載しています。

1　解答　(1) 42　(2) $2.5\times10^{+2}$　(3) 10

◀解　説▶

≪塩化水素の発生と性質，浸透圧，コロイド溶液の性質≫

(1)　$FeCl_3 + 3H_2O \longrightarrow Fe(OH)_3 + 3HCl$ の反応が起こる。透析によって，H^+ と Cl^- が除かれ，$Fe(OH)_3$ のコロイドが精製される。元素Aは塩素であり，化合物Cは塩化水素である。

1．誤文。塩化水素は水に溶けやすく，空気より重いので，下方置換で捕集する。

2．正文。水溶液の質量パーセント濃度は　$\dfrac{7.40}{7.40+12.6}\times100=37$〔%〕

濃塩酸であるので，発煙性を示す。

4．誤文。塩化水素は，空気よりも密度が大きく，無色・刺激臭の気体である。

8．正文。$NaCl + H_2SO_4 \longrightarrow NaHSO_4 + HCl$

16．誤文。塩化水素ではなく水素が発生する。

$2Na + 2H_2O \longrightarrow 2NaOH + H_2$

32．正文。強酸と弱塩基の中和点は，弱酸性である。変色域が弱酸性のメチルオレンジを用いる。

正文の番号の合計は　$2+8+32=42$

(2)　Fe^{3+} の物質量は　$\dfrac{0.50\times5.0}{1000}=2.50\times10^{-3}$〔mol〕

コロイド粒子1個に250個の Fe^{3+} が含まれるので，コロイド粒子のモル濃度は

$$2.50\times10^{-3}\times\frac{1}{250}\times\frac{1000}{100}=1.00\times10^{-4}\text{〔mol/L〕}$$

よって，浸透圧 $\pi = cRT$ であるので

$$1.00\times10^{-4}\times8.31\times10^{3}\times300=249\fallingdotseq2.5\times10^{+2}\,[\mathrm{Pa}]$$

(3)　1．誤文。水酸化鉄(Ⅲ)は疎水コロイドである。塩析は，親水コロイドに多量の電解質を加えると沈殿する現象である。

2．正文。疎水コロイドに少量の電解質を加えると沈殿する現象である。

4．誤文。直流電圧をかけると，コロイド粒子の自身とは反対符号の電極の方へ移動する。この現象を電気泳動という。

8．正文。正コロイドの水酸化鉄(Ⅲ)には，価数の大きい陰イオンほど凝析効果が大きい。$SO_4{}^{2-}>Cl^-$ であるので，Na_2SO_4 の方が少ない。

16．誤文。難溶性の水酸化鉄(Ⅲ)の沈殿でもわずかに溶ける。生じた Fe^{3+} は SCN^- と反応し，血赤色の溶液になる。

正文の番号の合計は　　$2+8=10$

2　解答

(1)—2　(2)$-6.4\times10^{+0}$　(3)ア．076　イ．128

(4)$+5.9\times10^{-1}$

◀解　説▶

≪電池，電気分解≫

(1)　ある金属とその塩，別の金属とその塩を組み合わせた形の電池がダニエル電池である。

(2)　電気量は，電流〔A〕×時間〔s〕であるので，図2の長方形と三角形の面積の和が電気量に相当する。

$$1.00\times15440+\frac{1}{2}\times1.00\times(23160-15440)=19300\,[\mathrm{C}]$$

ダニエル電池による鉛蓄電池の充電（電気分解）である。陽極の電極8は

$$PbSO_4+2H_2O \longrightarrow PbO_2+4H^++SO_4{}^{2-}+2e^-$$

電子が2mol流れると，64g（SO_2 の1mol分）減少するので

$$-\frac{19300}{96500}\times\frac{64}{2}=-6.4\times10^{+0}\,[\mathrm{g}]$$

(3)　鉛蓄電池による電気分解である。

ア．質量が増加する極は，次の3つ。

4．電極7：$Pb+SO_4{}^{2-}\longrightarrow PbSO_4+2e^-$

8．電極8：$PbO_2+4H^++SO_4{}^{2-}+2e^-\longrightarrow PbSO_4+2H_2O$

64．電極11：$Ni^{2+}+2e^- \longrightarrow Ni$

正文の番号の合計は　　$4+8+64=076$

イ．質量が減少する極は，次の1つだけ。

128．電極12：$Ni \longrightarrow Ni^{2+}+2e^-$

正文の番号の合計は　　128

(4)　鉛蓄電池に流れる電気量は，並列接続の水槽Eと水槽Fに流れる電気量の和である。

672mLの気体は，水槽Eの水の電気分解で生じる水素と酸素の発生量の合計である。

$$2H_2O \xrightarrow{4e^-} 2H_2+O_2$$

よって，流れる電子の物質量は

$$\frac{672}{22400}\times\frac{4}{2+1}=0.0400〔\mathrm{mol}〕$$

水槽Fには，$\dfrac{0.600\times9650}{96500}-0.0400=0.0200〔\mathrm{mol}〕$ の電子が流れるので，

陽極の電極11の変化は，$Ni^{2+}+2e^- \longrightarrow Ni$ より

$$+0.0200\times\frac{1}{2}\times59=+5.9\times10^{-1}〔\mathrm{g}〕$$

3　解答　(1) 4.7×10^{-1}　(2) $5.4\times10^{+4}$

◀解　説▶

≪沸点上昇度，気体の溶解度≫

(1)　グルコース，スクロースの物質量を m〔mol〕，n〔mol〕とする。

質量の関係から

$$180m+340n=92.4〔\mathrm{g}〕$$

凝固点降下度は，質量モル濃度に比例するので

$$0.555=1.85\times(m+n)\times\frac{1}{1.00}〔\mathrm{K}〕$$

これら2式より

$$m=0.0600〔\mathrm{mol}〕,\quad n=0.240〔\mathrm{mol}〕$$

$$\therefore\quad m:n=1:4$$

NaClをx〔mol〕とすると，グルコースは$\frac{x}{4}$〔mol〕になる。

質量関係から

$$60x+180\times\frac{x}{4}=42.0 \qquad \therefore\quad x=0.400\,〔\mathrm{mol}〕$$

沸点上昇度は，質量モル濃度に比例し，また，強電解質のNaClは完全電離するので，濃度は2倍に相当する。

$$\left(2\times0.400+\frac{0.400}{4}\right)\times0.52\times\frac{1}{1}=0.468\fallingdotseq4.7\times10^{-1}\,〔\mathrm{K}〕$$

(2)　O_2の分圧をP〔Pa〕とする。気体の溶解量は分圧に比例するので，気体の状態方程式より

$$P\times(11.00-10.00)$$
$$=\left(0.0266-1.30\times10^{-3}\times\frac{P}{1.00\times10^{5}}\times10\right)\times8.30\times10^{3}\times300$$
$$\therefore\quad P=5.00\times10^{4}\,〔\mathrm{Pa}〕$$

気相は，O_2と水蒸気の混合気体からなるので，全圧は

$$5.00\times10^{4}+4.00\times10^{3}=5.40\times10^{4}\fallingdotseq5.4\times10^{4}\,〔\mathrm{Pa}〕$$

4　解答　(1)ア－1　イ－7　ウ－10　(2)－1

◀解　説▶

≪アンモニアの電離平衡，塩の加水分解，滴定曲線≫

(1)　ア．電離度をαとすると，アンモニアの電離度が1より十分小さいので，$1-\alpha\fallingdotseq1$とみなせるから

$$K_b=\frac{C_b\alpha\times C_b\alpha}{C_b(1-\alpha)}=\frac{C_b\alpha^2}{1-\alpha}\fallingdotseq C_b\alpha^2 \qquad \therefore\quad \alpha=\sqrt{\frac{K_b}{C_b}}$$

よって　　$[OH^-]=C_b\alpha=C_b\times\sqrt{\frac{K_b}{C_b}}=\sqrt{K_bC_b}$

イ．　$K_h=\frac{[NH_3][H^+][OH^-]}{[NH_4{}^+][OH^-]}=\frac{K_w}{K_b}$

ウ．加水分解度をhとすると　　$K_h=\frac{[H^+]^2}{C_h(1-h)}$

加水分解によりアンモニアとなったものの割合が1に比べて十分に小さい

と考えると，$1-h \fallingdotseq 1$ とみなせるから

$$K_h=\frac{[H^+]^2}{C_h}=\frac{K_w}{K_b} \qquad \therefore \quad [H^+]=\sqrt{\frac{K_w C_h}{K_b}}$$

(2)　滴定前のアンモニア水の pH を求める。(1)アより

$$[OH^-]=\sqrt{K_b C_b}=\sqrt{2.3\times10^{-5}\times0.0092}\fallingdotseq\sqrt{2\times10^{-7}}$$

より

$$pOH=-\log_{10}[OH^-]=3.5-\log_{10}\sqrt{2}=3.5-\log_{10}1.41$$

よって

$$pH=14-pOH=10.5+\log_{10}1.41$$

滴定前の pH はおよそ 10.5 であるので，図 1，図 2，図 4 が適する。

また，中和点での滴下量 v〔mL〕は，中和の公式より

$$1\times\frac{0.0092v}{1000}=1\times\frac{0.0092\times25}{1000} \qquad \therefore \quad v=25\text{〔mL〕}$$

よって，図 1 が適切である。

5　解答

(1)ウ．1　エ．1　オ．1　カ．2　(2)$+095$

(3)2.5×10^{-3}　(4)ア．$5.0\times10^{+1}$　イ．$2.0\times10^{+1}$

(5)-3

◀解　説▶

≪熱化学方程式，反応速度≫

(2)　(1)の熱化学方程式に，$H_2O_2aq=H_2O_2$（気）-55kJ，H_2O（液）$=H_2O$（気）-44kJ を代入する。

$$H_2O_2\,(\text{気})-55\,\text{kJ}=H_2O\,(\text{気})-44\,\text{kJ}+\frac{1}{2}O_2\,(\text{気})+Q\,\text{〔kJ〕}$$

$$H_2O_2\,(\text{気})=H_2O\,(\text{気})+\frac{1}{2}O_2\,(\text{気})+11\,\text{kJ}+Q\,\text{〔kJ〕}$$

気体反応において

　　反応熱＝生成物の生成熱の総和－反応物の生成熱の総和

が成り立つので

$$11+Q=242-136 \qquad \therefore \quad Q=+095\,\text{〔kJ〕}$$

(3)　平均分解速度は

$$\bar{v}=\frac{2\times\frac{11.2}{22400}\times\frac{1000}{10.0}}{100-0}=\frac{1.0\times10^{-1}}{100}$$

$$=1.00\times10^{-3}〔\mathrm{mol/(L\cdot s)}〕$$

100s 後，H_2O_2 の濃度は

$$0.45-2\times\frac{11.2}{22400}\times\frac{1000}{10.0}=0.45-0.100=0.35〔\mathrm{mol/L}〕$$

平均濃度は

$$[\overline{H_2O_2}]=\frac{0.45+0.35}{2}=0.40〔\mathrm{mol/L}〕$$

$\bar{v}=k[\overline{H_2O_2}]$ が成り立つので

$$1.00\times10^{-3}=k\times0.40 \qquad \therefore \quad k=2.5\times10^{-3}〔/\mathrm{s}〕$$

(4) ア．実験番号①は，実験番号②と同じ 20℃であるので，k も同じ値である。求める時間を x〔s〕とすると

$$\frac{1.0\times10^{-1}}{x}=2.5\times10^{-3}\times\frac{0.85+0.75}{2}$$

$$\therefore \quad x=50=5.0\times10^{+1}〔\mathrm{s}〕$$

イ．実験番号③は，実験番号②より温度が 10℃高くなると，反応時間は半分であるので，反応速度は 2 倍とわかる。同様に実験番号④では，実験番号③に比べて，反応速度は 2 倍になると考えられる。反応速度が 2 倍になると反応速度定数も 2 倍になるので，求める時間を x〔s〕とすると

$$\frac{1.0\times10^{-1}}{x}=2\times2\times2.5\times10^{-3}\times\frac{0.55+0.45}{2}$$

$$\therefore \quad x=20=2.0\times10^{+1}〔\mathrm{s}〕$$

(5) 実験番号②と③は，反応初期 H_2O_2 の濃度が等しいので，反応終了後の O_2 の物質量は等しい。3，4 が該当するが，③は温度が高いので，反応初期では，反応速度が大きく O_2 の発生量が多い。よって，3 である。

6 解答

(1) 12 (2) 18 (3) $1.8\times10^{+1}$

(4) 116 (5) *l.* 4 *m.* 4 *n.* 3

◀解 説▶

≪有機化合物の構造と性質，元素分析≫

(1) Aは，炭素数 3 で水と混和し，除光液に利用されることから，アセト

ン CH_3COCH_3 である。

Bは，炭素数3で銀鏡反応を示すことから，プロピオンアルデヒド CH_3CH_2CHO である。

水素付加，酸化によってBに誘導されるので，C，E，Gは次の通りである。

$$\underset{\text{C}}{CH_2{=}CH{-}CH_2{-}OH} \xrightarrow{\text{水素付加}} \underset{\text{E}}{CH_3{-}CH_2{-}CH_2{-}OH}$$

$$\xrightarrow{\text{酸化}} \underset{\text{B}}{CH_3{-}CH_2{-}CHO} \xrightarrow{\text{酸化}} \underset{\text{G}}{CH_3{-}CH_2{-}COOH}$$

Fは，酸化されないのでエーテル $CH_3{-}CH_2{-}O{-}CH_3$ である。よってDは

$$\underset{\text{D}}{CH_2{=}CH{-}O{-}CH_3} \xrightarrow{\text{水素付加}} \underset{\text{F}}{CH_3{-}CH_2{-}O{-}CH_3}$$

1．誤文。ケトンであるAは，酸化されにくい。

2．誤文。ヨードホルム反応は，$CH_3CO{-}$ または $CH_3CH(OH){-}$ の部分構造をもつと陽性である。Aは起こるが，B，C，Dは起こらない。

4．正文。アルコールのC，Eは，ナトリウムで水素を発生するが，エーテルのD，Fは反応しない。$2ROH + 2Na \longrightarrow 2RONa + H_2$

8．正文。フェーリング液を還元するのは，アルデヒドである。Eはアルコール，Fはエーテル，Gはカルボン酸である。

16．誤文。クメン法で，フェノールとともにAのアセトンを生成する。

$$\underset{\text{クメン}}{C_6H_5{-}CH(CH_3)_2} \xrightarrow{O_2} \underset{\text{クメンヒドロペルオキシド}}{C_6H_5{-}C(CH_3)_2OOH}$$

$$\xrightarrow{\text{酸}} \underset{\text{フェノール}}{C_6H_5{-}OH} + \underset{\text{アセトン}}{CH_3COCH_3}$$

正文の番号の合計は　　$4+8=12$

(2)　P，Qの分子量を M とすると，水素付加による増加量から

$$\frac{2}{M}=\frac{1.72}{100} \qquad \therefore \quad M=116$$

分子式は $(CHO)_n$ とすると，組成式の式量は29であるので

$29 \times n = 116 \quad \therefore \quad n = 4$

ゆえに分子式は　$C_4H_4O_4$

シス形のP．マレイン酸は，加熱すると，S．無水マレイン酸になるが，トランス形のQ．フマル酸では起こらない。

```
   H     H                        H     H
    \   /                          \   /
     C=C            加熱            C=C
    /   \         ──────→          /   \
O=C       C=O      -H2O       O=C       C=O
   \     /                        \     /
   HO   OH                           O
 P．マレイン酸                  S．無水マレイン酸

        O
        ‖
  HO－C
        \      H
         C=C /
        /    \
       H      C－OH
              ‖
              O
    Q．フマル酸
```

P，Qに水素 1mol を付加すると，R．コハク酸になる。

```
   H     H              H     H                    O
    \   /               |     |                    ‖
     C=C             H－C－C－H              HO－C
    /   \               /     \                    \      H
O=C       C=O ──→ O=C          C=O ←──               C=C /
   \     /              \     /                    /    \
   HO   OH              HO   OH                  H      C－OH
                                                         ‖
                                                         O
 P．マレイン酸         R．コハク酸                  Q．フマル酸

   H     H                  H     H                    H     H
   |     |                  |     |                     \   /
H－C－C－H      加熱     H－C－C－H     水素付加        C=C
   /     \    ──────→      /     \    ←──────        /   \
O=C       C=O          O=C         C=O          O=C       C=O
   \     /                 \     /                  \     /
   HO   OH                    O                        O
 R．コハク酸                  T                   S．無水マレイン酸
```

1．誤文。PとQは鏡像異性体ではなく幾何異性体の関係にある。

2．正文。Pはカルボキシ基が近く分子内で水素結合を形成するのに対し，Qは分子間で水素結合を形成するため，融点が高くなる。

4．誤文。P，Q，Rはどれもカルボキシ基をもつので，炭酸水素ナトリウムと反応して，二酸化炭素を生じる。

$$R(COOH)_2 + 2NaHCO_3 \longrightarrow R(COONa)_2 + 2H_2O + 2CO_2$$

8．誤文。Rの分子式は $C_4H_6O_4$ で，Sの分子式は $C_4H_2O_3$ であるので，分子量の差は，20 である。

16．正文。

正文の番号の合計は　$2 + 16 = 18$

(3)　吸収管XはH_2Oを，吸収管YはCO_2を吸収する。

燃焼反応の化学反応式は

$$\underset{G}{CH_3CH_2COOH} + \frac{7}{2}O_2 \longrightarrow 3CO_2 + 3H_2O$$

よって生じるCO_2とH_2Oの物質量は等しい。

求めるCO_2の質量をx〔mg〕とすると

$$\frac{x}{44} = \frac{7.20}{18} \qquad \therefore \quad x = 17.6 \fallingdotseq 1.8 \times 10^{+1}\text{〔mg〕}$$

(4)　Pの分子式は$C_4H_4O_4$なので，分子量は116である。

(5)　Tの分子式は，$C_4H_4O_3$である。

7　解答

(1)―4　(2)05　(3)*l*.　8　*m*.　8　*n*.　3

(4)$1.5 \times 10^{+0}$　(5)*l*.　7　*m*.　6　*n*.　3　(6)―01

(7)―11　(8)$1.8 \times 10^{+0}$　(9)―01

◀解　説▶

《サリチル酸の合成，サリチル酸誘導体，分離実験》

(1)

4．ONa（ナトリウムフェノキシド）$\xrightarrow[\text{高温・高圧}]{CO_2}$ OH, COONa（サリチル酸ナトリウム）$\xrightarrow{H^+}$ OH, COOH（サリチル酸）

(2)

1．OH, C_2H_5 $\longrightarrow$ OH, COOH

2．CH_3, CH_3 $\longrightarrow$ COOH, COOH

4．OH, CH_3 $\longrightarrow$ OH, COOH

8．OH, OH：酸化されやすいが，サリチル酸は生成しない。

16．OH $\longrightarrow$ HO, COOH, COOH

32. 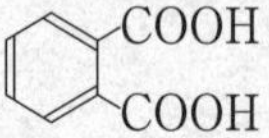 (benzene ring with COOH, COOH)：酸化されにくい。

サリチル酸を生じる番号は　1＋4＝05

(3)　Xは，サリチル酸メチルである。分子式は，$C_8H_8O_3$となる。

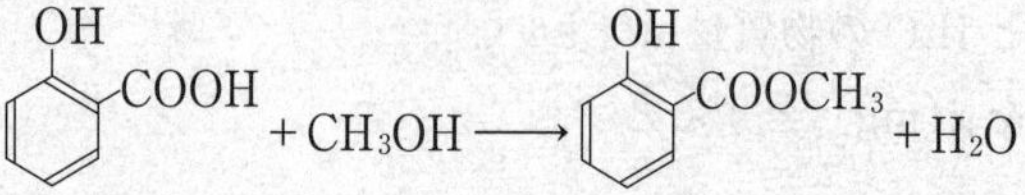

$$\text{(OH, COOH benzene)} + CH_3OH \longrightarrow \text{(OH, COOCH}_3\text{ benzene)} + H_2O$$

(4)　サリチル酸のすべてがサリチル酸メチルになると，物質量は等しいので，求める質量は

$$1.4\times\frac{C_8H_8O_3}{C_7H_6O_3}=1.4\times\frac{152}{138}=1.54\fallingdotseq1.5\times10^{+0}〔g〕$$

(5)　YはWの中から炭酸水素ナトリウムに反応したものを，弱酸の遊離により元に戻したものである。Wの中にはサリチル酸とサリチル酸メチルとメタノールが含まれており，炭酸よりも強い酸はサリチル酸のみである。よってYはサリチル酸である。

(6)　未反応の炭酸水素ナトリウムは弱酸塩のため，強酸の塩酸によって二酸化炭素が遊離する。

$$NaHCO_3+HCl\longrightarrow NaCl+H_2O+CO_2$$

(7)　エーテル溶液が上層，水溶液が下層である。

(あ)　水溶液中の反応であるので，下層Bである。サリチル酸は，炭酸水素ナトリウムと反応して，サリチル酸ナトリウムとして溶けている。
強酸の塩酸を加えると，弱酸のサリチル酸が析出した。

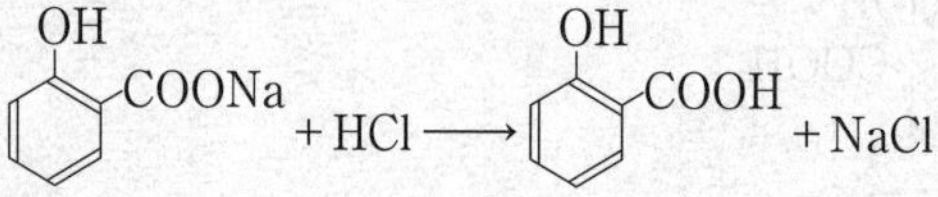

$$\text{(OH, COONa benzene)} + HCl \longrightarrow \text{(OH, COOH benzene)} + NaCl$$

(い)　上層Aのサリチル酸メチルは，NaOHで中和されて塩となり，水層Cに移動する。

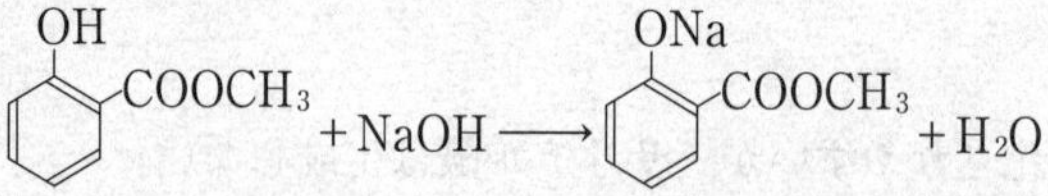

$$\text{(OH, COOCH}_3\text{ benzene)} + NaOH \longrightarrow \text{(ONa, COOCH}_3\text{ benzene)} + H_2O$$

水層Cに強酸の塩酸を加えると，油状のサリチル酸メチルが分離した。

$$\text{C}_6\text{H}_4(\text{ONa})\text{COOCH}_3 + \text{HCl} \longrightarrow \text{C}_6\text{H}_4(\text{OH})\text{COOCH}_3 + \text{NaCl}$$

(う)　エーテル溶液の上層Eに，サリチル酸メチルは溶解している。

(8)　サリチル酸を無水酢酸でアセチル化すると，Z．アセチルサリチル酸を生じる。

$$\text{C}_6\text{H}_4(\text{OH})\text{COOH} + (\text{CH}_3\text{CO})_2\text{O} \longrightarrow \text{C}_6\text{H}_4(\text{OCOCH}_3)\text{COOH} + \text{CH}_3\text{COOH}$$

サリチル酸のすべてがアセチルサリチル酸になると，それらの物質量は等しいので，求める質量は

$$1.4\times\frac{\text{C}_9\text{H}_8\text{O}_4}{\text{C}_7\text{H}_6\text{O}_3}=1.4\times\frac{180}{138}=1.82\fallingdotseq1.8\times10^{+0}\,[\text{g}]$$

(9)　ア．正文，イ．誤文。カルボン酸であるZは，炭酸より強酸であるため，炭酸水素ナトリウムに溶ける。

$$\text{C}_6\text{H}_4(\text{OCOCH}_3)\text{COOH} + \text{NaHCO}_3 \longrightarrow \text{C}_6\text{H}_4(\text{OCOCH}_3)\text{COONa} + \text{H}_2\text{O} + \text{CO}_2$$

ウ．誤文。アニリンの呈色反応。

エ．誤文。フェノール類の呈色反応。

❖講　評

例年通りの出題傾向と難易度，標準レベルの良問であるが，問題量が多い。

1　コロイドをテーマにした総合問題。(1) 37％水溶液は，濃塩酸を意味する。(2)水酸化鉄(Ⅲ)のコロイドは，$[Fe(OH)_3]_{250}$ と考える。(3)水酸化鉄(Ⅲ)は正コロイドである。暗記が必要。

2　鉛蓄電池の電気分解は充電である。鉛蓄電池の充電と放電の問題と見極めること。(4)電極 11 の質量は，水槽Fに流れた電流によってのみ変化したから，水素の発生は考える必要がない。

3　(1)頻出の凝固点降下の問題であるが，読解力が試される。(2)計算ミスに注意したい。

4　アンモニアの電離平衡は，対策済みであろう。完答を目指したい。

5　(1)・(2)は，熱化学の基本問題。(3) k は温度で決まる定数である。(4)まず，実験②，③から温度が 10℃上昇すると，k は何倍になるかを求める。

6　Aはアセトン，Pがマレイン酸とわかれば，スムーズに解答できる。

7　サリチル酸の合成，側鎖の酸化，分離など，どれも有機では標準レベル。

基本のものが多いが，時間の余裕はない。問題をすばやく読み取る力が必要で，過去問での練習は欠かせない。

//////////////////// · memo · ////////////////////

////////////////////// · memo · //////////////////////

//////////////////// · memo · ////////////////////

//////////////////// · memo · ////////////////////

/////////////////// · **memo** · ///////////////////

//////////////////// · memo · ////////////////////

教学社 刊行一覧

2025年版 大学赤本シリーズ

374大学556点
全都道府県を網羅

国公立大学（都道府県順）

全国の書店で取り扱っています。店頭にない場合は，お取り寄せができます。

1 北海道大学(文系－前期日程)
2 北海道大学(理系－前期日程) 医
3 北海道大学(後期日程)
4 旭川医科大学(医学部〈医学科〉) 医
5 小樽商科大学
6 帯広畜産大学
7 北海道教育大学
8 室蘭工業大学／北見工業大学
9 釧路公立大学
10 公立千歳科学技術大学
11 公立はこだて未来大学 総推
12 札幌医科大学(医学部) 医
13 弘前大学 医
14 岩手大学
15 岩手県立大学・盛岡短期大学部・宮古短期大学部
16 東北大学(文系－前期日程)
17 東北大学(理系－前期日程) 医
18 東北大学(後期日程)
19 宮城教育大学
20 宮城大学
21 秋田大学 医
22 秋田県立大学
23 国際教養大学 総推
24 山形大学 医
25 福島大学
26 会津大学
27 福島県立医科大学(医・保健科学部) 医
28 茨城大学(文系)
29 茨城大学(理系)
30 筑波大学(推薦入試) 医 総推
31 筑波大学(文系－前期日程)
32 筑波大学(理系－前期日程) 医
33 筑波大学(後期日程)
34 宇都宮大学
35 群馬大学 医
36 群馬県立女子大学
37 高崎経済大学
38 前橋工科大学
39 埼玉大学(文系)
40 埼玉大学(理系)
41 千葉大学(文系－前期日程)
42 千葉大学(理系－前期日程) 医
43 千葉大学(後期日程) 医
44 東京大学(文科) DL
45 東京大学(理科) DL 医
46 お茶の水女子大学
47 電気通信大学
48 東京外国語大学 DL
49 東京海洋大学
50 東京科学大学(旧 東京工業大学)
51 東京科学大学(旧 東京医科歯科大学) 医
52 東京学芸大学
53 東京藝術大学
54 東京農工大学
55 一橋大学(前期日程)
56 一橋大学(後期日程)
57 東京都立大学(文系)
58 東京都立大学(理系)
59 横浜国立大学(文系)
60 横浜国立大学(理系)
61 横浜市立大学(国際教養・国際商・理・データサイエンス・医〈看護〉学部)
62 横浜市立大学(医学部〈医学科〉) 医
63 新潟大学(人文・教育〈文系〉・法・経済科・医〈看護〉・創生学部)
64 新潟大学(教育〈理系〉・理・医〈看護を除く〉・歯・工・農学部) 医
65 新潟県立大学
66 富山大学(文系)
67 富山大学(理系) 医
68 富山県立大学
69 金沢大学(文系)
70 金沢大学(理系) 医
71 福井大学(教育・医〈看護〉・工・国際地域学部)
72 福井大学(医学部〈医学科〉) 医
73 福井県立大学
74 山梨大学(教育・医〈看護〉・工・生命環境学部)
75 山梨大学(医学部〈医学科〉) 医
76 都留文科大学
77 信州大学(文系－前期日程)
78 信州大学(理系－前期日程) 医
79 信州大学(後期日程)
80 公立諏訪東京理科大学 総推
81 岐阜大学(前期日程) 医
82 岐阜大学(後期日程)
83 岐阜薬科大学
84 静岡大学(前期日程)
85 静岡大学(後期日程)
86 浜松医科大学(医学部〈医学科〉) 医
87 静岡県立大学
88 静岡文化芸術大学
89 名古屋大学(文系)
90 名古屋大学(理系) 医
91 愛知教育大学
92 名古屋工業大学
93 愛知県立大学
94 名古屋市立大学(経済・人文社会・芸術工・看護・総合生命理・データサイエンス学部)
95 名古屋市立大学(医学部〈医学科〉) 医
96 名古屋市立大学(薬学部)
97 三重大学(人文・教育・医〈看護〉学部)
98 三重大学(医〈医〉・工・生物資源学部) 医
99 滋賀大学
100 滋賀医科大学(医学部〈医学科〉) 医
101 滋賀県立大学
102 京都大学(文系)
103 京都大学(理系) 医
104 京都教育大学
105 京都工芸繊維大学
106 京都府立大学
107 京都府立医科大学(医学部〈医学科〉) 医
108 大阪大学(文系) DL
109 大阪大学(理系) 医
110 大阪教育大学
111 大阪公立大学(現代システム科学域〈文系〉・文・法・経済・商・看護・生活科〈居住環境・人間福祉〉学部－前期日程)
112 大阪公立大学(現代システム科学域〈理系〉・理・工・農・獣医・医・生活科〈食栄養〉学部－前期日程) 医
113 大阪公立大学(中期日程)
114 大阪公立大学(後期日程)
115 神戸大学(文系－前期日程)
116 神戸大学(理系－前期日程) 医
117 神戸大学(後期日程)
118 神戸市外国語大学 DL
119 兵庫県立大学(国際商経・社会情報科・看護学部)
120 兵庫県立大学(工・理・環境人間学部)
121 奈良教育大学／奈良県立大学
122 奈良女子大学
123 奈良県立医科大学(医学部〈医学科〉) 医
124 和歌山大学
125 和歌山県立医科大学(医・薬学部) 医
126 鳥取大学 医
127 公立鳥取環境大学
128 島根大学 医
129 岡山大学(文系)
130 岡山大学(理系) 医
131 岡山県立大学
132 広島大学(文系－前期日程)
133 広島大学(理系－前期日程) 医
134 広島大学(後期日程)
135 尾道市立大学 総推
136 県立広島大学
137 広島市立大学
138 福山市立大学 総推
139 山口大学(人文・教育〈文系〉・経済・医〈看護〉・国際総合科学部)
140 山口大学(教育〈理系〉・理・医〈看護を除く〉・工・農・共同獣医学部) 医
141 山陽小野田市立山口東京理科大学 総推
142 下関市立大学／山口県立大学
143 周南公立大学 新 総推
144 徳島大学 医
145 香川大学 医
146 愛媛大学 医
147 高知大学 医
148 高知工科大学
149 九州大学(文系－前期日程)
150 九州大学(理系－前期日程) 医
151 九州大学(後期日程)
152 九州工業大学
153 福岡教育大学
154 北九州市立大学
155 九州歯科大学
156 福岡県立大学／福岡女子大学
157 佐賀大学 医
158 長崎大学(多文化社会・教育〈文系〉・経済・医〈保健〉・環境科〈文系〉学部)
159 長崎大学(教育〈理系〉・医〈医〉・歯・薬・情報データ科・工・環境科〈理系〉・水産学部) 医
160 長崎県立大学 総推
161 熊本大学(文・教育・法・医〈看護〉学部・情報融合学環〈文系型〉)
162 熊本大学(理・医〈看護を除く〉・薬・工学部・情報融合学環〈理系型〉) 医
163 熊本県立大学
164 大分大学(教育・経済・医〈看護〉・理工・福祉健康科学部)
165 大分大学(医学部〈医・先進医療科学科〉) 医
166 宮崎大学(教育・医〈看護〉・工・農・地域資源創成学部)
167 宮崎大学(医学部〈医学科〉) 医
168 鹿児島大学(文系)
169 鹿児島大学(理系) 医
170 琉球大学 医

2025年版　大学赤本シリーズ

国公立大学 その他

- 171 〔国公立大〕医学部医学科 総合型選抜・学校推薦型選抜※ 医 総推
- 172 看護・医療系大学〈国公立 東日本〉※
- 173 看護・医療系大学〈国公立 中日本〉※
- 174 看護・医療系大学〈国公立 西日本〉※
- 175 海上保安大学校／気象大学校
- 176 航空保安大学校
- 177 国立看護大学校
- 178 防衛大学校 総推
- 179 防衛医科大学校(医学科) 医
- 180 防衛医科大学校(看護学科)

※No.171～174の収載大学は赤本ウェブサイト(http://akahon.net/)でご確認ください。

私立大学①

北海道の大学(50音順)

- 201 札幌大学
- 202 札幌学院大学
- 203 北星学園大学
- 204 北海学園大学
- 205 北海道医療大学
- 206 北海道科学大学
- 207 北海道武蔵女子大学・短期大学
- 208 酪農学園大学(獣医学群〈獣医学類〉)

東北の大学(50音順)

- 209 岩手医科大学(医・歯・薬学部) 医
- 210 仙台大学 総推
- 211 東北医科薬科大学(医・薬学部) 医
- 212 東北学院大学
- 213 東北工業大学
- 214 東北福祉大学
- 215 宮城学院女子大学 総推

関東の大学(50音順)

あ行(関東の大学)

- 216 青山学院大学(法・国際政治経済学部ー個別学部日程)
- 217 青山学院大学(経済学部ー個別学部日程)
- 218 青山学院大学(経営学部ー個別学部日程)
- 219 青山学院大学(文・教育人間科学部ー個別学部日程)
- 220 青山学院大学(総合文化政策・社会情報・地球社会共生・コミュニティ人間科学部ー個別学部日程)
- 221 青山学院大学(理工学部ー個別学部日程)
- 222 青山学院大学(全学部日程)
- 223 麻布大学(獣医、生命・環境科学部)
- 224 亜細亜大学
- 226 桜美林大学
- 227 大妻女子大学・短期大学部

か行(関東の大学)

- 228 学習院大学(法学部ーコア試験)
- 229 学習院大学(経済学部ーコア試験)
- 230 学習院大学(文学部ーコア試験)
- 231 学習院大学(国際社会科学部ーコア試験)
- 232 学習院大学(理学部ーコア試験)
- 233 学習院女子大学
- 234 神奈川大学(給費生試験)
- 235 神奈川大学(一般入試)
- 236 神奈川工科大学
- 237 鎌倉女子大学・短期大学部
- 238 川村学園女子大学
- 239 神田外語大学
- 240 関東学院大学
- 241 北里大学(理学部)
- 242 北里大学(医学部) 医
- 243 北里大学(薬学部)
- 244 北里大学(看護・医療衛生学部)
- 245 北里大学(未来工・獣医・海洋生命科学部)
- 246 共立女子大学・短期大学
- 247 杏林大学(医学部) 医
- 248 杏林大学(保健学部)
- 249 群馬医療福祉大学・短期大学部
- 250 群馬パース大学 総推
- 251 慶應義塾大学(法学部)
- 252 慶應義塾大学(経済学部)
- 253 慶應義塾大学(商学部)
- 254 慶應義塾大学(文学部) 総推
- 255 慶應義塾大学(総合政策学部)
- 256 慶應義塾大学(環境情報学部)
- 257 慶應義塾大学(理工学部)
- 258 慶應義塾大学(医学部) 医
- 259 慶應義塾大学(薬学部)
- 260 慶應義塾大学(看護医療学部)
- 261 工学院大学
- 262 國學院大學
- 263 国際医療福祉大学 医
- 264 国際基督教大学
- 265 国士舘大学
- 266 駒澤大学(一般選抜T方式・S方式)
- 267 駒澤大学(全学部統一日程選抜)

さ行(関東の大学)

- 268 埼玉医科大学(医学部) 医
- 269 相模女子大学・短期大学部
- 270 産業能率大学
- 271 自治医科大学(医学部) 医
- 272 自治医科大学(看護学部)／東京慈恵会医科大学(医学部〈看護学科〉)
- 273 実践女子大学 総推
- 274 芝浦工業大学(前期日程)
- 275 芝浦工業大学(全学統一日程・後期日程)
- 276 十文字学園女子大学
- 277 淑徳大学
- 278 順天堂大学(医学部) 医
- 279 順天堂大学(スポーツ健康科・医療看護・保健看護・国際教養・保健医療・医療科・健康データサイエンス・薬学部) 総推
- 280 上智大学(神・文・総合人間科学部)
- 281 上智大学(法・経済学部)
- 282 上智大学(外国語・総合グローバル学部)
- 283 上智大学(理工学部)
- 284 上智大学(TEAPスコア利用方式)
- 285 湘南工科大学
- 286 昭和大学(医学部) 医
- 287 昭和大学(歯・薬・保健医療学部)
- 288 昭和女子大学
- 289 昭和薬科大学
- 290 女子栄養大学・短期大学部 総推
- 291 白百合女子大学
- 292 成蹊大学(法学部ーA方式)
- 293 成蹊大学(経済・経営学部ーA方式)
- 294 成蹊大学(文学部ーA方式)
- 295 成蹊大学(理工学部ーA方式)
- 296 成蹊大学(E方式・G方式・P方式)
- 297 成城大学(経済・社会イノベーション学部ーA方式)
- 298 成城大学(文芸・法学部ーA方式)
- 299 成城大学(S方式〈全学部統一選抜〉)
- 300 聖心女子大学
- 301 清泉女子大学
- 303 聖マリアンナ医科大学 医
- 304 聖路加国際大学(看護学部)
- 305 専修大学(スカラシップ・全国入試)
- 306 専修大学(前期入試〈学部個別入試〉)
- 307 専修大学(前期入試〈全学部入試・スカラシップ入試〉)

た行(関東の大学)

- 308 大正大学
- 309 大東文化大学
- 310 高崎健康福祉大学
- 311 拓殖大学
- 312 玉川大学
- 313 多摩美術大学
- 314 千葉工業大学
- 315 中央大学(法学部ー学部別選抜)
- 316 中央大学(経済学部ー学部別選抜)
- 317 中央大学(商学部ー学部別選抜)
- 318 中央大学(文学部ー学部別選抜)
- 319 中央大学(総合政策学部ー学部別選抜)
- 320 中央大学(国際経営・国際情報学部ー学部別選抜)
- 321 中央大学(理工学部ー学部別選抜)
- 322 中央大学(5学部共通選抜)
- 323 中央学院大学
- 324 津田塾大学
- 325 帝京大学(薬・経済・法・文・外国語・教育・理工・医療技術・福岡医療技術学部)
- 326 帝京大学(医学部) 医
- 327 帝京科学大学 総推
- 328 帝京平成大学 総推
- 329 東海大学(医〈医〉学部を除くーー般選抜)
- 330 東海大学(文系・理系学部統一選抜)
- 331 東海大学(医学部〈医学科〉) 医
- 332 東京医科大学(医学部〈医学科〉) 医
- 333 東京家政大学・短期大学部 総推
- 334 東京経済大学
- 335 東京工科大学
- 336 東京工芸大学
- 337 東京国際大学
- 338 東京歯科大学
- 339 東京慈恵会医科大学(医学部〈医学科〉) 医
- 340 東京情報大学
- 341 東京女子大学
- 342 東京女子医科大学(医学部) 医
- 343 東京電機大学
- 344 東京都市大学
- 345 東京農業大学
- 346 東京薬科大学(薬学部) 総推
- 347 東京薬科大学(生命科学部) 総推
- 348 東京理科大学(理学部〈第一部〉ーB方式)
- 349 東京理科大学(創域理工学部ーB方式・S方式)
- 350 東京理科大学(工学部ーB方式)
- 351 東京理科大学(先進工学部ーB方式)
- 352 東京理科大学(薬学部ーB方式)
- 353 東京理科大学(経営学部ーB方式)
- 354 東京理科大学(C方式、グローバル方式、理学部〈第二部〉ーB方式)
- 355 東邦大学(医学部) 医
- 356 東邦大学(薬学部)

2025年版　大学赤本シリーズ

私立大学②

357 東邦大学(理・看護・健康科学部)
358 東洋大学(文・経済・経営・法・社会・国際・国際観光学部)
359 東洋大学(情報連携・福祉社会デザイン・健康スポーツ科・理工・総合情報・生命科・食環境科学部)
360 東洋大学(英語〈3日程×3カ年〉)
361 東洋大学(国語〈3日程×3カ年〉)
362 東洋大学(日本史・世界史〈2日程×3カ年〉)
363 東洋英和女学院大学
364 常磐大学・短期大学 総推
365 獨協大学
366 獨協医科大学(医学部) 医

な行(関東の大学)

367 二松学舎大学
368 日本大学(法学部)
369 日本大学(経済学部)
370 日本大学(商学部)
371 日本大学(文理学部〈文系〉)
372 日本大学(文理学部〈理系〉)
373 日本大学(芸術学部〈専門試験併用型〉)
374 日本大学(国際関係学部)
375 日本大学(危機管理・スポーツ科学部)
376 日本大学(理工学部)
377 日本大学(生産工・工学部)
378 日本大学(生物資源科学部)
379 日本大学(医学部) 医
380 日本大学(歯・松戸歯学部)
381 日本大学(薬学部)
382 日本大学(N全学統一方式−医・芸術〈専門試験併用型〉学部を除く)
383 日本医科大学 医
384 日本工業大学
385 日本歯科大学
386 日本社会事業大学 総推
387 日本獣医生命科学大学
388 日本女子大学
389 日本体育大学

は行(関東の大学)

390 白鷗大学(学業特待選抜・一般選抜)
391 フェリス女学院大学
392 文教大学
393 法政大学(法〈Ⅰ日程〉・文〈Ⅱ日程〉・経営〈Ⅱ日程〉学部−A方式)
394 法政大学(法〈Ⅱ日程〉・国際文化・キャリアデザイン学部−A方式)
395 法政大学(文〈Ⅰ日程〉・経営〈Ⅰ日程〉・人間環境・グローバル教養学部−A方式)
396 法政大学(経済〈Ⅰ日程〉・社会〈Ⅰ日程〉・現代福祉学部−A方式)
397 法政大学(経済〈Ⅱ日程〉・社会〈Ⅱ日程〉・スポーツ健康学部−A方式)
398 法政大学(情報科・デザイン工・理工・生命科学部−A方式)
399 法政大学(T日程〈統一日程〉・英語外部試験利用入試)
400 星薬科大学 総推

ま行(関東の大学)

401 武蔵大学
402 武蔵野大学
403 武蔵野美術大学
404 明海大学
405 明治大学(法学部−学部別入試)
406 明治大学(政治経済学部−学部別入試)
407 明治大学(商学部−学部別入試)
408 明治大学(経営学部−学部別入試)
409 明治大学(文学部−学部別入試)
410 明治大学(国際日本学部−学部別入試)
411 明治大学(情報コミュニケーション学部−学部別入試)
412 明治大学(理工学部−学部別入試)
413 明治大学(総合数理学部−学部別入試)
414 明治大学(農学部−学部別入試)
415 明治大学(全学部統一入試)
416 明治学院大学(A日程)
417 明治学院大学(全学部日程)
418 明治薬科大学 総推
419 明星大学
420 目白大学・短期大学部

ら・わ行(関東の大学)

421 立教大学(文系学部−一般入試〈大学独自の英語を課さない日程〉)
422 立教大学(国語〈3日程×3カ年〉)
423 立教大学(日本史・世界史〈2日程×3カ年〉)
424 立教大学(文学部−一般入試〈大学独自の英語を課す日程〉)
425 立教大学(理学部−一般入試)
426 立正大学
427 早稲田大学(法学部)
428 早稲田大学(政治経済学部)
429 早稲田大学(商学部)
430 早稲田大学(社会科学部)
431 早稲田大学(文学部)
432 早稲田大学(文化構想学部)
433 早稲田大学(教育学部〈文科系〉)
434 早稲田大学(教育学部〈理科系〉)
435 早稲田大学(人間科・スポーツ科学部)
436 早稲田大学(国際教養学部)
437 早稲田大学(基幹理工・創造理工・先進理工学部)
438 和洋女子大学 総推

中部の大学(50音順)

439 愛知大学
440 愛知医科大学(医学部) 医
441 愛知学院大学・短期大学部
442 愛知工業大学 総推
443 愛知淑徳大学
444 朝日大学 総推
445 金沢医科大学(医学部) 医
446 金沢工業大学
447 岐阜聖徳学園大学 総推
448 金城学院大学
449 至学館大学 総推
450 静岡理工科大学
451 椙山女学園大学
452 大同大学
453 中京大学
454 中部大学
455 名古屋外国語大学 総推
456 名古屋学院大学 総推
457 名古屋学芸大学 総推
458 名古屋女子大学 総推
459 南山大学(外国語〈英米〉・法・総合政策・国際教養学部)
460 南山大学(人文・外国語〈英米を除く〉・経済・経営・理工学部)
461 新潟国際情報大学
462 日本福祉大学
463 福井工業大学
464 藤田医科大学(医学部) 医
465 藤田医科大学(医療科・保健衛生学部)
466 名城大学(法・経営・経済・外国語・人間・都市情報学部)
467 名城大学(情報工・理工・農・薬学部)
468 山梨学院大学

近畿の大学(50音順)

469 追手門学院大学 総推
470 大阪医科薬科大学(医学部) 医
471 大阪医科薬科大学(薬学部) 総推
472 大阪学院大学 総推
473 大阪経済大学 総推
474 大阪経済法科大学 総推
475 大阪工業大学 総推
476 大阪国際大学・短期大学部 総推
477 大阪産業大学 総推
478 大阪歯科大学(歯学部)
479 大阪商業大学 総推
480 大阪成蹊大学・短期大学 総推
481 大谷大学 総推
482 大手前大学・短期大学 総推
483 関西大学(文系)
484 関西大学(理系)
485 関西大学(英語〈3日程×3カ年〉)
486 関西大学(国語〈3日程×3カ年〉)
487 関西大学(日本史・世界史・文系数学〈3日程×3カ年〉)
488 関西医科大学(医学部) 医
489 関西医療大学 総推
490 関西外国語大学・短期大学部 総推
491 関西学院大学(文・法・商・人間福祉・総合政策学部−学部個別日程)
492 関西学院大学(神・社会・経済・国際・教育学部−学部個別日程)
493 関西学院大学(全学部日程〈文系型〉)
494 関西学院大学(全学部日程〈理系型〉)
495 関西学院大学(共通テスト併用日程〈数学〉・英数日程)
496 関西学院大学(英語〈3日程×3カ年〉) 新
497 関西学院大学(国語〈3日程×3カ年〉) 新
498 関西学院大学(日本史・世界史・文系数学〈3日程×3カ年〉) 新
499 畿央大学 総推
500 京都外国語大学・短期大学 総推
502 京都産業大学(公募推薦入試) 総推
503 京都産業大学(一般選抜入試〈前期日程〉)
504 京都女子大学 総推
505 京都先端科学大学 総推
506 京都橘大学 総推
507 京都ノートルダム女子大学 総推
508 京都薬科大学 総推
509 近畿大学・短期大学部(医学部を除く−推薦入試) 総推
510 近畿大学・短期大学部(医学部を除く−一般入試前期)
511 近畿大学(英語〈医学部を除く3日程×3カ年〉)
512 近畿大学(理系数学〈医学部を除く3日程×3カ年〉)
513 近畿大学(国語〈医学部を除く3日程×3カ年〉)
514 近畿大学(医学部−推薦入試・一般入試前期) 医 総推
515 近畿大学・短期大学部(一般入試後期) 医
516 皇學館大学 総推
517 甲南大学 総推
518 甲南女子大学(学校推薦型選抜) 新 総推
519 神戸学院大学 総推
520 神戸国際大学 総推
521 神戸女学院大学 総推
522 神戸女子大学・短期大学 総推
523 神戸薬科大学 総推
524 四天王寺大学・短期大学部 総推
525 摂南大学(公募制推薦入試) 総推
526 摂南大学(一般選抜前期日程)
527 帝塚山学院大学 総推
528 同志社大学(法、グローバル・コミュニケーション学部−学部個別日程)

2025年版　大学赤本シリーズ

私立大学③

529 同志社大学(文・経済学部－学部個別日程)
530 同志社大学(神・商・心理・グローバル地域文化学部－学部個別日程)
531 同志社大学(社会学部－学部個別日程)
532 同志社大学(政策・文化情報〈文系型〉・スポーツ健康科〈文系型〉学部－学部個別日程)
533 同志社大学(理工・生命医科・文化情報〈理系型〉・スポーツ健康科〈理系型〉学部－学部個別日程)
534 同志社大学(全学部日程)
535 同志社女子大学 総推
536 奈良大学 総推
537 奈良学園大学 総推
538 阪南大学 総推
539 姫路獨協大学 総推
540 兵庫医科大学(医学部) 医
541 兵庫医科大学(薬・看護・リハビリテーション学部) 総推
542 佛教大学 総推
543 武庫川女子大学 総推
544 桃山学院大学 総推
545 大和大学・大和大学白鳳短期大学部 総推
546 立命館大学(文系－全学統一方式・学部個別配点方式)／立命館アジア太平洋大学(前期方式・英語重視方式)
547 立命館大学(理系－全学統一方式・学部個別配点方式・理系型3教科方式・薬学方式)
548 立命館大学(英語〈全学統一方式3日程×3カ年〉)
549 立命館大学(国語〈全学統一方式3日程×3カ年〉)
550 立命館大学(文系選択科目〈全学統一方式2日程×3カ年〉)
551 立命館大学(IR方式〈英語資格試験利用型〉・共通テスト併用方式)／立命館アジア太平洋大学(共通テスト併用方式)
552 立命館大学(後期分割方式・「経営学部で学ぶ感性＋共通テスト」方式)／立命館アジア太平洋大学(後期方式)
553 龍谷大学(公募推薦入試) 総推
554 龍谷大学(一般選抜入試)

中国の大学(50音順)

555 岡山商科大学 総推
556 岡山理科大学 総推
557 川崎医科大学 医
558 吉備国際大学 総推
559 就実大学 総推
560 広島経済大学
561 広島国際大学 総推
562 広島修道大学
563 広島文教大学 総推
564 福山大学／福山平成大学
565 安田女子大学 総推

四国の大学(50音順)

567 松山大学

九州の大学(50音順)

568 九州医療科学大学
569 九州産業大学
570 熊本学園大学
571 久留米大学(文・人間健康・法・経済・商学部)
572 久留米大学(医学部〈医学科〉) 医
573 産業医科大学(医学部) 医
574 西南学院大学(商・経済・法・人間科学部－A日程)
575 西南学院大学(神・外国語・国際文化学部－A日程／全学部－F日程)
576 福岡大学(医学部医学科を除く－学校推薦型選抜・一般選抜系統別日程) 総推
577 福岡大学(医学部医学科を除く－一般選抜前期日程)
578 福岡大学(医学部〈医学科〉－学校推薦型選抜・一般選抜系統別日程) 医 総推
579 福岡工業大学
580 令和健康科学大学 総推

医 医学部医学科を含む
総推 総合型選抜または学校推薦型選抜を含む
DL リスニング音声配信　新 2024年 新刊・復刊

掲載している入試の種類や試験科目，収載年数などはそれぞれ異なります。詳細については，それぞれの本の目次や赤本ウェブサイトでご確認ください。

難関校過去問シリーズ

出題形式別・分野別に収録した
「入試問題事典」
20大学 73点
定価2,310～2,640円(本体2,100～2,400円)

先輩合格者はこう使った!
「難関校過去問シリーズの使い方」

61年，全部載せ!
要約演習で，総合力を鍛える
東大の英語
要約問題 UNLIMITED

国公立大学

東大の英語25カ年[第12版] 改
東大の英語リスニング20カ年[第9版] DL 改
東大の英語 要約問題 UNLIMITED
東大の文系数学25カ年[第12版] 改
東大の理系数学25カ年[第12版] 改
東大の現代文25カ年[第12版] 改
東大の古典25カ年[第12版] 改
東大の日本史25カ年[第9版] 改
東大の世界史25カ年[第9版] 改
東大の地理25カ年[第9版] 改
東大の物理25カ年[第9版] 改
東大の化学25カ年[第9版] 改
東大の生物25カ年[第9版] 改
東工大の英語20カ年[第8版] 改
東工大の数学20カ年[第9版] 改
東工大の物理20カ年[第5版] 改
東工大の化学20カ年[第5版] 改
一橋大の英語20カ年[第9版] 改
一橋大の数学20カ年[第9版] 改
一橋大の国語20カ年[第6版] 改
一橋大の日本史20カ年[第6版] 改
一橋大の世界史20カ年[第6版] 改
筑波大の英語15カ年 新
筑波大の数学15カ年 新
京大の英語25カ年[第12版]
京大の文系数学25カ年[第12版]
京大の理系数学25カ年[第12版]
京大の現代文25カ年[第2版]
京大の古典25カ年[第2版]
京大の日本史20カ年[第3版]
京大の世界史20カ年[第3版]
京大の物理25カ年[第9版]
京大の化学25カ年[第9版]
北大の英語15カ年[第8版]
北大の理系数学15カ年[第8版]
北大の物理15カ年[第2版]
北大の化学15カ年[第2版]
東北大の英語15カ年[第8版]
東北大の理系数学15カ年[第8版]
東北大の物理15カ年[第2版]
東北大の化学15カ年[第2版]
名古屋大の英語15カ年[第8版]
名古屋大の理系数学15カ年[第8版]
名古屋大の物理15カ年[第2版]
名古屋大の化学15カ年[第2版]
阪大の英語20カ年[第9版]
阪大の文系数学20カ年[第3版]
阪大の理系数学20カ年[第9版]
阪大の国語15カ年[第3版]
阪大の物理20カ年[第8版]
阪大の化学20カ年[第6版]
九大の英語15カ年[第8版]
九大の理系数学15カ年[第7版]
九大の物理15カ年[第2版]
九大の化学15カ年[第2版]
神戸大の英語15カ年[第9版]
神戸大の数学15カ年[第5版]
神戸大の国語15カ年[第3版]

私立大学

早稲田の英語[第11版] 改
早稲田の国語[第9版] 改
早稲田の日本史[第9版] 改
早稲田の世界史[第2版] 改
慶應の英語[第11版] 改
慶應の小論文[第3版] 改
明治大の英語[第9版] 改
明治大の国語[第2版] 改
明治大の日本史[第2版] 改
中央大の英語[第9版] 改
法政大の英語[第9版] 改
同志社大の英語[第10版]
立命館大の英語[第10版]
関西大の英語[第10版]
関西学院大の英語[第10版]

DL リスニング音声配信
新 2024年 新刊
改 2024年 改訂

共通テスト対策関連書籍

共通テスト対策も赤本で

① 過去問演習

2025年版

共通テスト赤本シリーズ

全12点

A5判／定価1,320円
(本体1,200円)

- 英国数には新課程対応オリジナル実戦模試 掲載！
- 公表された新課程試作問題はすべて掲載！
- くわしい対策講座で得点力UP
- 英語はリスニングを10回分掲載！赤本の音声サイトで本番さながらの対策！

- 英語 リーディング／リスニング DL
- 数学I, A／II, B, C
- 国語
- 歴史総合, 日本史探究
- 歴史総合, 世界史探究
- 地理総合, 地理探究
- 公共, 倫理
- 公共, 政治・経済
- 物理
- 化学
- 生物
- 物理基礎／化学基礎／生物基礎／地学基礎

DL 音声無料配信

② 自己分析

赤本ノートシリーズ

過去問演習の効果を最大化

▶共通テスト対策には

赤本ノート
(共通テスト用)

赤本ルーズリーフ
(共通テスト用)

共通テスト赤本シリーズ

新課程攻略問題集

全26点
に対応!!

▶二次・私大対策には

大学赤本シリーズ

全556点
に対応!!

赤本ノート(二次・私大用)

③ 重点対策

共通テスト赤本プラス

新課程攻略問題集

基礎固め&苦手克服のための分野別対策問題集!!
厳選された問題でかしこく対策

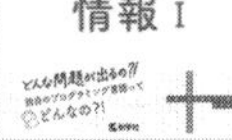

- 英語リーディング
- 英語リスニング DL
- 数学I, A
- 数学II, B, C
- 国語(現代文)
- 国語(古文, 漢文)
- 歴史総合, 日本史探究
- 歴史総合, 世界史探究
- 地理総合, 地理探究
- 公共, 政治・経済
- 物理
- 化学
- 生物
- 情報I

DL 音声無料配信

全14点
好評発売中！

A5判／定価1,320円(本体1,200円)

手軽なサイズの実戦的参考書

目からウロコのコツが満載！

直前期にも！

満点のコツシリーズ

赤本ポケット

いつも受験生のそばに—赤本

大学入試シリーズ＋α
入試対策も共通テスト対策も赤本で

入試対策

赤本プラス

赤本プラスとは，**過去問演習の効果を最大にする**ためのシリーズです。「赤本」であぶり出された弱点を，赤本プラスで克服しましょう。

- 大学入試 すぐわかる**英文法** DL
- 大学入試 ひと目でわかる**英文読解**
- 大学入試 絶対できる**英語リスニング** DL
- 大学入試 すぐ書ける**自由英作文**
- 大学入試 ぐんぐん読める **英語長文〔BASIC〕** DL
- 大学入試 ぐんぐん読める **英語長文〔STANDARD〕** DL
- 大学入試 ぐんぐん読める **英語長文〔ADVANCED〕** DL
- 大学入試 正しく書ける**英作文**
- 大学入試 最短でマスターする **数学I・II・III・A・B・C**
- 大学入試 突破力を鍛える**最難関の数学**
- 大学入試 知らなきゃ解けない **古文常識・和歌**
- 大学入試 ちゃんと身につく**物理**
- 大学入試 もっと身につく **物理問題集**（①力学・波動）
- 大学入試 もっと身につく **物理問題集**（②熱力学・電磁気・原子）

入試対策

英検®赤本シリーズ

英検®（実用英語技能検定）の対策書。
過去問集と参考書で万全の対策ができます。

▸過去問集（2024年度版）

- 英検®準1級過去問集 DL
- 英検®2級過去問集 DL
- 英検®準2級過去問集 DL
- 英検®3級過去問集 DL

▸参考書

- 竹岡の英検®準1級マスター DL
- 竹岡の英検®2級マスター CD DL
- 竹岡の英検®準2級マスター CD DL
- 竹岡の英検®3級マスター CD DL

CD リスニングCDつき　DL 音声無料配信
新 2024年新刊・改訂

入試対策

赤本プレミアム

赤本の教学社だからこそ作れた、
過去問ベストセレクション

- **東大数学プレミアム**
- **東大現代文プレミアム**
- **京大数学プレミアム**〔改訂版〕
- **京大古典プレミアム**

入試対策

赤本メディカルシリーズ

過去問を徹底的に研究し，独自の出題傾向をもつメディカル系の入試に役立つ内容を精選した実戦的なシリーズ。

- 〔国公立大〕**医学部の英語**〔3訂版〕
- **私立医大の英語**〔長文読解編〕〔3訂版〕
- **私立医大の英語**〔文法・語法編〕〔改訂版〕
- **医学部の実戦小論文**〔3訂版〕
- **医歯薬系の英単語**〔4訂版〕
- **医系小論文 最頻出論点20**〔4訂版〕
- **医学部の面接**〔4訂版〕

入試対策

体系シリーズ

国公立大二次・難関私大突破へ，自学自習に適したハイレベル問題集。

- **体系英語長文**
- **体系英作文**
- **体系現代文**
- **体系世界史**
- **体系物理**〔第7版〕

入試対策

単行本

▸英語

- Q&A即決英語勉強法
- TEAP攻略問題集 CD
- 東大の英単語〔新装版〕
- 早慶上智の英単語〔改訂版〕

▸国語・小論文

- 著者に注目！ 現代文問題集
- ブレない小論文の書き方 樋口式ワークノート

▸レシピ集

- 奥薗壽子の赤本合格レシピ

入試対策　共通テスト対策

赤本手帳

- 赤本手帳（2025年度受験用） プラムレッド
- 赤本手帳（2025年度受験用） インディゴブルー
- 赤本手帳（2025年度受験用） ナチュラルホワイト

入試対策

風呂で覚えるシリーズ

水をはじく特殊な紙を使用。いつでもどこでも読めるから，ちょっとした時間を有効に使える！

- 風呂で覚える英単語〔4訂新装版〕
- 風呂で覚える英熟語〔改訂新装版〕
- 風呂で覚える古文単語〔改訂新装版〕
- 風呂で覚える古文文法〔改訂新装版〕
- 風呂で覚える漢文〔改訂新装版〕
- 風呂で覚える日本史〔年代〕〔改訂新装版〕
- 風呂で覚える世界史〔年代〕〔改訂新装版〕
- 風呂で覚える倫理〔改訂版〕
- 風呂で覚える百人一首〔改訂版〕

共通テスト対策

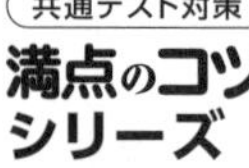

満点のコツシリーズ

共通テストで満点を狙うための実戦的参考書。
重要度の増したリスニング対策は
「カリスマ講師」竹岡広信が一回読みにも
対応できるコツを伝授！

- **共通テスト英語**〔リスニング〕 **満点のコツ**〔改訂版〕 新 DL
- **共通テスト古文 満点のコツ**〔改訂版〕 新
- **共通テスト漢文 満点のコツ**〔改訂版〕 新

入試対策　共通テスト対策

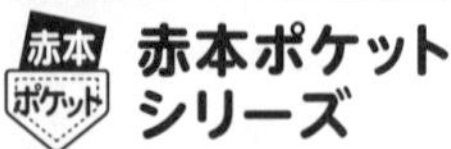

赤本ポケットシリーズ

▸共通テスト対策

- 共通テスト日本史〔文化史〕

▸系統別進路ガイド

- デザイン系学科をめざすあなたへ

2025 年版　大学赤本シリーズ　No. 350
東京理科大学（工学部－B 方式）

2024 年 6 月 25 日　第 1 刷発行
ISBN978-4-325-26409-5
定価は裏表紙に表示しています

編　集　教学社編集部
発行者　上原 寿明
発行所　教学社
〒606-0031
京都市左京区岩倉南桑原町56
電話　075-721-6500
振替　01020-1-15695
印　刷　太洋社

- 乱丁・落丁等につきましてはお取替えいたします。
- 本書に関する最新の情報（訂正を含む）は，赤本ウェブサイトhttp://akahon.net/の書籍の詳細ページでご確認いただけます。
- 本書は当社編集部の責任のもと独自に作成したものです。本書の内容についてのお問い合わせは，赤本ウェブサイトの「お問い合わせ」より，必要事項をご記入の上ご連絡ください。電話でのお問い合わせは受け付けておりません。なお，受験指導など，本書掲載内容以外の事柄に関しては，お答えしかねます。また，ご質問の内容によってはお時間をいただく場合がありますので，あらかじめご了承ください。

- 本シリーズ掲載の入試問題等について，万一，掲載許可手続等に遺漏や不備があると思われるものがございましたら，当社編集部までお知らせください。